"支农支小"金融服务创新丛书编委会成员

"支农支小"
金融服务
创新丛书

小微银行与微小客户良性互动

理论与基于AFR微贷的实证研究

何琛 著

ZHEJIANG UNIVERSITY PRESS
浙江大学出版社

图书在版编目（CIP）数据

小微银行与微小客户良性互动：理论与基于 AFR 微贷的实证研究 / 何琛著. -- 杭州：浙江大学出版社，2025.3. -- ISBN 978-7-308-26015-2

Ⅰ. F832.4

中国国家版本馆 CIP 数据核字第 2025S66Q09 号

小微银行与微小客户良性互动:理论与基于 AFR 微贷的实证研究

何　琛　著

策划编辑	吴伟伟
责任编辑	陈逸行
文字编辑	韩盼颖
责任校对	朱翔宇
封面设计	十木米
出版发行	浙江大学出版社
	（杭州市天目山路 148 号　邮政编码 310007）
	（网址：http://www.zjupress.com）
排　版	杭州星云光电图文制作有限公司
印　刷	杭州钱江彩色印务有限公司
开　本	710mm×1000mm　1/16
印　张	19
字　数	331 千
版印次	2025 年 3 月第 1 版　2025 年 3 月第 1 次印刷
书　号	ISBN 978-7-308-26015-2
定　价	78.00 元

前　言

自2012年1月第四次全国金融工作会议提出"坚持金融服务实体经济的本质要求,确保资金投向实体经济"①、2017年7月第五次全国金融工作会议提出"加强党对金融工作的领导,回归本源、优化结构、强化监管、市场导向,服务实体经济、防控金融风险、深化金融改革"②以来,政府及监管部门相继出台了一系列引导、推动金融机构服务小微客户的信贷政策,大银行业务纷纷下沉,但小微客户尤其是其中的微小客户"贷款难"、小微银行"难贷款"并存的"两难"问题并没有因此得到明显的缓解,发展不平衡不充分问题仍然突出,其中最大的不平衡问题是城乡发展不平衡,最大的不充分问题是农村发展不充分,特别是县域农村金融发展的不平衡不充分现象日趋严重,金融服务实体经济质效亟待全面提高。2023年10月召开的第六次中央金融工作会议再次进一步明确指出,"经济金融风险隐患仍然较多,金融服务实体经济的质效不高,金融乱象和腐败问题屡禁不止,金融监管和治理能力薄弱",强调要"深刻把握金融工作的政治性、人民性,以加快建设金融强国为目标,以推进金融高质量发展为主题,以深化金融供给侧结构性改革为主线,以金融队伍的纯洁性、专业性、战斗力为重要支撑"和"做好科技金融、绿色金融、普惠金融、养老金融、数字金融五篇大文章"。③"两难"问题并存且时空差异巨大等似乎矛盾的现象不禁催人思考以下问题,在我国开启金融强国建设新征程、奋力开拓中国特色金融发展之路、以金融自身高质量发展服务经济社会高质量发展的背景下,如何架构小微银行、微小客户的良性互动成长机制以破解"两难"问题,有效建立小微银行的"敢贷、愿贷、能贷、会贷"长效机制,实质性推动微小贷款服务增量、扩面、提质与增效,成

---

① 全国金融工作会议在京召开[N].人民日报,2012-01-08(1).

② 服务实体经济防控金融风险深化金融改革 促进经济和金融良性循环健康发展[N].人民日报,2017-07-16(1).

③ 中央金融工作会议在北京举行[N].人民日报,2023-11-01(1).

为必须进一步深入思考的重要现实问题。上述问题的化解,既有助于提高金融服务的可及性和均衡性,让广大民众共享金融发展成果,又有利于银行机构在服务实体经济中实现自身价值,体现金融的功能性和盈利性的双重特性。

党的十九大报告指出,我国社会主要矛盾已经转化为人民日益增长的美好生活需要和不平衡不充分的发展之间的矛盾。中国式现代化是人口规模巨大的现代化,也是全体人民共同富裕的现代化,必然要求与之相适应的高质量县域普惠金融支撑。一方面,遍布城乡的县域经济生力军——微型企业主、个体工商户、农户等微小客户,尤其是其中的"没有抵押、没有担保、没有财务报表、没有和银行打交道经验"(简称"四没有")的原生态客户期待与小微银行建立初始借贷关系,获得适宜额度的贷款和规范的信贷服务;另一方面,县域普惠金融主力军——小微银行具备洞察微小客户软信息的优势,通过提升信贷技术水平、助力微小客户成长以实现自身的精准定位与错位发展的愿望更加迫切。实现小微银行与微小客户良性互动是一个重要的理论和实践问题。目前,业界因微小客户多呈现"四没有"特征,纠结、担心的问题主要是"银行能否贷,客户能否还"(简称"能否贷、能否还");学界研究多集中在贷款违约问题,认为银行获取、识别、处理微小客户软信息成本高、收益低、风险大,过多关注短期利益并凸显其冲突的一面。现实中微小客户"贷款难"与小微银行"难贷款"的"两难"问题仍较严重。因此,探求两者良性互动的支撑性理论、要件、路径及相应的保障性措施等,对于化解"两难"问题、促进小微银行可持续发展、巩固拓展脱贫攻坚成果同乡村振兴有效衔接、缩小城乡居民收入差距,具有一定的理论和现实意义。

在研究国内外先进的微贷理论、借鉴浙江台州等小微金融成功经验并结合浙江等地县域普惠金融现实的基础上,浙江大学经济学院、浙江大学金融研究院(AFR)、浙江大学 AFR 微型金融研究中心于 2011 年 3 月推出了 AFR 微贷项目,截至 2023 年底,已与浙江、广西、江西、安徽、山东、甘肃 6 省区的 20 家县域农商银行(含农村合作银行和农村信用联社)、村镇银行等小微银行开展 AFR 微贷项目合作,复制推广 AFR 微贷技术,为各合作机构打造了具备自主复制能力、独立放贷能力、市场开拓能力的微贷团队,构建了完整的微贷运营、培训、管理和考核体系。本书是浙江科技大学经济与管理学院何琛博士 2018 年至 2022 年就读于浙江大学期间,对基于跟踪研究 AFR 微贷项目的博士学位论文进行修改完善而写作的学术专著。

　　本书将小微银行与微小客户良性互动置于可行能力理论框架中进行考察，通过梳理关系型贷款、小银行优势、博弈论、长期互动等理论以及影响良性互动主要因素的文献，本书认为，微小客户"贷款难"、小微银行"难贷款"表面上看是资金问题，实质上是微小贷款供求双方能力建设及彼此间良性互动的问题。基于微小客户"四没有"且其中绝大多数"有劳动意愿和一定劳动能力、有信用、有时间、有交易痕迹，具有血缘、亲缘、人缘、地缘"关系等软信息特征以及小微银行固有的"网点遍及每一个乡镇、员工遍及每一个乡村、服务能到达每一家农户"优势，本书认为小微银行应率先强化新生代员工服务微小客户的"情怀""信念""技术"等素养，突破"能否贷、能否还"的思维定式，遵循"都能贷"前提下的"贷多贷少、怎么贷"的创新型信贷理念，与微小客户建立初始互动关系，助推微小客户"金融""生活""生产"等可行能力的提升，进而促进两者良性互动机制的可持续发展。

　　在此基础上，本书着重对"贷多贷少、怎么贷"进行了探究。首先，"贷多贷少"即适宜贷款额度的确定，是小微银行与微小客户良性互动关系构建的关键性问题。贷款授信额度过高易引发贷后投资过度或投机、资金挪用甚至卷款潜逃等风险，贷款授信额度过低又难以满足客户生产经营资金需求，金融机构的资金也不能得到最有效利用。基于 Bajaj 等（1998）的研究，将"贷款违约"问题转化为"适宜贷款额度确定"问题，创新性引入微小客户人品软信息、客户经理信贷技术水平两项指标。从微小贷款供求双方效用最大化出发构建的适宜贷款额度理论模型表明，对有真实生产经营性贷款需求的微小客户，均存在一个适宜贷款额度。利用浙江大学 AFR 微贷项目资料，手动收集项目合作单位微贷中心的两千余份微小贷款调查报告、实地投放的千余份客户和客户经理调查问卷，获取相关信息。实证研究发现，微小客户人品软信息、客户经理信贷技术水平对于适宜贷款额度的确定具有显著的正向作用。其次，关于"怎么贷"问题，基于演化博弈论，将"银行贷与不贷、客户还与不还"问题转化为"银行怎么贷、客户怎么还"问题，创新性引入银行是否"好借"、客户是否"好还"的选择策略。所构建的两者互动理论模型表明，"好借好还、好还好借"是小微银行与微小客户实现良性互动的一条可行路径。基于浙江大学 AFR 微贷项目合作单位微贷中心两千余份微小贷款调查报告、千余份客户与客户经理调查问卷以及贷后跟踪回访数据开展实证研究，进一步发现，微小客户是否"好还"及其"好还"程度与客户经理"好借"程度显著正相关。再次，鉴于研究样本数据的局限性，难以对小微银行与微小客户的互动效应进行全面的实证分析,本书基于欠发达地区客户经理严重断层的山东省济宁市泗水农商银行、欠发达地区信贷资产质量提升压力较大的甘肃省庆阳市西峰瑞信村镇银行、发达地区浙江省衢州市江山农商银行三家合作单位的浙江大学 AFR 微贷项目本土化与优化发展案例,研究表明,在适当的制度安排下,根植于台州小微金融成功经验的 AFR 微贷技术及其成功的经营模式具有普适性,提升小微银行可行能力、做实"四没有"类原生态客户的发掘与孵化,是构建小微银行与微小客户初始互动关系、促进双方良性互动可持续发展的一条可行路径,小微银行与微小客户可以做到良性互动发展。长远来看,客观梳理我国东、中、西部小微金融的发展差异的成因,总结提升相关的小微金融成功实践经验并积极开展复制推广,实现地区间的融合协调发展,是值得尝试的方向。

全书共包括八章,主要内容如下。

第一章,绪论。本章阐述本书的研究背景、目的与意义,对本书研究涉及的小微银行、微小客户、微小贷款以及良性互动等核心概念进行界定,厘清本书的研究思路、主要内容和框架,介绍数据来源和研究方法,提炼研究的创新点。

第二章,银企互动理论与实践概述。本章就银企互动理论、实践研究和影响银企互动的因素等文献进行梳理与评述,明确本书研究重点与价值所在。

第三章,可行能力理论视角下的良性互动:一个基本框架。本章在阐述马克思关于人的全面发展思想及阿玛蒂亚·森可行能力理论的基础上,鉴于微小客户中众多原生态客户具有"四没有"特征,论证小微银行应率先创新信贷服务理念并提升服务微小客户的可行能力,与微小客户建立初始互动关系,借此助推微小客户可行能力的提升,进而架构"好借好还、好还好借"的良性互动可持续发展机制。

第四章,AFR 微贷项目运行中良性互动关系的构建与维护。本章论证在适当的制度安排下,AFR 微贷项目能有效提升小微银行服务微小客户的可行能力,进而建立两者良性互动的初始关系,并借此助力微小客户信贷能力的提升,在持续做实 AFR 微贷项目"年轻(原生态)客户经理培训""原生态客户的挖掘与孵化""支农支小产品与服务创新试验"三大功能定位中建立并巩固维护良性初始互动关系;着力发挥 AFR 微贷项目"年轻客户经理与原生态客户互动成长""原生态客户邻里示范""原生态客户成长中业务乘数""高息网贷与民间借贷挤出"的四大效应,促进良性互动可持续发展,是县域小微银行实现可持续发展的一条可行路径。

第五章,良性互动初始关系构建:适宜贷款额度确定的理论与实证。本章从微小贷款供求双方效用最大化出发,构建微小客户贷款授信额度的理论模型,求解微小客户人品、客户经理信贷技术水平与适宜贷款额度之间的关系,并基于浙江大学 AFR 微贷项目合作单位微贷中心的两千余份微小贷款调查报告等相关数据进行实证分析。

第六章,良性互动持续发展机制:"好借好还"的理论与实证。本章就"银行怎么贷、客户怎么还"构建两者互动的演化博弈模型,将银行是否"好借"、客户是否"好还"作为双方的选择策略,论证"好借好还、好还好借"是小微银行与微小客户实现良性互动的一条可行路径,并基于浙江大学 AFR 微贷项目合作单位微贷中心的两千余份微小贷款调查报告等相关数据,分析微小客户"好还"与小微银行客户经理"好借"之间的关系。

第七章,良性互动个案研究:AFR 微贷项目本土化与优化发展。本章通过对欠发达地区客户经理严重断层的山东省济宁市泗水农商银行、欠发达地区信贷资产质量提升压力较大的甘肃省庆阳市瑞信村镇银行、发达地区浙江省衢州市江山农商银行三家合作单位 AFR 微贷项目本土化与优化发展案例研究,展现小微银行与微小客户良性互动过程与成效、佐证本书研究相关结论并提炼两者良性互动的成功经验。

第八章,结论与展望。本章总结全书主要研究结论,引申出促进小微银行与微小客户良性互动可持续发展的政策启示和对策建议,针对本书研究存在的不足和有待进一步研究的问题进行展望。

小微银行与微小客户良性互动机制的构建是一个具有显著理论和现实意义的研究课题,希望本书的出版能够起到抛砖引玉的作用。

目 录

1

第一章　绪　论

　　党的十九届五中全会首次将"全体人民共同富裕取得更为明显的实质性进展"确定为 2035 年基本实现社会主义现代化远景目标之一。共同富裕作为我国社会主义的本质要求,从宏观来看,不仅要求整体经济发展达到一个较高水平,还要求不同群体间的差距得到合理控制与缩小;从微观来看,要实现共同富裕,离不开遍布城乡的微型企业主、个体工商户、农户等微小客户金融弱势与相对贫困地位的解除。农村金融是现代农村经济的核心。微小客户尤其是其中的"四没有"类原生态客户①金融弱势与相对贫困地位的解除,不仅需要给予其信贷权利,更需要在通过金融创新使其享有平等信贷权利的同时,促进"四有""四缘"②资源与货币资本有效结合、产生"造血"功能,真正将其信贷权利转变为信贷能力,从根本上改变其"可行能力被剥夺"的恶性循环局面(何嗣江、史晋川,2009)。因此,面对遍布城乡的微小客户这类金融弱势群体,县域普惠金融主力军——农商银行、村镇银行等小微银行如何凸显"四缘"优势,通过向微小客户提供适宜的信贷服务,促进"造血"机制的形成,实质性提升微小客户的信贷能力,进而架构小微银行与微小客户良性互动的机制,实现小微银行可持续发展、巩固拓展脱贫攻坚成果同乡村振兴有效衔接、缩小城乡居民收入差距,是必须深入思考的理论和现实问题。

---

①"四没有":没有抵押、没有担保、没有财务报表、没有和银行打交道经验;原生态客户:央行征信系统中从没有获得过银行贷款的自然人。原生态客户属于首贷客户,本书的原生态客户主要指从没有在银行获得过生产经营性贷款的自然人。

②"四有":有劳动意愿和一定劳动能力、有信用、有时间、有交易痕迹;"四缘":血缘、亲缘、人缘、地缘。

第一节 研究背景、目的与意义

一、研究背景

21世纪以来，我国中小金融机构的发展与中小微企业"贷款难"的化解日益受到学界、政府的重视。2000年前后学界呼吁的大力发展中小金融机构以解决中小企业"贷款难"的设想（樊纲，1999；张杰，2000；林毅夫、李永军，2001；严谷军、何嗣江，2002；张捷、王霄，2002），就我国中小微金融机构的建设而言已取得显著进展。目前我国农商银行的网点遍及每个乡镇、员工遍及每个乡村、服务能到达每家农户；村镇银行也得到较快发展并已成为我国银行体系内法人数最多、"支农支小"特色较突出的微型银行。政府也高度重视小微企业金融服务问题。继2007年第三次全国金融工作会议提出"加快农村金融改革、显著增强服务'三农'功能"[①]，2012年第四次、2017年第五次全国金融工作会议持续强调要"坚持金融服务实体经济的本质要求、确保资金投向实体经济，强化对小微企业、'三农'和偏远地区的金融服务"[②]。特别值得关注的是，2023年10月底召开的中央金融工作会议充分体现了党中央对金融工作的重视，强调"当前和今后一个时期，做好金融工作必须坚持和加强党的全面领导，完整、准确、全面贯彻新发展理念，深刻把握金融工作的政治性、人民性，以加快建设金融强国为目标，以推进金融高质量发展为主题，以深化金融供给侧结构性改革为主线，以金融队伍的纯洁性、专业性、战斗力为重要支撑"，同时进一步明确指出"支持国有大型金融机构做优做强，当好服务实体经济的主力军和维护金融稳定的压舱石，严格中小金融机构准入标准和监管要求，立足当地开展特色化经营"和"做好科技金融、绿色金融、普惠金融、养老金融、数字金融五篇大文章"。[③] 建设中的中国式金融强国之路更需要强调金融的普惠性，客户链条应逐步下移，充分关注数量众多的中、小、微企业和规模庞大的中低收入阶层的融资需求（吴晓球，2024）；让普惠金融成为给广大中低收入阶层尤其是其中的弱势群体改变自己命运的机构，促进

---

①统一认识 狠抓落实 开创金融工作新局面[N].金融时报，2007-01-22(1).

②全国金融工作会议在京召开[N].人民日报，2012-01-08(1)；服务实体经济防控金融风险深化金融改革 促进经济和金融良性循环健康发展[N].人民日报，2017-07-16(1).

③中央金融工作会议在北京举行[N].人民日报，2023-11-01(1).

其信用等资源变成财富(吴晓灵,2015)。我们还注意到,2018 年以来的 6 个中央一号文件相继对银行服务小微企业提出了各类越来越具体的要求。然而,中小微金融机构体系的完善及政府部门的重视,却没能够显著解决小微企业中微小客户尤其是其中的"四没有"类原生态客户"贷款难"问题,其核心原因多为微小客户信用、财务记录等硬信息缺失导致的严重信息不对称。

随着技术的进步尤其是数字信息、云计算等新技术与金融业务的融合发展,小微银行对微小客户软信息的获取渠道、识别方式与处理效率发生了积极的变化,交易成本的降低、信息处理效率的提高促进了信息不对称的改善(Sutherland,2018;范忠宝等,2018;罗兴等,2018;Liberti & Petersen,2019;盛天翔、范从来,2020;黄益平、邱晗,2021;Erel & Libersohn,2022;李文芳、胡秋阳,2024),一定程度上也便利了其他商业银行进入县域微小贷款市场。但是,在微小客户"贷款难"问题鲜有改善的情况下,小微银行"难贷款"问题又日渐显现,小微银行面向微小客户的服务在地区间、机构间发展不平衡不充分,尤其是对于欠发达县域的农商银行、村镇银行来说,此问题更为严峻。浙江大学 AFR微贷项目组 2016—2022 年各年度的调研资料显示,多家银行贷款占总资产比重仅为 30% 左右,远低于国家金融监督管理总局(原银保监会)①50% 的底线要求;更为严重的是,存贷比仅在 50% 左右,服务微小客户的信用贷款占比极低,其中"四没有"类原生态客户占比几乎为零,表明小微银行与辖区内微小客户中众多原生态客户间几乎没有实质性互动,亟待小微银行与微小客户尤其是其中的原生态客户建立良性互动初始关系并予以有效维护。与此同时,就整村授信、农户用信两项指标看,2018 年底浙江全省分别达到 80%、25%(2023 年进一步提高到 95%、30%),而我国中部地区仅为 40%、6% 左右,西部地区更低。浙江省不同县域间的差异也较明显,全国小微金融改革试验区中的浙江台州路桥农商银行两项指标分别高达 90%、35%,信用贷款户数、余额占比分别超过70%、30%,远高于同行水平,微小贷款地区间、机构间融合发展空间广阔。

微小客户"贷款难"、小微银行"难贷款"表面上看是资金问题,实质上却是微小贷款供求双方能力建设及彼此间良性互动的问题。2019 年阿比吉特·班纳吉(Abhijit Banerjee)等三位诺贝尔经济学奖得主研究指出,很多人成为穷人

---

①2023 年 5 月 18 日,国家金融监督管理总局正式挂牌。根据改革方案,国家金融监督管理总局在中国银保监会基础上组建,统一负责除证券业之外的金融业监管。不再保留中国银保监会。

是因为缺少机会和必要的可行能力,他们想脱离贫穷却跳不出困境,亟待提升诸如接受教育、保持健康、获取信息、参与劳动等可行能力。党的十八届三中全会提出"发展普惠金融"以来,农村金融服务创新和信贷产品服务得到了快速发展,包括贫困、低收入人口在内的微型企业主、个体工商户、农户等微小客户的金融服务可得性得以有效提升,极大地缓解了其信贷权利贫困。需要强调的是,"贷款"仅仅是一个促发因子,还需要微小客户提升可行能力,将"贷款"真正转化为有效的"生产经营性资金",否则可能会陷入过度负债等更"贫困"的境地(程惠霞,2018、2020),由此或将进一步恶化"两难"问题。事实上,化解"两难"问题更需要农村金融机构增强信贷服务能力,在保证贷款覆盖面(广度)的同时实现可持续发展,促进"量的扩张"和"质的提升"相统一(温涛、何茜,2023;张林等,2023)。值得关注的还有,2023 年 10 月国发〔2023〕15 号《关于推进普惠金融高质量发展的实施意见》也多处强调"提升普惠金融服务效能"。

现实中,微小客户陷入贫穷、金融弱势、低收入等境地的原因较复杂,但并非因为懒惰或不上进,也未必因为缺少信贷机会,更多的是金融、生活、生产等方面的基础知识和技能不足所致。好的金融是让信用变成财富。通过向"四没有"但具备"四有""四缘"资源的低收入群体提供适宜的信贷服务,给他们"刷白"、累积信用的机会,是金融机构的责任和良心(吴晓灵,2015)。遍布城乡的微型企业主、个体工商户、农户等微小客户虽"四没有",但其中绝大多数拥有"四有""四缘"资源,应该享有适宜的信贷服务以促进其信贷权利转变为信贷能力,绝非因此而失去自雇劳动意愿、陷入可行能力被剥夺的恶性循环之困局。村镇银行、农商银行(包含尚未改制的农村信用联社和农村合作银行)在县域及其农村地区的分布相对比较多,应该主要针对微型企业主、个体工商户、农户等微小客户发放商业性微小贷款(余春苗、任常清,2021;张龙耀等,2021;胡秋阳、李文芳,2023)。众多学者基于国内经济发展与结构变化的研究也认为,中小微企业"融资难"问题的化解应通过大力发展中小微金融机构,而不是指望政府设定指标强行要求大型银行完成微小贷款任务(王性玉、张征争,2005;张一林等,2019)。显然,担当此项职责与重任的当属微小客户身边的小微银行。从更深层次看,微小客户"四没有"属性难以改变,同时新生代员工已成为小微银行服务微小客户的主导力量,其成长、学习过程中"离村、离民、离土"现象普遍存在,优越的成长、学习环境与踏入工作岗位后的"支农支小"服务环境存在较大的落差,进入小微银行后又多是简单的外训、以考代训,"支农不知农、支小不知小"

问题较为严重。小微银行若没有高度重视此类客观存在的问题并着力予以化解,恐也难以担当服务微小客户之重任。因此,基于以上背景,探求"贷款难""难贷款"问题成因,深入研究小微银行与微小客户良性互动机制架构的支撑性理论、实践路径及保障措施,显得非常必要和迫切。

二、研究目的

本书在对银企互动现状及关系型贷款、小银行优势博弈论、长期互动等理论和实践文献梳理的基础上,针对我国经济增长已从高速转向中低速、县域经济高质量发展亟待小微金融有效支持的背景,探求我国新发展阶段小微银行运行特点、微小客户贷款需求特征及"两难"问题的成因与化解,其目的在于揭示并提炼小微银行与微小客户良性互动的支撑性理论、路径及相应的保障性措施,建立小微银行服务微小客户的"敢贷、愿贷、能贷、会贷"长效机制,推动微小贷款服务的增量、扩面、提质与增效,助力微小客户在创业增收致富的同时实现小微银行可持续发展。

基于以上研究目的,本书的研究目标主要有以下四点。第一,在马克思关于人的全面发展思想及阿玛蒂亚·森的可行能力理论分析框架下,厘清小微银行服务微小客户应具备的可行能力,论证构建小微银行与微小客户良性互动机制的要件及路径;第二,构建关于微小客户贷款授信额度的数理模型,探求客户人品软信息、客户经理信贷技术水平与适宜贷款额度之间的关系,并手工收集AFR微贷项目合作单位微贷中心的逐笔生产经营性微小贷款调查报告及其他相关数据进行实证研究;第三,根据小微银行是否"好借"、微小客户是否"好还"的选择策略,构建演化博弈模型,探求、论证"好借好还、好还好借"是实现两者间良性互动发展的一条可行路径,并手工收集AFR微贷项目合作单位微贷中心的逐笔生产经营性微小贷款调查报告及其他相关数据,实证分析微小客户"好还"与小微银行客户经理"好借"之间的关系;第四,通过根植于浙江台州银行和台州小微金融发展经验的AFR微贷项目运行及其本土化与优化发展的案例研究,展现小微银行与微小客户良性互动的过程与成效,佐证本书理论和实证研究中的相关结论,提炼两者实现良性互动的创新机制和保障措施。

三、研究意义

自2004年以来,中央一号文件连续20年关注"三农"问题,其中越来越精准的农村金融政策对支持农业、农村、农民的发展起到了重要作用,有效提升了微小客户的信贷产品供给及其信贷服务的可得性与便捷性。与此同时,服务微小客户的机构改革与信贷产品服务创新,微小客户的信息获取、识别与处理及其风险防范等方面的研究日益增多,而对微小客户特征、小微银行员工服务微小客户的综合素养及助力微小客户信贷权利转变为信贷能力等方面的研究相对较少。本书基于可行能力视角,借鉴关系型贷款、小银行优势、博弈论及长期互动等理论研究成果,论证小微银行应率先提升员工服务微小客户的"情怀""信念""技术"等综合素养,助力微小客户信贷能力提升,探求两者实现良性互动的支撑性理论、要件及路径。因此,本研究具有一定的理论意义和现实意义。

理论意义。首先,现有研究认为银行服务微小客户成本高、风险大、收益低,过多关注短期利益并凸显两者相互冲突的关系。而本书结合新发展阶段县域经济高质量发展要求、小微银行优势及其市场定位,从可行能力视角探寻小微银行与微小客户良性互动可持续发展的要件、路径及相应保障措施,更注重小微银行与微小客户互动中的中长期利益,强调两者相互协调、和谐发展的关系,丰富了微小贷款、小银行优势与关系型贷款的理论研究内容。其次,本书的研究具有一定的新意。一方面本书的研究将"贷款违约"问题转变为"适宜贷款额度确定"问题,认为针对有真实生产经营性贷款需求的微小客户,不是"贷与不贷"问题,而是"贷多贷少、怎么贷"问题,即微小客户适宜贷款额度如何确定与"情怀""信念""技术"能否融为一体形成规范服务问题;另一方面本书的研究将"银行贷与不贷、客户还与不还"问题转化为"银行是否好借、客户是否好还"问题,即"银行怎么贷、客户怎么还"以及"好还"与"好借"的关系,丰富了关系型贷款、小银行优势和银企博弈理论研究的内容。最后,本书实践研究与理论研究的关联性较强。研究使用的样本数据、案例资料均源自根植于浙江台州银行和台州小微金融发展经验的 AFR 微贷项目及其合作单位的一手资料①。微小贷款专指 30 万元及以下的微小生产经营性贷款,供给主体是农商银行、村镇银行,需求主体是微型企业主、个体工商户、农户,贷款额度与用途明确,供求与需

---

① 2010 年 8 月,以"省校共建为基础、政产学研结合"模式组建的浙江大学校设新型科学研究平台——浙江大学金融研究院(Academy of Financial Research,Zhejiang University,简称 AFR-ZJU)正式成立。基于浙江大学"中小金融机构可持续发展研究"课题组前期研究成果和 AFR 的发展定位,2011 年 3 月成立浙江大学 AFR 微贷项目组并启动了 AFR 微贷项目。截至 2023 年底,AFR 先后与浙江、广西、江西、安徽、山东、甘肃 6 省区的 20 家农商银行(含农村合作银行、农村信用联社)、村镇银行等小微银行合作,推进 AFR 微贷项目。

求主体精准,较好地支撑了本书理论研究中的相关结论。

现实意义。小微银行与微小客户良性互动的机理、实证与案例研究,对于小微银行尤其是欠发达县域农商银行(含农村信用联社、农村合作银行)、村镇银行回归"专注服务本地'三农'和小微企业"本源,促进县域经济发展,助力城乡共同富裕,推进社会和谐发展,丰富世界微型金融研究中的中国经验,都具有重要的现实意义。于县域经济发展而言,小微银行是县域普惠金融的主力军,微小客户是县域经济的生力军,小微银行与微小客户良性互动机制的构建与运行,能持续提升小微银行员工服务微小客户的"情怀""信念""技术"等综合素养,助力微小客户信贷能力的提升,既有利于小微银行新生代员工的成长,又有利于小微银行忠诚客户的培育,进而助推小微银行可持续发展,提升县域经济活力。于社会而言,遍布城乡的微小客户虽然"四没有",但其中绝大多数具备"四有""四缘"资源,一旦获得资金支持和负责任的信贷服务,能够将"四有""四缘"资源转化为资本,进而改变命运。更重要的是,数万元、数千元贷款不仅让微小客户获得刷白信用、增信的机会,还体现了银行和社会对其的关爱,更助其杜绝了可能的高利贷、高息网贷,使其在事业得到发展的同时,金融常识、生活信心、创业意愿、创业能力等素养也得以提升,并将在其"生活圈""生意圈"中产生良好的示范效应。微小贷款"引富助贫""城乡统筹""增收致富"等助力城乡共同富裕、推进社会和谐发展效应值得期待。于微型金融研究而言,小微银行与微小客户的良性互动及其载体——微小贷款的可持续发展,所带来的"原生态客户经理与原生态客户互动成长效应、原生态客户邻里示范效应、原生态客户成长过程中的业务乘数效应、高息网贷与民间借贷挤出效应"及其在助弱扶贫、助力城乡共同富裕中的经验,将极大地丰富世界微型金融研究中的中国经验。

第二节　核心概念

不同规模银行在对不同规模企业贷款方面具有不同的比较优势,适宜的银行业结构对企业成长十分重要(杨盈盈、叶德珠,2021)。在企业贷款方面,就大中型企业与银行的互动而言,微小客户与小微银行的互动有待加强。大中企业强国,小微企业富民,一个都不能少。一个国家的经济发展是多层次的,为之服务的金融体系也应该是多层次的。显然,大中型商业银行应该服务好大中型企业,而县域普惠金融主力军——小微银行应该凸显其"四缘"优势,服务好微型企业主、个体工商户、农户等微小客户。因此,在研究小微银行与微小客户良性互动之前,有必要界定小微银行、微小客户、微小贷款、良性互动等概念。

一、小微银行、微小客户、微小贷款

(一)小微银行

学界多将银行划分为大型、中型和小型银行。在国外,小银行指除规模较小外,还具有专门服务社区的功能,即依据市场化原则自主设立、独立运营、主要服务于一定范围内中小企业和个人客户的银行(DeYoung et al.,2004)。也就是说,国外的小银行并非只是规模小,还需要具有一定的服务功能指向、区域化和商业化特征(文慧,2010)。国内一般认为小银行是除政策性银行、大型国有控股商业银行、全国性股份制商业银行、部分规模较大的城市商业银行和农村商业银行(简称农商银行)以外的银行,具有地域性突出、服务对象集中、业务单一和资本金规模小等特点,多指县域小法人银行,服务当地中小微企业,具有搜寻、监督成本低等优势(储敏伟、王晓雅,2004)。2015 年,中国人民银行、中国银行业监督管理委员会、中国证券监督管理委员会、中国保险监督管理委员会、国家统计局关于印发《金融业企业划型标准规定》的通知(银发〔2015〕309 号),根据资产多少将银行划分为大型、中型、小型和微型银行,其中总资产在 50 亿元(含)至 5000 亿元、50 亿元以下的分别为小型、微型银行,显然我国的绝大多数农商银行、村镇银行属于小型或微型银行。

农商银行是服务县域、服务社区、服务本地"三农"和小微企业的地方性小法人银行,由原农村信用社改制而成,至今已走过 70 多年历程。2003 年 6 月,国务院印发《深化农村信用社改革试点方案》,拉开了农信社产权、管理制度与农村金融市场化、商业化改革的序幕。2010 年以来,农村信用联社、农村合作银行加快了向农商银行转制改革的步伐,增强了自我管理能力和业务拓展实力,纷纷取得并巩固了县域金融市场主力军的地位。截至 2023 年 6 月,全国有农商银行 1609 家,农村信用联社 546 家,农村合作银行 23 家;作为县域农村金融的重要补充,截至 2023 年 6 月,村镇银行共设立了 1642 家,成为我国数量最多的银行类法人机构,全国 31 个省份中县域覆盖率达 70％。① 本书研究的小微银行主要指县域尤其是经济欠发达县域的农商银行(含尚未改制的农村信用联社、农村合作银行)和村镇银行。

(二)微小客户

客户,学界多称之为企业。从国际上看,企业类型的划分与界定标准并不统一。如:欧盟将企业划分为大型、中型、小型、微型等类型,日本、韩国划分为大型、中型、小型等类型,美国则简单划分为大型、小型等类型。众多国家或地区企业类型的划分虽不尽相同,但大多是依据雇员人数、资产总额、营业额等指标划分企业,界定标准较为统一。中小微企业的雇员通常少于 250 人,在许多国家,超过 90％的企业属于中小微企业,其中很大一部分又可归类为雇员少于 10 人的微型企业。2021 联合国"中小微企业日"②高峰论坛资料显示:小型、微型企业主以及自营工作者在全球就业中占据了 70％,贡献占国内生产总值的 50％——70％。中小微企业对于推动市场的创新和竞争也具有积极作用。

2011 年 6 月,四部委(工业和信息化部、统计局、发展改革委、财政部)印发了《中小企业划型标准规定》(工信部联企业〔2011〕300 号),将 2003 年过于笼统的中小企业细分为中型、小型、微型企业。2017 年,国家统计局印发了《统计上大中小微型企业划分办法(2017)》,根据企业从业人员、营业收入、资产总额等指标并结合行业特点对 2011 年制定的《统计上大中小微型企业划分办法》(国统字〔2011〕75 号)进行修订,进一步明确了判断企业类型的标准(见表 1-1)。2021 年 4 月 23 日,工业和信息化部、统计局会同相关部门完成了《中小企业划型标准规定》研究修订工作并发布了征求意见稿。与 2011 年 300 号文件和 2017 年通知相比,本次修订主要以门类为基础调整简并行业分类,增加了尚未覆盖的行业。截至 2023 年底,我国中小微企业超过 5700 万户,个体工商户 1.24 亿户,占经营主体总量的 67.4％并支撑了近 3 亿人就业;全年新设经营主体 3272.7 万户,同比增加 12.6％,其中新设个体工商户 2258.2 万户,同比增加 11.4％;企业总数、就业岗位、国内生产总值中,中小微企业占比分别多达 90％、80％、50％,已成为我国就

---

① 数据来源:中国银行保险监督管理委员会官网《银行业金融机构法人名单》,http://www.cbirc.gov.cn。

② 2017 年 4 月 6 日,联合国第 74 次全体会议通过决议,确定每年 6 月 27 日为"中小微企业日",彰显了世界各国对中小微企业发展的高度重视。

业、经济增长的生力军。[①] 本书研究的微小客户,专指上述小微企业中的微型企业主、个体工商户和农户(含种养殖农户、家庭农场等新型市场主体),其中多数属于从未享受过银行信贷服务的"四没有"类原生态客户。

表 1-1　我国对企业的认定标准

行业名称	指标名称	单位	大型	中型	小型	微型
农、林、牧、渔业	营业收入(Y)	万元	Y≥20000	500≤Y<20000	50≤Y<500	Y<50
工业	从业人员(X)	人	X≥1000	300≤X<1000	20≤X<300	X<20
	营业收入(Y)	万元	Y≥40000	2000≤Y<40000	300≤Y<2000	Y<300
建筑业	营业收入(Y)	万元	Y≥80000	6000≤Y<80000	300≤Y<6000	Y<300
	资产总额(Z)	万元	Z≥80000	5000≤Z<80000	300≤Z<5000	Z<300
批发业	从业人员(X)	人	X≥200	20≤X<200	5≤X<20	X<5
	营业收入(Y)	万元	Y≥40000	5000≤Y<40000	1000≤Y<5000	Y<1000
零售业	从业人员(X)	人	X≥300	50≤X<300	10≤X<50	X<10
	营业收入(Y)	万元	Y≥20000	500≤Y<20000	100≤Y<500	Y<100
交通运输业	从业人员(X)	人	X≥1000	300≤X<1000	20≤X<300	X<20
	营业收入(Y)	万元	Y≥30000	3000≤Y<30000	200≤Y<3000	Y<200
仓储业	从业人员(X)	人	X≥200	100≤X<200	20≤X<100	X<20
	营业收入(Y)	万元	Y≥30000	1000≤Y<30000	100≤Y<1000	Y<100
邮政业	从业人员(X)	人	X≥1000	300≤X<1000	20≤X<300	X<20
	营业收入(Y)	万元	Y≥30000	2000≤Y<30000	100≤Y<2000	Y<100
住宿业	从业人员(X)	人	X≥300	100≤X<300	10≤X<100	X<10
	营业收入(Y)	万元	Y≥10000	2000≤Y<10000	100≤Y<2000	Y<100
餐饮业	从业人员(X)	人	X≥300	100≤X<300	10≤X<100	X<10
	营业收入(Y)	万元	Y≥10000	2000≤Y<10000	100≤Y<2000	Y<100
信息传输业	从业人员(X)	人	X≥2000	100≤X<2000	10≤X<100	X<10
	营业收入(Y)	万元	Y≥100000	1000≤Y<100000	100≤Y<1000	Y<100

①数据来源:国家市场监督管理总局官网,https://www.samr.gov.cn/xw/mtjj/art/2024/art_8a86e903876b48d682adc22df0e0fba1.html;中国政府网,https://www.gov.cn/yaowen/shipin/202401/content_6929315.htm。

行业名称	指标名称	单位	大型	中型	小型	微型
软件和信息技术服务业	从业人员（X）	人	X≥300	100≤X<300	10≤X<100	X<10
	营业收入（Y）	万元	Y≥10000	1000≤Y<10000	50≤Y<1000	Y<50
房地产开发经营	营业收入（Y）	万元	Y≥200000	1000≤Y<200000	100≤Y<1000	Y<100
	资产总额（Z）	万元	Z≥10000	5000≤Z<10000	2000≤Z<5000	Z<2000
物业管理	从业人员（X）	人	X≥1000	300≤X<1000	100≤X<300	X<100
	营业收入（Y）	万元	Y≥5000	1000≤Y<5000	500≤Y<1000	Y<500
租赁和商务服务业	从业人员（X）	人	X≥300	100≤X<300	10≤X<100	X<10
	资产总额（Z）	万元	Z≥120000	8000≤Z<120000	100≤Z<8000	Z<100
其他未列明行业	从业人员（X）	人	X≥300	100≤X<300	10≤X<100	X<10

资料来源：《统计上大中小微型企业划分办法（2017）》。

（三）微小贷款

长期以来，"小额信贷""小微贷款""微小贷款"并没有清楚地被界定且经常被混用，其中出现最早、使用频率最高的是小额信贷。自20世纪60年代开始，众多国际组织和发展中国家通过向中低收入者提供小额信贷服务以促进其发展和摆脱贫困。20世纪70年代出现了诸如国际社区资助基金会（FINCA）、孟加拉国乡村银行（Grameen Bank）等成功案例，推动了20世纪80年代小额信贷的快速发展。1998年12月联合国会员大会确定2005年为"国际小额信贷年"，极大地推动了学界对小额信贷的服务对象、信贷方式、信贷功能等方面的理论和实践研究（雷格伍德，2000；Robinson，2002；Christen et al.，2003；Helms，2006）。2005年"国际小额信贷年"启动，次年尤努斯因对世界小额信贷事业的重大贡献荣获诺贝尔和平奖，小额信贷的影响力进一步扩大并受到国内学者的广泛关注和研究。他们认为小额信贷有助于硬信息缺失、信用状况难以被准确评估的处于金字塔最底层的人群创业增收，具有额度小、期限短、利率高、分期还、无抵押和软担保等特点（杜晓山、孙若梅，2000；杜晓山等，2005；张荔、苏彤，2007；魏皓，2011；何嗣江等，2013）。按照国际金融公司（IFC）1999年的标准，贷款金额低于10万美元的小微企业贷款或低于1万美元的个人贷款统称为小额信贷；按照我国银保监会2019年的标准，小微企业、普惠型其他组织及非农户个人经营性小微贷款单户授信1000万元及以下，普惠型农户经营性小微贷款单户授信500万元及以下(2024 年,国家金融监督管理总局将普惠小微贷款认定标准放宽到单户授信不超过 2000 万元)。

基于浙江大学 AFR 微贷项目组的调研资料,结合欠发达县域小微银行发展状况、微小客户贷款需求特点,本书的微小贷款专指小微银行向辖区内微小客户提供 30 万元及以下用于生产经营的具有简单、方便、快捷、规范等服务特征的信用或准信用贷款[①],十分注重小微银行客户经理的"情怀""信念""技术"等素养和能力的提升与微小客户适宜贷款额度的确定及其规范、负责任的贷款服务,强调彼此间服务的平等性与尊严性,同时鉴于微小客户中绝大多数从未获得过银行信贷服务,几乎不存在差别定价,微小贷款的利率较为统一。据浙江大学 AFR 微贷项目组提供的资料,微小客户绝大多数呈现"四没有"特征,且30 万元及以下贷款需求占比高达 90% 以上,亟待其身边的小微银行提供"简单、方便、快捷、规范"的信用、准信用贷款服务。国内小微金融界赫赫有名的台州银行,从 1988 年注册资金 10 万元、员工 6 名起步,经过 36 年坚持服务小微客户的定位,实现了与小微客户共成长,截至 2023 年末,注册资金达到 18 亿元。11000 多名员工队伍中信贷客户经理占比 50% 多、近 3000 亿元贷款余额、60 万贷款客户中 30 万元及以下的信用、准信用微小贷款客户占比近 80%,累计支持500 多万小微客户创业,其中 60% 以上系生平第一次获得正规金融机构贷款服务,说明即使在经济发达、银行竞争较为激烈的台州,贷款需求在 30 万元及以下的微小客户也是小微银行的主流客户群。

二、AFR 微贷项目

AFR 微贷项目由浙江大学经济学院、浙江大学 AFR 微贷项目组、浙江大学金融研究院、浙江省金融研究院、浙江大学 AFR 微型金融研究中心长期跟踪研究国内外先进的微贷理论,总结浙江台州等小微金融成功经验,并结合浙江等地县域农村经济、金融实际情况,于 2011 年 3 月正式推出。截至 2023 年 12月底,该项目与浙江、广西、江西、安徽、山东、甘肃 6 省区 20 家农商银行、村镇银行先后展开了合作,共有 2500 余名年轻员工参加了培训,转岗客户经理、成

[①]准信用贷款:通常又称之为软担保、道义担保或亲情担保贷款,指的是微小客户家庭成员、邻居、生意伙伴等与借款人关系密切的人为其担保,主要起到缓解银行与借款人之间信息不对称及提升借款人道义约束、强化借款人还款意愿等作用。

功竞聘行部室负责人、支行行长、会计主管、分理处主任的占比近70%;累计发放符合项目要求的微小贷款200多亿元、13万余笔,其中原生态客户占比近50%;AFR微贷项目实践中形成的"1+1+N"①师徒式传、帮、带员工内训模式,有效提升了小微银行服务微小客户的质效,为小微银行、微小客户良性互动增添了活力,取得了良好的社会经济效益。

(一)AFR微贷项目功能定位与四大效应

通过三年合作打造的微贷中心持续践行"原生态客户经理培训基地、原生态客户挖掘与孵化基地、'支农支小'金融产品服务创新与试验基地"三大功能定位,优化全行客户经理队伍结构、显著提升客户经理工作效能并有效推进全行"微贷"与"普贷"的融合发展。四大效应是指:AFR微贷项目本土化与优化发展将显现原生态客户经理与原生态客户互动成长效应、原生态客户邻里示范效应、原生态客户成长过程中业务乘数效应、高息网贷与民间借贷挤出效应。

(二)AFR微贷项目发展目标

打造具备独立放贷能力、市场开拓能力、自主复制能力的微贷团队;发展初步架构经济效益明显、社会效益显著的微贷运营模式;培养满足目标客户的融资需求、培养忠诚的客户群体;优化客户经理队伍,提高核心竞争力,实现业务的可持续发展;引导内训师、培训生完成本土化内训材料编写工作,完善客户分类管理、客户经理分级管理、绩效考核与风控等制度建设。与其他微贷项目相比,根植于台州小微金融发展经验的浙江大学AFR微贷项目主要定位于经济欠发达的县域,更注重县域小微银行(农商银行、村镇银行)年轻客户经理综合素养的提升与服务的改善,更注重微小客户(微型企业主、个体工商户、农户等弱势群体)金融服务的可得性与便捷性,更注重年轻客户经理、微小客户彼此的尊严性及其互动成长机制,其核心可用一个公式表示:微小贷款=弱势群体+零隐性成本+可持续发展利率+强势服务=微"笑"贷款。

(三)AFR微贷项目的客户定位与服务纪律

如同台州银行"两有一无即可贷"的客户低门槛准入和客户经理硬技术、铁纪律要求一样,AFR微贷项目的主要客户定位是具有强烈劳动意愿和一定劳

①"1+1+N":第一个"1"为项目组负责第一期内训组建的微贷团队,第二个"1"为优秀微贷客户经理兼职的内训师,"N"为微贷培训生,微贷团队、内训师由项目组全权负责第一期打造。

动能力,却长期被传统金融服务边缘化、难以从正规金融机构获得基本融资服务的金融弱势群体;服务这类客户往往是其他银行或本行成熟的客户经理不愿做、不敢做或来不及做的,但又是经过培训上岗的原生态客户经理力所能及的。AFR 微贷项目组通过系统训练使得客户经理牢牢把握台州银行的"十六字"(下户调查、眼见为实、自编报表、交叉检验)信贷调查技术和"三看三不看"(不看报表看原始、不看抵押看技能、不看公司治理看家庭治理)风险识别技术,并要求客户经理崇尚"微贷款、铁纪律、强服务"理念,贷前、贷中、贷后严守"六不准"铁纪律①,对微贷客户经理违规、违纪实行零容忍,对严守"铁纪律"且取得良好互动效应者给予一定的正向激励。

三、良性互动、适宜贷款额度、"好借"与"好还"

(一)良性互动

良性互动是指小微银行与微小客户通过微小贷款的发放、使用产生积极改变的过程,互动的主体是小微银行与微小客户,载体是微小贷款。具体指针对微小客户尤其是其中具有"四没有"特征及贷款需求呈现额度小、期限短、时间急、次数频等特点的原生态客户,强调小微银行客户经理应率先提升服务微小客户的"情怀""信念""技术"等素养,同时在贷前、贷中、贷后过程中还须严守"六不准"铁纪律,向其提供简单、方便、快捷、有尊严的信贷服务,与微小客户建立初始互动关系,带动微小客户在金融、生活、生产等方面能力与素养的提升,进而架构两者间良性互动持续发展的机制。

(二)适宜贷款额度

适宜贷款额度是保证小微银行与微小客户能够持续良性互动的可允许贷款授信额度。具体指客户经理从小微银行效益最大化出发,在一定风险容忍度范围内,对生产经营性微小客户尤其是其中的原生态客户,尽可能地满足其贷款额度需求为其发放的贷款金额。其经济含义在于:这一额度既避免了对客户的授信过度和信贷服务过度问题,也避免了因"惧贷"、信贷歧视等原因而产生

---

①"六不准":不准抽客户一支烟、不准喝客户一口水、不准吃客户一餐饭、不准收受客户的任何礼品、不准泄露客户的任何信息、不准增加客户除利息之外的任何费用;早期"六不准"是铁纪律硬约束,约半年形成习惯后,"准"字被去掉,升格为"六不"铁纪律。

的信贷服务不足现象,从而以可持续的方式为微小客户提供有效的金融服务。

（三）"好借"

"好借"意味着小微银行客户经理在整个贷款办理过程中能够严格遵守"六不准"铁纪律和各项行为准则,提供规范的贷款服务,以杜绝贷款除利息之外的成本支出,强化服务黏性。如此界定主要原因是,针对微小客户尤其是其中的"四没有"类原生态客户发放的微小贷款,其贷款利率和额度、贷款方式、贷款用途、受理时间等已明确界定;此外,这类客户因长期被传统金融服务边缘化,对银行服务普遍不了解,常常误认为贷款需要抵押、需要关系、需要送礼等;同时年长客户经理长期形成的习惯确实也难以适应微小客户信贷服务,年轻员工的"微弱情怀"[1]、服务技术与规范也有待强化。

（四）"好还"

"好还"意味着微小客户无实质性违约,具体是指以下几种情况:微小客户积极还款,在合约期限内按时还款,经客户经理提醒后在一周的宽限期内还款。样本中微小客户还款逾期数天的情形虽时有发生,但原因大多是不了解信贷常识、缺少守约正向激励或违约处罚的体验、忙于经营忘记还款等,经训练有素的微贷客户经理提醒或催讨后,均能在规定的宽限期内偿还或做出还款承诺。尽管随着微小贷款覆盖面的扩大和业务的增长,不良率可能有所上升,但大量事实表明,微小贷款不良率远低于其他类型贷款。

第三节 研究思路、内容与框架

一、研究思路

本书围绕"小微银行与微小客户良性互动"这一主题,沿着"核心概念界定→文献梳理→理论研究→实证研究→案例研究→结论提炼→保障措施"的逻辑思路展开。第一,界定小微银行、微小客户、微小贷款及良性互动等重要概念,并在相关文献梳理的基础上,明确本书研究对象、目的与目标。第二,基于可行能力视角阐述小微银行与微小客户良性互动的要件,构建小微银行与微小客户良性

---

[1] "微弱情怀"是指小微银行客户经理所具备的帮助微小客户的热情以及服务微小客户的理想或责任感。

互动的基本分析框架。第三,从微小贷款供求双方效用最大化出发,构建微小客户贷款授信额度的数理模型,求解适宜贷款额度并分析其影响要素,以解决"贷多贷少"的问题;从演化博弈论视角构建小微银行与微小客户互动的理论模型,探求、论证"好借好还"是两者实现良性互动的一条可行路径,以解决"怎么贷"的问题。第四,基于欠发达县域小微银行服务微小客户的一手数据进行实证分析,探求软信息、信贷技术与适宜贷款额度之间的关系以及微小客户"好还"与小微银行客户经理"好借"之间的关系。第五,通过 AFR 微贷项目运行及其在欠发达地区的两家小微银行和发达地区一家小微银行本土化、优化发展的案例研究,展现小微银行与微小客户良性互动过程与成效、佐证本书理论和实证研究中的相关结论,提炼两者实现良性互动的创新机制和保障措施。最后,总结提炼研究结论,并从宏观、中观、微观层面提出促进两者良性互动可持续发展的政策启示和对策建议。

二、研究内容

本书研究的核心内容主要包括三部分。

第一部分:小微银行与微小客户的良性互动及其金融服务创新。通过对银企互动主要文献的梳理以及阿玛蒂亚·森可行能力理论、穷人经济学与可行能力分析方法、可行能力理论与良性互动的研究,本书认为小微银行与微小客户实现良性互动实属必要。厘清并证明的核心问题是,小微银行面对寻求生产经营性贷款的微小客户应突破"能否贷、能否还"的思维定式,遵循"都能贷"前提下的"贷多贷少、怎么贷"的信贷服务理念;同时小微银行还应通过有效持续的内训等方式率先提升服务微小客户的"情怀""信念""技术"等可行能力,与微小客户建立初始互动关系以带动其可行能力的提升,助推其信贷权利真正转化为信贷能力,进而架构"好借好还、好还好借"的良性互动可持续发展机制。

第二部分:小微银行"贷多贷少、怎么贷"的理论与实证研究。现实中大量案例表明,微小客户贷款授信额度过高易引发贷后投资过度、资金挪用甚至卷款潜逃等风险,贷款授信额度过低又难以满足客户生产经营的资金需求,金融机构的资金也不能得到有效利用,因此,微小客户适宜贷款额度的确定(贷多贷少)及如何服务好微小客户(怎么贷),对于小微银行与微小客户良性互动关系的构建与持续发展非常重要。一方面,借鉴 Bajaj 等(1998)的研究,从微小贷款供求双方效用最大化出发,把人品软信息和信贷技术水平等指标纳入模型系统,重新构建微小客户贷款授信额度的数理模型,求解客户人品、客户经理信贷技术水平与适宜贷款额度之间的关系;手动收集生产经营性微小贷款调查报告等相关数据进行实证研究,厘清客户人品、客户经理贷款技术水平与适宜贷款额度之间的关系及其作用机理。另一方面,借鉴演化博弈论,构建小微银行与微小客户互动的理论模型,深入探讨银行"怎么贷(是否好借)"、客户"怎么还(是否好还)",求解、论证"好借好还"是两者实现良性互动的一条可行路径;手动收集生产经营性微小贷款调查报告等相关数据进行实证研究,厘清"好还"与"好借"之间的关系,并就内生性等问题展开探讨。

第三部分:小微银行与微小客户良性互动的案例研究。通过欠发达地区客户经理严重断层的山东省济宁市泗水农商银行、欠发达地区信贷资产质量提升压力较大的甘肃省庆阳市瑞信村镇银行及发达地区浙江省衢州市江山农商银行三家合作单位的浙江大学 AFR 微贷项目本土化与优化发展案例研究,展现小微银行与微小客户良性互动过程与成效,佐证本书理论和实证研究中得出的相关结论,并提炼项目本土化与优化发展过程中小微银行与微小客户良性互动的路径、创新机制及经验启示,进一步深入探求 AFR 微贷项目在本土化与优化发展中如何持续有效提升小微银行新生代客户经理服务微小客户的"情怀""信念""技术"等可行能力,并带动微小客户可行能力的提升,进而总结出两者良性互动可持续发展的经验和保障措施,实现小微银行可持续发展的同时,助力区域统筹发展和城乡共同富裕。

三、研究框架

根据研究内容与研究框架,本书的技术路线如图 1-1 所示。

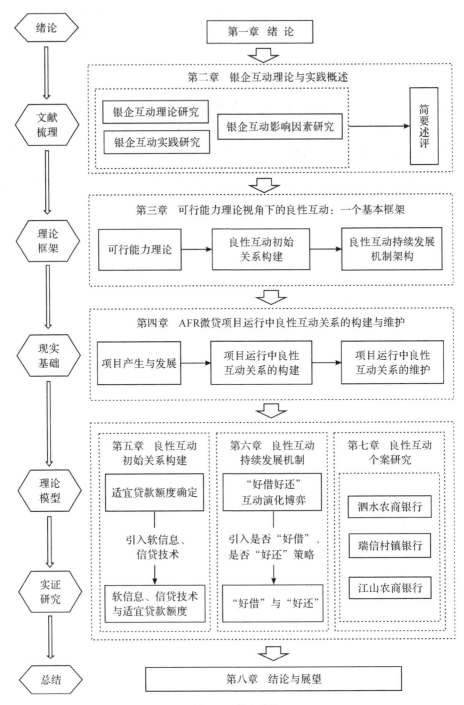

图 1-1　技术路线

第四节 数据来源与研究方法

一、数据来源

本书数据主要来自四个方面：一是政府和监管部门资料，主要是政府公开数据、统计年鉴、政策文件及国家金融监督管理总局网站、人民银行网站、相关省农信联社网站；二是期刊论文、学位论文、书籍、报纸文章等文献资料；三是利用浙江大学 AFR 微贷项目及其合作单位资料，包括查阅浙江大学 AFR 微贷项目十多年的运行资料，手工收集项目合作单位微贷中心微型企业主、个体工商户、农户等微小客户 30 万元及以下用于生产经营的微小贷款调查报告；四是访谈资料，通过实地走访、小组座谈交流、线下与线上发放问卷等途径获取客户的还款情况以及客户经理的基本信息、培训情况、贷款服务情况等信息。

需要说明的是，浙江大学 AFR 微贷项目根植于浙江台州银行和台州小微金融发展经验①，定位于欠发达县域小微银行，合作单位的样本具有一定的示范性；本书选取的三家小微银行均位于欠发达县域，其市场定位、制度、主要高管相对稳定，项目合作之初，三县人均可支配收入位列全国中下等水平，三家小微银行在系统内综合排名中分别位列中等、中等偏下和末位，具有一定的代表性；此外，本书数据来源真实可靠，主要依托小微银行微小贷款调查报告，其中部分信息通过跟随项目组实地调研、发放问卷等手工方式收集，为本书的实证研究提供了良好的数据支持。

二、研究方法

（一）数理分析法

一方面，为研究"贷多贷少"问题，引入客户人品软信息和客户经理信贷技术水平，通过构造小微银行、微小客户的期望效用函数以及基于双方效用最大化的关于微小贷款授信额度的数理模型，求解客户人品、客户经理信贷技术水

---

① 台州银行是全国第一批引进先进微贷技术并成功得以本土化和优化发展的小微银行[2005 年 11 月 23 日签约德国 IPC（德国国际项目咨询公司）]，台州市是全国唯一小微金融改革试验区（2015 年 12 月 2 日国务院批复），取得了系列首创性成果，为全国小微企业金融服务提供了宝贵的台州经验。

平与适宜贷款额度之间的关系,另一方面,为研究"怎么贷"问题,引入小微银行是否"好借"和微小客户是否"好还"的选择策略,通过构造两者互动的演化博弈模型,论证"好借好还、好还好借"是小微银行与微小客户实现良性互动的一条可行路径,力争使一般的定性分析结论得到较为严密的数理证明,具有一定的经济学内涵和说服力。

(二)实证分析法

虽然理论模型有较好的经济学解释力,但因其假设条件及模型的抽象性,所得结论尚需进行实证检验。一方面,采用最小二乘法(OLS)分析客户人品、客户经理信贷技术水平与适宜贷款额度之间的关系,并通过分组就客户人品、客户经理信贷技术水平对于微小客户适宜贷款额度确定的作用强度展开探讨;另一方面,运用 Logit 模型和有序 Logit 模型分析微小客户"好还"与小微银行客户经理"好借"之间的关系,并就其内生性等问题展开探讨。

(三)问卷调查法

鉴于微小客户贷款调查报告统计信息不完整,结合本书研究内容,针对从浙江大学 AFR 微贷项目合作单位获得过生产经营性贷款的千余名微小客户及其对应的 60 名客户经理展开问卷调查。首先,将贷款调查报告上的客户姓名按所属客户经理分类,经客户经理与客户协商时间、地点后,前往客户住处或生产经营场所进行 5—10 分钟的访谈和问卷调查,获取其基本情况以及对贷款银行客户经理的客观评价,对部分缺失信息进行补充,当客户对客户经理进行评价时要求客户经理回避;其次,召开客户经理座谈会,了解客户还款情况,并通过线上、线下发放问卷,获取客户经理的基本信息、培训信息等;最后,通过实地走访 30 余位续贷客户,了解其贷款以来生产经营、家庭生活等情况及其给银行带来的效益。

(四)案例研究法

案例研究法是在难以获取有效数据进行实证分析时常采用的一种研究方法。鉴于浙江大学 AFR 微贷项目运行时间较短,尤其是合作单位高层人员稳定性差,项目又定位于原生态客户的发掘与孵化,研究样本中涉及的续贷客户较少,微小客户与小微银行互动前后的成效难以基于数据进行实证研究,本书通过实地调研获取 AFR 微贷项目及其合作单位中的泗水农商银行、瑞信村镇银行、江山农商银行的相关资料进行案例研究,以展现小微银行与微小客户良性互动的过程与成效。泗水农商银行、瑞信村镇银行在启动 AFR 微贷项目初期,贷款余额中纯信用贷款占比极低,新增贷款中纯信用贷款占比几乎为零,小微银行与辖区内"四没有"类原生态客户几乎没有实质性互动;AFR 微贷项目本土化优化发展之后,上述两家小微银行新增贷款客户中原生态客户占比达50%以上,说明通过向微小客户提供适宜的信贷服务,彼此间可以建立良性互动初始关系,得以维护后有望做到可持续发展,且互动效应值得期待。江山农商银行系 AFR 微贷项目的第一家合作单位,该行始于 1999 年的"惠农快车"持续创新发展表明,发达地区先进行社同样需要立足自身资源禀赋,率先持续强化年轻员工的"微弱情怀"和提升"支农支小"服务能力,在夯实线下服务的基础上积极拥抱金融科技,做实"线下、线上"双向赋能,实现小微银行与微小客户在良性互动基础上的县域农村数字普惠金融高质量发展。

第五节 研究创新

一、研究视角的创新

第一,当前研究大多认为银行服务微小客户成本高、收益低、风险大(徐洪水,2001;李志赟,2002;罗丹阳、殷兴山,2006;吕劲松,2015;李善民、宁满秀,2022;李昊然等,2023),过多关注短期利益并凸显两者相互冲突的关系;本书基于马克思关于人的全面发展思想及阿玛蒂亚·森的可行能力理论视角,强调在适当的制度安排下,小微银行与微小客户可以实现良性互动。

第二,长期以来,业界因微小客户多呈现"四没有"特征而纠结、担心的问题多表现为"能否贷、能否还",理论界研究也多集中在微小客户的违约问题上;本书将"贷款违约"问题转化为"适宜贷款额度确定"问题,从微小贷款供求双方着手探讨了适宜贷款额度的确定及其影响因素。

第三,现有银企博弈研究主要围绕银行"放贷、拒贷"和中小企业"还款、违约"展开;本书将"银行贷与不贷、客户还与不还"问题转化为"银行怎么贷、客户怎么还"问题,着重研究了小微银行与微小客户如何在长期互动博弈中寻求最优路径,以实现两者良性互动的持续发展。

二、研究内容的创新

第一,银企互动主体、载体的界定。银企互动现有研究中的银行、企业及小微贷款界定较为宽泛,多集中在大中型银行、中小企业,鲜有涉及小微银行与微小客户的互动,小微贷款统计标准也多采用国家金融监督管理总局的 2000 万元或 1000 万元及以下(有些地区设定为 500 万元及以下),较为笼统。尽管在政策的引导和激励下,部分大中型银行开始进入县域小微贷款领域,但目前多是通过线上对有一定交易信息记录的小微客户发放贷款且以消费性贷款居多,鲜有专门涉及微小客户尤其是其中"四没有"类原生态客户的生产经营性贷款。本书研究的银企互动主体是欠发达县域的农商银行、村镇银行等小微银行和微型企业主、个体工商户、农户等微小客户,微小贷款专指 30 万元及以下用于微小生产经营的信用、准信用贷款,互动主体精准,贷款额度与用途明确。

第二,适宜贷款额度的确定。基于银企互动的主要文献及可行能力理论,本书认为,架构小微银行与微小客户良性互动机制的关键在于,小微银行突破微小客户"能否贷、能否还"的思维定式,针对有生产经营性贷款需求的微小客户,遵循"都能贷"的创新型信贷服务理念,并提升"贷多贷少、怎么贷"的信贷技术。据此,基于 Bajaj 等(1998)的研究,构建微小客户贷款授信额度的数理模型,本书创新性地把软信息和信贷技术纳入模型系统,求解客户人品、客户经理信贷技术水平与适宜贷款额度之间的关系,为微小客户适宜贷款额度的确定("贷多贷少")提供理论依据。已有研究多从需求方着手认为企业的规模、盈利能力、政治关联度、社会资本、管理者能力等显著影响授信额度(Jiménez et al.,2009;Sufi,2009;童馨乐等,2011;应千伟、罗党论,2012;彭克强、刘锡良,2016;唐亚军等,2024),而本书研究纳入了供给方信贷技术水平这一变量。

第三,"好借好还"的演化博弈。已有银企博弈研究的主体多是大中型银行"贷与不贷"和中小企业"还与不还",而本书基于演化博弈论,就"怎么贷、怎么还"构建小微银行与微小客户互动的理论模型,创新性地引入"银行是否好借、客户是否好还"的选择策略,求解、论证"好借好还、好还好借"是两者实现良性互动的一条可行路径。

三、学术观点的创新

第一,小微银行与微小客户应该且能够做到良性互动。现有研究主要关注中小微企业违约率、风险、成本和收益,过多凸显两者相互冲突的关系;本书基于马克思关于人的全面发展的思想及阿玛蒂亚·森的可行能力理论并结合我国小微银行与微小客户良性互动要件分析认为,小微银行与微小客户良性互动实属必要。现实中,孟加拉国格莱珉银行、中国浙江台州银行等实践也表明,小微银行凭借其"四缘"固有优势、通过提升服务微小客户的"情怀""信念""技术"等可行能力,能够助推微小客户金融、生活、生产等方面可行能力的提升,进而架构小微银行与微小客户良性互动的可持续发展机制。

第二,良性互动的关键在于小微银行与微小客户初始关系的建立与维护,进而促进良性互动的可持续发展。鉴于微小客户具有"四没有"特征、贷款需求又呈现期限短、金额小、次数频、需求急等特点,现实中微小客户常常因为缺失必要的信贷权利陷入"因为穷,所以穷"困境或因信贷能力不足陷入过度负债等更"贫困"的境地。本研究认为,小微银行应率先创新信贷服务理念并提升信贷技术水平,向有真实生产经营性贷款需求的微小客户提供适宜额度的启动资金,与其建立初始互动关系,助其提升摆脱"因为穷,所以穷"困境的能力,并着力维护好初始互动关系,促进其可持续发展;信贷能力不足的微小客户则利用适宜额度的贷款和小微银行负责任的贷前、贷中、贷后服务,确保贷款真正转化为生产经营性资金,进而带动生产经营等可行能力的提升,形成"好借好还、好还好借"的良性互动可持续发展机制。

第三,微贷技术复制与良性互动机制具有普适性,且欠发达地区需求强劲,融合互动的空间广阔。我国幅员辽阔,小微银行与微小客户互动机制发展不平衡不充分问题仍然十分突出。本书通过浙江大学 AFR 微贷项目及其合作单位本土化、优化发展的案例研究发现,先进的微贷技术与经营模式的复制性、"好借好还、好还好借"的良性互动机制具有普适性,且欠发达地区需求更迫切、边际效应更大、综合效益更明显,地区信用环境、创业氛围、微小客户金融素养重要但非必要,关键是在先进的微贷技术与经营模式本土化优化发展过程中,率先提升小微银行客户经理团队服务微小客户的"情怀""信念""技术"等可行能力,并主动向微小客户提供适宜的信贷服务,以助力微小客户可行能力的提升。

第二章　银企互动理论与实践概述

中国是一个农业大国，"三农"问题是关系国计民生的根本性问题，没有农业农村现代化，就没有整个国家的现代化。2005年3月，时任国务院总理温家宝在回答记者有关"三农"问题的提问时曾说了这样两段话：一是"我想起了诺贝尔奖获得者、美国经济学家舒尔茨的一句话。他说，世界上大多数人是贫穷的，所以如果我们懂得了穷人的经济学，也就懂得许多真正重要的经济学原理"；二是"世界上大多数穷人以农业为生，如果我们懂得了农业，也就懂得了穷人的经济学"。①"穷人的经济学"是一个关乎社会发展公平与和谐的问题，这对主要研究以增长方式带动效率提升的"富人理论"的传统经济学是一种挑战，也显示出中国政府为落实科学发展观，建设和谐社会，实现共同富裕的智慧和决心。党的十七届三中全会指出，农村金融是现代农村经济的核心；党的十八届三中全会进一步明确指出，要发展普惠金融。作为"网点遍及乡镇、员工遍及乡村、服务能到达每家农户"的农商银行，为凸显自身固有优势、实现与其他大中型银行的错位发展，应该通过持续做实发掘并培育辖区内原生态客户、促进忠诚客户群的形成等基础性工作，并借此持续提升年轻客户经理服务微小客户素养，累积微小客户资源，优化小微银行客户经理队伍结构与信贷客户结构，促进县域小微银行服务微小客户"敢贷、愿贷、能贷、会贷"长效机制的形成，增强县域经济高质量发展的动力。因此，银企互动理论、银企互动实践及银企互动影响因素研究现状如何，如何实现小微银行与微小客户良性互动可持续发展等问题亟待全面梳理、研究。

---

① 中国青年报.在十届全国人大三次会议记者招待会上温家宝总理答中外记者问[EB/OL].(2005-03-15)[2024-05-03].https://zqb.cyol.com/content/2005-03/15/content_1048958.htm.

第一节　银企互动理论研究

一、银企博弈

博弈论思想自古有之,无论是国内的《孙子兵法》《三十六计》,还是国外的《摩诃婆罗多》《圣经》等著作都或多或少地有所涉及,但真正发展与成熟还是在20世纪。1928年,数学家冯·诺依曼(John von Neumann)率先证明了博弈论的基本原理——"极小化极大策略"定理,宣告了博弈论的正式诞生。1939年,冯·诺依曼和经济学家奥斯卡·莫根施特恩(Osker Morgenstern)将博弈论应用到经济领域。1944年,跨时代著作《博弈论和经济行为》问世,标志着博弈论在经济学中的应用走向成熟。20世纪50年代,Nash(1950,1951)提出的纳什均衡(Nash equilibrium)对合作博弈和非合作博弈进行了明确划分,基本奠定了现代非合作博弈论的基石,揭示了博弈论与经济均衡的内在联系。后续的博弈论研究多建立在这个基础之上。代表性研究有:Selten(1965)提出的子博弈精炼纳什均衡(subgame perfect Nash equilibrium)解决了纳什均衡无法研究的动态博弈问题;为分析不完全信息博弈,Harsanyi(1967,1968)引入虚拟参与人"自然",把"不完全信息博弈"转换成"完全但不完美信息博弈"后提出贝叶斯纳什均衡(Bayesian Nash equilibrium);Selten(1975)、Kreps和Wilson(1982)、Fudenberg和Tirole(1991)则结合完全信息动态博弈的子博弈精炼纳什均衡和不完全信息静态博弈的贝叶斯纳什均衡,提出精炼贝叶斯纳什均衡(perfect Bayesian Nash equilibrium)可以用来分析不完全信息动态博弈。但是,大量心理行为和经济行为实验表明现实生活中的参与人做经济决策时总是难以做到完全理性,由此突破了传统博弈论理性人假设,分析有限理性与非理性行为的演化博弈论应运而生(Weibull,1997)。

银企博弈研究十分广泛,主要研究银行、企业发生信贷交易时的决策以及双方决策的均衡问题。Jaffee和Russell(1976)运用两期跨期消费模型证明了信息不确定性对信贷市场配给的影响,并指出银行因事先无法区分诚实、不诚实的借款者,会采用高于完全信息市场下的平均贷款利率,进而引起贷款规模收缩;Stiglitz和Weiss(1981)认为,由于信息不对称,银行难以识别出信用良好、具备还款能力与意愿的优质借款者,为避免借款者逆向选择和道德风险,多采取信贷配给来降低风险；林毅夫、孙希芳（2005）也指出，信息不对称是金融交易的一个基本特征，相较于大企业，中小企业信息更不透明且缺乏财务报表等易于传递的"硬信息"，使得其融资较为困难。据此，有学者通过对比分析银企在完全信息、不完全信息下的博弈行为指出，设计防范逆向选择风险的某种机制可以提高银行获取信息的效率（Aghion & Gollier, 2000；Glazer & Mc Guire, 2000；王海侠, 2000；陈庭强、王冀宁, 2010），引入监督、声誉机制或联合征信系统，完善事后惩罚措施，可以增加借款人的违约成本，促使借款人履约（Fishman, 2009；陈晓红、刘剑, 2004；谢世清、李四光, 2011；许黎莉、陈东平, 2019）。此外，Osei-Assibey 等（2012）将契约设计应用到农村信贷市场，发现合理的机制设计不仅能解决农村信贷效率低的问题，还能促进双方在合作状态下达到帕累托均衡；邓超等（2015）将信任因素引入银企信贷博弈，通过问卷调查、实证分析，表明信任能促进双方合作，增加小微企业贷款的可得性；文学舟等（2019）构建了基于信用担保介入的小微企业声誉模型和银企信任模型，认为信用担保的介入有利于增强银企合作中的信任度，提高小微企业获贷率；王兆旭等（2023）还利用动态博弈模型探讨了财务管理改革解决小微企业融资困境的内在机理，并指出财务管理改革更利于解决优质小微企业的融资难、融资贵问题，且在改革一年后的作用最强。

就银企在博弈过程中的选择策略而言，有学者从理性经济人角度指出，在信用环境中要让博弈双方遵守合约承诺，需设置一些限制条件，如当重复博弈中的未来收益贴现率足够高时，利己主义主导下的理性人就不会选择违约（Fudenberg et al., 2007；Zhou et al., 2009）。Mao（2014）运用演化博弈论指出，政府监管能促使银行、企业朝着"贷款、还款"的路径发展。但是，这些经验对于低信用企业而言未必适用，他们即使具备还款能力也依旧可能选择"拖欠或违约"（Sharma, 2017）。较国外研究而言，国内在这方面的研究主要集中在以下几方面。（1）企业是否申请贷款或申请贷款时是否伪装，银行是否授信。毛锦等（2006）引入信息不对称度和信息准确度，建立了信息不对称的银行合约设计模型，指出银行只有在获取信息准确度较高时才可能发放贷款；聂尔德（2011）从演化博弈论视角模拟了银行与中小企业间的信贷关系，发现在没有制度、政策等因素的影响下，双方的行动策略集向"不放贷、不申贷"收敛的概率更大；于雯雨（2014）基于信号传递博弈理论，认为分离均衡时商业银行会接受所谓的低风险企业的贷款申请、拒绝任何高风险企业的贷款申请，而混同均衡时商业银行的最优行动策略是接受所有企业的贷款申请;王雁飞、周茂清(2022)构建了小微企业与银行在不完全信息下的动态博弈模型,也发现双方在多次互动过程中的均衡解是"不申请、不放贷"。(2)企业是否赖账,银行是否追偿或授信。徐洪水(2001)认为,中小企业与国有银行发生信贷关系时存在"银行贷款—企业还款""银行贷款—企业赖账""银行贷款—企业赖账—银行追究"等选择策略,且双方的多次互动是一个动态博弈过程,但双赢的博弈均衡必然是"银行贷款、企业还款";熊熊等(2009)基于有限次重复博弈模型对追求效用最大化的银企博弈做了仿真模拟,结果发现商业银行、中小企业的最优选择策略是"放贷、守信";李善民(2015)从演化博弈视角探讨了信用体系与农户融资约束的关系,发现引入征信系统后金融机构的最优策略由不贷款转变为贷款、农户的最优策略由失信转变为守信;朱宁(2017)对科技银行与高新技术中小企业间的贷后博弈行为进行研究后,也发现"企业不违约、银行不进行贷后监督"是社会整体福利达到帕累托最优的行动策略集;钱燕、吴刘杰(2019)对小微信贷融资市场进行分析发现,商业银行和小微企业演化博弈的均衡解是双方不合作,即"银行拒贷、企业违约"。(3)银行是否连续放贷、企业是否按期还款。侯银银、陈金龙(2012)构建的演化博弈模型表明,银企信用关系的演化最终将收敛于两种状态:银企关系转好(企业按期还款—银行连续放贷)或银企互不合作(企业不按期还款—银行不连续放贷);何雪锋等(2018)通过模拟银行、科技型小微企业在各博弈阶段的决策过程,指出双方的最佳博弈路径是"企业申请贷款—银行同意贷款—企业按时还本付息—银行不追缴贷款";文学舟等(2020)还以非主动违约小微企业为切入点,构建担保机构、商业银行和违约微小企业为主体的演化博弈模型,结果发现促使三方互惠共赢的选择策略是"担保机构担保、银行放贷、违约小微企业守信"。

二、长期互动假说

长期互动假说是基于关系型贷款的特点对小银行优势理论的进一步深化。Banerjee等(1994)基于19世纪至20世纪初德国信用合作社数据资料,在前人研究基础上拓展了关系价值理论,并提出长期互动假说。他们认为中小金融机构一般是地方性中小金融机构,拥有大型商业银行所不具备的"地缘""人缘"优势,天然地倾向于服务地方性中小企业,且在长期合作过程逐渐加深对地方性中小企业经营状况等信息的了解,可以在一定程度上克服信息不对称。事实上,长期互动假说指出银企间建立的长期合作关系能有效缓解信息不对称的程度,相较于关系型贷款,其更注重建立稳定长期的合作关系以及彼此在长期合作中的潜在收益与效应。

就中小微企业而言,银企长期互动合作关系有助于双方实现共赢多体现在贷款可得性提高、利率趋降等方面。首先,众多学者基于美国小企业金融抽样调查(National Survey of Small Business Finances,NSSBF)数据、我国大中城市企业调查数据,就银企关系如何影响中小企业信贷可得性展开了研究,结果发现:银企间的关系持续时间越长、联系越紧密,中小企业的贷款可得性越高。也就是说长久的银企合作关系能够显著提高企业的信贷可得性,甚至在面临财务危机时,中小企业更有可能获得信贷支持(Angelini et al.,1998;Bodenhorn,2003;陈键,2008;何韧等,2012;李良志、王祺,2022)。其次,国内外学者基于小企业贷款数据、银行贷款记录、银企合同细节等信息展开的实证研究发现,银企关系持续时间越长,企业越有可能以较低的信贷成本、较少的抵质押担保品获得额度更高、期限更长的贷款(Behr et al.,2011;Bharath et al.,2011;翟胜宝等,2015;Michael et al.,2019;郭娜等,2020)。其中,较低的贷款成本主要表现在贷款利率会随着银企关系的深入而下降(曹敏等,2003;周好文、李辉,2005;何韧,2010;胡坤,2023)。但是,这种变化趋势可能要在银企关系开始后的两年才会显现,且因借款人的质量及其所处时期而异(López-Espinosa et al.,2017;Botsch & Vanasco,2019)。最后,银企间交流的逐步深入有利于化解中小企业融资难困境,带动其创业增收、逐步壮大成长(何韧、王维诚,2009);尤其是企业向银行购买理财产品时,能够帮助企业维系其与银行的信贷关系,持续地获取信贷支持,缓解投资不足等问题(褚剑、胡诗阳,2020)。

就小银行而言,银企长期互动合作关系有助于双方实现共赢,多体现在成本降低、风险易控等方面。首先,就银企关系是否会降低监督成本,多数学者认为随着银企关系时长的增加,客户会因声誉和长远利益不选择"背叛或违约",从而降低银行的贷后监督成本(Blackwell & Winters,1997;贺勇,2009;尹志超等,2015;李昌荣等,2015)。但钱龙(2015)认为,银企关系的深入在缓解企业逆向选择问题的同时并没有缓解其道德风险问题,因此银行的贷后监督成本会增加。其次,稳定良好的银企互动关系及长期合作伙伴关系有利于银行甄别不同类型的借款人,进而有效防范借款人的违约风险。同时,在引入奖惩措施后,借款人的违约率还会在与银行合作过程中逐步呈下降趋势(叶谦、张子刚,2003;

连升、赖小琼,2004;梁益琳、张玉明,2012;Agarwal et al.,2018;郝清民、张玲,2021)。最后,银企关系的建立与持续发展能让银行得到更多的企业专有信息,而这些专有信息由于长期银企关系的存在能被反复使用,可以为银行带来诸如信息租金、信息跨期再利用等潜在收益,是小银行与其他银行竞争的重要途径(Greenbaum & Thakor,2007;邓超等,2010;钱龙,2015;Durguner,2017;张铁铸等,2023)。

三、小银行优势理论

小银行优势理论产生于美国特定的历史条件下。20世纪80年代至90年代,美国等西方国家相继出现了银行业兼并浪潮。特别是1994年美国《里格-尼尔银行跨州经营与跨州设立分支机构效率法案》通过,大银行能较自由地在异地设立分支,小银行的生存环境与中小企业融资难等问题逐渐引起了学界的关注。众多实证研究表明,小银行相较于大银行更倾向于为中小企业发放贷款,小银行的中小企业贷款占比高于大银行(Berger & Udell,1995;Straham & Weston,1996;Berger & Udell,1998;Jayaratne & Wolken,1999)。据此,Stein(2002)在交易型贷款、关系型贷款等研究基础上提出了小银行优势理论,认为大银行服务地域广、经验丰富、信贷技术成熟,在获取、识别、处理企业财务报表等硬信息方面具有比较优势,而小银行专注服务地方,因其"地缘""人缘"优势,获取、识别、处理中小企业诸如人品、还款意愿、社区资源等软信息具有比较优势。该理论可简要概括为:小银行—软信息—关系型贷款—小企业;大银行—硬信息—财务报表型贷款—大企业(杜创,2010)。

国际上,多数学者认为地方性小银行与有融资需求的中小企业地理距离更近,能以较低的成本与借款人长期密切接触并获得各种软信息;加之自身组织结构简单、内部层级少、服务本地化,能更方便传递、快捷处理企业软信息(Cole et al.,2004;Berger & Udell,2006;Canales & Nanda,2011;Beck et al.,2013)。实证研究中,Hauswald和Marquez(2000)通过研究银企间物理距离对信息传递的影响发现,相较于大中型银行,地方性小银行与有融资需求的小企业地理距离更近,能以较低的成本与借款者长期密切接触并获得各种软信息;Carter和Mcnulty(2005)通过权衡比较不同组织规模下银行的信息成本、代理成本,发现小银行在运用软信息对中小企业发放非标准化贷款时更具优势;Hertzberg等(2010)、Hatice(2014)也发现,社区银行具有资产规模小、内部层级少、服务本地化等特点,在处理不易传递的软信息上具有比较优势,较大中型银行更适合服务小企业。

国内的理论与实证研究也支持了上述结论。信息不对称和较高的交易成本使得大银行天生不适合为中小企业服务(贺力平,1999;林毅夫、李永军,2001);大银行长期习惯性依赖抵押担保的方式难以适应县域"四没有"类微小客户小额、分散的贷款需求(赵志刚、巴曙松,2011),而小银行决策权分散、管理层次少,在软信息的搜集和使用上有着天然优势,更适合为中小企业提供金融服务(张捷,2002;殷孟波等,2008;陈一洪,2012;马九杰等,2012;张一林等,2019;胡秋阳、李文芳,2023)。随着技术的进步,尤其是数字信息、云计算等新技术与金融业务的融合发展,地理距离不再是大中型银行获取中小企业信息的主要障碍,小银行优势理论因此受到质疑,但由于我国资本市场欠完善、尚没有对大中型银行贷款环境构成竞争性压力,小银行优势理论在我国仍具有较强的适用性(彭芳春、黄志恒,2015;黄宪等,2016;胡国晖、李雪玲,2018;程超、赵春玲,2018;彭妙薇等,2022)。不仅如此,程超、林丽琼(2015)使用 864 家小微企业调查数据,采用二元 Logit 模型对小银行优势理论进行检验时发现,该理论在我国县域地区依然成立;刘畅等(2017)利用我国县级层面的数据实证研究发现,国有大型商业银行贷款每增加 1 元,对中小企业的贷款会增加 0.0568 元,而股份制商业银行、城商行和农村金融机构贷款每增加 1 元,对中小企业的贷款分别会增加 0.1 元、0.199 元和 0.248 元,上述结论表明小银行优势理论在我国县域地区成立且表现得更为明显。但是,胡秋阳、李文芳(2023)指出,小银行优势理论只有在中小型银行内部组织的功能距离达到一定的邻近程度才会成立,即这一优势建立在其内部组织扁平紧凑、功能距离短的结构特征基础上,并且此时对其功能距离的要求会更高。小微银行是银行体系的重要组成部分,长期来看,仍应是县域和农村金融服务的主要力量,做好、做精小微银行既是服务实体经济、服务小微企业和"三农"的需要,也是保持金融体系生态平衡、维护金融稳定的需要;由此应继续发挥好小微银行接地气、情况熟的天然优势,持续下沉经营重心,更多开展依赖人力资源和线下投入的"重资产"业务,占据和开拓大中型银行管理半径之外的市场(陈涛、李超,2021)。作为金融支持乡村振兴的主力军,县域农商银行发展对于推进金融服务乡村振兴战略具有重要的理论意义和现实价值(张洋等,2024)。随着金融业务的持续推进、普惠金融的快速发展、数字鸿沟的逐步消除,数字普惠金融机构在科技领域和获取客户资源方面将占据优势,作为其末梢服务代理商的县域农商银行,逐渐依托其数字普惠金融机构的交易场景、大数据技术等优势来优化服务方式,增强了在县域金融市场中的核心竞争力,提升了普惠金融服务质效。

四、关系型贷款

关系型贷款是针对客户软信息进行分析的一种贷款技术,主要依赖贷款人长期与借款人接触中所积累的私有信息发放贷款,强调通过建立"关系"充分将借款人的潜在资源资本化。Berger 和 Udell(2002)提出了一个至今仍被广泛引用的关系型贷款研究范式,即贷款人基于与潜在借款人长期接触所形成的"关系",获取诸如借款人的品德、劳动意愿、还款意愿、家庭及邻里和睦度、客户及其上下游客户间关系等软信息,以有针对性地发放贷款。张捷(2002)较早研究了我国的关系型贷款发展,通过建立权衡信息成本与代理成本的模型,证明小银行在关系型贷款上具有明显优势,并指出因组织结构的制约,由大银行的分支机构代替小银行对中小企业的融资功能,从长期看是不可取的。现有研究多显现出关系型贷款对于中小企业有着重要意义。

首先,贷款可得性方面。关系型贷款有助于克服信贷市场信息不对称,能有效缓解中小企业融资约束,提高信贷可得性,尤其是针对那些处于金融危机、突发自然灾害、经济低迷、银行信贷缩减等时期的中小企业(万解秋,2005;Berg & Schrader,2012;郭延安,2012;DeYoung et al.,2015;Beck et al.,2018;胡志浩、李勐,2019;莫媛、王静,2023)。国内外学者多是基于各国中小企业和金融机构的相关融资调查数据开展实证研究,研究发现关系型贷款能够提高中小企业甚至农村小企业的信贷可得性(Petersen & Rajan,1995;Harhoff & Körting,1998;Memmel et al.,2007;姚益龙等,2012;董晓林等,2015);但也有学者在考察金融危机时期东亚国家的银企关系强度对企业信贷可得性的影响时发现存在区域异质性,如在韩国、泰国,银企关系强度与企业信贷可得性呈显著正相关,而在印度尼西亚、菲律宾地区,二者却不存在显著关系(Jiangli et al.,2008)。此外,杨蕊、侯晓辉(2023)还以政府推行的科技与金融结合试点政策实施准自然实验,考察科技金融政策对关系型贷款的影响以及作用机制,研究发现:科技金融政策促进了国有企业关系型贷款的增长,且短期内较明显;政策效果存在地区和企业的异质性,中西部地区以及缺乏竞争优势的国有企业对政策反应较为显著,东部地区和拥有竞争优势的国有企业对政策反应不显著;政府干预、商业信用、银行业数字化转型和抵御系统性风险能力的提升在科技金融政策刺激关系型贷款增长的过程中发挥了作用。

其次,贷款利率方面。关系型贷款有助于降低中小企业的融资成本。许朝晖、吴浩铭(2016)根据《巴塞尔协议Ⅲ》建立了修正后的风险调整资本收益(RAROC)贷款定价模型,并通过案例测试发现中小企业关系型贷款定价很大程度上取决于银企关系的密切程度;Bolton 等(2016)、Donker 等(2020)比较了关系型贷款和非关系型贷款的贷款利率后发现,经济运行平稳时,关系型贷款利率可能高于非关系型贷款利率,但当企业处于困境期时,关系型贷款利率反而会低于同期市场平均利率 17 至 37 个点;程士强(2024)提出关系成本的概念并用以衡量与比较关系带来的负担和负面影响,研究认为,作为一种正规化、标准化的关系合约,公益性小额信贷在使关系型贷款的市场范围实现扩张的同时,也承担着不同程度的关系成本,该成本包括结构摩擦和关系负荷两部分,结构摩擦与合约效果之间呈单调负相关关系,而关系负荷与合约效果之间呈倒 U 形曲线关系,公益性小额信贷可以通过关系合约来控制信息不对称和违约风险问题,但是要尽量降低关系成本。

最后,风险控制方面。关系型贷款建立在长期业务交流与合作基础上,主要基于企业私有信息发放贷款,能更好地预测借款人的违约率,有助于银行控制风险,特别是在银企关系持续时间较长的情况下(Fiordelisi et al.,2013;Chang et al.,2014);随后,Ono 等(2014)、Rosenfeld(2014)分别利用日本、美国的数据进行实证研究,他们一致发现关系型贷款往往伴随着低违约率。当这种银企关系被视为一种承诺或一项独特的"贷款协议"时,还能有效降低银行未来的监督成本,缓解信贷过程中逆向选择和道德风险的发生,甚至能促使"欺诈"企业向"诚信"企业转变(Bharath et al.,2007;徐晓萍,2014;钟世和、苗文龙,2017)。

第二节 银企互动实践研究

一、银企互动运行机制

银企间相互持股、投贷联动、银税互动是银企互动的主要运行机制。

银企间相互持股是指银行与企业基于特定目的,互相持有对方发行之股份的经济现象。银企间相互持股的现象在日本、德国等混业经营的国家十分普遍，法人间交易关系和产权纽带较为稳定。然而，在稳定经营、促进企业长期发展、提高营运效率、节约交易成本、完善资金筹措和调度功能等方面产生积极影响的同时，也容易带来诸如银企集团垄断、自由竞争有效性降低、资本虚增引发经济泡沫等不利影响。据 2015 年 10 月 1 日实施的《中华人民共和国商业银行法》第二次修正稿第四十三条"商业银行在中华人民共和国境内不得从事信托投资和证券经营业务，不得向非自用不动产投资或者向非银行金融机构和企业投资，但国家另有规定的除外"，目前我国银企间相互持股仍受到较严格的限制。

投贷联动最早出现于 1983 年的美国硅谷银行，是信贷与股权融资相结合的一种融资方式。2016 年 4 月 21 日，我国银监会、人民银行与科技部共同颁布《关于支持银行业金融机构加大创新力度开展科创企业投贷联动试点的指导意见》后，开始了投贷联动试点，主要目标是科创型企业（孔祥博、陶建宏，2020）。目前主要有五种投贷联动的模式：第一种直接投资模式，是银行通过集团内部持有股权投资牌照的子公司进行股权投资，即通过"母行贷款＋子公司股权投资"的联合方式开展投贷联动业务，目前仅有国家开发银行适用于该模式；第二种银行与境外子公司联动模式，是银行通过其在境外设立的子公司对境内企业进行投资，也就是通过"境内贷＋境外投"的联合方式实现投贷联动；第三种银行与股权投资机构合作模式，是双方通过业务往来及合作分享项目资源，对于已投资的企业，银行给予一定比例的贷款并锁定其资金结算、咨询顾问等其他业务，最终实现投贷联动；第四种选择权贷款模式，是指银行在与风险投资机构签署授信合同时约定银行有优先权，将贷款转换为被投资企业所对应的股权，在被投资企业通过并购、IPO（首次公开募股）实现股权溢价时通过市场出售，分享收益实现投贷联动；第五种产业基金模式，是由政府或投资机构等牵头成立产业引导基金，银行以发行理财产品、债券等方式向社会公众募集资金，通过发起子基金或直接投资的形式对标的企业进行投资，实现投贷联动（叶文辉，2017；孔祥博、陶建宏，2020；周家珍，2021）。

银税互动始于 2015 年 7 月国家税务总局与中国银行业监督管理委员会联合发布的《关于开展"银税互动"助力小微企业发展活动的通知》（税总发〔2015〕96 号），是税务机关帮助企业将纳税信用转化为融资信用，以便于银行业金融机构为企业提供金融支持的一种信贷模式。从服务内容特征看，主要有信息共享和服务平台共享两种方式(陈果、陈文裕,2017),实践中通常分为上海、重庆、杭州三种信贷服务模式(缪锦春,2017)。其中,上海模式是指中国银行等 25 家银行引入互联网平台企业,实现与税务部门大数据共享和合作,并据此将服务对象由原来的小企业拓展到高新技术企业、出口企业等,为其提供信贷支持的一种信贷服务模式;重庆模式的代表是重庆银行,基于企业税务等信息开发的大数据金融风控平台,推出"数 e 融"系列小微企业信贷产品;杭州模式的代表是宁波银行,通过其与浙江省国税局共同搭建的"税银互动——小微金融服务平台",为辖内中小企业提供网上即可申请退税贷、"7×24"小时对公结算、自动续贷等业务的服务。从上述模式可以看出,银税互动有效利用了税务机关、纳税人的信息资源,优化了银企间的信贷模式。

我国商业银行虽不能直接开展股权投资业务,但近年来,国务院和金融监管部门发布推动银行开展投贷联动业务的系列政策文件,鼓励商业银行在投贷联动业务方面进行探索和实践,尤其是 2023 年 10 月第六次中央金融工作会议提出"以加快建设金融强国为目标"和"做好科技金融、绿色金融、普惠金融、养老金融、数字金融五篇文章",投贷联动或将得到进一步发展。李一赫(2023)认为,我国经济已经进入创新驱动高质量发展的阶段,金融机构要为支持科技型企业发展和提高企业科技创新能力提供充分的资金保障。刘国宏(2023)认为,应加大投贷联动创新力度,鼓励政府性融资担保机构等地方金融组织,探索发展担保、委贷、投资、发债等多元联动模式,以政策性担保、贴息贴保政策等方式对接中小科创企业金融需求,筛选发现优质资产,再以委贷、投资、发债等方式叠加服务中小科创企业发展,拓展地方金融组织自身盈利空间,推动政策性科创金融服务的商业可持续与客群广覆盖。余勋(2023)基于创业板 981 家上市公司 10 年间数据和构建的松散的投贷联动指标研究认为,相对于单一的银行信贷,投贷联动下的银行信贷对于企业科技创新具有正向促进作用,相对于单一的风险投资,投贷联动下的风险投资对于企业科技创新的促进作用更加明显,投贷联动能够促进科技型中小企业进行科技创新。

二、银企互动产品

银企互动产品旨在通过产品服务纽带加强银行与企业间的互动关系,其中积分类产品、投贷联动产品、银税互动产品等较为典型。积分类产品早期始于贷存挂钩,是指银行在给企业提供贷款时,鼓励企业在银行多做些存款、流水、理财"等业务并计入相应积分作为后期贷款的评判依据。近年来,在政府有力的推动下,大中型商业银行尤其是沿海发达地区商业银行绿色信贷产品得以快速发展,小微银行绿色发展意识也有了明显提升并积极促进微小客户环保意识的提升(He & Yan,2020),推出诸多贴近微小客户生活、生产的绿色信贷产品,如:为鼓励百姓低碳出行、低碳消费、低碳生产经营,推出"碳账户""碳积分"等与微小客户生活、生产高度相关的绿色微小贷款,亦属"积分类"信贷产品。周家珍(2021)对现有的投贷联动产品进行了较完全的统计,如:美国的"小企业投资公司"和"硅谷银行",英国的"中小企业成长基金",中国招商银行的"千鹰展翼"计划、建设银行的"创业者港湾"品牌、南京银行的"鑫智力"品牌、北京银行的"投贷通"产品以及兴业银行的夹层基金等。其中,"中小企业成长基金"整合了政府、银行、机构及个人投资者等多方资本,专门为具有发展潜力和国际化前景的中小企业提供投融资支持,采用基金形式参与中小企业股权投资,为营业额1亿英镑以下的中小企业提供200万—1000万英镑的投资资金;招商银行子公司于2010年成立专项投资基金——"展翼基金",对"千鹰展翼"计划内企业开展投资联动业务,并因其良好的支持效果和成熟的商业模式成为行业标杆;"创业者港湾"品牌于2019年1月发布,主要与政府部门、投资机构、科研院校及孵化机构等合作,打造便捷高效的"金融+孵化+产业+教育"线上与线下融合、一站式综合服务平台,服务科创企业;夹层基金主要是与高薪资本等投资机构合作,由银行作为优先级出资设立夹层基金,用于某医药类科创企业的并购贷款融资,但由于监管已经叫停"明股实债"型股权投资计划,未来可能会逐步受到限制。自2015年以来,国家税务总局和银保监会等部门出台了系列文件,要求通过推进开展"银税互动"工作,助力中小微企业的发展,由此银税互动产品得以快速发展,众多金融机构和全国各级税务机关紧密合作,针对中小微企业贷款难,相继研究开发出"税易贷""闪电贷""云税贷""税融通""税贷通""银税通""小微贷""税e宝""税微贷"等种类繁多的银税互动产品,使纳税遵从度高、依法守信的纳税人的融资渠道进一步畅通、融资成本大幅下降,有效地促进了中小微银行与中小微企业良性互动发展。

党的十九大报告明确提出支持绿色金融发展,绿色金融已成为一项国家战略,与小微银行、微小客户密切相关的碳普惠将日益受到人们的关注。碳普惠制是指以小微企业、社区家庭、个人等为主体,以"低碳权益,普惠你我""谁低碳、谁受益"为核心理念,以绿色低碳行为为基础、对其减碳增汇行为量化并赋予一定价值,通过自愿参与、行为记录、核算量化,建立起以商业激励、政策鼓励和核证减排量交易相结合的正向引导制度,达到引导全社会参与绿色低碳发展目的的系列引导机制(靳国良,2014;刘海燕、郑爽,2018;史丽颖,2021)。张艳梅等(2021)通过研究中共中央、国务院印发《关于支持浙江高质量发展建设共同富裕示范区的意见》中"全面推进生产生活方式绿色转型,拓宽绿水青山就是金山银山转化通道"等相关条款认为,积极探索碳普惠制有助于培养简约适度、绿色低碳和文明健康的生产生活方式,这就需要鼓励和引导全社会参与绿色发展、节能减排的环保活动,进而在全社会形成全民参与、共建共享的绿色生产生活方式;叶强等(2022)通过分析我国未来碳市场的发展趋势指出,建设融合企业级和个人级碳交易的碳市场是我国快速实现"双碳"目标的重要途径。高步安、徐家庆(2024)研究认为,推进碳普惠制发展的核心在于三个方面:一是深入挖掘绿色低碳场景,全面准确获取各场景的低碳行为数据,这是碳普惠实践深入推进的基础;二是需要权威、科学、准确的碳排放核算体系作为支撑,这直接关系到碳减排的计量以及碳资产的认定;三是创新碳资产管理和价值转化机制,这是推动碳普惠发展的驱动力,只有强化激励机制才能广泛调动全社会的积极性,这正是发展碳普惠的初衷和目的。由此可见,在经济高质量发展中碳普惠制与微小客户、小微银行良性互动关系将日显密切。

三、银企互动案例

21 世纪以来,银行长期定位于微小客户并着力将其培育为忠诚客户形成良性互动的案例时有发生,其中较有代表性的当属孟加拉国格莱珉银行和中国浙江台州银行[①]。

格莱珉银行创建于 20 世纪 70 年代中期,是世界金融史上第一个属于穷人的"草根银行",长期为女性客户提供小额贷款、生产生活等综合性服务以改变其家庭贫困状况,并取得了巨大成功,2006 年其创始人穆罕默德·尤努斯获得了诺贝尔和平奖。其客户特征为:有劳动意愿和一定劳动能力的节俭持家妇女,硬信息缺失,贷款用途明确。主要做法为:自发成立小组,贷前、贷中进行培

---

①孟加拉国格莱珉银行、中国浙江台州银行虽不完全类同于本书研究的小微银行,但客户定位、业务结构、发展过程、培训等与其类似,值得学习与借鉴。根植于浙江台州银行和台州小微金融发展经验的 AFR 微贷项目运行以及小微银行本土化与优化经验也表明,台州小微金融经验具有普适性。

训,贷后进行小组常态化互动式学习,每周整贷零还等(尤努斯,2006)。截至 2023 年 12 月,格莱珉银行已拥有 2568 个支行、134763 个中心、1475968 个小组,覆盖了孟加拉国约 93％的村庄,拥有会员 1046.7 万人,其中女性会员占比 96.83％;累放贷款 377.9 亿美元,不良率 0.14％。[①] 因良好的经济社会效应,其模式成功复制推广到全球百余个国家或地区,帮助数百万贫困人口成功脱贫,成立于 2008 年 1 月的格莱珉银行美国纽约分行也将格莱珉银行的乡村实践在发达国家成功本土化(农业银行国际业务部课题组,2007;谢世清、陈方诺,2017)。

台州银行前身台州路桥城市信用社成立于 1988 年 6 月 6 日,最初只有 6 名员工、10 万元注册资金。自成立以来,长期坚持定位于辖区内微型企业主、个体工商户、农户等"四没有"微小客户,秉承与微小客户共成长理念,业务实践中率先引进先进微贷技术,着力发掘原生态客户并将其培育成为忠诚客户以实施整体化交叉营销,带动其"生活圈""生意圈"业务发展。2005 年 11 月,台州银行率先引进德国 IPC 微贷技术[②]并成功本土化与优化,长期坚持有效的员工内训;持续实行客户分类管理与客户经理分级管理(何嗣江,2005;何嗣江、史晋川,2009),形成了畅通小微企业融资的"56789"特色,即纯信用贷款占比超 50％,自助方式贷款户数占比超 60％,实行续贷免签的贷款合同占比近 70％,无抵质押的贷款占 80％,支行一线完成审批的贷款占 90％,努力做微小客户的"主办行"(黄军民,2023)。截至 2023 年底,台州银行注册资金为 18 亿元,11000 多名员工队伍中信贷客户经理约占 50％,贷款余额近 3000 亿元,不良率 0.88％,创立 36 年来,台州银行表外核销不良贷款余额仅 25 亿元(黄军民,2024),户均不到 50 万元,500 万元以下的小微贷款户数占比 99.14％(监管部门小微贷款界定曾从早期的单笔 3000 万元以下调整为单笔 1000 万元以下,再到 2024 年转变为单笔 2000 万元以下,台州银行小微贷款一直是单笔 500 万元以下),30 万元及以下贷款户数占比近 80％,90％的贷款客户无抵押软担保,500 万元及以上贷款户占比达 0.86％,且其中绝大多数都是数年、数十年前由原生态客户相伴成长的忠诚客户,各项指标均处于领先水平。此外,在 IPC 微贷固化与优化发展基础上研发而成的以弱势客户为服务对象、用于生产经营的纯信用"小本贷

---

①资料来源:格莱珉银行官网,https://grameenbank.org/。
②德国 IPC 微贷技术是由德国国际项目咨询公司(IPC 公司)为金融领域提供的一体化的信贷咨询服务和解决方案。

款",自 2006 年初首笔"小本贷款"发放以来,截至 2023 年末,60 万贷款客户中贷款需求在 30 万元及以下的微小客户占比近 80%,累计支持 500 多万小微客户创业(保守估计每笔"小本贷款"能创造 4—5 个就业岗位),其中 60% 以上系生平第一次获得正规金融机构用于生产经营性贷款的原生态客户(首贷客户)。[①] 此案例说明,即使在经济发达、银行竞争较为激烈的台州,贷款需求在 30 万元及以下的微小客户也是小微银行的主流客户群,显示出"小本贷款"(微小贷款)良好的扶贫、助弱与共富效应。

第三节　银企互动影响因素研究

一、政府与监管政策

近年来,小微企业贷款持续得到政府及监管部门的高度重视,一系列引导、激励和约束政策相继出台。

2012 年 1 月,第四次全国金融工作会议明确提出,做好新时期的金融工作,要"坚持金融服务实体经济的本质要求、坚持市场配置金融资源的改革导向、坚持创新与监管相协调的发展理念、坚持把防范化解风险作为金融工作生命线、坚持自主渐进安全共赢的开放方针"。[②] 会议期间,兴业银行首席经济学家鲁政委接受记者采访时表示,"这是中央第一次在金融工作中提到'坚持服务实体经济'","金融服务实体"将成为未来中国金融改革和发展的基本原则;国务院发展研究中心金融研究所副所长巴曙松接受《经济参考报》记者采访时说,当前国内一方面实体经济融资难,另一方面资本市场流动性却十分充沛,金融和实体经济有脱节现象,大量小微企业、农村地区低收入群体对资金需求十分迫切,为此我们的金融结构要转型,信贷扶持也需要转向,以更好地服务实体经济。[③] 在 2017 年 7 月第五次全国金融工作会议上,习近平总书记提出,要加强党对金融工作的领导,金融是实体经济的血脉,为实体经济服务是金融的天职,是金融的宗旨,也是防范金融风险的根本举措,同时强调做实金融服务实体经济须"回归

---

①资料来源:台州银行官网,http://www.tzbank.com/;浙江大学 AFR 微贷项目课题组调研材料。

②全国金融工作会议在京召开[N]. 人民日报,2012-01-08(1).

③刘振冬,赵东东."五个坚持"勾勒金融改革方向[N]. 经济参考报,2012-01-09(2).

本源、优化结构、强化监管、市场导向";金融是国之重器,是国民经济的血脉,要把握好服务实体经济、防控金融风险、深化金融改革"三位一体"的金融工作主题,把服务实体经济作为根本目的,把防范化解系统性风险作为核心目标,把深化金融改革作为根本动力,促进经济与金融良性循环,共生共荣。① 2023 年 10月第六次中央金融工作会议基于近年金融工作总结的基础上明确指出"经济金融风险隐患仍然较多,金融服务实体经济的质效不高,金融乱象和腐败问题屡禁不止,金融监管和治理能力薄弱"问题的同时,强调"深刻把握金融工作的政治性、人民性,以加快建设金融强国为目标,以推进金融高质量发展为主题,以金融队伍的纯洁性、专业性、战斗力为重要支撑"和"做好科技金融、绿色金融、普惠金融、养老金融、数字金融五篇大文章"②,显现出党中央对金融工作的高度重视,并明确了未来我国金融的工作重点和宗旨。

2018 年起连续七年的中央一号文件对县域农村金融主力军农商银行、小微贷款发展相继做出了越来越具体、明确的要求。2018 年中央一号文件指出,坚持农村金融改革发展的正确方向,健全适合农业、农村特点的农村金融体系,推动农村金融机构回归本源,把更多金融资源配置到农村经济社会发展的重点领域和薄弱环节;要强化金融服务方式创新,防止脱实向虚倾向,严格管控风险,提高金融服务乡村振兴能力和水平;推动农村信用社省联社改革,保持农村信用社县域法人地位和数量总体稳定,完善村镇银行准入条件,促进地方法人金融机构服务好乡村振兴。2019 年中央一号文件继续强调,推动农商银行、农村合作银行、农信社逐步回归本源,为本地"三农"服务的同时,进一步指出,打通金融服务"三农"各个环节,建立县域银行业金融机构服务"三农"的激励约束机制,实现普惠性涉农贷款增速总体高于各项贷款平均增速;研究制定商业银行"三农"事业部绩效考核和激励的具体办法,用好差别化准备金率和差异化监管等政策,切实降低"三农"信贷担保服务门槛,鼓励银行业金融机构加大对乡村振兴和脱贫攻坚中长期信贷支持力度。2020 年中央一号文件再次提出,要深化农村信用社改革,坚持县域法人地位,加强考核引导,合理提升资金外流严重县的存贷比,同时更加明确地指出,稳妥扩大农村普惠金融改革试点,鼓励地方政府开展县域农户、中小企业信用等级评价,加快构建线上线下相结合、"银保担"

---

①服务实体经济防控金融风险深化金融改革 促进经济和金融良性循环健康发展[N].人民日报,2017-07-16(1).

②中央金融工作会议在北京举行[N].人民日报,2023-11-01(1).

风险共担的普惠金融服务体系,推出更多免抵押、免担保、低利率、可持续的普惠金融产品。值得关注的是,自 2018 年中央一号文件提出"推动农村信用社省联社改革,保持农村信用社县域法人地位和数量总体稳定"以来,2021 年中央一号文件再次强调"保持农村信用合作社等县域农村金融机构法人地位和数量总体稳定,做好监督管理、风险化解、深化改革工作,发展农村数字普惠金融";同时提出"运用支农支小再贷款、再贴现等政策工具,实施最优惠的存款准备金率,加大对机构法人在县域、业务在县域的金融机构的支持力度,推动农村金融机构回归本源,增加首贷和信用贷"。2022 年中央一号文件首次提出"强化乡村振兴金融服务",再次强调指出"加快农村信用社改革,完善省(自治区)农村信用社联合社治理机制,稳妥化解风险;深入开展农村信用体系建设,发展农户信用贷款;加强农村金融知识普及教育和金融消费权益保护"。2023 年、2024 年中央一号文件对进一步强化县域金融精准服务做出了全面部署。2023 年中央一号文件指出,用好再贷款再贴现、差别化存款准备金、差异化金融监管和考核评估等政策,推动金融机构增加乡村振兴相关领域贷款投放,引导信贷担保业务向农业农村领域倾斜,发挥全国农业信贷担保体系作用;加快农村信用社改革化险,推动村镇银行结构性重组。2024 年中央一号文件指出,强化对信贷业务以县域为主的金融机构货币政策精准支持,完善大中型银行"三农"金融服务专业化工作机制,强化农村中小金融机构"支农支小"定位;分省分类推进农村信用社改革化险。

与此同时,国家金融监督管理总局出台了系列具体的小微贷款发展激励、约束考核指标。为持续改进小微企业金融服务,促进经济提质增效升级,《关于 2015 年小微企业金融服务工作的指导意见》将 2015 年银行业小微企业金融服务工作目标由以往单纯侧重贷款增速和增量的"两个不低于"调整为"三个不低于",从增速、户数、申贷获得率三个维度更加全面地考察小微企业贷款增长情况。即在有效提高贷款增量的基础上,努力实现小微企业贷款增速不低于各项贷款平均增速,小微企业贷款户数不低于上年同期户数,小微企业申贷获得率不低于上年同期水平。为进一步引导银行业聚焦薄弱环节、下沉服务重心,《关于 2018 年推动银行业小微企业金融服务高质量发展的通知》强调在继续坚持"三个不低于"、确保小微企业信贷总量稳步扩大基础上,重点针对单户授信 1000 万元(含)以下的小微企业贷款提出"两增两控"的新目标,突出了对小微企业贷款量质并重、可持续增长的监管导向。"两增"即单户授信总额 1000 万元

（含）以下小微企业贷款同比增速不低于各项贷款同比增速,贷款户数不低于上年同期水平,"两控"即合理控制小微企业贷款资产质量水平和贷款综合成本。为贯彻落实党中央、国务院关于统筹推进新冠疫情防控和经济社会发展、强化"六稳"举措、进一步缓解企业融资难融资贵问题的重要决策部署,《关于 2020 年推动小微企业金融服务"增量扩面、提质降本"有关工作的通知》中强调,努力实现 2020 年银行业小微企业（含小微企业主、个体工商户）贷款"增量、扩面、提质、降本"的总体目标。"增量"是指单户授信总额 1000 万元（含）以下的普惠型小微企业贷款确保实现"两增",即贷款较年初增速不低于各项贷款增速、有贷款余额的户数不低于年初水平;"扩面"是指增加获得银行贷款的小微企业户数,着力提高当年新发放小微企业贷款户中"首贷户"的占比;"提质"是指提升小微企业信贷服务便利度和满意度,努力提高信用贷款和续贷业务占比;"降本"是指进一步降低普惠型小微企业贷款的综合融资成本。值得关注的是,强化明确了分类考核督促与量化考核,并首次提出着力提高"首贷户"占比、信用贷款和续贷业务占比;明确要求五家国有大型银行力争普惠型小微企业贷款余额上半年同比增速不低于 30% 及邮储银行和股份制银行努力完成"两增"目标,2020 年 5 月的全国两会政府工作报告中又进一步要求大型商业银行普惠型小微企业贷款增速要高于 40%。值得特别关注的是,基于 2015 年以来相关政策的实施成效及进一步推动普惠金融服务提质增效的需要,《关于提升小微企业金融服务质量的通知》就金融机构如何进一步做实小微企业的精准服务,提出了"加强服务对接、精准支持重点领域小微市场主体""优化供给结构、提升小微企业服务质量""发掘服务优势、增强小微企业服务能力""完善业务模式,拓展小微企业保险保障渠道""加强规范管理,搭建服务平台"等方面的具体要求;为深入贯彻第六次中央金融工作会议、2024 年中央经济工作会议和中央农村工作会议精神,认真落实国发〔2023〕15 号《国务院关于推进普惠金融高质量发展的实施意见》,围绕做好普惠金融大文章部署要求,国家金融监督管理总局下发了《关于做好 2024 年普惠信贷工作的通知》,强调指出"实现普惠信贷保量、稳价、优结构""满足重点领域信贷需求""提升服务质效""规范普惠信贷业务发展""强化工作协同联动"等五项具体要求和措施。

从第四次、第五次全国金融工作会议到第六次中央金融工作会议,政策持续强调回归金融服务实体经济本质、确保资金投向实体经济、严防风险,建设金融强国和做好"五大金融";2018 年以来的中央一号文件连续多年将工作重点聚焦农村金融机构,强调回归本源,强化信用贷款投放、首贷客户考核,加强农村信用体系建设与农村数字普惠金融发展;在对大型商业银行微小贷款业务与服务质量提出了一系列具体的约束性考核指标的同时,《关于提升小微企业金融服务质量的通知》特别强调指出,加强服务对接、精准支持重点领域小微市场主体、优化供给结构、提升小微企业服务质量;国家金融监督管理总局〔2024〕26 号文件《关于做好 2024 年普惠金融信贷工作的通知》具体明确了"保量、稳价、优结构"的普惠信贷总体目标,并再一次强调指出"满足重点领域信贷需求,提升服务质效"。在这些政策的引导和激励下,各大中型银行尤其是五大国有控股银行凭借自身巨大的体量优势纷纷下沉业务,以超乎寻常的态势和服务分流了原本农商银行、村镇银行独占优势的部分微小贷款业务,总体上提升普惠金融服务质效的同时,也加剧了县域金融市场的竞争。可以预见,未来一段时期内,县域农商银行、村镇银行的微小贷款业务发展竞争环境或将更加激烈,由此势必将影响小微银行与微小客户的互动发展。

二、金融科技发展

近年来,随着技术的进步尤其是数字信息技术、人工智能、云计算、区块链等新技术与金融业务的深度融合发展,软信息的获取渠道、识别方式与处理效率均发生了积极变化。

首先,丰富了软信息获取渠道。传统技术条件下农商银行等金融机构主要通过线下扫街、扫村、扫户及问卷调查等方式对借款人行为进行长期反复观察,获取借款人的流水、品格、还款意愿、邻里和同行评价、家庭关系等软信息,而互联网等金融科技的发展极大地丰富了软信息的获取渠道并有利于降低软信息的获取成本(Peter & Silvia,2010)。谢平、邹传伟(2012)认为,通过社交网络生成和传播信息、借助搜索引擎对信息的查找、采用云计算保障存储和计算能力,金融科技能够获取传统方式无法取得的客户信息,如社交软件的运用、支付平台的数据、手机中的位置信息等;盛天翔、范从来(2020)认为在互联网条件下,大多数企业、银行、水电公司、政府等都加入了互联网,因而很多企业和企业主的信息都可以通过网络获取,如果企业通过电子商务平台进行交易,金融机构还可以通过与电子商务平台的对接,直接获得企业的经营状况、还款状况、客户评价等相关信息;张懿玮、高维和(2020)也在研究短信文本信息的挖掘时,证实了文本信息能成为软信息的有效获取来源之一。

其次,提升了软信息识别与传递效率。传统微小贷款技术条件下,客户经理通过实地调查、自编报表、交叉检验识别软信息真假,信息传递与真伪识别成本较高;互联网技术条件下,信息技术使得越来越多的软信息能低成本地被数字化、编码化成为硬信息并在互联网上"沉淀",无需放贷人主动搜集,具体表现为借助社交网络、移动互联、公告牌和征信系统形成的大数据简化人工的数据收集和实施决策过程,更易于传递信息,提高信息处理速度,降低信息处理成本(谢平等,2015;Liberti & Petersen,2019)。在金融科技与软信息传递效率提升方面,早在2002年甚至更早,就有学者发现信息技术的发展极大地扩展了银行的服务范围(Petersen,2002),但当时主要基于硬信息进行讨论。事实上,信息技术的发展也大大提高了软信息的传递效率,如社交软件中的实时通话功能使得信贷员参与贷款审批更加便捷;罗兴等(2018)认为互联网可以将农村各类主体的信息(包括软信息)变为连续性的、标准化的实时完整信息,且信息技术作为一种能够跨越时间和空间限制的技术,可以在互联网上实现对各类上网主体的全程动态实时监控,促进信息实时对称。

最后,强化了软信息处理中贷款技术的融合使用。金融科技对软信息处理的影响,主要体现在交易型贷款技术与关系型贷款技术相互融合应用方面,其中软信息的硬化极大地促进了信用评分卡等交易型贷款技术的运用。在互联网条件下,金融机构的甄别程序可能发生改变:一是不再完全倚重企业的财务信息和担保信息,而是依靠企业的经营数据和客户评价等流量信息;二是依据的信息不是单方面的,而是多方面的(赵洪江等,2015)。罗兴等(2018)研究农村互联网信贷时认为,通过网络爬虫、大数据、云计算及人工智能等数字技术及诸如在线社交网络及供应链等商业模式的创新,能实现农村各类交易信息在互联网上的实时沉淀、存储、处理、分析及监控。软信息的主要特点是依赖文本,无法以非人格化形式传输,且信息内容和质量与收集人的专业素养、被采集客户配合程度高度相关。因此,在信贷审批中,信贷人员可能会操纵软信息和覆盖硬信息来达到他们的目标,而且对贷款获批的薪酬激励也会使得信贷员扭曲和夸大信用评级评估(Berger & Udell,2002;Cole et al.,2015),然而金融科技使得软信息的收集和运用分离,能够缓解这种代理问题(Paravisini & Schoar,2015)。

此外,就金融科技是否会影响小银行的关系型贷款业务,学界也展开了研究。有学者认为金融科技不会对关系型贷款产生显著影响,如:Petersen(2002)

在研究技术进步对小企业贷款的影响时指出,关系型贷款主要依靠长期接触所获得的软信息,因此技术进步并不会对小银行的关系型贷款业务产生显著影响,也就是说小银行在关系型贷款领域依然具有相对优势;De Young 等(2004)研究了技术进步对社区银行发展的影响,并指出技术进步对关系型贷款的影响不大;随后,其研究网上银行对社区银行的影响时也得出了相同的结论(De Young,2007)。与此同时,也有学者认为金融科技的发展可能会削弱以软信息分析为主的关系型贷款技术在微小贷款中所起的作用,如:Boot 和 Thakor(2000)在科技进步和管制放松引致银行同业竞争加剧的背景下认为,大中型银行机构下沉、业务下沉将减少小银行关系型贷款的收入;董彦岭(2003)认为,随着信息技术的进步,中小企业信息的获取、传递更加容易,信用评分等贷款技术的使用对关系型贷款技术造成了一定的冲击;汪兴隆(2012)认为,近十年信息技术的发展削弱了银行规模和企业规模机械对应的"门当户对"关系,传统的小银行优势理论夸大了软信息在小微企业贷款中的作用,由此关系型贷款技术会逐渐向信用评分技术转变;董菁(2016)指出,随着互联网和电子商务的高速发展,以云计算为基础的诸如考拉征信、芝麻信用等大数据征信服务使得地域和距离已不再是银企间信息传递与交流的障碍,大银行对小微企业的信息劣势越来越不明显,关系型贷款技术在获取小微企业信息时所发挥的作用正逐渐被信息技术所削弱;李文芳、胡秋阳(2024)也通过考察信息环境现代化对小银行优势的影响,发现信息环境的现代化通过丰富企业信息内容和硬化企业软信息拓展了非交往性企业的信息获取方式,从而削弱了银企交往作为企业软信息获取方式的重要性。还有学者不赞同上述观点,认为金融科技在小微企业融资中发挥着重要作用。传统理论推崇的大小银行机构与大小企业必须规模匹配的观点已经不再符合目前的市场规律,尤其随着信息化水平的提升,中小企业所具有的高风险、信息不对称等劣势已经能够不断被金融科技创新所弥补(李华民等,2014;李华民、吴非,2015);而且互联网发展背景下的商业银行无法凭经验进行管理与控制,但区块链、大数据、人工智能的广泛运用能解决银行与客户的信息不对称问题(陆岷峰、吴建平,2017);潘子杰(2018)还基于富国银行以及国内部分大型银行在发展小微企业融资方面的成功经验,肯定了金融科技对小微企业融资的支撑作用,特别是大数据和人工智能的运用,使得大型商业银行能在小微企业融资中发挥重要作用。毋庸讳言,金融科技的发展确实拓宽了软信息的获取渠道、提升了软信息识别与传递的效率、强化了交易型贷款与关系型贷款技术在软信息处理中的融合使用,从而提升了软信息的硬度,但关系型贷款中微小客户的软信息本质并没有改变(曾冉,2014),人工智能、计算机也不能完全取代信贷员,银行未来之路还是要在信息技术基础上发展关系型贷款,以适应不断变化的客户需求(Jakšič & Marinč,2019)。陈涛、李超(2021)认为,小微银行实现金融科技赋能要更加重视线上与线下的融合,更多基于"场景"提供便利化服务,特别是发挥小微银行理解乡风民俗,紧贴居民生活、生产与经营的优势,将"科技"融入"场景",提升金融业务智能化、人性化水平。事实上,如果小微银行盲目追求线上,也将严重影响其与微小客户中众多"四没有"类原生态客户的互动。

值得关注的还有,随着金融科技、互联网金融和基于"使用数字化的知识和信息作为关键生产要素、以现代信息网络作为重要载体、以信息通信技术作为有效使用工具"的数字经济的飞速发展,与之相适应的数字金融引起了学界和业界的高度关注。王小华等(2024)研究认为,数字金融发展有助于克服长期以来"三农"金融服务中面临的缺乏标准抵押物的"痛点"和信息不对称的"堵点",有望加快弥合城乡数字鸿沟,让广大农民等微小客户得以共同享受改革发展成果;明雷等(2024)研究指出我国商业银行数字金融水平随着时间推移呈现极化差异,银行数字金融与地区数字普惠金融在东部地区具有相互促进效应,而在东北部地区则会产生抑制效应;刘越、李禛(2024)认为,应更加关注科技水平一般的中部地区,鼓励中部地区科技创新并引入东部地区的高新技术,完善不同地区数字金融的制度,避免东部地区数字金融高水平发展形成的对于数字金融资源的过度竞争态势,创立健康的数字金融发展市场机制,强化与周边地区尤其是欠发达的中西部地区的合作与交流,形成良性竞争,实现融合、合作共赢。彭澎、吴梦奇(2024)聚焦数字金融能力对于家庭农场农业生产投资行为影响的研究发现:数字金融能力能够促进家庭农场的农业生产总投资,其中对于固定资产投资的促进效应更明显;数字金融能力的提升可以显著促进消费升级,但要注重对居民数字金融能力的培训,提高居民对数字金融产品与服务的理解和使用能力,真正发挥数字金融"普惠共享"的特点(何雄浪、陈冰,2023;王亚柯、王一玮,2024)。在互联网金融、金融科技及数字金融日益融合、深入发展的背景下,作为县域普惠金融主力军的农商银行,东、中、西部亟须各自发挥在网点、员工、服务等方面的固有优势,服务好县域经济生力军微小客户;提升线下金融服务能力,进一步提升数字金融能力,带动提升微小客户的数字经济能力,在实现农村数字普惠金融健康持续发展的前提下协同推进东、中、西部小微银行与微小客户的良性互动。

三、互动主体特质

(一)小微银行

就在小微银行中占有主导地位的农商银行而言,熟悉当地环境,应充分发挥"四缘"优势,立足区域发展,服务地方经济,重点服务"三农"、培养稳定优质的客户,避免与大中型商业银行正面竞争(吴建亚,2004;张书杰,2012)。现实中,农商银行市场定位不清、脱离"支农支小"并盲目扩张的情况时有发生(尹振涛,2012;黄军民,2019)。产品服务创新方面,由于农商银行自身资金实力弱、技术水平低、市场营销模式单一和营销策略不到位等,其信贷产品种类往往较为单一且缺乏创新性,尤其是针对农村及偏远地区微小客户的金融服务一直存在资源配置效率低、有效供给不足、覆盖广度小等问题,无法满足当前"三农"经济的发展需求(黄祖辉等,2009;马九杰、吴本健,2012;贝多广,2014)。员工素养与队伍建设方面,农商银行年长员工学历、素质及业务水平普遍偏低,且客户经理主观能动性不足,部分信贷员"重贷不重收",贷前调查流于形式,对客户的评级只凭主观判断,服务规范度较差(张佩蒨,2008;陈垒,2016;顾士龙,2018),新生代员工又因从小离村、离土、离民天然缺乏对"三水"精神、"挎包"精神[①]的理解,往往缺失服务微小客户的情怀和素养,金融服务能力较为欠缺。传统信贷服务与金融科技方面,金融科技有助于缓解信息不对称程度、解决"长尾"小微企业融资困境(王馨,2015),但目前还没有充分证据可以表明金融科技有助于提供贷款给那些被传统银行排斥在外的借款人,农商银行的基础客户服务仍离不开传统的工匠式信贷服务,"线下、线下线上融合、线上"信贷分层服务需要协同发展(廖理等,2014;Maggio & Yao,2020);李明贤、何友(2019)也指出,由于农村基础设施差、小微经济主体应用科技能力弱等原因,金融科技在提高农

---

① "挎包"精神指的是第一代农村合作金融工作者(多是"40 后"、"50 后")的坚韧的精神,他们经常日日夜夜背着背包通过步行走村入户吸存、收贷并普及"金融""生活""生产"等方面的小常识。"三水"精神即第一代农村合作金融工作者甘冒露水、甘流汗水、甘蹚泥水的精神。露水:他们善于吃苦耐劳,起早摸黑、走村串户地服务群众;汗水:他们勇于拼搏,不怕苦、不怕累的精神;泥水:他们甘于奉献,深入农户的田间地头服务群众。

村金融服务的广度和深度方面必将存在不足,尤其是难以下沉到贫困地区、贫困农户中。风险管理方面,农商银行"重抵押、轻信用"与"重业务、轻管理"的思想一直根深蒂固,具体表现为信用贷款占比低、激励约束机制缺乏、信贷风险管理缺乏独立性且管理水平严重滞后、员工风险防范意识薄弱等(刘艳华、骆永民,2011;王倩,2017)。法人治理方面,尽管县域农村信用社已逐步改制为农商银行,但在治理上仍是"形似"多于"神似",存在股权管理不规范、高级管理层经营权受限等诸多问题,尤其是农商银行外部股东追求利益最大化,与服务社区、服务小微、服务"三农"的低收益矛盾日渐突出(汪年祝,2006;张承利,2018;徐尚朝,2019)。

就作为县域农村金融重要补充的另一主体村镇银行而言,由于现阶段不能跨区经营,应以立足县域村镇为发展理念,突出"社区特色、便捷银行、支农支小"的市场定位,主要为辖区范围内的小微企业、农户、个体经营户等"三农"金融弱势群体提供金融服务(杜晓山,2010;王曙光、王东宾,2015;李凤文,2018),但实际上部分村镇银行却因逐利性动机出现了"村镇银行不进村"的定位偏离,倾向于"傍大款"、开展大额对公业务,而不愿意或不会发放个人生产经营性小额贷款(程昆等,2009;赵志刚、巴曙松,2011;王修华等,2013)。员工素养与队伍建设方面,村镇银行服务村镇微小客户时,针对工作环境、薪酬、福利、晋升等方面的优惠政策远不如其他银行,很难留住融"情怀""信念""技术"于一体的小微金融人才,亟待解除目前不符合其发展的制度枷锁,建立权责明晰的激励约束用人机制(曲小刚、罗剑朝,2013;段小力,2014;翁东玲,2017)。产品服务创新方面,与其他银行相比,村镇银行的服务区域小、资产规模小、社会认知度低,没有足够的资本存量,主动研发适合村镇微小客户的产品与服务严重不足,常常沿袭主发起行的产品与服务,运作模式的同质化越来越难以适应村镇金融多样化需求,更无法与其他银行进行错位竞争(郭素贞,2008;郭晓鸣、唐新,2009;曹凤歧,2013)。传统信贷服务与金融科技方面,较农商银行而言,村镇银行的资金实力更弱、金融科技投入能力不足,难以在第一时间将大数据、云计算等较为先进的技术应用于其业务领域,因此针对其服务的客户群应进一步细分市场、深挖微小客户需求并探索微小客户互动的经营模式,积极拥抱金融科技、提升信息获取与处理效率(李红,2018)。风险与风险控制方面,由于我国村镇银行运营时间短、资金实力并不雄厚、农业经济发展薄弱和农村信用资本不发达等,导致其潜在风险较大(鲍吉、张强,2009;胡忠良,2011),亟待强化员工队伍建设,加强贷前尽职调查、贷中信息处理及贷后风险管理,构建一套完整的风险管理体系,提升抵御金融风险的能力并不断积累经验(高晓燕、孙晓靓,2011;于丽红、陈霞,2011;刘波、刘亦文,2012)。法人治理方面,村镇银行虽是独立法人机构且产权制度清晰,但现实中因信息公开制度不完善、没有行之有效的股权转让机制等原因,主发起行与村镇银行在人员、业务、制度等方面的协调管理仍缺乏效率,面临外部环境变化与内部固有缺陷难以协调的矛盾(赵小晶等,2008;唐晓旺,2011;翁东玲,2017)。

本书研究的小微银行,具有"点多面广""四缘"等固有优势,是遍布城乡的微型企业主、个体工商户、农户等微小客户身边的银行,上述问题若得不到有效化解,小微银行与微小客户良性互动初始关系的构建及其可持续发展恐难以实现。

(二)微小客户

银企互动主体研究中与微小客户直接相关的文献目前尚不多见,多集中在中小企业。杨丰来、黄永航(2006)认为信息不对称问题在大中小企业中都会存在,中小企业贷款难更深层次的原因在于其自身特殊的治理结构;具体表现为股权结构欠合理、财务管理不健全、资产结构不良、技术研发创新能力弱、市场核心竞争力缺乏等方面(林汉川等,2003;梁冰,2005)。中小企业多为非国有企业,当资产规模小于银行要求的临界抵押品价值而又没有国家做信用保障时,极易受到歧视(张杰,1998;王霄、张捷,2003;林毅夫、孙希芳,2005);同时,中小企业的私有产权属性也会影响银行的放贷成本,据统计,中小企业的投放成本是大企业的 5 至 8 倍(徐洪水,2001;欧阳凌、欧阳令南,2004)。由此可见,信息不对称、中小企业资质差等均是影响银行与中小微企业互动不可忽视的因素。微小客户信息记录、资质大多远不如上述中小企业,但其自雇创业、雇佣就业所产生的巨大影响,已成为我国县域经济发展不可忽视的重要力量(何雅菲,2019;朱志胜,2019),他们在激励创新、带动消费、吸纳就业等方面发挥着不可替代的作用,也有助于巩固拓展脱贫攻坚成果和持续缩小城乡居民收入差距。上述作用的有效发挥,显然离不开小微银行提供"简单、方便、快捷、有尊严"的信贷服务,以带动微小客户可行能力的提升进而架构两者良性互动的机制,同时小微银行也更有优势服务好这些微小客户,且服务的边际效应更大、综合效应更明显。

四、普惠金融、绿色金融、乡村治理融合发展

值得关注的还有,近些年在普惠金融、绿色金融、乡村治理融合发展方面,学界进行了理论探讨的同时,政府、小微银行也进行了有益的实践并取得了较好的经济社会效应。

(一)普惠金融与乡村治理融合发展

乡村作为共同的生活空间,普惠金融与乡村治理服务的主体天然具有一致性,即乡村基层社会个体;同时两者发展的目标也是统一的,都是强调乡村基层社会个体信用与多元主体平等参与问题,提升其获得感与幸福感。事实上,在乡村经济中,普惠金融的本质正是在于它的服务对象包含微型企业主、个体工商户、农户等弱势群体,通过公开、公正、高效的金融服务改善上述群体的生活处境。现实中,普惠金融既关乎农村社会发展的动力水平,又关乎农村社会结构与社会关系的稳定。更为重要的是农商银行天然具备网点遍及每个乡镇、员工遍及每个乡村、服务能到达每家农户的优势,能够即时捕捉到身边农户等弱势群体的生产、生活需求并提供简单、方便、快捷的服务。因此,普惠金融与乡村治理融合发展既有助于乡村治理活力的提升与目标的实现,又有利于提升微小客户普惠金融服务的效能。

"普惠金融＋社区治理"是我国农村普惠金融高质量发展的新思路,是新发展阶段实现"银、政、民"合作共赢的有效载体(周孟亮、李向伟,2022)。对于金融机构来说,充分利用政府的资源开展信用建设,建立与政府的良性互动关系,获得政府各方面的支持,也可以更好地树立自身品牌形象,建立长期、稳定的客户资源,解决我国普惠金融力度不够和难以落地的问题;对于地方政府来说,借助金融机构的力量实施社区治理,可以弥补社区资源的不足,也可以更好地将农户的"无形"信用资源转化为"有形"金融资产,提高对农户讲信用、守信用的激励,把抽象的社区治理通过金融手段转化为群众实实在在的获得感,使优化社区治理有了可靠的抓手;对于农户来说,借助于金融机构的走村入户以及相关政策宣传、金融教育,能够提升自我信用意识和金融素养,增加对金融产品和国家政策的了解程度,增强对所在社区的归属感。基于"三治融合"的浙江桐乡

农商银行"三治信农贷"①的成功运行,为普惠金融与乡村治理良性互融互动发展提供强有力的实践支撑。顾庆康、池建华(2020)和许威(2023)等研究认为,普惠金融与乡村治理的有效互动发展在于"银、政、民"合作互动,通过金融惠农服务深度嵌入城乡社区微网格,促使农户的"地缘""亲缘"信用向金融契约信用转变,有效实现农户金融契约信用与"四缘"等"社区信用"的联结,助推普惠金融与乡村治理良性互融互动的发展。具体而言:由于村组织治理体系的加入,银行信贷供给的信息甄别、宣传培训等事前成本以及动态监督与违约处置等事后成本被大幅降低,极大地提高了银行提供数字信贷的意愿,同时数字化信贷的供给,使贷款寻求中的时间成本、非价格机制成本以及面子成本被大幅降低,农户潜在信贷需求得以激活;出于短期的事前成本与小规模的事后成本分担预期以及出于治理、经济与行政收益预期考虑,村组织治理体系具有较强的交易成本分担动机;村组织治理体系的加入与现代信息技术的运用,使得"三治信农贷"能够较好地联结农户个人信用与商业金融契约信用,不仅实现了银行与农户从弱信用联结的原始阶段向强信用联结的阶段转变,而且能够推进农村普惠金融广泛覆盖,同时该机制还通过信贷授信的经济化激励,对农户形成了较强的约束机制,促进了乡村治理体系的发展与完善。

(二)普惠金融与绿色金融融合发展

近年来,日益严重的温室效应对全球生产生活产生诸多不利影响,世界各国对碳排放造成的环境问题越来越重视。工业是碳排放的主要来源行业,我国作为世界工业大国,在经济快速发展过程中伴随着较为严峻的二氧化碳排放问题。"十四五"规划明确了要在全社会广泛形成绿色生产生活方式,并提出了具体的碳减排目标,标志着我国绿色低碳发展上升到新的战略高度,同时更意味着我国碳减排的全民性、共同性和广泛性。目前全国碳交易市场覆盖范围主要针对重点高排放行业和企业,尚未有效覆盖中小微企业和居民个人。从消费端看,联合国环境规划署发布的《2020 排放差距报告》显示,全球居民消费碳排放约占全球总碳排放总量的 70%;2020 年生态环境部宣传教育中心发布的数据

---

① 2013 年,浙江省桐乡市在坚持和弘扬"红船精神"的实践过程中,通过先行先试、积极探索,建构起了以"一约两会三团"(村规民约,百姓议事会和乡贤参事会,百姓议事会和乡贤参事会)为载体的"自治、法治、德治"相结合的"三治融合"乡村治理体系,其经验被写入党的十九大报告,2018 年在此基础上桐乡农商银行创新性推出"三治信农贷"普惠信贷产品和服务。

显示,我国居民消费产生的碳排放量约占碳排放总量的 47.5%,家庭和个人等微观领域的碳减排问题也曾是关注的重点。从生产端看,实现绿色低碳发展的途径是以低能耗、低污染和低排放为发展前提,减少碳排放除了转变经济增长方式,还应加大对碳排放的有效管控;2020 年生态环境部宣传教育中心发布的数据显示,我国中小微企业的碳排放量约占全社会碳排放总量的 50%,碳排放规模也不容忽视。综上,中小微企业和居民个人都是重要的碳排放来源,具有较大的减排潜力,然而面向中小微企业和居民个人的碳减排制度发展相对滞后。碳普惠制正是面向中小微企业和个人的创新型自愿减排机制,创新发展碳普惠制不仅能够对当下碳交易市场起到良好的补充作用,从而支持多层次碳市场体系建设,还能够激励小微企业和个人主动减排,对"双碳"目标实现具有重要的战略意义和深远价值(高步安、徐家庆,2024)。同时还应注意到,2017 年 7月第五次全国金融工作会议曾提出,要建设普惠金融体系,加强对小微企业、"三农"和偏远地区的金融服务,推进金融精准扶贫,鼓励发展绿色金融;2023 年10 月第六次中央金融工作会议则明确升级为"做好科技金融、绿色金融、普惠金融、养老金融、数字金融五篇大文章"。可以预见,与小微银行、微小客户高度关联的普惠金融、绿色金融,两者间的良性互融互动不仅存在扎实的逻辑基础,现实中更具有广阔的前景和巨大的经济社会效应。

以代际贴现效用之和最大化为目标,以减排总量为约束,构建代际减排模型研究发现,碳中和目标的实现需要从成本收益和代际公平的角度进行分析,应当有先后、有轻重、有缓急地科学减排,无论在何种情境下,将主要减排任务放在后期是最优选择(郑新业等,2023)。具体来说,到 2035 年中国步入中等发达国家行列,人均 GDP 实现翻一番,届时减排成本占人均收入的比重将大幅下降,居民生活受减排的影响相对较小,因此实现碳中和的最优减排路径是应该在前期少减排,将更多的减排任务留给后期。上述研究或许预示:遍布城乡的微型企业主、个体工商户、农户等微小客户的绿色出行、绿色消费等碳普惠发展更为迫切,当前及未来一段时期,有效推进(数字)普惠金融、乡村治理与绿色金融融合发展,对实现碳普惠发展更具有现实意义。因此,碳减排需要全社会共同参与、积极践行,除大中型工业企业以外的小微企业、社区、家庭和个人等微观领域的碳排放问题需统筹考虑,协同推进。碳普惠制正是通过政策引导和市场交易等正向激励机制作用,实现小微企业、家庭、个人等微观领域碳减排的一种制度安排和实践模式。碳普惠制侧重碳减排的微观性和补充性,是对现有主流大中型企业碳减排机制的延伸、补充和创新,能有效促进全民广泛参与碳减排,优化碳减排资源配置,促使微观领域碳排放外部问题内部化,进而实现全社会绿色低碳发展(周艳,2024)。数字普惠金融为绿色转型与发展提供了机遇,随着数字技术的发展,数字普惠金融推动金融业在金融效率提升、社会融资成本降低、金融普惠程度提高等方面取得突破发展。数字普惠金融主要通过企业规模扩张和企业能源效率提升两种作用的叠加影响企业碳排放强度,并呈现倒U形关系(孙灵燕、张全飞,2023)。该研究支持了上述观点,随着数字普惠金融的发展,数字普惠金融对企业碳排放的影响可能是从规模扩张效应向能源效率提升效应逐步演变。为适应并有序实施"双碳"战略,近年来围绕环境消费者发展起来的低碳减排制度即碳普惠制应运而生,该制度在具体量化和赋值碳减排量的基础上,通过商业激励、政策鼓励和核证减排量交易等机制对小微企业、社区家庭和个人实施低碳减排行为进行正向引导(吴鹏,2023);数字普惠金融利用大数据、云计算等人工智能技术,对用户进行精准画像,以小额普惠信贷形式广泛覆盖中小微企业和被传统金融中介长期排斥的低收入人群,可有效降低传统信贷的风险和成本,促进地方企业提高经营绩效,助力民众改善收入状况,使之从事高附加值工作,降低碳排放。政府也可以与金融机构合作,吸引国内外资本流入环境友好型产业,从产业端提高整体经济发展质量,从而促进节能减排(李寿喜、张珈豪,2023)。目前,我国经济正由粗放型、高能耗、高排放的模式向绿色低能耗、低排放的经济模式转型,实现碳达峰、碳中和是一场广泛而深刻的经济社会系统性变革,"双碳"战略的实施对碳减排工作与居民日常绿色低碳行为提出了新的更高要求(丁镭、张琼、沈杨,2024)。可以预见,随着"银、政、村"互融互动及普惠金融、绿色金融、乡村治理融合发展,小微银行与微小客户良性互动的载体与动力会因此越来越丰富,并将有力助推碳普惠制健康、有序、高效发展。

近年来众多地区农商银行、村镇银行在当地政府有力支持下,将辖区内微型企业主、个体工商户、农户等微小客户绿色生产、绿色消费、绿色出行及家风家貌等因素统一纳入整村授信等实践中,有力地促进了普惠金融、绿色金融、乡村治理及"银、政、村"融合发展。《中国银保监会浙江监管局办公室关于推广农户家庭资产负债表融资模式 进一步深化农村信用体系建设的通知》(浙银保监办〔2021〕14 号),要求全辖范围推广"农户家庭资产负债表融资模式",银行机构多渠道采集农户信息,编制农户家庭资产负债表,基于农户家庭净资产,统筹考量家庭年收入、人品等资信信息和村"两委"公议授信情况,为农户发放小额信用贷款,该模式为盘活农村沉睡资产、解决农户融资难题提供了一种新的解决方案。浙江省衢江农商银行根据客户的碳积分累计情况将客户分为"深绿""中绿""浅绿"三类,不同类别的客户在授信额度、贷款利率和期限、办理流程等方面享受不同的优惠政策,开拓了个人碳账户的金融场景应用(高步安、徐家庆,2024)。AFR 微贷项目合作单位山东省济宁市泗水农商银行、甘肃省庆阳市西峰区瑞信村镇银行积极吸纳浙江经验并紧密配合县(区)委、县(区)政府着力将绿色金融、乡村治理等元素融入整村授信工作中并取得良好的经济社会效应。《泗水县农村"信用+"体系支持乡村振兴实施方案》(泗办发〔2022〕4 号),《西峰区整村(体)授信助力乡村振兴实施方案》(西金融发〔2023〕4 号),《关于配合做好派驻"金融助理"和"金融村官"工作通知》(西金融函字〔2023〕5 号),明确要求通过积分制将户号、户主与家庭成员、身份证号、户籍地址、联系手机等基本信息,黄赌毒信息、不配合村部工作、民间借款、贷款逾期、案件诉讼、不孝、不良嗜好、不配合村工作、有纠纷存疑等负面信息,先锋党员、最美五好家庭等荣誉信息有效纳入小微银行整村(体)授信工作中,极大地推进了普惠金融、绿色金融、乡村治理及"银、政、村"融合发展。

第四节　简要述评

通过对银企互动理论、实践及其影响因素等方面文献的梳理可以看出,中小微企业在经济社会发展中的地位及其融资可得性日益受到政府、业界和学者的重视,无论是发展中国家还是发达国家,对于中小微企业的微小贷款均有极大的需求,中小微企业发展中的"贷款难、贷款贵"原因分析与化解的研究也日渐深入。随着农商银行和村镇银行的快速发展,学界呼吁的大力发展中小微金融机构解决中小微企业贷款难,就金融机构观而言已取得显著进展,特别是党的十八大以来我国普惠金融的快速发展,极大地提升了中小微企业贷款的可得性,并有效地缓解了其信贷权利贫困。因此,在我国经济社会步入新常态,经济增长已从高速转向中低速,县域经济高质量发展亟待金融有力支持的背景下,如何通过金融服务创新做实中小微金融机构服务实体经济的功能,促进中小微企业信贷权利真正转化为信贷能力,有效架构小微银行与微小客户良性互动可持续发展机制,建立小微银行服务微小客户的"敢贷、愿贷、能贷、会贷"长效机制,实质性推动微小贷款的增量、扩面、提质与增效,进而持续提升微小客户的信贷能力,是必须深入思考的理论与现实问题。

第一,现有的银企博弈、长期互动假说等银企互动理论研究虽未排除小微银行与微小客户,但多是针对中小企业、中小银行;银企互动实践中的机制与产品研究也多是针对有一定规模的中小企业,鲜有涉及微小客户尤其是其中"四没有"类原生态客户;微小贷款较多采用国家金融监督管理总局(原银保监会)的标准。现实中"小微企业贷款难、贷款贵"应更精准地表述为"微小客户贷款更难、贷款更贵,其中的原生态客户贷款最难、贷款最贵"。因此,银企互动主体"银行、中小企业"及其载体"微小贷款"应进一步细化、精准地界定为"小微银行、微小客户"和"微小贷款"。

第二,现有研究中的信贷配给理论较多将中小微企业"贷款难、贷款贵"归因于银行、中小微企业信息不对称,且集中在中小微企业端的信息获取、识别与处理成本高及生产经营能力弱、风险大与防控难等方面,过于凸显银行与中小微企业间相互冲突的一面。事实上,中小微企业"贷款难、贷款贵"表面上是个资金问题,实质上却是微小贷款供求双方能力建设及彼此间良性互动的问题。小微银行新生代占主导的员工队伍如何率先提升服务微小客户的"情怀""信念""技术"等可行能力,带动微小客户金融、生活、生产等方面可行能力的提升并在小微银行与微小客户间形成良性互动机制,值得重点关注和研究。

第三,现有研究较好地解释了中小微企业"贷款难"缘于信用记录、财务记录及抵押担保不足或缺失导致的严重信息不对称问题,小银行拥有使用关系型贷款技术优势,通过与中小微企业长期合作,逐渐了解其经营状况,可以一定程度上克服信息不对称。面对遍布城乡的微小客户尤其是其中的"四没有"类原生态客户,小微银行如何突破"能否贷、能否还"的思维定式,针对寻求生产经营性贷款的微小客户,把"贷与不贷、还与不还"的问题化解为"贷多贷少、怎么贷"的问题,即研究小微银行如何向真正从事生产经营的微小客户提供适宜额度的贷款和规范负责任的服务,进而构建两者互动的初始关系、促进良性互动可持续发展,助力微小客户摆脱"因为穷所以穷"的贫困循环之困局,日显迫切和必要。

第四,现有银企博弈研究多围绕银行"放贷、拒贷"和中小微企业"还款、违约"展开,认为银企双方最终的选择策略收敛于"放贷、还款"或"拒贷、违约",鲜有围绕小微银行"怎么贷"、微小客户"怎么还"进行研究。而且,硬信息缺失的微小客户也并非大中型商业银行服务的主要对象,建立在此博弈主体下的信贷行为分析难以有效反映小微银行与微小客户之间的互动博弈情况。因此,亟须深入探讨小微银行"怎么贷"、微小客户"怎么还"的问题,以促进"初始变化—次级强化—可行能力提升—进一步正向影响初始变化"的正向循环累积发展,架构两者良性互动可持续发展机制。

第五,近年来众多文献研究表明,随着数字信息、人工智能、云计算、区块链等新技术的发展,小微客户软信息的获取渠道、识别方式、处理效率产生了积极的变化。金融科技提升软信息的硬度的同时,银企互动的关系因此发生了新的变化,小微银行经营层及其客户经理"重线上、轻线下,重业务、轻服务,重放款、轻管理"等现象日趋严重,由此产生的微小贷款服务不平衡、微小客户尤其是其中的"四没有"类原生态客户信贷服务不充分及小微银行年轻员工与微小客户良性互动弱化等现象令人担忧。1997年诺贝尔经济学奖获得者Merton(2018)结合美国次贷危机及综合近些年金融科技的发展后指出,科技比较容易替代的是透明、可验证的金融服务,不容易替代的是不透明、短期内难以验证的金融服务[①](如:"四没有"类原生态客户的微小贷款)。金融科技将更好地服务于人们储蓄、支付、融资和投资等金融需求,并对金融业产生革命性的影响,但并不存在颠覆传统金融的可能,而是扮演着改善和弥补的角色(刘晓星,2018)。显然,"四没有"类微小客户的"四有""四缘"等软信息是不透明、短期内难以验证的。普惠金融服务有必要线下线上融合,线下不扎实,想做省力的活是很危险的。因此,就本节研究的新生代员工占主导的小微银行及其服务的微小客户,如何总结实践经验,在持续做实线下工匠式微贷业务的基础上积极拥抱并融合金融科技,做好不同类别的微小客户信贷分层服务工作,协同推进"线下、线下线上融合、线上"三位一体的微小贷款服务创新,同样日显必要。

第六,专家学者对小微银行普惠金融创新服务微小客户及风险管理等方面做了有益研究的同时,顶层设计也为普惠金融发展提供了有力指导。2023年10月第六次中央金融工作会议再次强调"深刻把握金融工作的政治性、人民性,以加快建设金融强国为目标,以推进金融高质量发展为主题,以金融队伍的纯洁性、专业性、战斗力为重要支撑"和"做好科技金融、绿色金融、普惠金融、养老

---

①第二届中国数字金融与互联网金融高峰论坛圆满落幕[J].浙江大学学报(人文社会科学版),2018(6):35.

金融、数字金融五篇大文章"。小微银行的一些风险事件表面看是"钱"的问题，实质上是"人"的问题。防范化解风险，关键就是要抓牢风险背后"人"的因素。对于农商银行、村镇银行这样的小法人银行来说，人比资本重要，化解风险不能单靠资本解决，而是要持续加强干部队伍建设，抓牢行社领导班子这个"关键少数"，特别是配好行社"一把手"，才是正道。"人比资本重要"，对于小法人金融机构来说确实如此。浙江农信系统一把手选择和班子建设卓有成效，但具体到县域农商银行等小微银行层面，亟须抓好"人"的问题，夯实扎实的线下基础、实现线上线下的融合，同样关键的一点是，一线员工尤其是年轻员工服务微小客户的金融能力（"好借"）有待提升，以带动微小客户能力的提升（"好还"），形成"好借好还、好还好借"的良性互动成长机制。

第三章 可行能力理论视角下的
良性互动：一个基本框架

经济学和金融学理论日新月异，恰如凯恩斯在其著名的《就业、利息和货币通论》中所总结的："在空中听取灵感的当权的狂人，他们的狂乱想法不过是从若干年前学术界拙劣作家的作品中提炼出来的。"尽管实证在案例研究中非常重要，但理论的发展无非是实践的反映，作为优秀的研究者必须对理论脉络有一个准确的把握（唐旭，2006）。因此，无论是做案例研究、实证研究，还是做理论研究，在对研究主题进行文献梳理的基础上，还需要明确其研究主题的相关支撑性理论。

本章主要研究思路如下：基于我国小微银行"贷款难"、微小客户"难贷款"理论与实践现状分析及其"两难"成因，通过对马克思关于人的全面发展思想及阿玛蒂亚·森可行能力理论溯源的梳理以及穷人经济学与可行能力分析方法、可行能力理论与小微银行、微小客户良性互动间关系的研究分析，证明小微银行与微小客户良性互动机制架构的关键在于：小微银行应率先提升服务微小客户的"情怀""信念""技术"等可行能力并与微小客户建立初始互动关系，促进"初始变化—次级强化—可行能力提升—进一步正向影响初始变化"正向循环累积发展；借此助推微小客户金融、生活、生产等方面可行能力的提升，形成"好借好还、好还好借"的良性互动机制、促其实现可持续发展。

第一节 小微银行、微小客户互动的理论与实践

21世纪以来，我国农商银行、村镇银行等小微银行得以快速发展，2000年前后学界呼吁的大力发展中小微金融机构以解决中小微企业"贷款难"的设想。目前，我国农商银行的网点已遍及每个乡镇、员工已遍及每个乡村、服务能到达每家农户；村镇银行也得到较快发展并已成为我国银行体系内法人数最多、"支

农支小"特色较为突出的微小银行;小贷公司、P2P(点对点交易)等类金融组织①也曾快速发展并辉煌过。然而,有个一直困扰着我国实务界、理论上也没有得到较好解释的现象,小微企业尤其是其中的微型企业主、个体工商户、农户等微小客户"贷款难"仍普遍存在。与此同时,随着技术的进步,尤其是数字信息、云计算等新技术与金融业务的融合发展,小微银行对微小客户软信息的获取渠道、识别方式与处理效率也发生了积极的变化,促进了交易成本的降低和信息不对称的改善。然而,现实中微小客户"贷款难"鲜有改善的情况下,小微银行"难贷款"问题又日渐显现。2015 年以来,政府及监管部门相继出台了系列引导抑或强制大银行服务小微客户的信贷政策②,大银行业务纷纷下沉,但微小客户"贷款难"、小微银行"难贷款"并存的问题并没有因此得到明显的缓解,中西部地区表现得更加突出。"贷款难""难贷款"问题并存且时空差异巨大等似乎矛盾的现象不禁催人思考以下问题,在我国经济社会步入新常态,经济增长已从高速转向中低速、县域经济高质量发展亟待有力金融支持的背景下,如何通过架构小微银行、微小客户的良性互动成长机制以破解"两难"问题,有效建立小微银行的"敢贷、愿贷、能贷、会贷"长效机制,实质性推动微小贷款服务的增量、扩面、提质与增效,是必须深入思考的现实问题。上述问题的化解,需要在本土化、扎根中国大地的金融理论的支撑下,客观梳理我国东、中、西部小微金融的发展差异,总结提升相关的小微金融成功实践经验并积极开展复制推广。

一、理论与实践研究概况

小微银行、微小客户互动成长相关的理论研究主要有:关系型贷款、小银行优势理论和长期互动假说。Berger 和 Udell(2002)提出了一个至今仍被广泛引用的关系型贷款研究范式。它是一种贷款人依赖与潜在借款人的交往来获取

---

①自 2005 年试点以来,小额贷款公司于 2010 年前后步入快速发展期,最多时近 9000 家,经过约 4 年快速发展期后,于 2015 年前后步入衰退调整期,至 2020 年 6 月,亏损、勉强维持经营、少许盈利的公司各占三分之一左右,总体运营状况不尽如人意;自 2013 年开始,我国 P2P 平台数量迅猛增长,最多时近 7000 家,2018 年开始整顿清理,P2P 平台数量迅速减少,至 2020 年 6 月,正常运营的 P2P 网贷平台仅 29 家,众多地区已清理至零。

②2015 年以来,为化解小微企业贷款难、贷款贵,银(保)监相继出台了"三个不低于""两增两控"及"增量扩面、提质降本"等细化考核大型银行微小贷款业务的指标,为数不少的大型银行县域分支行为完成"扩面"指标,纷纷降低利率分流农商银行的小微客户,虽极大地推动了县域金融普惠,但农商银行等小微银行可持续发展压力也与日俱增。

信息进行贷款发放的方式，在基于长期接触所形成的"关系"获取的信息中，大多属于软信息，表现为企业所有者的品德、还款意愿、上下游客户关系、家庭及邻里和睦程度等较私密的信息，这些软信息具有难以被量化、被查证核实和向他人传递等特征，中小银行在关系型贷款中具有比较优势。国内学者张捷（2002）较早关注研究了我国的关系型贷款发展，基于融资中的信息种类与银行组织结构关系，认为小银行在关系型贷款上具有明显的优势，由大银行的分支机构代替小银行对中小企业的融资功能，从长期来看是不可取的。Stein 等（2002）基于交易型贷款和关系型贷款理论提出了小银行优势理论，指出传统大银行规模大、资金实力强、经验丰富、信贷技术成熟，在审计可靠的财务报表等硬信息上具有相对优势，而小银行在基于企业产品、存款，顾客关系维护、社区资源等软信息处理上具有相对优势。国内的理论与实证研究也支持了上述结论。林毅夫、李永军（2001）认为，信息不对称和交易成本的存在使得大型金融机构天生不适合为中小企业服务；大银行难以适应农村小额、分散的信贷需求，而小银行决策权分散、管理层次少，在软信息的搜集和使用上有着天然优势，更适合为小企业提供金融服务（殷孟波等，2008；赵志刚、巴曙松，2011；陈一洪，2012）。Banerjee 等（1994）运用 19 世纪至 20 世纪初德国信用合作社数据，研究拓展了关系价值理论，提出长期互动假说，他们认为地方中小金融机构，拥有大型商业银行所不具备的"地缘""人缘"优势，天然地倾向于服务地方中小企业，随着长期合作对地方中小企业经营状况了解的逐渐增加，可以一定程度克服信息不对称问题，促进双方的成长。众多学者基于国内经济发展与结构变化的研究认为，中小微企业融资难的化解应通过大力发展中小微金融机构，而不是指望大型银行分支机构替代中小微银行，或政府设定指标强行要求大型银行完成微小贷款任务（严谷军、何嗣江，2002；王性玉、张征争，2005；张一林等，2019）。

通过梳理主要的相关理论与实践文献，本书发现，无论是在发展中国家和地区还是发达国家和地区，微小贷款均有强劲的需求。在小微银行面对的主要客户中，为数众多的微型企业主、个体工商户、农户等微小客户"四没有"属性无法改变。改变不了别人，就必须改变自己。小微银行唯有借助其固有的"四缘"等优势，基于关系型贷款、长期互动假说等内在要求，通过打造良好职业素养的服务团队、倾心建立并维护好"关系"进而架构小微银行、微小客户良性互动成长机制，满足微小客户信贷需求的同时，实现自身的错位发展。因此，基于我国目前小微银行体系发展情况和金融功能观的内在要求，县域农商银行等小微银行如何凸显网点遍及每个乡镇、员工遍及每个乡村、服务能到达每家农户的固有优势,分析、探求"两难"问题成因及其化解措施,促进农商银行精准市场定位的坚守与本源业务的回归、做实农商银行服务微小客户的金融功能,日显必要。

二、对微小客户"贷款难"、小微银行"难贷款"问题根源的思考

2013 年前后,众多农商银行规模扩张过快,过度推进资产负债多元化,同业、资管业务跨机构、跨市场相互嵌套,导致部分资金脱实向虚、体外循环,为数不少的农商银行贷款在总资产中占比远远低于 50％ 的底线要求。[①] 38 家上市银行 2016 年报显示,贷款占总资产比例仅有 9 家在 50％(含)以上,19 家在40％ 以下,其中 2 家农商银行分别只有 37.4％、32.4％,剔除贷款中贴现业务后的实体贷款占比更低。[②] 中西部县域农商银行的形势更为严峻,据浙江大学AFR 微贷项目组 2016—2018 年度调研资料,中西部多数农商银行贷款占总资产比重仅为 30％ 左右,更为严重的是信用贷款占比极低。与此同时,就整村授信、农户用信两项指标看,2018 年底浙江全省平均分别达到 80％、25％,而中部仅为 40％、6％ 左右,西部更低。浙江省不同县域差异也较明显,全国小微金融改革试验区核心区台州路桥区的农商银行两项指标分别高达 90％、35％,信用贷款户数、余额占比多在 70％、30％ 以上,远高于同行水平[③];还有,台州银行在重庆、江西赣州等地区主发起的银座系村镇银行的优良表现[④],同样也说明了欠发达地区间微小贷款差异巨大,融合协调发展空间广阔。

微小客户"贷款难"、小微银行"难贷款"问题并存、时空差异巨大这一问题的求解,可等同于"连接小微银行、微小客户共成长的微小贷款,在不同地区小微银行(Where)、同一地区同一小微银行不同客户经理(Who)、同一地区同一小

---

①相关指标、要求参见:《中国银保监会办公厅关于推进农村商业银行坚守定位 强化治理 提升金融服务能力的意见》(银保监办发〔2019〕5 号)。

②数据来源于万得(Wind)数据库。

③经常有人将浙江台州小微金融的成功归结为民营经济发达,微小贷款需求强劲。事实上,台州微小贷款需求强劲是不争的事实,但其供给的旺盛更不容忽视。台州辖区 44 家银行,其中小法人银行 20家,农商银行 9 家、村镇银行 8 家,更有业内赫赫有名的城商银行 3 家;欠发达地区需求少,但有效供给更少,相对而言,微小贷款供求缺口更大。正如尤努斯在美国纽约设立分行一周年后不无自豪地说道,有人的地方都有小额信贷需求,无论是贫穷的孟加拉国还是富有的美国。

④浙江台州银行"银座系"7 家村镇银行是盈利最高的村镇银行,每年总利润超过 5 亿元。资料来源:台州银行银座系村镇银行。

微银行同一客户经理不同时期（When）运营结果间差异原因的探寻"。这些差异的原因可用一公式得以解释：微小贷款＝贷款通则＋服务（金融产品＝金融工具＋服务）。其中，贷款通则在全国乃至全世界相差无几，公式的第二项"服务"可分为宏观、中观、微观层面。宏观层面，国务院、国家金融监督管理总局的政策要求是一样的；中观层面，各地方政府、农商银行制度环境、中高层决策、执行能力等方面虽存在差异，但不足以解释上述现象；微观层面则是指每家农商银行客户经理个人服务素养，显然，其时空差异巨大且具有可塑性。同时，我们也注意到，微小贷款业务得以成功的小微银行与长期坚持有效的内训、持续提升客户经理综合素养高度相关。因此，"两难"问题长期共存且存在巨大的时空差异，其根源在于面对微小客户占主导的农商银行客户经理队伍综合服务素养的高低。

现实中，农商银行员工队伍中占主导的新生代员工，其成长学习过程中离土、离村、离民等现象普遍存在，舒适的成长、学习环境与走入工作岗位后"支农支小"的服务环境形成了巨大的差异；从家门到校门再到农商银行门的"三门"员工，对"三水"精神、"挎包"精神天然缺乏体验与理解，新员工入职后的培训又多是被简单的外包、考证式培训取代，缺乏针对性，年轻客户经理队伍中"支农不知农、支小不知小"现象较为普遍；年长客户经理放贷长期习惯性地依赖抵质押物与财务报表等硬信息。因此，县域农商银行若没有高度重视上述客观存在的问题并持续着力予以化解，"四没有""四有"与"四缘"软信息主导的微小客户"贷款难"、"三门"（从家门到校门再到单位门）客户经理占主导的农商银行"难贷款"将成为必然。

三、小微银行、微小客户互动现状及其良性互动意义

银企互动，指的是银行和企业间彼此联系、相互作用的过程。银行、企业间的信息互动、互通可以加强银企关系，提升彼此间的信息对称程度，进而有助于缓解中小微企业贷款难、贷款贵问题。小微银行面对的主流客户中，为数众多的微小客户"四没有"属性难以改变，迫切需要其身边的小微银行突现自身固有的"四缘"优势，基于关系型贷款、长期互动假说等内在要求，通过打造良好职业素养的服务团队，倾心建立并维护好小微银行与微小客户良性互动的初始关系进而架构两者良性互动的机制，助力微小客户创业增收致富的同时，实现小微银行可持续发展。

（一）小微银行、微小客户互动现状

随着市场化改革的不断深入，银行类金融机构在追求"利润最大化、风险最小化"的目标过程中，纷纷扩大经营区域、下沉业务，争抢县域辖区内为数不多的硬信息较完备的中小微客户，县域微小贷款业务发展将日趋激烈，当前县域金融发展中业务发展与知识普惠、"支农支小"产品服务、员工队伍服务素养等方面存在的问题亟待引起小微银行高度重视并加以改变，以实现错位发展。

第一，业务发展不平衡、知识普惠不充分严重。2013 年前后众多小微银行规模扩张过快，过度推进资产负债多元化，同业、资管业务跨机构、跨市场相互嵌套，资金脱实向虚、体外循环时有发生，本源业务发展不平衡、不充分现象愈演愈烈，"支农支小"市场定位偏离日趋严重。[①] 如："存、贷、汇"基础性业务中存款、支付业务的客户可得性、便捷性远超贷款业务；多数小微银行"线上、线下线上融合、线下"业务发展失衡，线上多头授信、过度授信时有发生，潜在风险巨大，线下固有优势被淡化，"四没有"类微小客户信贷服务严重滞后。另一方面，知识普惠远落后于业务发展，近年来电信网络诈骗、百姓被侵权案件不断攀升。据统计，2023 年，公安机关发起凌厉攻势，破获电信网络诈骗案件 43.7 万起，4.1 万名涉缅电诈犯罪嫌疑人被移交我方；检察机关起诉电信网络犯罪 5.1 万人、帮助信息网络犯罪 14.7 万人，同比分别上升 66.9%、13%；各级人民法院严厉惩治境内外电信网络诈骗犯罪，审结电信网络诈骗案件 3.1 万件 6.4 万人，同比增长 48.4%。

第二，"支农支小"产品服务不足且地区间差异大。由于受员工断层、新生代员工"微弱情怀"缺失、贷款技术不够过硬等因素的制约，小微银行难以针对客户具体的、独特的需求及偏好量身定做个性化服务产品，县域尤其是欠发达县域微小客户迫切需要的贷款产品缺位，其中"首贷客户、原生态客户"的贷款产品服务地区间差异尤为严重。就整村授信、农户用信两项指标看，2018 年底浙江全省平均分别达到 80%、25%，而中部仅为 40%、6% 左右，西部更低，台州银行在重庆、江西赣州等地主发起的银座系村镇银行的优良表现，说明地区

---

① 对 2016 年底 38 家上市银行年报进行分析可以发现，贷款占总资产比例指标中，仅有 9 家在 50%（含）以上，19 家在 40% 以下，其中 2 家农商银行分别只有 37.4%、32.4%（数据来源于 Wind 数据库）；浙江大学 AFR 微贷项目组年度的调研表明，中西部县域农商银行更为严峻，2017 年前后中西部多数农商银行贷款占总资产比重仅为 30% 左右，更为严重的是信用贷款占比极低；2020 年底众多农商银行房地产贷款占比、个人住房贷款占比双双超过银发〔2020〕322 号文件上限，有的甚至高达 40%。

间及欠发达地区间微小贷款发展差异均严重存在；全国小微金融改革试验区台州路桥农商银行两项指标分别高达 90％、35％，信用贷款户数、余额占比多在 70％、30％以上，远高于同行水平，浙江省不同县域间差异的存在，也说明了农村金融发展的不平衡、不充分现象在发达地区同样存在。

第三，员工队伍中"支农不知农、支小不知小"现象令人担忧。现实中，作为县域普惠金融主力军的小微银行，其员工队伍中占主导地位的新生代员工在学习成长过程中因离土、离村、离民，对"挎包"精神、"三水"精神天然缺乏体验与理解；新员工入职培训多是被简单的外包、考证取代，缺乏针对性，年轻客户经理队伍中"支农不知农、支小不知小"现象较为普遍；与此同时，年长客户经理放贷长期习惯性地依赖抵质押物、担保、财务报表等硬信息，也难以适应"四没有"但拥有"四有"、"四缘"资源的微小客户的信贷服务需求。

（二）小微银行与微小客户良性互动意义

从微观层面看，作为微小客户身边的小微银行，突显其"四缘"优势，架构小微银行与微小客户良性互动的机制，为微小客户提供精准信贷服务的同时，实现小微银行的精准定位与可持续发展，实属必要。第一，重拾"三水"精神、"挎包"精神，强化员工"微弱情怀"。现实中，小微银行目前员工队伍中适应"专注服务本地、服务县域、服务社区，专注服务'三农'和小微企业"市场定位的客户经理严重不足，客户经理断层、信贷文化断层十分严重。① 然而，软信息由于具有私密性、模糊性、人格化等特征，难以被量化和传递，必须依靠业务人员的点对点收集和处理。小微银行在发放关系型贷款方面具备天然优势，但必须通过强化年轻客户经理的"微弱情怀"并提升其微贷技术得以实现。面对年轻的新生代员工占主导地位的客户经理队伍，通过架构小微银行与微小客户良性互动的机制，有助于年轻客户经理持续提升微小客户软信息的获取、识别与处理技术水平，强化"知农知小""微弱情怀"等素养。第二，培育忠诚客户、收获"四大效应"的需要。小微银行与微小客户良性互动具有重要意义，既能培养年轻员工，又有利于忠诚客户的发掘与培育。遍布城乡的长期被传统金融服务边缘化的微小客户，虽没有信用记录、没有可以抵押的财产，但有劳动意愿、贷款用途

---

① 浙江大学 AFR 微贷项目组合作的 6 省区 20 家农商银行、村镇银行员工信息表明，30 岁及以下的年轻的"三门"客户经理"支农不知农、支小不知小"现象十分普遍，客户经理队伍断层、信贷文化断层十分严重。

真实,且都是小微银行训练有素的年轻客户经理所熟悉的客户,他们一旦获得些许资金支持,能够充分利用闲置的人力资源,进而改变自身命运[1];更为重要的是,数万元、数千元甚至数百元的信用贷款让其不仅获得刷白信用的机会,还体验到了银行与社会的关爱、杜绝了可能的高息网贷或民间高利贷,数年后可望成长为银行的忠诚客户,小微银行持续做实、做好微小客户尤其是其中的"四没有"类原生态客户的金融服务,将催生银行年轻员工(原生态客户经理)与微小客户(原生态客户)互成长效应、微小客户邻里示范效应、微小客户成长过程中业务乘数效应、高息网贷和民间借贷挤出效应。第三,突显小微银行固有优势,满足精准定位与错位发展的需要。分散在大街小巷、遍及乡镇的微小客户"四没有",资金需求又呈现额度小、期限短、时间急、次数频等特点;但作为立足"专注服务本地、服务县域、服务社区,专注服务'三农'和小微企业"市场定位的小微银行,尤其是小微银行中占主导地位的农商银行,经过近 70 年的发展,早已具备"网点遍及乡镇、员工遍及乡村、服务能到达千家万户"的独特优势,是名副其实的微小客户身边的银行。无论是践行普惠金融的社会责任还是搜寻微小客户软信息的优势,小微银行应该且能够做实做好微小客户的金融服务,实现精准定位与错位发展。

从宏观层面看,浙江小微金融及其在欠发达地区复制运行表明:小微银行与微小客户良性互动不仅在强化年轻员工的"微弱情怀"、收获服务原生态客户的"四大效应"、实现小微银行的精准定位与错位发展等方面显得十分必要,还将在助力区域协调发展、助力城乡统筹发展、助力城乡共同富裕等方面具有深远的意义。第一,县域农村小微金融东中西部融合发展、助力区域协调发展意义重大。浙江台州银行在浙江三门和景宁、深圳福田、江西赣州、北京顺义、重庆渝北和黔江主发起的 7 家"银座系"村镇银行 2020 年净利润超过 13 亿元、不良率不到 0.88%,成为资产质量、盈利性最好的村镇银行[2];浙江温州鹿城农商银行在贵州等地主发起的"富民系"村镇银行,截至 2020 年末,44 家开业的村镇银行共有员工 2800 人,服务人口 2140 万人,其中 42 家实现盈利;存、贷款余额

---

①浙江大学 AFR 微贷项目组在调研走访中见证了一种特殊现象,即当大量微型企业主、个体工商户、农户等微小客户在关键时刻得到些许资金,生产经营中家人会主动帮着整理原材料、整理货物、包装邮寄产品、保障家务后勤;相反,资金的缺失则可能引致停业,众多此类的潜在资源也就沉没了。

②资料来源:台州银行官网,http://www.tzbank.com/;浙江大学 AFR 微贷项目组。

分别为 241.46 亿元、373.58 亿元,存贷比高达 155%、不良率 1.1%[①];根植于浙江台州银行和台州小微金融的浙江大学 AFR 微贷项目自 2011 年 3 月启动至 2020 年底,先后与浙江、广西、江西、安徽、山东、甘肃 6 省区 18 家小微银行合作推进 AFR 微贷项目,共有 1100 余名新生代员工参加了培训,其中转岗客户经理 900 余名,工作 5 年左右成功竞聘行部室负责人、支行行长、会计主管、分理处主任 200 余名,累计发放符合 AFR 微贷项目要求的微小贷款 60 多亿元、6 万余笔,其中"四没有"类原生态客户占比近 50%[②]。上述案例表明,"东资西输、东才西为、东智西融"空间广阔、成效明显,欠发达地区通过直接或间接复制,可以将浙江小微金融成功经验进行固化并得以优化发展,进而推进小微银行与微小客户良性互动发展,促进区域协调发展。第二,强化乡村金融服务、助力城乡统筹发展意义重大。贵州是全国脱贫攻坚主战场之一,贫困人口多、贫困程度大,城乡统筹发展任务繁重。2012 年 10 月,贵州金沙成立首家"富民系"村镇银行,2013 年 8 月成立浙江温州鹿城农商银行贵州富民村镇银行管理部(以下简称贵州管理部),驻地负责浙江小微金融在贵州的固化优化发展和"富民系"村镇银行的日常经营管理。贵州管理部借力总部平台,实现在农户家里发放贷款,有效化解了偏远地区贷款难、贷款慢等问题;同时,贵州管理部积极推进"三农"服务创新,采用"银行＋龙头企业＋农户""银行＋合作社＋农户"等模式,直接支持贫困户生产经营,成效显著。贵州省 27 家"富民系"村镇银行中 17 家地处国定贫困县,其中有 8 家地处深度贫困县,截至 2020 年末,存、贷款余额分别为 93.73 亿元、192.85 亿元,存贷比高达 206%、户均 10.16 万元,其中涉农贷款占比 81.68%,不良率 1.34%、拨贷比 2.6%,累计向建档立卡贫困户投放信贷资金 13.87 亿元,助力 20226 户贫困户创业增收脱贫[③]。"富民系"村镇银行近九年来的运行表明,欠发达地区小微银行坚守"做小、做广、做精"的经营定位和重点服务"三农"、微小客户,可以做到两者良性互动发展并在城乡统筹发展等方面发挥着不可替代的作用。第三,推动微小客户自雇创业与雇佣就业、助力城乡共同富裕意义重大。共同富裕作为我国社会主义的本质要求,从宏观来看,不仅要求整体经济发展达到一个较高水平,还要求不同群体间的差距得到合理控制与缩小;从微观来看,要实现共同富裕,离不

---

① 资料来源:浙江温州鹿城农商银行村镇银行管理委员会。
② 资料来源:浙江大学 AFR 微贷项目组。
③ 资料来源:浙江温州鹿城农商银行村镇银行管理委员会。

开遍布城乡的微小客户金融弱势地位的提升与低收入状况的改善。现实中，微小客户一旦得到其身边的小微银行"简单、方便、快捷、有尊严"的信贷服务，必将有效地促进其自雇创业、雇佣就业，他们不仅是吸纳就业的"主力军"，更是促进消费、带动金融弱势群体提高收入的"生力军"。据统计，目前中国 70% 的城镇居民和 80% 以上的农民工都在小微企业就业。业内普遍采用"98765"来概括中小微企业，即中小微企业（含个体工商户）占全部市场主体的比重超过 90%，贡献了全国 80% 以上的就业、70% 以上的发明专利、60% 以上的 GDP 和 50% 以上的税收（孙庭阳，2021）。小微银行与微小客户良性互动，在巩固拓展脱贫攻坚成果、持续缩小城乡居民收入差距与促进共同富裕等方面将发挥着重要作用。

第二节　可行能力理论

1998 年诺贝尔经济学奖得主阿玛蒂亚·森提出可行能力理论并强调其在应对包括发达国家在内的世界贫困问题中的重要性（杨帆，2018）。随着对传统反贫困理论的讨论批判及阿玛蒂亚·森可行能力理论的不断完善，该理论深刻地影响并推动了贫困问题的研究，成为许多国家扶贫、减贫、脱贫政策设计的理论依据和实践指南，越来越受到理论研究者和实践者的广泛认同。农村金融是现代农村经济的核心。在我国经济增速由高速转向中低速、县域经济高质量增长亟待金融有力支持的背景下，运用阿玛蒂亚·森的可行能力理论，分析我国小微银行、微小客户的可行能力提升路径，为两者良性互动机制的架构提供理论支撑；通过小微银行对具有劳动意愿和一定劳动能力的城乡低收入人口提供信贷服务支持，助力其"造血"机制的形成，实现创业带动就业或自雇劳动增收致富，巩固和拓展脱贫攻坚成果、守住不发生规模性返贫底线，持续缩小城乡居民收入差距以化解相对贫困，无疑具有重要的理论和现实意义。

一、可行能力理论及其溯源

可行能力理论由阿玛蒂亚·森于 1980 年提出并相继得以完善。他认为，可行能力的内涵十分丰富，不仅包含那些能避免的诸如饥饿、营养不良、疾病等困苦；还包括各种社会成就，如亚当·斯密所说的"能够在公共场合出现而不害羞，并能参加社交活动"（阿玛蒂亚·森，2003；向玲凛、邓翔，2015）。一个人的可行能力是指"此人有可能实现的各种可能的功能性活动组合"(阿玛蒂亚·森,2012),通俗而言,可行能力是一种自由,是一种实现多样化、差异化的功能性活动组合的实质自由(王艳梅,2011)。个体获取可行能力的程度将取决于经济条件、社会机会、透明性保证、防护性保障和政治权益等关键性的权利或自由状况(阿玛蒂亚·森,2012)。简而言之,经济条件是指个体所拥有的经济资源的多寡,这些经济资源直接决定了个体参与消费、生产、交换的机会,是否拥有或能否得到经济资源,对于各经济主体实际上获得的权益具有实质性影响;社会机会主要是指一个国家或地区在公共教育、公共医疗以及其他涉及公众人力资本提升和发展机会创造等方面所实行的制度安排;透明性保证是指确保人们在信息公开、明晰的环境中按照自愿、平等、公平、诚实信用等原则进行交易的制度安排;防护性保障为人们提供社会安全保障网,防范那些遭受天灾人祸或其他突发性困难,保障收入在官方贫困线以下以及老年、残疾等群体的权益;政治权益则包括通常所指的公民享有的法定权利,如实质的投票权(杨帆,2018)。这些因素相互补充、相互强化,可以协助人们提升自身能力,帮助人们获得更广义的真实自由,促进社会的全面发展(何佳阳,2019)。

从渊源看,可行能力理论思想既能从古希腊哲学家亚里士多德关于"生活质量"的论述中找到其理论的发源点,也能从亚当·斯密关于"生活必需品"的思想中找到与该理论的契合点,还与马克思关于人的全面发展思想理念不谋而合(杨帆,2018)。第一,"生活必需品"与可行能力自由观。阿玛蒂亚·森深受亚当·斯密教育学习与可行能力提升、生活必需品等思想影响,曾多次强调指出"亚当·斯密的研究一直是我思想的很好的来源",他从可行能力视角看待自由,从个体获得的实质性自由角度看待发展。亚当·斯密特别强调教育和学习,坚信人类的能力可以通过后天的培养得到改善,对可行能力内涵的丰富和拓展还体现在对"生活必需品"的认识上。在亚当·斯密看来,社会中一个人的必需品"不但包括维持生活上必不可少的商品,还包括按照一国习俗维持必要的体面的商品。他列举事例指出,习俗使皮鞋成为英格兰人生活必需品,哪怕最穷的体面男人或女人,没穿上皮鞋是不肯出去献丑的"(董骏,2019;汪毅霖,2021)。因此,享有尊严和体面的生活者需要具备一定的经济实力或能力,此与阿玛蒂亚·森的可行能力自由观是一致的。第二,"生活质量"与功能性活动。阿玛蒂亚·森(2012)曾明确指出,功能性活动与生活质量十分相关,亚里士多德高度关注人的生活质量与幸福,一个人经过后天的努力而生活得好就是幸福,幸福不是天生就有的,一个人能否拥有或得到幸福,取决于其后天是否勤奋、刻苦地学习(崔浩,2013)。亚里士多德的伦理思想以幸福为起点,最后又以幸福为落脚点,这显然与生活质量和实质的自由高度相关。人类福祉建立在"功能—活动—生活"的逻辑链条上,功能的获得是参与社会活动的重要前提,社会活动的参与又是生活质量的直接体现,并能进一步提升生活质量(阿玛蒂亚·森,2012;杨帆,2018)。功能性活动正是一种不断提高"生活质量"、追求幸福的实践活动,与拥有更多的"能力"去追求"生活质量"相一致。第三,"人的全面发展"与自由发展观。马克思在《经济学手稿(1857—1858)》中指出,人的自由发展受到社会生产水平的制约,是一个由低级到高级的发展过程,依次经历了人的依赖关系、物的依赖关系以及自由个性三个阶段。人的自由的实现随着社会发展而发展,是一个历史的过程,其发展的终极目标是追求人的解放,实现人的全面、自由发展。阿玛蒂亚·森继承了马克思的主要思想并指出:消除人身束缚、压迫、贫困、歧视,赋予社会成员合法权利和社会保障,提高他们遵循自己意愿生活的能力,这才是发展与拓展人的实质性自由的过程。在这一过程中,应重点培育与提升个体的可行能力,这不仅需要自身付出努力,更需要社会层面在经济条件、社会机会、透明性保证、防护性保障、政治权益等方面做出制度性保障(杨帆,2018)。显然,阿玛蒂亚·森的自由发展观与马克思关于人的全面发展理念是一致的。

二、穷人经济学与可行能力分析方法

长期以来,穷人及其摆脱贫穷的研究受到了专家学者的广泛重视,并产生了穷人经济学理论。该理论的产生与发展极大地丰富、推动了可行能力理论的实践应用。威廉·阿瑟·刘易斯(Willian Arthur Lewis)和西奥多·舒尔茨(Theodore W. Schultz)因在发展中国家的经济发展方面做出了开创性研究成果,荣获 1979 年诺贝尔经济学奖。舒尔茨曾在《穷人经济学》中指出:"一个社会的消费者中穷人太多、富人太富,迟早要出问题,贫富差距各国都有,但不能太大,否则会成为社会的振荡器。"(Schultz,1980)他在获颁 1979 年诺贝尔经济学奖时说道:"世界上大多数人是贫穷的,如果我们读懂穷人的经济学,就可以知晓经济学最重要的部分;世界上大多数穷人以农业为生,如果我们读懂农业的经济学,就可以更多地知晓穷人的经济学。"(蔡昉、王美艳,2016)舒尔茨长期高度重视农业的发展并坚定地认为现代农业能成为经济增长的源泉,人力资本是农业增长的主要因素,持续的教育和技能培训是提升人力资本投资的有效渠道。因在福利经济学上有着巨大贡献而获得1998年诺贝尔经济学奖的阿玛蒂亚·森,长期关注灾荒、贫困、歧视等问题,并将"个人权利"和"能力"的分析方法引入上述问题研究中,首次创设了系统的可行能力分析框架,指出贫困并不只是收入不足。很多人成为穷人是因为缺少识字、信息获取、劳动技能等必要的可行能力,无论是发达国家还是发展中国家,提升可行能力才是消除贫困的关键(李宝元,2021;赵普兵、吴晓燕,2022;沈费伟、胡紫依,2024)。美国普林斯顿大学教授安格斯·迪顿(Angus Deaton)也是长期关注贫困的学者之一,他曾在《逃离不平等》一书中饱含深情地写道:"世界上至少有10亿人的生活水平处于发达国家100年前的状态,我们没能让他们摆脱贫困,这是不争的事实,我们应当受到指责。"(马尚田,2015)安格斯·迪顿凭借在消费、贫穷与福利等研究领域卓越的贡献,荣获2015年诺贝尔经济学奖。其成果主要体现在三个方面:一是关于贫困的测度;二是研究经济发展的机制,包括储蓄与增长、价格与贫困、大宗产品价格与发展中国家经济增长;三是关于研究方法的贡献,首创了来自家庭调查微观数据的实证分析(宋德勇、张瑾,2015)。阿比吉特·班纳吉(Abhijit Banerjee)、艾斯特·迪弗洛(Esther Duflo)和迈克尔·克雷默(Michael Kremer)三位经济学家因通过实验性方法在减轻全球贫困方面所做出的重大贡献而共同获得2019年诺贝尔经济学奖,这是继1979年刘易斯和舒尔茨在发展中国家的经济发展方面所做的开创性研究以来,诺贝尔经济学奖第四次授予专注研究这一领域的经济学家,显示出主流经济学界对发展中国家消除贫困问题的重视。班纳吉、迪弗洛(2018)通过在印度等地的调查研究认为,小额信贷可以作为抗击贫困的有效方法之一,目前也很少有项目能像小额信贷这样覆盖如此多的穷人;很多人成为穷人可能是因为缺少机会,他们想脱离贫穷却逃不出困境。他们的研究纠正了人们对穷人"或是因为不上进,或存在能力和智商上的欠缺而贫困"等片面的理解,极大地丰富了穷人经济学的理论和实践内容。

穷人经济学也受到我国政府、学者和业界的高度关注,突出表现为政府对"三农"工作的高度重视和减贫的巨大贡献。2005年两会期间,时任国务院总理温家宝在回答记者关于"三农"问题的提问时指出,"我深知农业、农民和农村问题在中国的极端重要性。没有农村的小康,就不会有全国的小康;没有农村的现代化,就不会有全国的现代化"(李炳炎,2006)。这充分体现了党和政府新的执政理念,为全面建设小康社会,落实科学发展观、构建和谐社会注入了新的活力。中国式现代化是人口规模巨大的现代化,也是全体人民共同富裕的现代化,必然要求构建与之相适应的统筹城乡、乡村振兴及城乡融合发展战略体系。从党的十六大"统筹城乡经济社会发展"到党的十七大"统筹城乡发展推进社会主义新农村建设",再到党的十八大"推动城乡发展一体化"、党的十九大"实施乡村振兴战略"、党的二十大"全面推进乡村振兴",充分体现了我国"三农"发展战略不断完善、逐步深化的过程。配合这些战略出台的一系列有力、有利的"三农"政策,目标越发明确和具体,内容日臻丰富和完善,理念不断深化,这些政策既相互承接、紧密接续,又与时俱进、锐意创新。以中央一号文件为例,2004 年以来均聚焦"三农"和统筹城乡发展,标志着我国已进入全面破除城乡二元结构的时代。振兴"三农"及统筹城乡发展必将成为中国今后一个时期保持经济增长和推进现代化进程的主要任务(见表 3-1)。

表 3-1　21 世纪以来"三农"问题相关的主要政策内容

年份	主要内容
2002	党的十六大明确提出把解决"三农"问题作为全党工作重中之重,提出要"统筹城乡经济社会发展"。
2004	21 世纪首个聚焦"三农"问题的中央一号文件颁布,核心是农民的增收减负,采取发放"三补贴"、优化农业产业结构、拓宽就业渠道等措施激发农民的生产积极性,缓解城乡发展不均的深层次矛盾。
2005	强调要通过加大惠民政策的实施力度、继续增加农业投入、开展高标准农田建设等措施,提升农业综合生产力,进一步促进农民增收。
2006	聚焦社会主义新农村建设,明确要以农村经济发展为中心,不断增加"三农"投入,加快形成以工促农、以城带乡长效机制。
2007	聚焦农业现代化发展,强调要通过加强基础设施、提高装备水平、强化科技创新、健全产业结构、完善经营体系等举措,加快构建现代农业体系。
2007	党的十七大提出"统筹城乡发展,推进社会主义新农村建设",强调要"建立以工促农、以城带乡长效机制,形成城乡经济社会发展一体化新格局"。
2008	聚焦农业发展基础建设,采取强化农业基础设施、提升农村社会管理水平和公共服务水平、加快完善惠农政策等举措,进一步夯实农业发展和农民增收的基础。
2009	关注农业农村发展的稳定性,强调要加大对"三农"发展的支持和保护力度,通过进一步加大惠农政策实施力度,加快推进现代农业的发展基础、科技支撑和产业结构改革,确保农业农村经济在复杂环境中取得平稳、较快的发展。
2010	聚焦统筹城乡发展的推进力度,从建设惠农强农政策体系、发展现代农业装备、改善农村民生和协调城乡改革等方面进行了部署,以进一步夯实"三农"发展的基础。

续表

年份	主要内容
2011	水利建设成为中央一号文件关注重点,目的是补齐我国的水利欠账,解决旱涝频发、水资源短缺、供需矛盾大以及农村水利设施落后等问题。
2012	聚焦农业科技创新和农产品的供给保障能力,强调要坚持科教兴农战略,加强对农业的科技投入、人才培养。
2012	基于农业基础薄弱、城乡发展不均等突出问题,党的十八大确立了"四化同步"重大战略,这一时期的"三农"政策围绕该战略进行了全面、具体的部署。
2013	提出要将创新农业经营体系作为现代农业发展的核心,通过优化农业补贴投放领域、健全农村集体产权制度等措施,为农村发展注入新活力。
2014	重点关注农村改革的深化,采取加强农业保护、改革农业经营体系、创新农村金融制度等举措,旨在破除"三农"发展积弊、促进现代农业发展、保障粮食安全。
2015	立足于"新常态"下我国经济发展的新特点,继续加大农村改革创新的力度,通过农业科技创新、制度创新、法治建设等举措推动"四化同步"发展。
2016	关注新发展理念的贯彻落实,强调要用新发展理念破解"三农"新难题,首次提出深入推进农业供给侧结构性改革。
2017	针对农业供给侧结构性改革展开了全面部署,旨在从根本上解决农产品供求失衡、生产要素配置不均、农民收入增长趋缓等发展现实问题。
2017	党的十九大对新时代社会主要矛盾的转变作出重要判断,提出实施乡村振兴这一时代战略,为此后的"三农"发展擘画出了万众瞩目的宏伟蓝图。
2018	明确了乡村振兴的指导思想、目标任务和基本原则,并详细部署了推进实施乡村振兴的46条具体举措,正式拉开了这一重大历史任务的帷幕。
2019	面对复杂的经济形势和外部环境,中央一号文件明确继续坚持农业农村优先发展的原则,通过抓重点、强基础、精施策、补短板,多措并举决胜脱贫攻坚。
2020	针对脱贫攻坚和实现全面小康两大重点任务进行了全面部署,通过保障重要农产品的有效供给、加强农业基层治理、加快补齐农村发展突出短板并建立保障措施等一系列针对性举措,确保了两大重点任务的胜利收官。
2021	面对新冠疫情反复、全球经济复苏乏力等复杂形势,中央一号文件就推进农业现代化、乡村建设行动和党的全面领导等方面展开具体部署,实现了巩固拓展脱贫攻坚成果同乡村振兴有效衔接,以优异的成绩开启了第二个百年奋斗目标新征程。
2022	锚定全面推进乡村振兴的重点工作,指出要强化现代农业基础的支撑作用,稳住农业基本盘,通过抓重点、压责任、抓点带面推动我国"三农"稳步发展,接续全面推进乡村振兴。
2022	党的二十大报告强调"全面推进乡村振兴",标志着"三农"发展向全面推进乡村振兴的历史性转移,为新时代新征程的"三农"工作提供了思想指引和行动指南。
2023	坚决守牢确保粮食安全、防止规模性返贫等底线,扎实推进乡村发展、乡村建设、乡村治理等重点工作,加快建设农业强国,建设宜居宜业和美乡村。

续表

年份	主要内容
2024	以确保国家粮食安全、确保不发生规模性返贫为底线,以提升乡村产业发展水平、提升乡村建设水平、提升乡村治理水平为重点,强化科技和改革双轮驱动,强化农民增收举措,打好乡村振兴漂亮仗,绘就宜居宜业和美乡村新画卷,以加快农业农村现代化更好推进中国式现代化建设。

资料来源:根据 2004 年至 2024 年中央一号文件、党的十六大至二十大报告等资料整理而成。

党的十八大以来,党中央团结带领全党全国各族人民,把脱贫攻坚摆在治国理政突出位置,充分发挥党的领导和我国社会主义制度的政治优势,采取了许多具有原创性、独特性的重大举措,组织实施了人类历史上规模最大、力度最强的脱贫攻坚战;特别是党的十九大作出了实施乡村振兴战略的重大决策部署,分别就"乡村振兴战略规划,对标全面建成小康社会要求、将脱贫攻坚与乡村振兴进行有机衔接,积极实现农业强、农村美、农民富"进行了翔实布置并得以扎实地推进,有力地促进了农业、农村优先发展,脱贫攻坚取得了全面胜利,创造了人类减贫史上的奇迹。截至 2020 年底,我国 832 个贫困县和 12.8 万个贫困村成功摘帽,近 1 亿贫困人口全部脱贫,如期完成了新时代脱贫攻坚目标任务,对世界减贫贡献率超 70%,成为世界减贫人口最多的国家,提前 10 年实现了联合国 2030 年可持续发展议程的减贫目标。同时,我们也必须客观地认识到,当前我国社会主要矛盾是人民日益增长的美好生活需要和不平衡不充分的发展之间的矛盾,其中发展最大的不平衡是城乡发展不平衡,最大的不充分是农村发展不充分。

阿玛蒂亚·森的研究领域主要涉及社会选择理论、福利经济学、贫困与自由等,其中贫困问题是他始终关注的焦点,因此他也被誉为"经济学界的良心"(孙俊楠,2018;何佳阳,2019)。就阿玛蒂亚·森的贫困理论在实践中分析问题的视角而言,可分为权利分析法和可行能力分析法。

第一,权利分析法。阿玛蒂亚·森(2006)认为,研究贫困的视角不能只停留在收入层面,应将贫困者的生存状态以及自身的权利是否被剥夺,作为研究贫困问题的立足点;不能只关注贫困者与其他人之间的收入差距,更应该注重贫困者所能享有的福利与权利,只有给予人们充分的权利、更多的选择和机会,才有可能从根本上消除贫困(马新文,2008;喻态薪,2020)。

第二，可行能力分析法。阿玛蒂亚·森(2006,2012)强调，个人能力的缺失才是造成贫困的真正原因，一个人的权利得以有效行使离不开相应能力的支撑，只有充分提升贫困者的可行能力，使其享有更大的实质自由去选择自己理想的生活，才能达到消除贫困的目的。阿玛蒂亚·森对贫困的解释，从经济学角度扩展到政治、法律、制度和文化等方面，将反贫困的视角从单纯的关注经济发展拓展到提高人的可行能力、促进人的全面发展层面(何佳阳,2019)，具有重大的理论和实践意义。显然，"四没有"类原生态客户，通常最需要且又能接触到的融资产品是银行贷款或民间借贷，其身边的小微银行若不能给予适宜的信贷服务与其建立初始互动关系、助推其可行能力的提升，他们就会求助于民间高利贷，进而陷入"因为穷所以穷"的贫困陷阱。

三、可行能力理论与良性互动机制

连接小微银行、微小客户互动的微小贷款有巨大时空差异的根源在于小微银行客户经理队伍综合服务素养的参差不齐，小微银行与微小客户尤其是其中的"四没有"类原生态客户良性互动不平衡不充分的根源也在于小微银行客户经理队伍服务微小客户能力的参差不齐。

阿玛蒂亚·森(2012)认为，贫困不仅仅是表面上的收入低下，更应该看到贫困者在自身能力、权利以及机会可得性等方面的差异。就我国目前的情况而言，"贫困者""穷人"这一类概念显然不仅仅是指微型企业主、个体工商户、农户等微小客户，还应包括一切相对贫困及可能返贫的低收入金融弱势群体。上述人群中的绝大多数因缺失必要的资金极易陷入"物的依赖"困境中，致使其拥有的"四有""四缘"等资源难以资本化。一个社会的和谐与发展也离不开这类群体的脱贫或相对贫困的持续缓解。因此，小微银行应凸显其固有的"四缘"优势，基于关系型贷款、长期互动等理论的内在要求，通过创新信贷服务理念，率先主动向上述群体提供适宜的信贷服务，与其建立并着力维护初始互动关系，进而架构两者良性互动的可持续发展机制，促进其"造血"机制的形成，从根本上提升其生产、生活的可行能力，助其跨越"物的依赖"、摆脱金融弱势地位，实现自雇劳动。

第三节　良性互动初始关系的构建

随着市场化发展的不断深入,银行类金融机构在追求"利润最大化、风险最小化"的目标过程中,纷纷扩大经营区域、下沉业务,县域为数不多的硬信息较完备的小微客户及部分有一定交易记录的微小客户分流将成为必然,辖区内小微贷款乃至微小贷款业务竞争将日趋激烈。当前微小客户的微小贷款服务可得性及其与小微银行良性互动的不平衡不充分问题十分严重,如本书案例部分所研究的小微银行在浙江大学 AFR 微贷项目启动之初,贷款余额中纯信用贷款占比极低、年度新增贷款中纯信用贷款占比几乎为零,远低于浙江小微银行的平均水平,这意味着这些地区小微银行与微小客户尤其是其中的"四没有"类原生态客户几乎无实质性互动关系,亟待小微银行突显其固有的"四缘"等优势,主动积极发掘遍布城乡的微小客户尤其是其中的"四没有"类原生态客户,以实现错位发展。

一、良性互动载体微小贷款的供求分析

整体而言,在我国广大县域尤其是欠发达县域,目前有效契合微型企业主、个体工商户、农户等微小客户实际需求特点的信贷产品和服务方式还较少,微小贷款需求主体特征及其信贷需求特点、供给主体特征及其各自优劣势、相应市场的定位与服务能力亟待研究。

从需求方看,微小客户"贷款难"仍较明显。遍布城乡的微型企业主、个体工商户、农户等微小客户大多具有"四没有"特征且信贷需求多呈现出额度小、期限短、时间急、次数频等特点,其生产经营性贷款需求,需要有一支带有"微弱情怀"且具备扎实的软信息获取、识别与处理技术以及"线下、线上"融合的团队,为之提供"简单、方便、即时、有尊严"的信贷服务。

从供给方看,县域微小客户尤其是其中众多的"四没有"类原生态客户服务主体当属小微银行。中国银行、中国农业银行、中国工商银行、中国建设银行及股份制商业银行业务虽开始进入县域乡镇层面,但因其网点布局、客户经理长期服务大中小型企业等方面的原因,真正下沉县域乡镇从事微小客户信贷服务,仍十分困难,同时其县域分支机构自主决策权有限,难以因地制宜地推出特色化、定制化的产品,微型企业主、个体工商户、农户等微小客户尤其是其中的

"四没有"类原生态客户几乎不可能从上述银行获得生产经营性贷款；邮储银行网点虽较多，但在农村地区还是以吸收存款为主，贷款相对较少；1995 年以来政府主导下成立的城商行，因其股权结构、网点布局特征，除少数类似台州银行的城商行外，绝大多数城商行往往热衷于地市级项目、消费贷款、同业等业务，无力也无心向遍及城乡的微小客户提供生产经营性微小贷款；小贷公司、P2P 等类金融组织虽曾快速发展过，但总体上表现欠佳（除少部分 P2P 转成网络小贷公司外，2020 年 11 月已全部清零）；值得注意的还有，尽管大中型银行拥有金融科技与覆盖全国的网络优势，但面对交易信息不足或缺失的"四没有"类微小客户的生产经营性贷款需求，恐也无能为力。因此，小微银行应担当起向身边的微小客户提供适宜的信贷服务之重任，同时小微银行也具备"四缘"优势向微小客户提供"简单、方便、快捷、有尊严"的微小贷款服务，助力微小客户增收致富。

二、小微银行可行能力提升与良性互动初始关系构建

纳克斯曾把贫困的恶性循环归结为"一个国家因为穷所以穷"这一著名的命题（杨永华，2007；杨明芳，2011），贫困家庭、微小客户等金融弱势群体亦是如此。鉴于微小客户等金融弱势群体具有"四没有"特征及其贷款需求呈现期限短、金额小、次数频、需求急等特点，小微银行需要率先提升服务微小客户的可行能力并与其建立初始互动关系，助力微小客户摆脱"贫困恶性循环"的困局，促进"初始变化—次级强化—可行能力提升—进一步正向影响初始变化"的正向循环累积发展，从根本上改变其经济上的相对贫困和金融上的弱势地位。上述目标的实现亟待做实以下三方面工作。

第一，提升"微弱情怀"与易亲近的服务品质。微小贷款的服务对象多是一群长期被大型金融机构边缘化的自雇劳动创业人员，他们因文化水平普遍不高、金融知识匮乏而存在自卑感与恐惧感。需要客户经理不仅具有较强的亲和力与表达沟通能力，还要具备"微弱情怀"、温和的性格及优良的品行（何嗣江、史晋川，2009），做实服务赢得客户信任并与其建立"准私人关系"，进而获取客户的个人品质、偏好、家庭结构等信息，借此形成对其未来收益和风险的预期评估，作为贷款发放的依据。

第二，树立主动贷款营销与"先予后取"的服务理念。分散在大街小巷、遍及乡村的微小客户对应的软信息，具有较强的私密性、模糊性、人格化等特征，

难以量化和传递,唯有通过客户经理"扫街、扫楼,扫村、扫户"和"脚勤、嘴勤、脑勤"来获取与识别;针对众多初次与银行打交道的微小客户,更需要遵循"先予后取"的服务理念,即通过扎实规范的服务筑牢基础客户群,期待未来潜在的收益。在这庞大的客户群中,众多微小客户得到些许资金,其"四有""四缘"资源便得以资本化,其与小微银行相伴成长过程中的业务乘数效应与邻里示范效应也会日渐显现。

第三,强化信贷与风控技术标准化的服务技能。微小客户大多处于创业初期,具有吃苦耐劳、诚实守信、知恩图报等优良品德,为他们提供贷款服务必须遵循"轻现在、重未来"原则,还需要拥有相应的信贷与风险控制技术,做好严守"微贷款、铁纪律、强服务"工作纪律;重视借款人第一还款来源;重视现金流与还款计划相匹配;重视双人调查、眼见为实、自编报表、交叉检验、整贷零还等方面的工作(何嗣江、史晋川,2009)。

三、良性互动初始关系构建的核心:适宜贷款额度确定

微小贷款是每位微小客户最需要、最容易接触到的具有扶弱助贫功能的金融产品,然而严峻的现实是"没有人愿意给穷人第一块钱去赚另一块钱"(Yonus,2003)。小微银行面对的主流客户中,为数众多的微小客户由"四没有"属性引致的银行贷款成本高、收益低和风险大现状虽难以改变,但也不乏有银行因长期定位于服务微小客户,通过发放适宜额度的贷款与之形成良性互动的案例,其中具有代表性的当属格莱珉银行和台州银行。

2006 年获得诺贝尔和平奖的穷人银行家尤努斯在格莱珉银行诞生前的 1974 年自掏 27 美元借给经过筛选的 42 位一无所有、领着孩子沿街乞讨的妇女,要求她们做点编织、棒棒糖之类的小生意,不再乞讨,并常态性地与之交流,给予其鼓励、监督,人均获得 0.643 美元的 42 位妇女很快还清了借款并过上有尊严的生活,随后成立的格莱珉银行在 2004 年低至 9 美元的乞丐贷款项目同样大获成功。截至 2023 年底,格莱珉银行覆盖了孟加拉国约 93% 的村庄,拥有会员 1046.7 万人,其中女性会员占比 96.83%,成为业内长期定位于助力女性微弱客户成长的典范。台州银行的前身——路桥城市信用社成立于 1988 年 6 月 6 日,建社之初仅有 6 名员工、10 万元注册资金。自成立以来,其长期坚持定位于辖区内"四没有"类微小客户,发掘原生态客户并着力将其培育为忠诚客户,尤其是 2005 年 11 月引进德国 IPC 微贷技术并成功本土化优化形成完善的

新员工内训体系,长期坚持有效的员工内训,持续实行客户分类管理与客户经理分级管理。截至 2023 年底,公司万余名员工中,信贷客户经理占比 50% 多,注册资本增至 18 亿元,贷款余额为 2348.76 亿元,户均贷款为 50 万元,不良率为 0.88%。尤其值关注的是,基于 IPC 微贷技术固化与优化发展基础上研发的以弱势客户为服务对象、用于生产经营的纯信用"小本贷款",自 2006 年初首笔发放以来,截至 2024 年 1 月末,累放 2340 亿元,户均 35.07 万元,不良率长期位于 0.2% 左右,支持了 99.06 万微型企业主、个体工商户、农户等微小客户自主创业或自雇劳动,其中约 60% 是首次获得生产经营性贷款的原生态客户(首贷客户),成为业内通过微小贷款架构银行与微小客户良性互动初始关系,助推微小客户成长的标杆。

值得一提的还有,根植于台州银行 IPC 微贷技术本土化优化及台州小微金融发展经验的 AFR 微贷项目,至 2020 年底的近 10 年合作的 6 省区 18 家小微银行微贷中心投放的微小贷款客户中,原生态客户占比也高达 50%,显示出小微银行与微小客户良性互动初始关系的构建模式具有可复制性,欠发达地区需求更迫切、边际效应更大、综合效果更明显。上述案例似乎也表明:无论是穷人银行家尤努斯的 42 位妇女人均 0.643 美元的借款试验、低至 9 美元的乞丐贷款项目,还是台州银行 IPC 微贷技术本土化优化发展中的"小本贷款"及根植于台州银行经验的 AFR 微贷项目合作单位运行中的"双人调查、眼见为实、自编报表、交叉检验"微贷技术[①],其共同特点在于,良性互动初始关系构建中除了具备"微弱情怀"和善于主动营销获客,关键还需要针对不同类型的微小客户确定不同的适宜贷款额度。事实上,微小客户贷款授信额度过高易引起放贷后投资过度、资金挪用甚至卷款潜逃等风险,贷款授信额度过低又难以满足微小客户创业发展中的生产经营性需求,甚至或将引致微小客户陷入民间借贷泥潭,金融机构的资金也得不到有效利用。因此,针对遍布城乡的"四没有"但拥有"四有""四缘"资源的微型企业主、个体工商户、农户等微小客户生产经营性微小贷款之需求,其身边的小微银行应该遵循都能贷前提下的"贷多贷少、怎么贷"的创新型信贷理念,其中向微小客户提供适宜额度的贷款对架构小微银行与微小客户良性互动初始关系尤为重要。

---

① 自编报表中有微小客户的资产负债表、现金流量表和损益表,据此得出微小客户月可支配收入,并以可支配收入的 70% 作为确定微小客户贷款授信额度的依据。

第四节 良性互动可持续发展机制的架构

现实中经常听到小微银行客户经理抱怨"微小贷款客户难找,培育较成熟或成熟后的微小贷款客户难留、忠诚度低",同时微小客户"贷款难"抱怨声也不绝于耳。毋庸讳言,这些现象确实存在。自 2015 年以来,为化解小微企业"贷款难、贷款贵",国家金融监督管理总局出台了"三个不低于""两增两控""增量扩面、提质降本"及"增加首贷、信用贷"等细化的监管考核指标,全面推进大中型银行服务小微客户,县域微小贷款市场竞争日趋激烈。事实上,"难贷款""贷款难"并存,尤其是其中的原生态客户(首贷客户)"贷款更难",这于小微银行而言也是提升发展的机会。正如公式"微小贷款=弱势群体+零隐性成本+可持续发展利率+强势服务=微'笑'贷款"(何嗣江等,2013)所揭示的原理:小微银行实现错位发展与可持续发展的关键在于,通过精准的市场定位、规范的服务、适当的利率和带有情感、温度的强服务,凸显其"线下、线下线上融合、线上"联动发展之优势,培育忠诚客户并带动其"生活圈""生意圈"业务的发展,收获"四大效应",实现小微银行与微小客户良性互动的可持续发展。

一、良性互动可持续发展要件分析

面对竞争日益激烈的县域微小贷款市场,架构小微银行与微小客户良性互动初始关系,以突显小微银行固有的"四缘"等优势做实大中型银行及其线上平台难以做好的"四没有"类原生态客户生产经营性贷款服务,无疑是实现小微银行与微小客户良性互动可持续发展的现实选择,上述目标的实现迫切需要持续做好以下三方面工作。

第一,协调推进业务普惠与知识普惠。2013 年前后,众多小微银行规模扩张过快,过度推进资产负债多元化,同业业务与资管业务跨机构、跨市场相互嵌套,资金脱实向虚、体外循环时有发生,本源业务发展不平衡、不充分的现象愈演愈烈,"支农支小"市场定位偏离日趋严重。如:"存、贷、汇"基础性业务中,存款、支付业务的可得性与便捷性远超贷款业务;多数小微银行"线上、线下线上融合、线下"业务发展失衡,线上多头授信、过度授信时有发生,潜在风险巨大①,线下固有优势被淡化,"四没有"类微小客户信贷服务严重滞后。

第二,持续发掘与培育忠诚客户。遍布城乡的长期被传统金融服务边缘化的微小客户,虽信用交易记录缺失或不足,且没有可以抵押的财产,但"四有"且贷款用途真实,又是小微银行训练有素的年轻客户经理所能熟悉、做好的客户,他们一旦获得些许资金支持,闲置的人力资源均能得以资本化;更为重要的是,数万元、数千元甚至数百元的信用贷款让其不仅获得"刷白"信用的机会,还体验到了银行与社会的关爱,杜绝了可能的民间高利贷,数年后可望成长为银行的忠诚客户。

第三,持续做实小微银行精准定位与错位发展。分散在大街小巷、遍及乡镇的微小客户"四没有",资金需求又呈现额度小、期限短、时间急、次数频等特点;作为县域普惠金融主力军的小微银行,尤其是小微银行中占主导地位的农商银行,经过近70年的发展,早已具备"网点遍及乡镇、员工遍及乡村、服务能到达千家万户"的独特优势,是名副其实的微小客户身边的银行。无论是践行金融普惠的社会责任,还是搜寻微小客户软信息的优势,小微银行应该且能够做实、做好微小客户的金融服务,实现精准定位与错位发展的空间广阔。

二、"线下、线上"双向赋能与良性互动机制架构

伴随着数字信息、数字经济、数字金融的深入发展,微小客户软信息的获取渠道、识别方式和处理效率发生了积极变化,由此将极大地推动大中型商业银行微小贷款等金融业务的下沉,县域金融市场竞争将日趋激烈。在广泛挖掘微小客户中众多"四没有"类原生态客户并与之建立初始互动关系后,小微银行还必须顺应市场发展和微小客户需求变化,进一步凸显其资源禀赋优势、积极拥抱金融科技,持续做实微小贷款的"线下""线下线上融合""线上"三个单元中的小微银行与微小客户良性互动,协同推进单元间递进式融合发展(见图3-1)。

---

① 2020年度集中开展的"云剑—2020""断卡""长城2号"等专项行动,共破获电信网络诈骗案件25.6万起,抓获犯罪嫌疑人26.3万名,拦截诈骗电话1.4亿个、诈骗短信8.7亿条。数据来源:中华人民共和国公安部网,https://www.mps.gov.cn/。

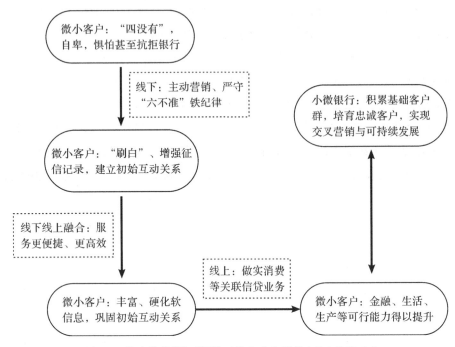

图 3-1　微小贷款"线下""线下线上融合""线上"三单元互动

第一,线下工匠式信贷服务须坚持。该单元服务的客户多是"四没有"类信用白户,缺乏金融常识,长期被传统金融服务边缘化,多伴有自卑、惧怕或抗拒银行的心理,资金需求呈现额度小、期限短、时间急、次数频等特点,唯有小微银行中训练有素的客户经理通过主动营销、量身定做的产品和规范的工匠式贷款服务,助其成长。该单元内信贷产品额度多控制在 10 万元及以下、期限两年(含)以内,重第一还款来源,贷款用途严格限制于微小生产经营,贷款方式纯信用为主、软担保为辅、还款方式整贷零还,且设置一定的还款宽限期。通过常态化的面对面扫街、扫楼、扫村、扫户等主动营销获取客户软信息;通过入户调查、眼见为实、交叉检验、自编报表、整贷零还等信贷技术识别、处理客户软信息;整个服务过程严守"六不准"铁纪律,三天内必须明确给予答复,即适宜额度的贷款到账或拒贷的合理解释。这种融生活、生产经营、金融服务于一体的主动营销和人格化的"贷前、贷中、贷后"服务,能消除客户对银行的误解或抗拒的心理,增强彼此间的了解和信任,有利于年轻(原生态)客户经理与原生态客户在"初始阶段"实现良性互动。当然,该单元内坚持线下工匠式服务并非意味着排斥金融科技,相反小微银行应积极拥抱金融科技,充分挖掘、整理、利用好原生态客户的社交等信息。

第二，线下、线上融合式服务须主攻。基于第一单元持续扎实常态化的线下工匠式服务，该单元内客户已具备一定的银行交易信息和金融常识，小微银行微贷客户经理与其中的多数客户初步建立了"准私人"关系，具备进一步良性互动的基础。同时，值得关注的还有，在县域"硬信息主导的客户、原生态客户及介于二者间的客户"这三类客户群中居多的是第三类客户，他们多从其他银行获得过信贷服务或是经历过第一单元的良性互动，需要其身边的小微银行进一步提升服务质效、强化服务黏性，助其持续成长。该单元信贷产品额度最高增至 30 万元，贷款方式、还款方式更多体现客户意愿和生意特点，贷款期限也更灵活，具备一定信息基础的客户可以线上申请、线下辅助审核、线上发放，风骨与柔情并重。通过积极推进"信用镇、信用村、信用户"、整村授信、社区治理和"党建＋金融"等工程建设，进一步激活微小客户的"四有、四缘"等潜在资源，促进获客批量化和业务规模化发展；打造"一镇、一品、一专家型"客户经理团队，并借此做实行业客户的信贷服务，提升业务的规模效应。在凸显小微银行"点多面广""四缘"等固有优势的同时，积极拥抱金融科技，着力主攻"线下、线上融合"服务，借助金融科技将有温度、有情怀的小微银行服务延伸到村民、居民及社区治理和行业发展等领域，持续培育第一单元业已成长的客户。

第三，线上服务必须有。2021 年中央一号文件首次提出发展农村数字普惠金融并明确要求"支持市县构建域内共享的涉农信用信息数据库，用 3 年时间基本建成比较完善的新型农业经营主体信用体系"。此举极大地便利了大中型商业银行拓展县域信贷市场，预示着县域农村金融市场的竞争将更加激烈。尽管小微银行服务县域范围内的硬信息主导的客户资源有限，且线上业务领域竞争也最为激烈，但为了顺应新生代客户的金融需求，要发展小微银行线上服务。研究表明：数字普惠金融对主城区、镇中心区与村庄居民消费的促进作用日渐显著，而对城乡接合部、镇乡结合区与乡村中心区居民消费无显著影响；对低收入与中等收入家庭居民消费的促进作用日渐显著，而对较高收入与高收入家庭无显著影响（孙玉环等，2021）。相对第一、第二单元内的客户而言，第三单元的客户软信息已具有一定的硬度且其收入水平大多在中等收入水平左右，是各大中型商业银行网上银行着力争抢的服务对象，业务竞争激烈，不负责任地多头授信、过度授信的现象屡禁不绝，电信网络诈骗、侵权案件也时有发生。小微银行应基于第一、第二单元扎实的客户基础及具备一定硬度的软信息,在线上做实其生产经营、消费等信贷业务的同时,强化知识普惠,引导微小客户创业增收、合理消费,助其稳步发展,进而促进"线下""线下线上融合""线上"融合联动发展。

三、良性互动可持续发展机制的核心:"好借好还"

小微银行精准定位、错位竞争及其可持续发展的实现,关键在于小微银行与微小客户良性互动初始关系的构建与有效维护。"线下""线上"有效的双向赋能使得"线下""线下线上融合""线上"每个单元内小微银行与微小客户良性互动成长,由此推动了第一、第二、第三单元间递进式融合发展,进而实现两者良性互动的可持续发展。

从各单元内良性互动的实质看,做实"好借好还"成为各单元内小微银行与微小客户良性互动的共同特征,并构成了良性互动可持续发展的核心。好借:小微银行不仅需要创新型服务理念、服务方式并严守服务纪律,还要具备情怀、信念、技术等素养和能力。小微银行唯有率先做到"好借",方可期待微小客户"好还"。正如浙江省台州市小微企业金融服务改革创新试验区核心成果之一,2020 年 9 月颁布的《浙江泰隆商业银行小微金融服务标准》中所指出的,从专业上讲,微小贷款发生风险,70%至 80%是由道德风险和操作风险引起的,行风行纪是最廉价的风控。考虑到本书所研究的是 30 万元及以下、生产经营性用途的微小客户的微小贷款,客户经理若能做到严守服务纪律且具备一定的素养和能力,那么微小贷款的风险应该是完全可控的,进而实现小微银行与微小客户良性互动可持续发展。

从单元间递进式融合发展和长远来看,广义上的"好借":不仅需要将情怀、信念、技术等素养和能力贯穿于微小客户贷前、贷中、贷后全流程服务中,还要将其延伸、融合到微小客户的生产生活中。现实中,重贷款投放、轻贷款管理较为常见,因贷后维护、监督服务不足,微小客户因资金使用不当引致生产经营失败从而影响两者良性互动持续发展的案例时有发生。因此,生产经营活动多与家庭生活融为一体的微小客户,尤其是其中的"四没有"类原生态客户,更需要小微银行客户经理提供生产、生活等全面服务。现实中,浙江台州银行在可持续发展中的诸多做法、经验值得总结与借鉴。台州银行自成立以来,在服务微小客户的过程中始终坚持"简单、方便、快捷""中小微企业伙伴银行""与中小微企业共成长"的服务理念，做实贷前主动营销获客、贷中交叉检验并自编报表识别处理客户软信息、贷后维护与监督服务，客户经理纷纷与微小客户建立"准私人"关系并向客户提供专业温馨的生活服务和专业贴心的生产经营服务①，形成了稳固的基础客户群并促进了单元间稳健的递进式融合发展。截至 2020 年底，在台州银行近 40 万贷款客户群中，30 万元及以下客户占比 73.59%，其中 10 万元及以下客户占比 40.59%（该客户群中原生态客户占比高达 80%），纯信用、准信用（道义担保或亲情担保）客户占比 90%，占比 10% 的有抵押担保的客户多是数年前甚至数十年前原生态（首贷）客户相伴成长而来。

第五节　本章小结

基于阿玛蒂亚·森的可行能力理论溯源、穷人经济学与可行能力分析法、可行能力理论与良性互动机制构建等研究，本章认为，小微银行应率先提升服务微小客户的可行能力并与其建立初始互动关系，助推微小客户可行能力的提升、跨越"物的依赖"实现自雇劳动或自主创业，形成"初始变化—次级强化—可行能力提升—进一步正向影响初始变化"正向循环累积发展，进而架构"好借好还"的良性互动机制，促进小微银行与微小客户良性互动的可持续发展。

---

①专业温馨的生活服务：家庭邻里纠纷总能看到客户经理细心地调解并提供健康保健等咨询服务；专业贴心的生产经营服务：各地分支行成立建筑、模具、服装、袜业、瓜果、商超、快捷酒店等 50 多个专门专业专家型团队，总是能为有需要的微小客户提供专业咨询服务。

第四章　AFR 微贷项目运行中良性
互动关系的构建与维护

　　根植于浙江台州小微金融发展经验的 AFR 微贷项目主要定位于经济欠发达县域的小微银行,旨在优化小微银行客户经理队伍结构与信贷业务结构,提升小微银行可持续发展的活力。自 2011 年 3 月 AFR 微贷项目正式启动以来,截至 2023 年 12 月底,该项目已与 6 省区 20 家小微银行展开合作,合作单位在微贷中心拓展的微小贷款客户中,原生态客户、纯信用贷款客户占比分别达到 50%、60%。值得一提的还有,AFR 微贷项目启动之初,众多合作单位尤其是其中的欠发达县域小微银行贷款中,纯信用贷款户数占比极低,年新增贷款中,原生态客户、纯信用贷款户数占比几乎为零,显示此类客户与小微银行几乎无实质性互动。合作单位 AFR 微贷项目经过四年左右的固化与优化发展,上述两项指标均得以显著提升,显示出 AFR 微贷项目具有良好的可复制性,小微银行与微小客户尤其是其中的原生态客户互动的空间巨大、前景广阔。

　　本章主要研究思路如下。通过 AFR 微贷项目产生与发展的理论基础及其现实需求等研究,旨在证明:在适当的制度安排下,根植于浙江台州银行及台州小微金融发展经验的 AFR 微贷项目在县域小微银行具有良好的可复制性,微小客户"贷款难"与小微银行"难贷款"问题的有效化解绝非仅仅通过给予多少价格优惠的资金等"输血"式帮扶,更需要小微银行率先提升服务微小客户的可行能力,为其提供"简单、方便、快捷、有尊严"的信贷服务,进而建立两者良性互动的初始关系,并借此助力微小客户产生"造血"功能,在持续做实项目"三大功能"定位中建立并巩固维护良性初始互动关系、着力发挥项目"四大效应"中促进良性互动可持续发展,是县域小微银行实现可持续发展的一条可行路径。

第一节　AFR 微贷项目产生与发展

AFR 微贷项目,对年轻员工内训机制以及微小客户软信息的获取、识别与处理技术进行了有益的探索,优化了客户经理队伍与信贷业务结构,增强了微小法人银行可持续发展的活力,取得了良好的社会经济效应。

一、AFR 微贷项目发展概况与基本特征

AFR 微贷项目起源于浙江大学"中小金融机构可持续发展研究"课题组,1996 年以来,课题组相继跟踪研究了浙江温州和台州地区城信社、农信社运营与发展,以及县域、中心镇微小客户贷款等融资供求情况;特别是 1997 年以来课题组与浙江台州银行前身浙江台州路桥城市信用社合作,全程见证了台州银行的德国 IPC 微贷技术本土化、优化发展过程及台州银行发展壮大的过程,累积了丰富的微小贷款实践经验。2011 年 3 月,浙江大学经济学院、浙江大学"中小金融机构可持续发展研究"课题组、浙江大学金融研究院、浙江大学 AFR 微型金融研究中心基于长期跟踪研究国内外先进的微小贷款技术及其成功运行经验,并结合我国县域尤其是欠发达地区县域农村经济、金融实际情况正式推出 AFR 微贷项目,截至 2023 年 12 月底,与浙江、广西、江西、安徽、山东、甘肃 6 省(区)的 20 家农商银行、村镇银行展开了合作,共有 2500 余名年轻员工参加了培训,转岗客户经理、成功竞聘行部室负责人、支行行长、会计主管、分理处主任达 70%多;累计发放符合项目要求的微小贷款 200 多亿元、13 万余笔,其中"四没有"类原生态客户约占 50%;AFR 微贷项目实践中形成的"1+1+N"师徒式传、帮、带员工内训模式,有效地提升了小微银行服务微小客户的质效,为小微银行、微小客户良性互动增添了活力。

与其他微贷项目相比,浙江大学 AFR 微贷项目主要定位于经济欠发达的县域,更注重县域小微银行年轻客户经理综合素养与规范服务,更注重微小客户金融服务的可得性与便捷性,更注重年轻客户经理、微小客户彼此间服务的尊严性及其互动成长机制,其核心可用一个公式表示。

微小贷款=弱势群体+零隐性成本+可持续发展利率+强势服务
　　　　=微"笑"贷款

具体而言,AFR 微贷项目主要通过精准的客户定位、量身定做的产品,规范的服务与系统化的运营过程,突现项目的功能定位,最终实现项目的目标。整个项目的特点和主要运营过程体现在以下六个维度(见表 4-1)。

表 4-1　AFR 微贷项目主要特点

维度	主要特点
客户特征	具有强烈劳动意愿和一定劳动能力,却长期被传统金融服务边缘化、难以从正规金融机构获得基本融资服务的金融弱势群体,这类客户往往是其他银行或本行成熟的客户经理不愿做、不敢做或来不及做并呈现"四没有""四有""四缘"特征,却又是经过培训上岗的原生态客户经理力所能及的群体。
产品特征	额度 30 万元(含)以下,基准利率的 230%(AFR 微贷业务运营时银监会文件中允许农村信用社、农村合作银行、农商银行的微小贷款利率上浮的最高上限),无抵押、软担保、整贷零还;有三个月以上(含)经营经验的个体工商户、家庭作业业主、微小企业主、农户等生产经营类客户;以借款人经营现金流与家庭可支配收入作为主要贷款条件与还款来源,注重和强调贷款对象的还款意愿和还款责任,实行严格的贷款监督机制,坚持"笔笔清"回收机制。
服务特征	坚持"入户调查、眼见为实、自编报表、交叉检验"原则,崇尚"微贷款、铁纪律、强服务"理念,贷前、贷中、贷后严守"六不准"铁纪律,对微贷客户经理违规、违纪实行零容忍。
运营特征	高管支持、新人战略、兼职培训、有序推进。第一期:项目组主导的微贷理念、技术固化与微贷产品研发试运营阶段,按"人师"标准打造一支具有一定市场拓展能力与微贷自主复制能力的内训师团队;第二期:微贷中心主导的"1+1+1+N"师徒式自主复制与业务规模运营阶段,完成"1+1+1+N"自主内训机制架构与业务规模拓展机制;第三期:独立内训与"微、普"融合发展,形成持续的独立的"1+1+N"内训机制架构及若干支"1+N""微、普"融合发展团队,全面推进全行信贷业务的提质增效。
功能特征	通过三年合作打造的微贷中心持续践行"客户经理培训基地(新员工转岗客户经理必须经过微贷中心培训合格)、原生态客户挖掘与孵化基地、支农支小金融产品服务创新与试验基地"三大功能定位,优化全行客户经理队伍结构、显著提升客户经理工作效能并有效推进全行微贷与普贷(小额农贷)的融合发展。
目标特征	打造一支具备独立放贷能力、市场开拓能力、自主复制能力的微贷团队;初步架构经济效益明显、社会效益显著的微贷运营模式;满足目标客户的融资需求、培养忠诚的客户群体;优化客户经理队伍,提高核心竞争力,实现业务的可持续发展;引导内训师、培训生完成本土化内训材料编写工作,完成内训、客户分类管理、客户经理分级管理、绩效考核与风控等制度建设。

资料来源:严谷军,何琛,何嗣江,等. AFR 微贷项目运行与案例[M]. 杭州:浙江大学出版社,2021:21.

二、AFR 微贷项目发展过程

AFR 微贷项目起源于浙江大学"中小金融机构可持续发展研究"课题组，得益于浙江省丰富的小微金融、民营金融、农村金融发展经验，在浙江大学经济学院、浙江大学金融研究院等科研和实践平台的支撑下，先后经历了萌芽、探索与经验总结提升、欠发达县域固化与优化发展等阶段（严谷军等，2021）。

（一）萌芽阶段

自 1997 年开始，浙江大学"中小金融机构可持续发展研究"课题组相继跟踪研究了浙江温州、台州等地农信社和城信社的运营与发展，1998 年起先后全程参与、跟踪研究台州银行发展史上有着重要影响的四项工作。1998 年，承担支付某城市信用社全部债务后更名为浙江台州银座城市信用社，并成功实现市内跨区经营；2002 年，全国首家以市场化方式组建的政府参股（5%）不控股的台州市城市商业银行成立；2005 年，在全国率先引进德国 IPC 微贷技术并成功本土化；2010 年，更名为台州银行并开始省内跨地区发展。其中，台州银行德国 IPC 微贷技术成功本土化与优化发展引起了项目组浓厚的兴趣。2006 年底，项目组成员开始思考县域小微银行如何本土化国内外先进的微贷理念与微贷技术，并开始广泛搜集、研究国内外微贷资料和案例。

（二）探索与经验总结提升阶段

2010 年 8 月，以"省校共建为基础、政产学研结合"模式组建的浙江大学金融研究院正式成立。基于浙江大学"中小金融机构可持续发展研究"课题组前期研究、AFR 的发展定位，2011 年 3 月，浙江大学 AFR 微贷项目组正式成立并启动了项目。2011 年至 2013 年，项目组先后与浙江江山农村合作银行、开化县农村信用合作联社、桐庐农村合作银行等单位合作推进了项目，较系统地总结提升了 AFR 微贷固化与优化运行经验并形成了较完备的本土化项目培训资料，确立了项目的功能定位、主要运营过程以及培训生选拔、兼职内训管理与考核、微贷业务拓展、内训师标准等管理制度。[①]

---

① 相关内容详见：严谷军，何琛，何嗣江，等. AFR 微贷项目运行与案例[M]. 杭州：浙江大学出版社，2021：255-308。

（三）欠发达县域固化与优化发展阶段

2014 年下半年开始，项目组相继与广西、江西、安徽、山东、甘肃等地多家县域小微银行合作推进 AFR 微贷项目，考虑到上述地区为数众多的小微银行过多关注抵押担保类贷款，有的甚至介入银团贷款，新生代客户经理岗前培训基本沿袭岗前突击、以考代训、外包培训等一贯做法，有效的员工、客户经理内训基本缺失，微小客户的信用贷款不会做、不愿做、不敢做，客户断层、客户经理队伍断层较为严重等现状，基于前期运行经验，AFR 微贷项目合同签订、正式启动前，项目组强化了与银行中高层的微贷宣传交流力度，增加了培训生预培训和项目试运行环节，以确保项目固化阶段项目组精准选人、精准用人的独立性，凸显 AFR 微贷项目"客户经理培训基地（新员工转岗客户经理必须经过微贷中心培训）""原生态客户挖掘与孵化基地""支农支小金融产品创新与试验基地"三大功能定位；正式培训期间增加了"赴浙江等地合作单位见习、实习"环节，重塑小微银行市场定位与"做小、做散、做精"的信心，强化培训生的使命感与责任感，提升内训师的综合素养。

三、AFR 微贷项目主要核心技术

信息经济学认为，信息是有价值的。信息的获取、识别与处理可以增强人们作出有利选择的能力并带来巨大的财富效应。对于所有商业银行而言，信息是银行贷款决策的基础，如果未能掌握充分、准确的信息，银行对贷款对象将无法实施有效的评价与监控，也就意味着银行贷款的风险是极其巨大的，信息的识别与处理自然也就无从谈起。就微小客户的微小贷款而言，虽因其市场、功能定位的不同，具体实施过程有所不同，但一般意义上的技术均体现在以下三个方面。

第一，软信息的获取。对于小微银行服务微小客户这类客户群而言，其信息多是那些难以被量化、被查证和传递的信息，如关于企业经营者的能力、品德、诚实程度与可信赖性、在面临压力下所做出的反应等之类的软信息，不同于抵押、担保、财务报表等硬信息的获取方式，微小客户软信息的获取需要受过专业训练方可胜任。微小贷款主要客户群体虽多呈现"四没有"特征，但具有"四有""四缘"特征，主要包括需要扩大规模并且具有持续稳定现金流的微型企业主、个体工商户、农户等微小客户，此类借款人通常财务信息不健全，信息不透明程度低。微小贷款客户经理首先要解决的问题是如何在借款人缺乏财务报表和抵押品的条件下，获取尽可能多的有利于判断借款人还款能力和还款意愿的信息，形成银行与小微客户之间的信息传递，以缓解信息不对称导致的融资难问题。

第二，软信息的识别。在获取微小客户软信息的基础上，微小贷款客户经理还需要对信息的真伪进行判断，现实中，我们注意到微小贷款客户经理从微小客户处获取软信息时，微小客户可能会有意或无意地提供某些虚假或不真实的信息，若未对所获取的信息加以识别，则难免会造成信贷决策的失误。因此，在获取微小客户软信息后，识别其真假也是微小贷款成败中的重要一环。

第三，软信息的处理。在获取信息并对信息的真实性进行验证后，微小贷款要求客户经理根据所收集的信息编制微小客户的简易的资产负债表和损益表，在此基础上，结合实地调查结果，撰写授信调查报告，分析微小客户未来的现金流量、还款能力及还款意愿，评估其潜在的贷款风险。

根植于浙江台州小微金融发展经验而来的AFR微贷项目自2011年3月启动以来，坚持"年轻（原生态）客户经理培训基地""原生态客户的挖掘与孵化基地""支农支小产品与服务创新试验基地"三大功能定位，着力打造小微银行"微弱情怀"与微贷专业技术兼备的客户经理队伍，补齐小微银行尤其是欠发达地区小微银行人力资源短板，通过制度、产品与服务创新，着力为金融弱势群体提供均等的信贷服务机会，在收获"年轻客户经理与原生态客户互动成长效应""原生态客户邻里示范效应""原生态客户成长中业务乘数效应""高息网贷与民间借贷挤出效应"四大效应中强化年轻客户经理与微小客户互动成长，促进年轻客户经理成长并累积微小客户资源、培育忠诚客户，优化客户经理队伍与信贷业务结构，增强微小法人银行可持续发展的活力。与通常所描述的微小客户软信息的获取、识别与处理的微小贷款核心技术相比，因AFR微贷项目主要服务于县域农商银行、村镇银行等小微银行，更注重小微银行年轻员工信贷服务能力和金融综合素养的提升，并借此带动微小客户尤其是其中"四没有"类原生态客户信贷能力的提升。

（一）软信息的获取

AFR微贷项目软信息的获取主要包括扫街营销、贷款申请受理和实地调查。

1. 扫街营销

AFR 微贷项目强调,微小客户尤其是其中的"四没有"类原生态客户的微小贷款业务推广不应依赖铺天盖地的广告宣传,而应选用微贷客户经理分组划片亲自上门营销(扫街)的方式。特别是对于年轻的微贷培训生、原生态客户经理工作初期而言,营销手段应以扫街为主,通过此方式既可养成"迈得开腿、张得开嘴、进得了门、说得了话、办得了事"的服务微小客户的基本素质,也能使客户获得面对面的情感交流并进行必要的金融知识普及。扫街营销的优点在于,通过面对面的接触,微小贷款客户经理向微小客户讲解贷款产品的支持对象以及担保方式、还款方式等方面的特点,现场回答客户提出的各种问题,使得通常没有与银行打过太多交道的微小客户会对专门为其设计的微小贷款产品有大致的了解并产生浓厚的兴趣。这种营销方式虽需花费较多时间,对微贷客户经理的交流技巧要求也比较高,但其交互性强、容易建立联系、可深入细节,传达的信息量也很大。

扫街营销的目的通常有三:一是让辖区内微弱群体知道客户经理所在银行的贷款要件(通常为"两有一无"即可贷);二是使辖区内微弱群体了解客户经理所在银行的贷款产品和服务;三是使辖区内微弱群体有资金及相关服务需求时首先能想到客户经理所在的银行。扫街营销需要遵循的原则是:让客户知道而不必让客户清楚,只要引起潜在客户的兴趣即可,可以让客户去银行或参加社区活动时进一步了解更详细的信息,同时也不能对客户有任何承诺,服务前后须严守"六不准"或"六不"铁纪律。

扫街营销时宜携带统一设计的微贷产品宣传资料,做好潜在客户信息搜集工作,相关信息录入客户信息登记表(见表 4-2),并及时对客户信息进行必要的整理汇总,以利于日后更具针对性的开展精准扫街营销服务(见表 4-3)。面对微弱群体尤其是其中的"四没有"类原生态客户,初级阶段的微小贷款客户经理需要有过硬的心理素质,做好应对早期可能被拒绝交流和多次扫街营销的准备,要重视与客户开展深入的交流,以便获取有效的基本信息。

表4-2　客户信息登记表

序号	客户姓名	经营企业或店面名称	行业	经营地址	从业时间	联系电话	银行行信贷情况(注明**银行**金额)	本行信贷情况(注明**支行**金额)	水电费扣划银行	营销客户经理
1										
2										
3										
4										
5										
6										
7										
8										
9										
10										
...										

表4-3　客户扫街信息明细

(AFR微贷项目1期培训生***第32周)

客户姓名	***	联系电话	138****554
企业或店面名称	***蛋糕店	行业	餐饮业
银行信贷情况(注明***银行***金额)	无贷款	从业时间	3年
收单方式	现金、支付宝、三方收银系统、***商银行收款码	第几次营销走访	第一次
水电费扣款或交款银行	支付宝缴纳	本行/他行其他业务	一码通、ETC
经营地址	***县***街道***小区342号		租赁/60000元

客户经营情况:

1.地理位置:经营地址位于***小区内的道路交叉口,位于小区的西南角,处于小区内的"商业街",地理位置优越,人流量大。

2.商品情况:主要是蛋糕、甜品的制作和销售等。

3.客户群体:主要是***小区的居民。

4.客户本人分析:老板是安徽***县***镇***村人,1988年出生,在我县开设3家甜品店,客群广泛,生意较好,年轻且热情,会做生意。

续表

5.店铺状况:该店为2间店面,内部面积约有50㎡,分为销售区和烘焙区,且销售区中有分为常温区和冰柜区,店内产品丰富,有泡芙、奶茶、雪媚娘、面包等,店员反映这些商品都是当日现做,当天都能销售,侧面证明了该店的生意较好。店内有雇员1人,穿着带有店面Logo 的服装,较为正式。整体装修较好,远超周边的商铺,老板经常不在,店内主要使用*商银行的收款码。

客户反馈信息:

1.店员反映老板较为年轻,当前在我县有3家蛋糕店,且生意较好,主打社区营销,且价格较为优惠。

2.该店使用**银行收款码,虽办理我行收款码但未使用,由于该店是加盟的,故统一安排收银。

3.该客户上年在我行日均存款约15万元,当前的存款较少。

4.由于老板在店时间较少,雇员反映老店有开新店的意向,后期进行对接,询问是否有贷款需求。

近期是否有资金需求	有	近五年有无生意借款	无
如何解决生意资金问题	自有资金、信用卡	为何未到我行办理	无需求

是否是潜在客户及后续工作措施:

该客户运营的店铺较多,且使用信用卡,当前虽无贷款需求,但需要持续关注。

培训生:*** 20**年7月**日 9:45

　　扫街营销时需特别注意的事项主要有:避免"跳跃式"扫街;微小贷款客户经理在业务介绍过程中应尽量穿印有银行标识的工作服(如红马甲),保持平等、平和、主动、自信的心态;要特别注意细节,如在对客户介绍业务前,要观察对方的生意忙不忙、会不会打扰对方的生意,针对不同的场合、不同的客户采用灵活的交流方式,根据客户的反应来判断下一步的宣传重点;遇到被拒绝或很不友好的客户(实践中此类客户中有不少曾受到银行不公正的对待或有误解)时,微小贷款客户经理要避免和客户产生正面冲突并重点关注、了解其背后的原因;扫街营销宣传时,不能给客户一定可以得到贷款的承诺;扫街营销宣传中不得诋毁同行及同行的贷款产品;不应抱有即时可以带来客户的想法,要坚持反复扫街,秉持"简单的事情重复做、重复的事情用心做"的理念。

　　2.贷款受理

　　微小贷款业务受理流程基本上可分为图 4-1 中的几个步骤(据具体客户情况而定,非必需)。受理由前台专职工作人员完成,一般是资深客户经理,协助客户完成"四张表"中的第一张表,即贷款申请表(见表 4-4)。在受理客户的微小贷款申请时,微小贷款客户经理可初步掌握客户的软信息和基本财务信息,从而做出是否进入贷款调查环节的决策,为贷前准备做好铺垫。对于前来申请微小贷款的客户,微贷客户经理应请客户介绍其申请贷款用途、业务运作方式,询问客户的行业、经营地址、规模等基本信息。如行业、用途、贷款额度等不符合银行的信贷政策,则应告知原因、委婉拒绝;若无明显问题,则可以请客户填写贷款申请表,并进一步获取经营历史、家庭情况等软信息。

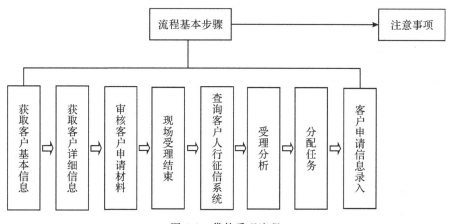

图 4-1　贷款受理流程

表4-4　＊＊银行微贷客户贷款申请表

申请日期:　　年　　月　　日

	姓名		客户号	
申请人信息	身份证号		联系电话	
	婚姻状况	□未婚　□已婚　1.有子女　2.无子女　□离异　□再婚 □丧偶			
	居住条件	□自置　1.别墅　2.商品房　3.立地房　4.营业房　5.农村房产 □按揭　□父母及亲友房产　□集体宿舍　□租房　□共有住宅 □未知			
	职业		单位联系方式	
	户籍地址			
	居住地址			
	学历			

续表

客户经营信息	所投资企业名称		营业执照	□有　　□无
	经营地址		经营项目	
	组织形式		股份占比	
	资产规模		毛利	
	雇员人数		从业时间	
	主要供应商		付款方式	
	主要客户		结算方式	
	上月销售额		上年销售额	
	淡旺季月份		旺季月销售额	
	平常月销售额		淡季月销售额	
	年销售成本		年经营成本	
	总资产		总负债	
客户家庭信息	配偶姓名		配偶身份证号	
	配偶工作单位		配偶电话	
	主要家庭成员	工作单位或学校	主要家庭成员	工作单位或学校
	家庭收入		家庭支出	
	主要财产		家庭主要负债	
客户信贷情况	申请金额（大写）		借款用途	
	还款资金来源		期限	
	银行信贷经历	□有　　□无	担保记录	
	本行信贷记录	□有　　□无	关联人信贷记录	□有　　□无
	存款账户		开户银行	
	贷款银行	贷款金额	欠贷金额	贷款时间

续表

保证人	保证人1	保证人2	保证人3
证件号码			
单位			
地址及通信方式			
抵押人		抵押人	
质押人		质押人	

（表格左侧竖排：保证人情况）

信息来源	□报刊 □电视广播 □宣传栏 □流动广告 □网络朋友 □银行客户　□信贷员上门推广 □手机短信 □为他人担保 □其他
授权	我允许**银行在受理、办理本人相关信贷业务时调查本人曾经以及目前在任何其他金融机构、贷款组织或私人的贷款情况，并授权你行查询、打印、保存本人的信用信息数据及信用报告；同时**银行可以通过其认为必要的途径审核我的贷款申请（包括允许你行与我在申请表中所填内容相关的人联系）。 　　　　　　　　授权人签名：　　　　　　　日期：
声明	我在此声明所提供的所有信息都是正确和真实的，是以充分信任的态度提供的。我已就本笔借款情况向担保人作了说明，担保人已明确知晓，如果我不能及时偿还全部贷款本息时，其应当承担替我偿还的责任。我清楚如果我提供虚假信息，将会导致贷款申请被拒绝，并且将来也不能获得贷款。 　　　　　　　　声明人签名：　　　　　　　日期：
我行承诺	我行承诺对在调查中取得的客户所有信息进行保密，绝不外泄。
受理人意见	
否决原因	□客户拒绝　□征信系统查询有不良记录　□未达到基本经济条件　□信用及品质不佳　□违规贷款　□违法经营　□异地经营　□异地客户 □无存款　□其他
受理人签名		日期	
主管意见	
调查人员	主调查人	辅调查人	
主管签名		日期	

　　为更好地赢得客户，对于尚不了解银行微贷产品的申请人，微贷客户经理应首先准确介绍微贷产品的金额、还款方式、担保要求、期限等基本信息，增进客户对微贷产品的了解，确认微贷产品是否符合客户的需要，进而引导客户做

出正确的贷款决策。

在客户填写申请表和提交相关申请材料后,微贷客户经理应对资料填写的真实性、完整性与规范性进行审核,如身份证原件是否真实、身份证照片与本人是否相像、营业执照是否为市场监管部门颁发的等,对客户难以提供、一时无法提供的信息进行标注。在此基础上,微贷客户经理还应对客户的申请做出初步的分析和评估。根据受理过程中对客户的印象对其还款意愿加以初步判断;根据客户经营的资金循环过程,做出贷款用途是否真实、贷款申请是否合理的大体判断;通过对财务数据的大体测算,对客户的还款能力进行初步评判。通过贷款受理的,客户经理应把申请表等资料提交微贷主管审核,审核通过的,则分配调查任务。

为提高工作效率和客户体验感,受理时间不应太长,通常单笔贷款受理时间不超过 30 分钟。受理结束前,应向客户介绍整体贷款流程,告知客户实地调查时需要准备和提供的资料清单。

贷款受理需特别注意的事项主要有:受理岗应将需要获取的主要信息内容牢记于心,避免与客户谈话时对照表格逐项提问,让客户产生被审问的感觉;与客户交流时,要目视客户,营造友善的聊天气氛,切忌语气生硬、不礼貌,不要和客户发生正面冲突;受理阶段与客户交流要讲究问话的层次性,先问基本的问题确定客户是否符合贷款的基本条件,然后问客户的经营状况,确定客户是否为目标客户;受理时间应尽量不超过 30 分钟,受理岗应针对主要问题进行询问,要避免将大量时间用在做笔录上,影响谈话效果;需要了解是否存在中介或个人参与介绍贷款获取利益,是否存在骗贷、"垒大户"等风险情况。

3. 实地调查

AFR 微贷基于多渠道获取信息,其中实地调查、广泛收集第一手的数据和信息是重要的方式之一。在借款人填写贷款申请表提供基本信息后,微贷客户经理需要到申请人的经营场所及家庭进行调查,了解客户及其经营的全面情况。

实地调查前需做好必要的贷前准备工作。应调阅客户的贷款申请表和同类型客户的贷款资料,通过询问有经验的信贷员、查询本银行数据库、借助公开媒体和亲朋好友、咨询已知上下游客户等获得相关信息,并完成贷前准备表(见表 4-5),明确调查的主要内容、潜在的风险点和分工等。充分准备有利于查漏补缺,消除客户信息疑点,提高调查的效率和成功率。

表 4-5　贷前准备表

已调阅的资料	
目标客户的上下游关系图	
调查前的主要问题	
客户需要带至调查场所的重要资料	
主、辅调客户经理之间的任务分配	
本次调查预计可用的逻辑检验方法	

客户经理签字：　　　　　　主管签字：　　　　　　日期：

在开展实地调查时，AFR微贷采用双人调查，即某一客户经理作为主调，牵头负责客户的调查工作，另一客户经理作为辅调，协助主调进行客户调查。主调主要与客户进行谈话，了解经营情况；辅调侧重于清点存货、查看单据、从其他人员处侧面了解情况等。具体而言，主调的分工通常包括：调查贷款目的与基本经营信息、调查经营性资产负债信息、调查经营损益信息、调查家庭负债信息和调查保证人信息等。辅调的分工一般包括：一是调查第三方信息，指从雇员、商业合作伙伴、家庭成员或邻居等其他渠道获取相关信息；二是盘点存货，观察经营场所环境；三是调查客户的软信息；四是收集客户影像信息（见图 4-2）。

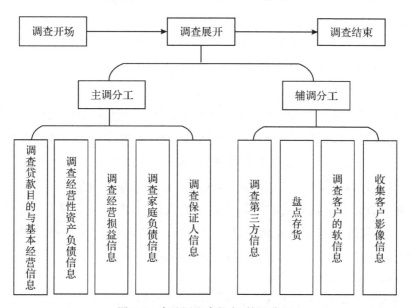

图 4-2　实地调查中的主、辅调分工

在开展调查时,客户经理一般从客户的基本信息或客户比较熟悉的方面谈起,然后围绕客户所述的有关信息逐步深入,对事先已了解的信息也要做进一步核实。涉及客户的负债、营业收入、利润水平等敏感信息时,优先考虑采用先从侧面进行了解,再与正面询问相比对的方式。同时,正面询问上述敏感信息一般应选择没有第三者(如雇员)在场时,否则会导致客户的回答模糊并令客户产生反感。若调查过程中客户的口述前后产生矛盾,应敏锐地及时追问,不应一味套用模式化的交流方式提问。同时,在调查过程中,客户经理要通过观察获取与客户还款意愿相关的信息,如客户的家庭关系、客户对保证人的态度、客户对自身商业信誉的重视程度等。也可以询问一些与贷款申请没有直接关联的细节问题,以判断客户对业务的熟悉情况和经营能力。

家庭情况调查也是 AFR 微贷项目实地调查的一个重要组成部分。要求微贷客户经理到客户的家里了解情况,通过与其家庭成员的交谈,了解更多关于贷款申请者的信息,并记下客户家庭的准确地址,便于贷后管理。当贷款申请者不愿意接受客户经理的拜访时,客户经理需要询问具体原因,对不能给出合理解释者一般应拒绝其贷款申请。

调查过程中针对不同态度的客户应有效加以应对。对于过于配合的客户,可先判断周围的人和所处环境是否与客户存在利益关系,然后试着换个环境或提问角度测试客户所提供信息的真实性。对于积极配合但不善言谈的客户,可以观察客户经营场所的摆设、判断客户的喜好,从客户愿意谈的话题入手,快速消除客户对客户经理的陌生感。对于调查过程中喜欢说个不停的客户,客户经理要及时转移话题,紧扣调查重点进行互动交流。对于心存疑虑、不愿提供关键信息的客户,客户经理应向客户说明银行有严格的保密纪律,以便消除客户的顾虑,同时要让客户感觉到客户经理是有韧性的,对了解相关情况有着足够的耐心与决心。对于不配合调查的客户,客户经理应尽量心平气和地说服客户,强调配合调查能够带来的好处,如其仍不配合,则停止调查。

客户影像信息收集应在获得客户同意后进行,并注意影像信息的分类。AFR 微贷强调,客户经理在调查过程中必须遵守"六不准"铁纪律。同时不论客户的情况如何,调查过程中客户经理不能就能否贷到款以及可以贷到多少款给客户以任何承诺。

调查进行过程中,微贷客户经理应做好调查记录,对每一位客户的调查记录存档,避免信息的遗忘和丢失。

实地调查需特别注意的事项主要有：在调查客户前，一定要事先与客户约好时间和地点，一般选取在客户正常经营时间但不是太忙的时候，有利于经营信息的获取；在实际双人调查的时候，一定要事先进行简单分工，明确各自调查任务，如主调主要与客户进行谈话，了解相关信息，而辅调侧重清点存货、查看某些单据、向其他人员侧面了解客户情况等；在调查过程中对于已经了解的内容也要做进一步核实，以检验客户是否诚实；在主调经验不足的情况下，微贷业务主管或有经验的客户经理要对其进行指导，提示调查注意事项以及客户可能存在的主要风险；为理顺微贷客户经理在调查时提问的逻辑，提高获取信息的有效性，建议微贷客户经理按照"贷款用途—经营历史—损益信息—资产信息—资料清单核实"等内容进行询问；做好调查记录，以便客户经理调查结束后尽快整理调查资料并对客户进行分析。

（二）软信息的识别

AFR微贷项目信息识别主要有微小客户软信息与财务信息的交叉检验。

1. 交叉检验

所谓交叉检验，是指微贷客户经理通过对从各种渠道获得的信息进行比较、鉴别，以验证信息真实性、合理性与一致性的一种方法，是针对微小客户无正规的、经审计的财务报表情况下所设计的验证工具。

交叉检验这一信息识别方法的基本逻辑在于：信息之间存在逻辑关联，不真实的信息总会有相互矛盾和难以自圆其说的地方，从不同的角度、不同的侧面进行验证，这些矛盾就会暴露出来。因此，我们可以用信息之间的比较来验证客户提供的信息是否准确。验证的角度越多，对所获取信息与数据的准确性和合理性验证也就越充分。另外，从多个角度进行验证，也有利于把握不同信息之间的内在结构，便于更全面地掌握微小客户的真实情况。只有通过对所获取信息从多个角度的相互印证以及对数据之间关系的逻辑判断，方能确保所获取信息的准确性，了解到客户真实或接近真实的情况，进而为微小贷款决策提供客观的数据基础。AFR微贷项目认为，一个数据要尽可能通过至少两种方式的交叉检验，以便形成对微小贷款分析有价值的信息，作为一个组成元素进入客户授信调查报告中。

实践中，交叉检验可以从多个角度开展。一是客户经理亲眼所见的情况与客户口述的信息是否一致。如客户口头所述的现金、存款、库存等数量与客户经理实地调查时的盘点情况是否相符；客户所述的销量与调查期间看到的客流量是否匹配;客户所述的年收入水平与实际看到的客户家庭生活状况是否吻合;等等。二是客户提供的信息与当地同类行业的平均水平是否大体一致。如客户口述的利润率、营业费用、款项结算方式、淡旺季情况、雇员的工资水平、房租、家庭支出等信息,与当地的平均水平观察是否一致,若不一致,则需进一步核实。三是从不同渠道所获取的信息之间是否一致。如客户口述的信息是否与书面信息一致,具体包括:客户口述的财务信息是否与原始单据、发票、经营记录、销售合同等一致;若客户将每天的营业所得存入银行,则可将客户口头提供的营业额与银行对账单对比,观察是否一致;若客户通过转账方式支付进货款,则可考察客户口述的进货金额、进货频次是否与打印的银行交易明细相对应。又如不同的人对同一问题所提供的信息是否基本一致。具体包括客户、客户的雇员、客户的合伙人关于雇员工资水平、工资发放方式所提供的信息是否一致;客户、客户的合伙人对营业额、利润水平的口述是否一致;客户、客户的配偶、客户的父母关于贷款用途的陈述是否一致;等等。四是不同时间周期的数据是否相互矛盾。如客户提供的每日营业收入的累计值是否与月营业收入大致相符、每月的营业收入是否与每年的累计收入大体相同;根据调查时最近几天的营业收入估算的月营业收入是否与客户口述的月营业收入大体相当;期初数据是否能和流量及期末数据大体对应,举例来说,客户的经营启动资金加上每年的利润、减去每年的非商业支出是否与客户的实有权益大致对应。五是不同的信息和数据之间的关系是否匹配。具体包括:客户的经营数据与客户的经济实力是否对称,如客户口述每年的利润可观且经营时间长达十多年,但客户没有多少财产和资产积累,这就存在相互矛盾。财务数据之间的内部关系是否合理,如客户的营业额与库存水平的关系是否合理、客户的营业额与应收账款的关系是否对称。投入与产出之间的关系是否对称,如客户声称月营业额很高,但查看电表、水表发现每月的耗电量、用水量很少,这显示出客户所提供数据的可信性存疑;又如,客户采用按件计付雇员的工资,可考察雇员的工资总额数据与每月的销量、销售额数据之间的关系是否相匹配。此外,还包括客户经营的淡旺季、销售额与客户申请贷款的时间、额度是否匹配,客户经理根据经验和已积累的行业信息对相关财务数据(如毛利率、赊销率、平均库存天数等)的估计与客户口述的信息是否吻合等。六是不同时点、不同场合所提供的信息是否一致。如客户来银行申请贷款时所口述的信息与客户经理入户调查时客户口述的信息是否一致;前期营销走访时客户提供的信息与客户实际申请贷款时提供的信息是否存在偏差;多次询问过程中客户给出的信息是否前后一致;单独询问客户时客户口述的信息与有其他人员(如客户的妻子)在场时客户提供的信息是否一致。

2.微小客户软信息与财务信息的交叉检验

微小客户信息交叉检验的重点是针对与客户的还款意愿和还款能力相关的信息与数据进行核实,从检验信息的类型来看,主要包括软信息的交叉检验和财务信息的交叉检验。

(1)软信息的交叉检验

软信息对于判断微小客户的还款意愿和还款能力具有重要意义。可根据不同的软信息之间、软信息与财务信息之间的逻辑对称关系,通过密切观察、关注细节对软信息进行相应的交叉检验,为将软信息纳入小微信贷决策依据奠定坚实基础,其主要内容见表4-6。

表4-6　软信息交叉检验的主要内容

信息类别	主要内容
客户基本信息	• 客户年龄 • 客户受教育水平 • 其他人对客户的评价(包括客户的雇员、亲属、同行、合作伙伴和周围商户) • 婚姻状况 • 客户的性格特征 • 客户是否有不良嗜好或者犯罪记录 • 客户是否本地人 • 客户是否还有其他收入或支出,必要的家庭费用及近期可能的支出 • 客户的社会地位,客户在当地的社会关系
客户经营信息	• 客户的经营经验 • 客户经营当前生意的动因以及未来的经营计划 • 客户经营记录的获取 • 贷款用途
客户企业信息	• 经营时间 • 企业的管理方式 • 企业的市场地位 • 企业的雇员构成 • 供应商 • 企业的发展前景 • 其他,如企业规章制度的完整性以及执行情况、企业的风险意识等

软信息的具体内容包罗万象,对软信息的交叉检验重在细节观察,既包括

看到的,也包括感觉到的,还包括听到的,在现场调查以及与客户接触的过程中,客户经理要察言观色,关注客户的言谈举止、衣食住行等细节,随时进行交叉检验;贷款用途直接决定了资金的流向,若客户的贷款资金流入了一些高风险领域甚至违法领域,则会显著加大该笔贷款的风险,虽然客户在申请贷款时会告知贷款用途,但其所声称的贷款用途的真实性难以得到保证,需要通过交叉检验来验证;客户经营状况的验证主要通过以下途径进行:首先是要注意分析客户的经营履历,其次是通过客户的家庭财产与经营匹配度进行分析,最后是通过对客户经营场所的细节观察和侧面了解来验证其生意经营情况。

(2)财务信息的交叉检验

财务信息的交叉检验包括存货、负债、营业收入、权益等方面(见表 4-7),其中权益的交叉检验是最为核心的内容。

表 4-7 财务信息交叉检验的主要内容

表格类别	主要内容
损益表	· 营业额和经营业务的季节性 · 原材料的采购与生产成本 · 经营费用和其他支出,如税、工资、交通费用、租金水电费、"关系维护费"、设备维修费、投资活动、家庭支出等
资产负债表	· 现金和银行存款 · 应收账款 · 预付账款 · 存货 · 固定资产 · 其他

存货。不少微小客户没有库存记录,其会向客户经理提供存货估值。对存货信息进行核验的直接方式是客户经理对存货进行清点。首先,客户经理要剔除客户拥有的已经丧失价值的存货,不将其计入在内;其次,鉴于客户的存货通常种类及数量繁多,为提高效率,客户经理清点存货时可先对存货进行分类;最后,在以上基础上根据每一类商品的数量和进货价格来计算存货的价值。实际清点过程中,为加快清点的速度,可按箱、存货的堆放高度、堆放面积等进行估算,但对于价格较高的存货,最好进行单独清点和计算,以免因合并估算产生较大的误差。此外,若客户声称在经营场所之外的其他地方(如家中)还有存货,客户经理应该进行现场查看,以规避风险。

应收账款。客户的应收账款的数量多少、应收账款的周期长短,一定程度上反映了其产品的市场竞争状况,但大部分微小客户不能提供欠条或其他单据来表明应收账款的真实性,这就需要进行交叉检验以核实应收账款;客户经理可以通过向主要的应收账款付款人侧面打听进行验证,但应注意识别客户与付款人联合作假、用根本不存在或已经清偿的应收账款包装自己的可能情况,客户经理也可以通过应收账款集中度估算应收账款总额并做交叉检验。

负债。对于客户从银行等正规金融机构获得的贷款,客户经理可通过查询中国人民银行征信系统进行核实,但不少微小客户通常会有征信系统尚未覆盖的负债,如从亲朋熟人处获得的借款,民间借贷、民间融资平台(机构)的借款等。对于此类负债,客户可能会瞒报或少报,需要客户经理通过有效的方式来进行交叉验证,尤其是对于最近几个月征信查询次数较多的客户(查询次数多通常意味着客户在近期急于申请贷款或信用卡),客户经理更应对客户的隐性负债保持警惕。首先,客户经理可以让客户提供主要资产的原始凭证或证明文件,如房产证、车辆登记证等,若客户不能顺利提供,则可能是客户已经将其做了抵押,用来获取其他非正规融资。其次,客户经理可以借助负债与资产的勾稽关系进行交叉验证。例如客户在某个时期购置了车辆、房产等大额资产,但同期没有新增的银行负债,根据资产扩张与负债规模不同步的情形,就可以怀疑客户通过民间借贷等非正规渠道获取了资金。又如,客户经理可以考察客户前几年的经营利润和资产形成情况,若客户的显性负债增量与利润累积之和大于资产的增加,则反映出客户可能有其他负债的融入用于经营。最后,客户经理还可从客户的银行流水情况(交易对象、资金进出的规律性等)进行判别。如果客户的银行交易明细中存在包含"投资""担保""金融咨询"等名称的对手方,且客户的经营内容与这些对手方不存在上下游关系,则表明客户可能从这些机构获得借贷。同样,客户在特定日期从某一对象获得一个整数的金额,以后又对同一对象以大体相同的时间间隔发生多笔零散支付,这也意味着存在民间借贷付息的可能性,需要进一步关注。

营业收入。客户经理通过询问获得客户的营业收入信息后,若客户不愿提供销售记录或没有销售记录,则客户经理需要通过其他信息对客户口述的营业收入进行验证。一是通过相关成本支出做交叉检验,如对于洗浴店,通过每月的水费支出测算其营业额;对于一部分从事生产加工的客户,可通过每月的电费支出测算出其销售额;对于搞货运的客户,可通过每日、每月加油费测算其营业收入。当然,客户经理需要清楚每单、每客、每件产品、每公里的水费、电费、油费的成本。二是通过进货额做交叉检验。销售额与进货额有以下的关系：销售额＝（期初存货－期末存货＋期间进货）/成本率，若客户的存货水平保持稳定，则期间的进货量与销售量大体相同。

毛利率。毛利率是反映客户经营状况的重要指标之一。通常行业的竞争程度越高，毛利率越低。除了采用与同行业比较的方式，通常可以通过计算加权毛利率并和客户口述对比的方式做毛利率的交叉检验。在计算加权毛利率时，要按产品不同种类得到每种产品的毛利率，同时了解每种产品的销售收入占总收入的比重，在此基础上以每种产品的销售收入占总收入的比重为权重对毛利率加权平均。

权益。权益的交叉检验有助于客户经理发现或识别客户因夸大经营、虚构利润、存在不良嗜好引发的资本积累不正常等情况。通常通过计算应有权益并与调查时的实际权益对比来进行权益的交叉检验。应有权益的计算公式为：应有权益＝初始权益＋期间利润＋期间生意外注资－期间生意外提款＋资产升值－资产折旧或贬值，其中期间利润应向客户逐年询问并累加，不宜用一年的利润直接乘以经营年限，因为微小客户往往不同年份的生意波动较大；实际权益则为资产负债表中的权益。应有权益与实际权益对比，若两者大致相等，则表明权益吻合，通过了交叉检验。若应有权益明显大于实际权益，则造成这种情况的可能原因主要包括：客户有赌博等恶习花掉了收入，初始权益中有部分负债没有调查出来并加以剔除，评估资产负债时过于谨慎导致表内权益低估，测算客户盈利能力时过于乐观而高估了利润或少算了支出，有部分资产没有调查出来并计算在内或者客户有其他投资，等等。对于应有权益大于实际权益的情形，客户经理要特别注意判断客户是否存在隐瞒一些特殊支出而使当前权益减少的情况，防止客户因涉赌等不良行为带来严重风险隐患；若应有权益明显小于实际权益，则造成该种情况的可能原因主要有：客户经理在评估客户盈利能力时过于保守而低估了实际利润，客户有其他未知的收入来源，客户的供货商存在铺货的情况，客户经理在评估资产负债时违背"谨慎性"原则导致表内权益被放大，存在一部分不属于客户本人所有的资产，客户拥有民间借贷等隐性负债未被调查出来，等等。对于应有权益小于实际权益的情形，客户经理要注意辨识客户为获取更大的贷款额度而夸大自身资产的可能性。

3. 交叉检验的注意事项

作为检验客户所提供的信息的真实性的标尺，交叉检验首先是做给客户经理自己看的,因此不要为了交叉检验而做交叉检验;交叉检验的有效开展,需要微贷客户经理对当地不同行业的经营方式、产销渠道、产品售价、投入品价格等有较全面的了解,而当地的行业门类可能较为广泛,且各行业的发展本身也是不断变化的,因此要求客户经理注意系统总结、持续积累相关的行业信息;在现场调查时,AFR 微贷强调要通过与客户的家属、雇员、邻居、客户的客户等多个群体的直接交流获取信息。但应该注意的是,为防范产生集体隐瞒现象,客户经理需要重视对此类第三方信息的真实性进行验证,在向第三方询问客户信息时,应了解清楚其与客户的关系;在一些微小贷款发展较早、信贷市场竞争相对激烈的地方,部分微小客户已拥有较丰富的与银行打交道的经验,并存在一些面向微小客户提供申请银行贷款所需资料准备服务的中介机构,在这些地方,客户及客户的雇员等第三方所提供的信息往往会看起来很完美。此时,应更加注意在现场调查时的"眼见为实",在调查中的每个环节做好与事实的交叉检验,确保进入后续自编报表之数据的真实性和准确性;越是关键的信息(如影响客户还款能力的营业额数据等),越应注意通过更多角度、更多方式的交叉检验以确认其真实性、有效性。当然,进行多种方式交叉检验的前提是客户经理要收集到较完整的信息。交叉检验不存在一成不变的角度和方法,针对不同的客户,客户经理可以应用不同的方法。

(三)软信息的处理

微小客户通常呈现"四没有"特征,客户经理要在信息获取、识别的基础上按照一定的原则自编资产负债表、损益表和调查报告,结合客户还款意愿从财务方面对微小客户的还款能力做出量化分析。

1. 资产负债表

资产负债表是反映客户生意在某一特定时期财务状况的会计报表,是静态会计报表。它是根据资产、负债和所有者权益之间的相互关系,按照一定的分类标准和顺序,把客户生意在某一个特定日期的资产、负债和所有者权益各项目予以适当排列。它表明客户生意在这个时间节点上的资产、负债和所有者权益情况,表明企业的经济资源和企业的偿债能力,是该生意在该时点的静态的"照片"。

(1)资产负债表基本结构

资产负债表的常用格式是账户式,采用左右结构,左边列示资产,右边列示负债和所有者权益。简化的微小客户资产负债表的基本结构如表 4-8 所示。

表4-8 **客户资产负债表

（编制时点： 年 月 日,单位:元）

资产	负债
流动资产：	应付账款
现金与银行存款	预收账款
应收账款/预付账款	银行贷款
原材料	私人借款
存货	
固定资产：	
设备	
交通工具	所有者权益：
不动产	
经常资产	
其他资产（如:投资）	
总资产	总负债＋所有者权益

（2）资产、负债计入的基本原则

一是谨慎性原则。能够证实为客户所拥有（控制）的或客户经理亲眼所见的资产才记入资产负债表,负债则只需按客户口述的数据或客户经理估算的数据计入。二是差异性原则。在资产负债表中,资产只计入经营性资产,满足家庭日常生活所需不带来收入的资产则不计入,而经营性资产系指为客户所拥有的、在经营中得到利用、能够带来收入的资产;而负债,除按揭类贷款和或有负债外,既计入经营性负债,也计入家庭负债。三是据实性原则。若营业执照所有人与实际控制人并非同一人,在实际控制人可以合法使用该营业执照开展经营的前提下,应根据实际借款人的资产负债情况来编制资产负债表。四是市价原则。资产如果有市场参考价格,按市场参考价格计入;如果没有市场参考价格,则按原值减去折旧计入。负债按包含截至编制资产负债表当日应支付的本金和利息计入。五是全面性原则。若客户在本地拥有多个项目或经营实体,客户经理在编制资产负债表时,应调查了解客户所有项目或经营实体的资产负债信息,并汇总计入。

（3）微小客户资产负债表的主要内容

①流动资产

流动资产一般是指企业可以在一年或者超过一年的一个营业周期内变现或者运用的资产,其占用形态具有变动性,占用数量具有波动性。就微小客户来说,流动资产的内容主要包括现金与银行存款、存货、应收款、预付款等。

对于现金与银行存款,AFR微贷要求必须亲眼所见(经过清点)或核实后才能计入。如果因客户存在抵触心理等原因不愿出示现金和提供银行账户明细,则不能计入资产负债表。

对于存货,AFR微贷要求客户经理经清点客户的存货后,以现值记入资产负债表。在实践中,鉴于现值的多变性,为简便起见,也可按进价计算存货价值。但客户经理应注意识别出市场价格已明显下降的存货,如价格急剧下跌的原材料、临近保质期的待售商品、以前季节积压的服装存货等,按照谨慎性原则将此部分存货以当前市场价格计入。另外,在清点存货过程中,客户经理要注意发现那些属于代销的商品以及来料加工方式下不属于客户的存货,不将其计入资产负债表。

对于应收款,不能仅凭客户口述,而需要在客户能提供证明资料的条件下才能计入。应收款一般是由赊销商品产生的,与生意不相关联的、客户私人借给他人的款项,不应列入。客户经理应该在考虑本地区相关行业特点以及客户的销售条件(如赊销率、平均赊销时间、销售收入等)的基础上,确定应收款占销售额的可接受范围。一般账龄在6个月之内的应收款方可计入,对于一些账龄普遍较长的行业,可以适当延长,但最长不应超过一年。

对于预付款,因其较易造假,一般要经过两个方式以上的交叉检验通过才可计入。已经预付了的房租,应根据剩余使用价值计入。需要剔除无法回收或回收可能性较小的预付款,不将其计入资产负债表。同样,不与客户生意相关联的预付款(如购房预付款等),也不计入资产负债表,但客户经理应考虑此类预付款所涉及的未来现金流出对客户还款可能带来的影响。

②固定资产

固定资产是指为生产商品、提供劳务、出租或经营管理而持有的,使用时间超过12个月的,价值达到一定标准的非货币性资产,包括机器设备、房产、机动车辆等。只有用于经营且为客户所拥有(能提供产权证明等)的固定资产才能计入。固定资产通常以当前市场价格计入,估价时应考虑购买价格、使用年限、磨损程度等因素,例如对于房产,主要参照所在地相同地段房屋的价格、新旧程度等因素估算。

对于固定资产的折旧,一般按照"市场价值兑现"原则处理。若特定的固定资产无法估量市场价值,则采用普通折旧方法。在折旧方法下,对于设备,按正常的使用寿命来确定折旧年限,以当前同等型号新设备的价格减去折旧费用计入,而不是以该设备的当初购买价格减去折旧费用来计入其价值;对于机动车辆,根据具体车况来确定折旧年限,同样是以当前新车市场价格减去折旧费(而不是以车辆的原始购买价格减去折旧费)来计入其价值。另外,客户所拥有的但用于出租带来收益的住房或店铺,可按照市场价计入。

③负债

负债是指企业过去的交易或者事项形成的、预期会导致经济利益流出企业的现时义务。对于微小客户来说,负债主要包括银行贷款、私人借款、应付款、预收款等。

对于一次性到期的银行贷款,到期日在贷款期内的,以全额计入。对于银行按揭类贷款,如前所述,一般不作为负债列入资产负债表内,相应地也不将其对应的资产列入。民间借贷等私人借款一般没有明确的还款期限,按客户和其家人声称的金额(若客户和其家人声称的借款金额有出入,则按就高原则)计入负债,并应注意通过权益交叉检验做出判断。应付款包括对上游供应商的欠款、未付的工资、房租等。应付账款可根据客户的付款方式、进货金额、进货频次等进货条件进行判断;未付的工资、房租等可根据相关费用的支付时间和支付方式进行推算。预收款主要包括定金、发售的会员卡、预付卡、代金券等。对于定金,可以未交付订单为基础做出估算,对于会员卡,可根据未消费的比例做出估算。鉴于客户通常不会充分披露负债数额,按谨慎性原则,需注意的是,实际计入的负债应不低于客户口述的数量。

④所有者权益

所有者权益是所有者对企业资产的剩余索取权。在确认资产和负债的基础上,客户经理可通过资产减去负债得到所有者权益数量。根据第四章的分析,采用计算应有权益(应有权益=初始权益+期间利润+期间生意外注资-期间生意外提款+资产升值-资产折旧或贬值)并与实际权益(资产负债表中的所有者权益)对比来进行权益的交叉检验。若两者的偏差不超过5%,则是可以接受的;若两者的偏差超过5%,则应分析产生偏差的原因。

⑤表外项目

AFR 微贷强调客户经理应尽可能充分地了解与客户相关的资产和负债信息,其中一部分资产和负债项目虽不计入资产负债表内,但这些项目在对客户的评估方面也可能有着重要意义,可作为表外项目。主要有:客户购买的股票、基金、分红险、投资连结险等,按原始投资和当前市场价值在表外反映;与生意无关联的、客户私人借给他人的款项,在表外记录;不用于生产经营、不创造收入的私人房产和车辆,不计入资产科目,相关房屋按揭贷款和车贷也不计入负债科目,而在表外记录;一些不确定的资产(如客户证明不了的资产)、尚未能投入生产的资产(如在建工程),也在表外注明。

(4)微小客户资产负债表编制示例

李先生跟妻子在某市某小区经营一家文具店,主要销售中档文具和少量体育用品(如篮球、球拍等)。李先生之前是本市某超市文具专柜的销售员,离职后决定自己开店。刚开始他从姐姐那借了8万元,并承诺一旦有钱就偿还(没有利息)。这几年来,他已经陆续还了姐姐6万元。

某年生意较好,为了扩大规模,李先生想代理一个新的圆珠笔品牌,因此到附近的某银行申请一笔微小贷款。两天前他向外地的供应商汇款6000元订了一批8000元的货,货到时他就得付清余款;店里有12组货架,市值共5800元,一部传真机市值500元,一部电话机市值200元;李先生还在开店时向房东交了6万元的转让费(有收据),若要转租他人,他估计能收到转让费至少8万元;另外李先生还有一套住宅,买的时候花了8万元。

根据以上信息,按照前述编制资产负债表的原则和规范,以李先生为例编制的资产负债表如表4-9所示。

表4-9　李先生资产负债表

日期:　　年　　月　　日 (单位:元)

资产		负债	
流动资产:			
现金	600	应付账款	
银行存款	5970		
应收账款	20000	预收账款	
预付账款	14550		
库存商品	53460	商业信贷	
固定资产:			
设备	6500	私人借款	20000
其他资产:			
转让费	60000	所有者权益	151080
保证金	10000		
总资产	171080	总负债＋所有者权益	171080

2.损益表

损益表反映客户生意在一定期间的经营成果及其分配情况的报表,反映、评价客户一定期间如一个年度或一个月生意的经营成果、盈利能力,进行经营决策和业绩考核等。

(1)损益表基本结构

损益表反映了客户的销售收入、销售成本、经营费用及税收状况,是一定期间内客户经营业绩的财务记录,其恒等式为:收入－费用＝利润。损益表的常见格式有多步式和单步式。其中,多步式采用分步计算、分段列示利润的方式,而单步式则采用把各种收入之和减去所有费用、直接算出利润的方式。因单步式具有比较直观、一步到位的特点,比较适合小微企业。

在微小贷款业务中,为体现微小客户的特点,需要将损益表根据实际情况做出一定调整。特别是,微小客户经营生意的收支与家庭的收支往往没有明确的界限,家庭和生意的财务是混在一起的,因而有必要将借款人的家庭和生意经营作为一个整体来考虑。为此,在传统的损益表基础上,微小客户损益表引入了家庭其他收入、家庭其他开支等科目,最终得到反映微小客户实际还款能力的月可支配收入指标。

以李先生为例编制的损益表如表 4-10 所示。

表4-10　李先生损益表

(编制时点:　　年　　月　　日,单位:元)

项目		最佳月份	最差月份	普通月份	平均值
		*月	*月	其余月份	
收入	营业额				
	其他				
	小计(1)				
可变成本	原材料				
	其他				
	小计(2)				
毛利润(1)－(2)					

项目		最佳月份	最差月份	普通月份	平均值
		*月	*月	其余月份	
固定费用	工资劳保				
	租金				
	交通费用				
	通讯费				
	税费				
	维修费用				
	物资损耗				
	其他				
	小计(3)				
借款利息(4)					
净利润(1)−(2)−(3)−(4)					
其他	家庭开支				
	其他开支				
	共同收入				
每月可支配收入					
影响现金流的其他因素陈述					

(2)编制损益表的基本原则

一是按照权责发生制的原则编制损益表。只有实际发生交易,如买卖商品和提供服务时,才计算收入与支出;经营性的一次性支出期间费用(如广告费),须分摊至每个月。二是加入家庭因素来编制损益表。在微小客户损益表中,计入客户家庭其他收入与开支,损益表包括了经营性收支和所有的家庭收入与支出项。需要注意的是,如果存在企业给企业主支付薪水的情形,则要避免重复计算。三是按月编制损益表。若客户经理对客户的调查日期在当月15日以后,应编制当前月份的损益表,当月经营收支可按截至调查时的已经营天数与每月实际经营天数估算;尽可能获得客户多个月份的详细的实际收支数据,对于已经历一个经营周期的客户,需获得淡季、旺季、平季等月份的收支数据,并据此测算平均数;对于未经历过一个经营周期的客户,应编制已经历过的季节的损益表及预测月份的损益表。四是只将经常性的收入和支出计入损益表。损益表中不计入偶然性或一次性的收入和支出。五是按不同类别营业额分列编制损益表。当客户从事多项业务或采取不同销售方式经营时,则应分别计算每一项业务的收入与支出情况。六是以历史财务数据为基础编制损益表。主要根据客户现有生产经营结构下的收支数据编制损益表,而对于客户获得并使用贷款后未来的收支情况仅作为参考。

(3)微小客户损益表的主要内容

销售收入。销售收入是指客户在一定时间周期内因销售商品或提供服务获得的收入总额。AFR 微贷注重微小客户的第一还款来源,销售收入信息的把握是微小贷款决策的重要基础。若客户有完整的销售记录,可根据客户提供的销售记录所显示的销售收入计入损益表。若客户没有完整的销售记录,则需要客户经理根据客户口述和获取的部分单据对销售收入进行估算。通常可采用根据相关成本支出(如水电费、人员工资等)估算销售额,根据存货水平与周期估算销售量,根据劳动力和机器的生产效率并结合产品价格估算销售收入,根据部分商品的销售占比来估算整体销售水平等方法估算销售收入。对于经营存在较明显淡旺季情形的客户,则可采用不同季节相关费用的对比(如旺季水电费相当于淡季的倍数)等方法分别估算淡季、旺季等不同季节的销售额。需要注意的是,仅当产品交付给客户时才能确认销售收入,同时销售收入不仅包括现金销售所得到的收入,还包括赊销所对应的收入。

可变成本。一般而言,能细化至单位产品的成本,都可计入可变成本。对于服务类客户,可变成本主要为提供服务过程中所消耗的材料和计件工资等。若所消耗材料占总成本的比例很低,简便起见,可将所耗材料直接计入固定支出。对于生产加工类客户,可变成本为单位产品的生产成本。客户经理应在了解产品生产的主要环节及每个环节所消耗的原料的基础上,加总计算出每单位产品的生产成本。若客户生产多种产品,则需要分别计算每种产品的成本。对于商贸类客户,可变成本主要表现为当期销售商品的进价。若客户销售的商品种类繁多,也可采用根据主要商品的进货与卖出价格来算出加权毛利率,在此基础上推算出销售成本,以测算可变成本。

营业费用。营业费用又叫固定费用、固定成本,是指客户在某段时期内为销售产品或提供服务而发生的、与销售收入不直接相关的费用。这类费用通常不随客户销售状况的变化而变化,主要包括固定工资、租金、交通费、税费、水电费、通信费用等。对于工资,客户经理要对其进行分解,即分解成提成工资和固定工资。其中提成工资,如前所述,计入可变成本中,客户经理应通过对雇员和客户分别询问工资水平及计付方式进行确认后计入;对于租金,按照租赁合同上的月租金水平计入,现实中存在部分微小客户将租用的营业场地进行分割、自身使用其中一部分并将剩余部分对外转租获得收入的情况,针对这种情况,应将租金全额计入店面租金中,转租而获得的收入则计入其他收入中;对于交通运输费用,若是直接与货物采购挂钩的运费,可将其归入可变成本,当客户不将运费细化计入每次的货物运输中,而是获得一定周期内的大概总数时,则将其归为固定费用。客户经理可根据进货(送货)频次和距离对运费做出估算;对于税费,除税务机关征收的税收外,还应包括行政部门征收的市场管理费等各种规费;对于水电费和通信费,一般根据缴费单据、缴费记录或缴费提示短信上显示的数额计入,对于生意呈现季节性特点的客户,要关注这些费用的波动和变化。生产销售过程中的损耗、次品等计入物资损耗费用。需要注意的是,对于一次性支付的费用,如房租、税收等,应将其分摊到每月固定费用中。同样,生产型企业对设备的定期维护、保养、检修费用等,也应根据时间周期按月分摊计入维护费用。客户经理还要注意分析是否获取了客户全部的经营费用支出项目,对于其中的大项支出,也应了解支付的时点与频率,并通过相关的凭证和单据进行核实。

家庭开支。家庭开支主要包括基本生活支出、教育支出、医疗支出、人情支出等。一次性的家庭开支,如住房装修支出等,则不计入。基本生活支出可以在考虑当地基本生活支出平均水平、客户家庭人数和家庭结构、客户家庭消费习惯和水平等因素的基础上做出估算。教育支出可根据上学的子女数、所处学习阶段、入读学校类别、学校所在地等情况来估算,并与客户口述的开支额进行比较,按就高原则计入。医疗支出主要根据客户家庭成员的健康状况来判断其支出额。人情支出是一项较特别的开支,由风俗习惯决定,该项支出在不少地方普遍存在。客户经理可以参考当地的平均水平并通过向客户询问,来估算人情往来支出的金额。

家庭收入。家庭收入指所有家庭成员获得的其他定期形成的收入,包括固定工资收入、外出务工收入以及租金、定期分红、政府补贴等收入,偶然性的收入则不计入。固定工资收入是指家庭成员从事医生、教师等职业所带来的稳定的工资收入。客户口述的工资收入水平与客户家庭成员所在行业的当地平均工资水平不一致的,按就低原则计入。外出务工收入指客户家庭成员到外地打工所获得的收入,其数量与实际在外务工的时间、从事的工种、技能高低等因素有关。客户经理应注意通过侧面打听等方式核实家庭成员的实际务工信息后方可计入。租金、分红、补贴等持续性的收入,按相关合同、收据等证明文件上反映的实际金额计入。

(4)微小客户损益表编制示例

李先生的文具店周围有数所中学、小学,文具店的营业额有明显的季节性变化:每年开学前后(2月、3月、9月)生意最好,月销售额能达到 6 万元;寒暑假(1月、7月、8月)生意最淡,日营业额约 500 元;其他月份生意一般,月销售额约 4 万元。在营业额中,文具大概占 65%,毛利率是 46%,其余是体育用品,一般加价 50%;场地租用,每月 2850 元。

妻子生了儿子(现在两岁)之后,李先生请外甥帮忙看店,支付他工资每月1200 元(每月 15 日发上月的)。李先生初步算了算,每月的进货运费和市内交通费共计约 180 元,水电费共计 120 元左右。他每月还需缴纳 100 元的市场管理费和 80 元的税,并给住在乡下的父母寄 500 元生活费。李先生说,他们一家三口每月的开销大约是 2400 元。

根据以上信息,按照前述编制损益表的原则和规范,以李先生为例编制的损益表如表 4-11 所示。

表4-11   李先生损益表

单位:元

项目		时间/月			
		旺季(2/3/9)	淡季(1/7/8)	一般月份(4—6/10—12)	平均月份
销售收入		60000	15000	40000	38750
可变成本(58.55%)		35130	8783	23420	22688
毛利润		24870	6218	16580	16062
固定费用	房租	2850	2850	2850	2850
	工资	1200	1200	1200	1200
	交通运输费	180	180	180	180
	水电费	120	120	120	120
	其他税收	180	180	180	180
	总额	4530	4530	4530	4530
净利润		20340	1688	12050	11532
其他	家庭开支	2400	2400	2400	2400
	其他开支	500	500	500	500
	其他收入	—	—	—	—
可支配收入		17440	−1212	9150	8632

3.编制调查报告

在微小贷款客户软信息获取、识别及资产负债表和损益表的信息处理基础上,客户经理还需要编写微小客户授信调查报告,对其还款意愿、还款能力、贷款的主要风险点做出分析,并建议适宜的贷款金额、利率水平及贷款期限。

(1)调查报告的主要内容

微小贷款客户调查报告的内容主要包括贷款申请和客户基本情况、经营信息、财务信息、信用状况、贷款用途分析及还款能力测算、担保人情况、授信结论与建议等七个方面。

第一,贷款申请和客户基本情况。主要涉及本次贷款申请的基本信息、客户本人基本情况、客户配偶基本情况、家庭经济及其他情况等内容。贷款申请信息中应说明贷款申请人姓名、申请金额、期限、客户类型、贷款用途等基本信息,其中客户类型系指该申请人属于贷款银行的新客户还是老客户。客户本人基本情况须包括客户姓名、身份证号、性别、年龄、婚姻状况、受教育程度、户籍所在地、居住地址、单位及单位地址、健康状况、联系电话等基本信息。客户配偶基本情况应包括配偶姓名、身份证号、年龄、户籍所在地、工作单位及职务、收入水平等信息。家庭经济及其他情况包括以下几个方面:一是家庭的资产负债情况,重点说明客户除经营性资产外的其他大宗家庭资产情况,客户家庭负债的来源与额度等;二是家庭收入与支出情况,主要说明经营性收入和其他收入的额度,家庭支出的总量等情况;三是家庭成员与家庭关系情况,应说明家庭成员的数量、年龄、工作情况,其他家庭成员与客户的关系,客户家庭和睦程度等情况。

第二,经营信息。主要包括经营业务概况和行业前景、经营利润水平情况、进销渠道和淡旺季情况等内容。经营业务概况和行业前景应提供店名(或厂名)、营业执照、经营地址、经营范围、组织形式、注册资本、雇员人数、生产经营场地面积、股权结构等信息,阐述客户的经营历史、经营年限和资本积累过程,并对客户经营前景做出分析。经营利润水平情况应重点分析客户所经营业务的利润率水平。对于商贸类客户,通常要求分别列出客户所销售的各种主要商品的进价、销售价和毛利率,并按照主要商品的销售收入占比计算出整体的加权毛利率。对于生产加工类和服务类客户,应说明单位产品的生产成本和销售价格,测算其毛利率。对毛利率应做交叉检验,并须列出具体的检验方法和过程。进销渠道和淡旺季情况应说明主要的供货商和销售对象,每次采购或销售的金额、频次、付款方式及占比等,同时对客户的业务经营是否存在淡旺季及明显程度做出评估。

第三,财务信息。应提供编制客户的资产负债表和损益表。对于老客户,除填写本期金额外,资产负债表中还应列出上次调查的结果(上期金额),损益表中还应填写上次均值,并对前后两次调查时客户的财务状况变化做比较分析。资产负债表和损益表涉及的所有关键财务信息,如应收账款、负债、存货、销售收入、租金、可变成本、家庭收入等都应在附注中进行说明。对营业额(销售收入)、负债、权益等需做交叉检验并具体说明所采用的检验方法和步骤。

第四,信用状况。着重对客户存在的风险情况做出分析,以便采取适当的风险防控措施。通常需要关注的是:一是客户的负债风险,说明客户现有的银行贷款、私人借款、负债(如对外担保)等情况,分析客户的负债规模及未来的现金支出压力是否过大,已有负债对其今后还款能力会带来多大的影响。二是客户的信用风险,重点说明客户是否发生过信用卡和贷款逾期情况,是否存在不良信用记录。对于有不良信用记录的客户,要调查清楚其违约的真实原因,以及客户目前对违约问题的认识。对存在不重视个人信用记录情况的,将作为客户还款意愿较差的重要证据。同时,从客户社会声誉高低、家庭的稳定性、违约成本大小等多个角度对客户还款意愿和信用风险进行评估。三是客户的经营风险,结合客户经营期限的长短、经营经验是否丰富、产品受市场价格波动影响大小、客源的稳定程度、盈利状况、滞销存货的多少、可变现资产数量、应收款、应付款等因素,说明客户可能存在的经营风险。四是客户的其他风险,列出客户所存在的其他值得关注的风险隐患,如是否存在客户属非本地人且在本地没有房产、客户或其家庭成员存在不良嗜好、客户在外地亦经营业务但状况不明等情形。

第五,贷款用途分析及还款能力测算。说明客户的贷款需求与其实际经营情况是否匹配,是否存在贷款挪用或转借他人的可能,贷款用途是否真实可信。同时,结合客户的收入水平来测算客户的还款能力,通常 AFR 微贷项目以每月还款金额应不超过客户月可支配收入的 70% 为原则确定客户的最高贷款额度,即贷款额度<贷款期限(月)×客户月可支配收入×70%。当客户的月可支配收入不足以偿还申请的贷款金额所对应的每月应还款本息时,可通过适当延长贷款期限或降低贷款金额来解决。此外,贷款额度的确定还应符合以下条件:

贷款发放后,客户的资产负债率一般不应超过50%。需要强调的是,鉴于微小客户缺乏规范的经营记录,财务数据系由客户经理以现场调查为基础通过自编报表得到,可能会有一定误差,因此在考虑贷款额度、测算还款能力时,不应单纯以财务信息为依据,而需注意将与还款意愿相关的软信息也纳入考虑范围进行综合分析和判断。

第六,担保人情况。应说明保证人的姓名、年龄、户籍、婚姻状况、居住地址、工作单位等基本信息,并说明通过怎样的方式(是实地拜访还是非现场调查等方式)对保证人身份的真实性、工作单位的真实性等方面进行了核实。同时,要重点说明保证人与贷款申请人的关系,两者之间是否存在债务关系,保证人为什么愿意为贷款申请人提供担保,保证人的保证意愿等情况。此外,也要说明保证人的收入水平、主要资产情况等,评估其担保能力。

第七,授信结论与建议。在以上对客户的经营、财务、信用状况、贷款用途、还款能力等进行分析后,客户经理就可以针对此笔贷款申请的贷与不贷、贷款金额、利率高低、借贷期限等要素给出最终的结论。主要应包括以下内容:概括描述客户的经营概况和贷款用途的合理性,分析客户贷款申请是否符合银行的贷款申请条件和信贷政策;简要阐述客户的经营能力和还款能力,以及还款意愿的强弱和经营诚信程度;说明客户有可能产生违约的主要原因及风险大小;提出贷款的建议金额、期限、利率水平、担保条件以及还款方式。其中关于担保条件,AFR微贷通常采用软担保(道义担保)或纯信用的方式;关于还款方式,AFR微贷要求对于有稳定现金流的客户,一般采用按月还本付息。

(2)编制调查报告的注意事项

编写授信调查报告是微贷客户经理的一项基本功。认真负责地撰写授信调查报告,把被调查客户的真实情况反映出来,既反映了微贷客户经理的业务素质,也是决定对客户是否授信的主要依据。

第一,编写调查报告的前提是做实对申贷客户的调查。编写高质量的调查报告,要求在形式上应当具备调查报告所应当具备的要素、重点、掌握一些调查报告的写作技巧,但更为重要的是对申贷主体的调查,获得一手的、较为丰富的数据和信息。

第二,调查报告的编写应做到客观,不得含有虚假成分。应客观分析客户的还款能力与还款意愿,不可将分析建立在毫无根据和理由的主观臆测之上。

与客户有关的重要财务数据应有相应依据作为支撑,涉及客户还款意愿的判断,应详细说明判断依据和信息来源。

第三,要注意调查报告信息的完整性。调查报告中应包含所有关键信息,避免信息的遗漏。调查报告应有相对固定的格式,但对于现有格式未能涉及的内容,客户经理认为有必要反映的,也可在"其他补充调查情况"等之中进行反映。为避免遗忘重要信息,通常在实地调查完成后,客户经理应尽快编写调查报告。

第四,调查报告中应明确风险点及风险控制措施。要避免由于信息掌握的不充分,或是担心由于风险点的提示而造成授信审批难度增加,客户经理在调查报告中较少揭示被授信客户和拟保证人的风险点的现象。为便于审贷会成员掌握被授信客户和拟保证人的真实情况,在撰写调查报告时,要对信用状况做充分分析,尤其是揭示此笔贷款的主要风险点,并提出必要的风险控制措施。

第五,调查报告切忌前后矛盾。要注意避免调查报告结论与前面叙述的客观事实不一致、前后数据相互矛盾、数据与文字不衔接等问题。客户经理在编写完调查报告后,要对调查报告的内容进行仔细检查、核对,及时进行修改完善。

第六,调查报告的用语要恰当。调查报告中尽量不用夸张、带有个人感情色彩的表述语句,少用极端意义、最高级的用词。做到实事求是,客观判断,用词恰当,文字精练。

第七,调查报告需要经调查参与人复核。AFR 微贷采用双人实地调查,通常由主调负责撰写调查报告,但撰写完成的报告应经辅调复核,并由主调、辅调共同签名,承诺对调查内容的真实性、完整性和准确性负责。

(3)微小客户调查报告示例[①]

*** 客户及家庭经济情况调查报告

贷款行:*** ***银行微贷中心

主调: ***　　辅调: **　　日期: 20** 年 9 月 23 日

申请人姓名	***	申请金额	15万元	期限	一年
担保方式	□信用■保证□抵押□质押	客户类型		■新客户	□老客户
经营行业	20**年11月在*****47-1号经营一家名为***精美瓷砖店的瓷砖加工厂,专为**市各瓷砖店加工不同规格的瓷砖、倒角、贴角线、踏步等。				
贷款用途	添加设备——购买磨边机				

---

① 调查报告【】中文文字系作者添加,供读者阅读时思考,该案例源于 AFR 微贷项目某合作单位真实调查报告。

一、基本情况

客户基本情况:(****,身份证号)

性别	年龄	婚姻	户籍	教育程度
男	38岁	已婚	**	初中
家庭住址	********村五队		联系电话	*******98242
居住地址	***		单位	
单位地址	****		健康状态	健康

配偶基本情况:(*********)

姓名	年龄	户籍	工作单位	职务	收入
***	34岁	***	共同经营		
家庭资产	0	家庭负债	0	家庭净资产	0万元
经营资产	30万元	经营负债	2.5万元	经营净资产	27.5万元
合计	30万元	合计	2.5万元	合计	27.5万元
家庭收入	22357元/月	家庭支出	3000元/月	家庭净收入	19357元/月

家庭经济及其他情况

(其他家庭成员基本信息、社会关系、家庭资产负债、收支等)

1.家庭成员:客户一家三口,妻子***与客户共同经营该瓷砖加工厂,儿子**在**朋里小学读书。

2.家庭资产:除经营性资产外无其他大宗家庭资产。

3.家庭负债:客户有小额农贷2.5万元,农行信用卡消费0.5万元(已还,客户提供还款凭证)。

4.家庭收入:经营性收入22357元(见后面损益表);非经营性收入无。

5.家庭支出:客户每月平均生活消费水平3000元。

6.家庭关系:客户家庭和睦,家庭成员无不良嗜好。

二、经营信息

企业名称	*******瓷砖店		经营范围	瓷砖加工	
经营类别	■生产加工类;□商贸流通类;□服务类;□其他类别				
经营地址	******				
组织形式	个体工商户	注册资本		经营年限	2.5年
资产规模		雇员人数	3人	生产经营场地	
行业利润率	76.9%	企业年销售额	56万元	年净利润	20万元
股本结构	借款人(及配偶)股权比例:100%;其他人:0%				

1.经营业务内容、经营历史、股权结构、行业前景等情况说明

客户***为该瓷砖加工厂的实际经营人。客户于20**年11月开始在********村***47—1号经营该加工厂,专为***市区的瓷砖店做瓷砖切割等加工。经过客户的诚信、努力经营,生意日渐兴旺,收入稳定。客户表示,由于订单量多,经常供不上货,因此客户想再添加一台磨边机以提高工作效率,经营前景良好。

2.经营利润构成情况说明

客户店里主要业务是为**市各瓷砖店加工瓷砖。

客户口述毛利率为76.9%左右。

交叉检验1：抽取客户占生产加工比例较大的产品进行毛利率测算。倒角、贴角线等的加工，占货款的15%，加工材料成本价约为0.3元/米，加工费为2.5元/米，毛利率为88%；踏步瓷砖加工，占货款的70%，加工材料成本价约为6元/米，加工费为25元/米，毛利率为76%；切割瓷砖加工，成本价约为0.3元/米，加工费为1元/米，毛利率为70%；加权毛利率为76.9%，与客户口述基本相符。

3.进销渠道、结算周期和淡旺季情况说明

客户厂里的加工材料均从广东进购。对方一般款到发货。客户表示瓷砖加工旺淡季不是很明显，相对来说上半年生意稍好于下半年。

三、财务信息

经营性资产负债表

（编制时点：20**年9月23日，单位：元）

资产负债情况分析			
现金及银行存款：	63000	短期借款：	
现金	2000	银行贷款	25000
银行存款	61000	民间融资	
应收账款：	25689	应付账款：	
客户欠款		加工费	
		材料费	
预付账款		预收账款	
原材料：			
成品：			
固定资产：		其他负债：	
机器设备：			
其他经营设备：	250000		
经营固定资产：		长期借款：	
房子			
车			
		负债总计	25000
保证金		所有者权益	323689
总资产	348689	总负债＋所有者权益	348689

资产负债表附注：

1.现金及存款：调查当日，现场双人查看并经客户清点，厂内有现金2000元，客户至20**年9月19日存款余额61000元，共63000元。

2.应收账款：客户有应收账款25689元，有客户提供的结算单据，客户表示货款结算周期一般为一周以内,经计算客户共有应收账款25689元,与客户所述基本相符。

3.存货:客户厂里有磨头、刀片等存货价值约1万元。

4.设备:调查当日,现场双人查看并清点,客户用于经营的设备有磨边机一台、切割机2台,合计约价值25万元。

5.固定资产:无。

5.银行借款:客户有我行小额农贷2.5万元。

6.应付账款:无。

7.所有者权益:实有权益323689元。

交叉检验2:权益检验,客户表示,20**年11月初始投入29万元,其中10万元是向妹妹借的,8万元是向弟弟借的,包括机器25万元,租金2万元,材料费2万元,2009年发了员工工资后自己无盈余,2010年盈余8万元,2011年盈余12万元,2012年至今盈余10万元,去年老家的房子装修花费6万元(包括购电器),去年11月,偿还了弟弟8万元,今年5月又偿还了妹妹10万元。

应有权益:25万元(机器设备)＋2万元(材料)－10万元(妹妹借款)－8万元(弟弟借款)＋30万元(近几年收益)－6万元(装修)＝33万元。

【思考:若弟弟8万元、妹妹10万元没还,资产负债表会有何变化?应有权益?】

经营性损益表

(编制时点:20**年9月23日,单位:元)

损益情况分析

	项目	最佳月份	最差月份	普通月份	平均值
收入	成品销售1				47727
	成品销售2				
	废品销售1				
	废品销售2				
	小计(1)				47727
可变成本	原材料1(50%)				11024
	原材料2				
	原材料3				
	原材料4				
	小计(2)				11024
毛利润(1)－(2)					36702
固定费用	雇员工资(3)				10500

续表

损益情况分析

	项目		最佳月份	最差月份	普通月份	平均值
其他开支	场地租金					1666
	招待费					
	通讯费					150
	电费					1029
	水费					
	税收					
	运费					800
	小计(4)					3645
	偿还利息(5)					200
净利润(1)-(2)-(3)-(4)-(5)						22357
其他开支	家庭支出	日常生活费				
		保险				3000
		油费				
	其他收入					
每月可支配收入						19357

损益表附注:

1. 营业收入:客户口述平均每月货款为4.7万元左右。

交叉检验3:查看客户从2012年3月至2012年8月的货款结算单据。

货款结算:根据客户从2012年3月至2012年8月结算单据的记录,货款共286362元,平均每月货款为47727元,与客户口述基本相符。【严谨起见,应测算出误差率,一般而言误差率为5%以内,通过。下同。】

2. 材料费:客户加工瓷砖所要用到的材料主要有切割片、云石膏、磨头等,这些材料平均每月的成本约1万元。

交叉检验4:根据毛利率反推出客户的材料成本,加工费为47727元,毛利率为76.9%,则材料成本为11024元,与客户所述基本相符。

3. 客户每月需支付员工工资约为10500元。

交叉检验5:客户厂里有员工3人,其中一人工资为4500元,另外两人工资为3000元,每月需支付员工工资10500元,已核实与员工,工资数额与客户所述基本相符。

4. 场地租金:经查看客户店面的租赁合同,客户一年租金2万元,平均每月付租金为1666元。

5. 其他费用共计2179元,其中包括:

通信费:平均每月150元。

水电费:平均每月1029元。

运费:客户口述每月运费支出为800元。

偿还贷款:客户有农户小额贷款2.5万元,平均每月需支付利息200元。

6. 家庭支出:客户表示平均每月的生活费支出约为3000元。

7. 其他收入:客户平时还帮别人设计一些瓷砖花式等,每月这部分收入约为2000元,在调查当日,客户还拿出一些自己设计的图纸与我们分享(因为没有实际凭证,故不计入损益表)。

四、信用状况

1.负债风险：客户有农户小额贷款2.5万元，要加强贷后管理。

2.信用风险：截至调查日，客户有2次逾期，且逾期期限超过一个月，客户表示因刚开始使用信用卡，对信用卡的还款方式不了解。根据客户提供的信用卡账单流水，该解释合理。现客户已偿还逾期金额，并保证以后用卡一定会按时还款，多加注意。

3.经营风险：现在市场竞争比较激烈，但客户近期生意在好转，如交通银行、有意思等单位的瓷砖加工工程都是客户承包，但仍要加强贷后检查。

五、贷款用途分析及还款能力测算

1.贷款用途分析。

客户今年以来加工量增加，新增了合作的瓷砖店，且客户现在又开始承包瓷砖工程，如交通银行、大观园、有意思等各项工程的加入使客户的加工量骤增，因此一台磨边机经常出现供不应求的情况，现客户自有资金有6万元，预购一台磨边机需花费21万元（价格已向厂家核实），实际需要资金15万元，故客户向我行申请15万元用于购买磨边机，贷款用途真实可信。

2.还款能力测算。

客户实际资金需求为15万元，期限为一年，若等额还本付息，每月需还款13453.96元，以客户每月可支配收入19357×70％＝13549.9元，即客户每月可支配收入的70％大于每月需还款金额，有能力还本付息。

六、担保人情况

保证人：＊＊＊＊，身份证号码为：＊＊＊＊；＊＊＊＊，身份证号码为：＊＊＊＊，系借款人的朋友，夫妻俩在＊＊市＊＊南路经营一家瓷砖店，年收入为20万元。主要资产情况：客户有位于＊＊市双塔街道＊＊＊村杨家坞的三层半的住宅一套，占地面积为270平方米，估价为80万元；福特牌小轿车一辆，2011年购入，现价值10万元，合计净资产为90万元；主要负债情况：客户在我行有小额农贷6万元，保证贷款20万元，他行汽车按揭贷款7.6万元，负债合计33.6万元，资产负债率为37.3％。

七、授信结论与建议

1.客户已经营两年多，本次贷款主要用于添置磨边机，贷款用途真实可信，且符合我行相关规定。

2.客户经营比较稳定，每月的净收入足以归还我行贷款，具有良好还款能力。

3.客户平素诚信经营，关注违约责任，还款意愿强。

4.总体而言：客户经营稳定，经信贷员测算，客户每月可支配收入的70％大于每月需还款额度，建议发放保证贷款15万元，期限12个月，分月等额还款，月利率11.5‰。

第二节　AFR微贷项目本土化与优化中
良性互动关系的构建与维护

合作单位AFR微贷项目本土化与优化发展主要分为"微贷理念、技术固化与业务试运营""微贷技术自主复制、优化与业务小规模运营""微贷技术独立复制、'微、普'融合发展与跟踪服务"三个阶段，与之相对应分别形成"良性互动关系初始关系构建""良性互动关系巩固""良性互动可持续发展"。AFR微贷项目总体目标是:打造一支具备自主复制能力、独立放贷能力、市场开拓能力的微贷团队;初步架构经济效益明显,社会效益显著的"1+N"微贷运营、培训、管理模式;优化全行客户经理队伍结构、显著提升客户经理工作效能,并有效推进全行微贷与普贷(小额农贷、小额消费贷等)的融合发展。

一、微贷理念、技术固化与良性互动关系初始关系架构

项目合作的第一年,打造具备人师素养的内训师团队,着力发掘原生态客户,并构建小微银行与微小客户良性互动的初始关系。在合作单位党委与经营层高管的支持下,AFR 微贷项目组全权负责首期微贷培训生的选拔、培训与考核,开展微贷理念与技术固化的互动式培训、见习及首批培训生的脱产与实习工作;负责编写培训资料,协助开发微贷产品与组建微贷中心,负责指导微贷团队与制度建设;通过分批下发约 50 万字的微贷培训资料,结合常态化扫街、扫村、扫户等主动营销与互动研讨式交流学习,固化微贷技术、提升培训生的"微弱情怀",按"人师"标准打造一支具备微贷自主复制能力和一定微贷业务开拓能力的团队;市场开拓方面,要求原生态客户经理着力发掘原生态客户,贷前、贷中、贷后严守"六不准"微贷铁纪律,注重小微银行与微小客户良性互动初始关系的建立,为后续培训生做好表率与示范。主要包含前期沟通与全行动员、预培训与首批"1+8"培训生选拔、正式培训、全脱产赴合作单位实习、业务试运行与本土化内训材料编写等阶段。

二、微贷技术自主复制、优化与良性互动关系巩固

项目合作的第二年,形成"1+1+1+N"[①]的自主内训机制、巩固小微银行与微小客户良性互动初始关系。协助第二期微贷培训生的选拔与培训计划、考核等制度建设,协助经典案例、行业报告等本土化培训资料的编写工作,协助业务小规模运营中的管理制度建设及经验总结与提升;打造具备微贷独立复制能力的内训师团队、完成"1+1+1+N"自主内训机制的架构与较强微贷市场开拓能力团队的组建;通过小组内"1+N"师徒式微贷理论与实践的固化、优化,着力打造一批"微弱情怀""微贷技术""知农知小""人师素养"兼备的客户经理队伍,

①"1+1+1+N":"微贷中心负责培训计划的实施与周例会交流+项目组定期评估交流+每名内训师负责具体指导 N 名培训生学习与实践"互动式内训机制。

重拾"三水"精神与"挎包"精神,摒弃"厌微贷、轻实体贷、惧信用贷"的信贷理念与方式;通过提供微小贷款服务,让更多原生态客户刷白信用记录并持续增信,进而全面提升微小客户贷款的可得性与便捷性,巩固维护好前期小微银行与微小客户建立的良性互动初始关系。

三、形成独立内训机制、"微贷、普贷"融合与良性互动可持续发展

项目合作的第三年及以后,形成独立内训机制、推进小微银行与微小客户良性互动可持续发展。跟踪合作单位独立开展的三期、四期、五期等各期培训和客户经理培训基地建设,借鉴浙江台州小微金融发展和相关合作单位经验,协助制定融合发展中的客户分类管理、客户经理分级管理、客户经理绩效考核[①]等制度,助推合作单位实现 AFR 微贷与普通贷款业务的融合发展,持续实现微小贷款业务的增量、扩面、提质与增效。具体而言,通过微贷理念、微贷技术融合,打造一支具有"微弱情怀"、秉持规范服务原则、善用微贷技术的客户经理队伍,持续积累微小客户资源、培育忠诚客户;通过客户分类管理、客户经理分级管理、客户经理绩效考核等制度融合,不断增强客户经理"支农支小"的金融服务能力,让客户经理敢做、愿做、善做"支农支小"信贷主业,助推小微银行做实小微金融服务,促进小微银行与微小客户良性互动可持续发展。

第三节　AFR 微贷项目本土化与优化发展的启示

根植于浙江台州银行和台州小微金融发展经验产生的 AFR 微贷项目,助推了县域小微银行尤其是欠发达县域小微银行突破发展瓶颈,成为落实普惠金融和精准扶贫政策的有力抓手,其实践经验对于县域小微银行在可持续发展中深化微小客户金融服务、支持地方经济发展带来了有益的启示和借鉴意义。

---

①一是"客户分类管理"与"绩效考核"。"不同类型贷款客户、不同贷款用途、不同贷款方式"界定及相应的绩效考核制度,特别注重引导年轻客户经理愿做、多做"原生态客户、首贷客户、本行的新增客户"经营性贷款业务。二是"客户经理分级管理"与"绩效考核"。"客户经理级别与业务要求"界定及相应绩效考核制度,要求原生态客户经理须做实一定量的原生态客户并给予一定的保护期,其他级别的客户经理对不同贷款客户占比也有一定的要求,强调户数和户均,淡化余额规模因子。三是行业发展相关的制度。主要包括行业分类标准、行业发展报告、行业贷款调查与判断标准等。

一、微小贷款技术和模式具有可复制性

截至 2023 年 12 月底，AFR 微贷项目先后在浙江、广西、江西、安徽、山东、甘肃 6 省区的 20 家小微银行成功落地，15 家合作单位微贷中心基本具备了微小贷款技术自主复制和市场开拓能力。纯信用贷款的发放、微小客户尤其是其中原生态客户的挖掘及其与小微银行良性互动初始关系的建立、维护，既有利于小微银行积累基础客户群，实现错位发展，也有利于小微银行年轻客户经理的成长。实践表明，微小贷款技术和服务模式不存在地域限制，可以广泛复制。对于各地的小微银行而言，关键要透彻理解回归本源、坚守定位的重要性，充分认识到小微金融市场可以做好做大。

二、项目的正常运行离不开高层的相对稳定和相应制度的支持

AFR 微贷项目理念、技术固化与业务试运营期间，项目组要保持一定的独立性，也离不开合作单位高层的相对稳定和相应制度的支持。"经师易得、人师难求"，一期培训生系合作单位的微贷种子，内训师需具备过硬的"人师"素养。该阶段是践行 AFR 微贷项目"三大功能"定位的重要时期，经过一期项目组主导及二期微贷中心主导、项目组支撑、内训师指导的"师徒式""1＋1＋1＋N"内训，一、二期培训生及其身边的年轻员工基本顺利度过了"培训初期的怀疑""培训中期的将信将疑""二期培训结束前后的深信不疑"的微贷认知三阶段，三、四期培训期间，微贷业务宜进入"微贷、普贷"融合发展阶段，即选择一、二期优秀培训生架构数个"1＋N"团队（也可以挑选部分三、四期优秀培训生加入团队"N"中）进驻支行拓展微贷业务，推进全行微贷业务进入规模发展阶段，并带动全行员工对微贷认知三阶段的转变。在此阶段，为保证微贷项目"三大功能"定位不走样、业务规模运营稳健，需要高层持续的鼓励支持并及时出台诸如"客户分类管理、客户经理分级管理、绩效考核与风险控制"等支撑性的约束与激励制度。

三、小微银行客户经理队伍应立足自主招聘和培养

微小贷款的服务对象通常呈现合格的抵押品和可数量化的硬信息相对缺乏、信贷知识相对贫瘠、获得贷款支持的信心不足等特点。为做实这类客户群

体的金融服务,提升服务质量和满意度,需要小微银行拥有一支小微金融服务信念坚定、服务情怀深厚、主动营销能力强、具有工匠精神的职业化客户经理队伍。上述服务微小客户的特点决定了小微银行很难从外部引进大量"成熟"的员工,需要坚持自主招聘与培养。在员工招聘上,应紧贴银行所在地周边市场、村居、行业,精准招聘踏实肯干的相关行业从业人员、业主子女和村民等;在员工培养上,应尽力建立健全培训体系,提升小微金融技术自主培训复制能力。这样既便于利用当地社会资源解决小微金融服务中的逆向选择与道德风险问题,也利于小微金融服务的可持续发展,并源源不断地输送技能精湛的专业化人才。

四、分层、分级内训与微贷团队日常管理、监督有待进一步提升

AFR微贷项目运行10年来所形成的"1+1+1+N"内训模式在年轻员工内训、合作单位客户经理队伍优化等方面取得了一定的成效,但项目合同合作期间所完成的培训内容还较为单一、微贷团队日常管理与监督尚需进一步提升。非客户经理岗位的员工如何进行相应岗位内训并融入微贷要素,前期经过培训转岗的信贷客户经理如何坚守微贷理念并发挥其潜能做实"微贷、普贷"融合发展,后续提升性内训如何展开,内训师如何适应中、高级内训需求,类似的问题亟待认真研究与化解。值得关注的还有:面对压力、荣誉与诱惑,年轻客户经理组成的微贷团队如何在坚守"风骨与柔情"并重的职业操守和践行全行"客户经理培训、微小客户的挖掘与孵化、'支农支小'产品与服务创新试验"重任的过程中,不忘初心、履行职责;项目合同合作期结束后如何保持稳定的运行环境、升级相应的制度,确保微贷要素能在总行层面的绩效考核、员工晋升等相关制度中得到应有的体现等问题,更需要认真研究与思考。现实中,由于高管的频繁变动、微贷业务运行环境的波动或相应配套制度的缺失,AFP微贷项目合作单位的业务偏离了项目功能定位,甚至产生违规行为。预培训前微贷团队负责人的推荐及正式培训期间微贷团队人员的培养与筛选、业务运营期间及日常工作生活中的关爱与监督,尤其是相对稳定的运行环境与必要的制度支持,对微贷业务和"微贷、普贷"的融合、可持续发展至关重要。

第四节　本章小结

　　根植于浙江台州银行和台州小微金融发展经验的 AFR 微贷项目在县域尤其是欠发达县域小微银行具有良好的可复制性,微小贷款客户经理队伍应立足自主招聘和培养。廉洁的信贷文化建设是微小贷款风控的重要内容,更是年轻客户经理服务微小客户的内在必然要求,还可以取信于微小客户、激发其感恩心理,带来邻里示范效应和业务乘数效应,进而助推小微银行、微小客户两者良性互动、可持续发展。

第五章　良性互动初始关系构建：适宜贷款额度确定的理论与实证

2013 年诺贝尔经济学奖得主罗伯特·希勒(Robert Shiller)认为,金融创新发展的目标应使金融更加民主化、人性化,让金融更广泛地服务于普通群众。实现"好金融与好社会"的目标,关键在于改善小微金融体系以提升广大群众小微金融服务的可得性、便捷性与尊严性(希勒,2012)。现实中,遍布城乡的微型企业主、个体工商户、农户等微小客户虽"四没有",但拥有"四有""四缘"资源,应该被纳入正规金融体系中并确保其享有基本的"存、贷、汇"等金融服务权利,其中微小贷款无疑是微小客户最难获得且于小微银行而言又最具挑战性的金融业务。在我国间接金融主导的金融体系中,县域小微银行如何创新服务微小客户的信贷理念、提升服务微小客户的可行能力,帮助微小客户"刷白"、累积信用并带动其可行能力的提升,与微小客户尤其是其中的"四没有"类原生态客户建立良性互动初始关系,是一个必须破解的理论和现实问题。

本章主要研究思路如下。一是结合小微银行和微小客户的各自特点、浙江大学 AFR 微贷项目运行资料及相关理论,研究对有真实生产经营性贷款需求的微小客户,是否存在一个适宜贷款额度。二是借鉴 Bajaj 等(1998)的研究,从微小贷款供求双方效用最大化出发,重新构建微小客户贷款授信额度的数理模型,创新性地把软信息和信贷技术水平纳入模型,探求微小客户人品、小微银行客户经理信贷技术水平与适宜贷款额度之间的关系。二是手动收集浙江大学 AFR 微贷项目合作单位小微银行 30 万元及以下用于生产经营的微小贷款调查报告,并依托项目组实地投放客户及客户经理调查问卷,对微小客户人品、小微银行客户经理信贷技术水平与适宜贷款额度之间的关系进行实证分析。四是对本章进行小结。

第一节　良性互动初始关系要件简析

信贷配给理论认为,信息不对称是中小企业融资难的主要原因,可以通过抵押、担保化解,这显然不适合微小客户;关系型贷款、小银行优势等理论表明,小微银行在软信息的获取、识别、处理等方面具有比较优势,能够服务于硬信息缺失的微小客户,特别是针对那些金融科技难以覆盖的县域生产经营性贷款需求者。近年来的实践也表明,普惠金融的发展极大地提升了微小客户的贷款可得性,并有效地缓解了其信贷权利贫困,但需要强调的是,"贷款"仅仅是一个促发因子,还需要客户具备一定的信贷能力将贷款资金真正转化为生产经营性资金,否则可能陷入过度负债等更为"贫困"的境地(程惠霞,2018,2020)。现实中,新生代员工在小微银行员工队伍中占主导地位,他们因成长学习过程中离土、离村、离民,对"挎包"精神、"三水"精神等缺乏感悟与理解,入职培训又多被简单的外训、考证取代,"支农不知农、支小不知小"现象较为普遍,使得他们难以获取微小客户的软信息。因此,面对遍布城乡的微小客户尤其是其中"四没有"类原生态客户,探讨小微银行如何凸显"四缘"等优势率先创新微小客户信贷服务理念,通过发放适宜额度的贷款与微小客户建立良性互动初始关系,有效避免这类客户因资金缺失而失去自雇劳动意愿、陷入可行能力被剥夺的恶性循环等问题,具有一定的理论与现实意义。

中小企业(小微企业)"贷款难、贷款贵"应更精准地表述为微型企业主、个体工商户、农户等微小客户"贷款更难、贷款更贵",其中贷款最难、可得性最低的多是分布在城乡各个角落的微小客户中的"四没有"类原生态客户,其金融服务主体当属与之最贴近的小微银行。微小客户"贷款难"与小微银行"难贷款"的"两难"问题表面上看是资金问题,实质上却是微小贷款供、求主体双方的能力建设问题,其中供给方的信贷服务理念创新、信贷技术水平、规范服务等能力建设更为重要。面对遍布城乡、"四没有"属性难以改变的众多微小客户,小微银行如何遵循"寻求生产经营性贷款的微小客户都能贷,但贷多贷少、怎么贷,须做到有理有据"的创新型信贷服务理念,率先向这些客户提供适宜额度的贷款,避免授信额度过高引发的投资过度、资金挪用甚至卷款潜逃等风险,以及授信额度过低难以满足客户生产经营资金需求引致的潜在资源沉没,进而构建两者良性互动的初始关系,亟待分析和研究。

第二节　理论模型：适宜贷款额度确定

Bajaj 等(1998)从银行、投资机构、企业三方效用最大化出发,研究了银行、投资机构的最优投资额和企业的最优筹资额,但该研究主要针对能够获得多方融资的中小企业,并未涉及几乎不可能同时从银行和其他投资机构筹得资金的微小客户。已有研究表明,小微客户的借贷资金主要被用于消费和生产经营,但由于生产经营性贷款利率普遍低于消费性贷款利率,追求融资成本最小化的微小客户通常在获得贷款资金后会私自改变贷款用途,将名义上的生产经营性贷款资金全部或部分挪去消费(何广文,1999;朱守银等,2003;黄祖辉等,2007;张建杰,2008;王定祥等,2011)。鉴于本书所研究的微小客户尤其是其中的“四没有”类原生态客户基本上没有可能从银行等正规金融机构获得生活性消费贷款,其生活性消费资金多来自民间借贷,利率远高于银行生产经营性贷款利率,且微小客户的生产经营又通常与家庭活动融为一体,生产经营性贷款资金被挪用于消费的情况经常发生。但是,具备一定信贷技术的客户经理能有效识别客户信息真伪、较准确地判断客户人品,降低贷后风险。据此,本章将能反映微小客户人品的指标如资金挪用占比和道德风险系数、客户经理的信贷技术水平等变量纳入模型,并从微小贷款供求双方视角构建微小客户贷款授信额度的数理模型,具体扩展如下。

一、模型基本假设

假设 1:假定金融市场上存在小微银行、微小客户两个交易主体,均为风险厌恶者,以追求利润最大化为目标,各自的绝对风险厌恶系数分别为 a_b、a_c。

假设 2:假定小微银行会为微小客户发放贷款,贷款金额为 s(等同于微小客户生产经营所需的资金或投资额),贷款期限为 1 年,贷款利率为 r。

假设 3:假定微小客户的生产经营周期为单期,对应的生产经营函数是单调递增的凹函数[①];令生产经营函数 $f(s) = \sqrt{s}$,满足 $f(s) = 0$、$f'(s) > 0$、$f''(s) < 0$。

假设 4:假定微小客户生产经营的预期年收益率 r_c 服从正态分布,即 $r_c \sim$

[①]与国外不同的是,国内定义的函数凹凸性是指曲线而非函数,但曲线呈现的凹凸性实际上与函数的凹凸性相反,本书采用国外的定义。

$N(\mu_c, \sigma_c^2)$；微小客户生产经营成功率为 p，对应的净收益为 R_c[①]，满足 $R_c = f(s)r_c$。

假设 5：假定微小客户生产经营成功时如期归还，贷款本息，失败时无法偿还但小微银行会用其剩余资产进行冲抵；令微小客户生产经营失败时的剩余资产价值为 C。

假设 6：假定微小客户获得生产经营性贷款后，挪用 $1-\beta$ 比例的贷款资金全部用于消费；令消费函数 $c = pf((1-\beta)s)$。

假设 7：假定微小客户道德风险系数为 $\alpha(0 < \alpha < 1)$[②]，小微银行客户经理预期的微小客户道德风险系数为 $\alpha_b(0 < \alpha_b < 1)$。

二、模型构建与求解

基于上述假设，微小客户将贷款资金按比例分配用于生产经营和消费，以满足自身效用最大化。其中，用于消费带来的效用以 $U_\alpha = p\sqrt{(1-\beta)s} - p^2(1-\beta)s$ 作为目标函数[③]，用于生产经营带来的效用采用负指数期望效用模型中的指数部分 $U_{cp} = E(R_c') - \frac{a_c}{2}\mathrm{Var}(R_c')$ 作为目标函数[④]。因此，微小客户的期望效用如下：

$$U_c = U_\alpha + U_{cp} = p\sqrt{(1-\beta)s} - p^2(1-\beta)s + E(R_c') - \frac{a_c}{2}\mathrm{Var}(R_c') \quad (5\text{-}1)$$

式中：$E(R_c') = p\sqrt{\beta s}\mu - ps(1+r) + (1-p)\alpha$；$\mathrm{Var}(R_c') = p^2\beta s\sigma_c^2$。

小微银行发放微小贷款所带来的效用也将负指数期望效用模型中的指数部分 $U_b = E(R_b') - \frac{a_b}{2}\mathrm{Var}(R_b')$ 作为目标函数。因此，小微银行的期望效用如下：

$$U_b = E(R_b') - \frac{a_b}{2}\mathrm{Var}(R_b') \quad (5\text{-}2)$$

[①]为简化计算，净收益已扣除工资等日常支出，且不考虑税收和其他成本。

[②]微小客户的道德风险系数，即微小客户因道德风险非法占有的收益或资产比例，或提供虚假信息的概率。

[③]消费效用函数一般为二次型，令 $U(c) = c - c^2$，满足 $U(0) = 0, U''(c) < 0$。

[④]为了使效用函数包含风险与收益，本书选取负指数期望效用函数 $U(w) = -\exp(-aw)$，其中 $a > 0$，为绝对风险厌恶系数；若 $w = \theta + \varepsilon$，θ 为确定的值，$\varepsilon \sim N(0, \sigma^2)$，则有：$E[U(w)|\theta] = -\exp\left[-a\left(E(w|\theta) - \frac{a}{2}\mathrm{Var}(w|\theta)\right)\right]$；当 $U'(w) > 0, a > 0$ 且为常数时，将指数部分作为目标函数进行讨论不会影响结果的判断，且更简便。

式中:$E(R_b') = ps(1+r) + (1-p)(1-\alpha_b)C$;$\mathrm{Var}(R_b') = 0$。

从微小客户、小微银行双方各自效用最大化出发,在满足小微银行贷款金额上限 $\bar{s}$、最低期望收益 $s(1+r_0)$ 和微小客户最低期望收益 d 的条件下,建立如下模型:

$$
\begin{cases}
\max_{s,\beta} U_c = U_{c1} + E(R_c') - \dfrac{a_c}{2}\mathrm{Var}(R_c') \\[2mm]
\text{s. t. } U_{c1} + E(R_c') \geqslant d \\[2mm]
s_c \leqslant \bar{s}
\end{cases}
\tag{5-3}
$$

$$
\begin{cases}
\max_{s} U_b = E(R_b') - \dfrac{a_b}{2}\mathrm{Var}(R_b') \\[2mm]
\text{s. t. } E(R_b') \geqslant s(1+r_0) \\[2mm]
s_b \leqslant \bar{s}
\end{cases}
\tag{5-4}
$$

式中:r_0 为无风险利率,s_c 为微小客户的申贷金额;s_b 为小微银行的贷款发放金额。

根据公式(5-3)、公式(5-4),求解得到微小客户的最优申请贷款金额 s_c^* 和小微银行的最优发放贷款金额 s_b^*。所以,适宜贷款额度应满足 $L = \min\{s_c^*, s_b^*\}$,即

$$
L = \min\left\{ \frac{1}{4}\frac{1}{(1+r+p)^2(1-\beta)}, \frac{(1-\alpha_b)(1-p)C}{(1+r_0)-(1+r)p} \right\}
\tag{5-5}
$$

式中:α_b 与微小客户道德风险系数 α、客户经理信贷技术水平 q 相关。

三、模型主要推论

上述理论分析表明,适宜贷款额度的确定取决于微小贷款供、求双方。

对微小客户合理使用贷款资金占比 β 求偏导,有:$\dfrac{\partial L}{\partial \beta} = \left[\dfrac{1}{2(1+r+p)(1-\beta)}\right]^2 > 0$,表明适宜贷款额度与微小客户挪用资金占比负相关。据此,本章提出第一个推论。

C1:在满足理论模型基本假设及 r、p 为外生变量的条件下,微小客户挪用资金占比越低,其获得的适宜贷款额度越高。

对小微银行客户经理预期的微小客户道德风险系数 α_b 求偏导,有:$\dfrac{\partial L}{\partial \alpha_b} = -\dfrac{(1-p)C}{(1+r_0)-(1+r)p} < 0$,表明适宜贷款额度与微小客户道德风险系数负相关。

据此,本章提出第二个推论。

C2:在满足理论模型基本假设及 r、p 为外生变量的条件下,微小客户道德风险系数越低,其获得的适宜贷款额度越高。

道德系数的预测值与真实值之差反映了小微银行客户经理的信贷技术水平,令 $|\alpha_b - \alpha| = \Delta q$,对客户经理信贷技术水平 q 求偏导,有:$\frac{\partial L}{\partial q} =$

$$\begin{cases} \dfrac{-(1-p)C}{(1+r_0)-(1+r)p}\dfrac{\partial \Delta q}{\partial q}, \alpha_b \geq \alpha \\[3mm] \dfrac{(1-p)C}{(1+r_0)-(1+r)p}\dfrac{\partial \Delta q}{\partial q}, \alpha_b < \alpha \end{cases}$$,当 $\alpha_b \to \alpha$ 时,$\frac{\partial L}{\partial q} > 0$,表明适宜贷款额度与客户经

理信贷技术水平正相关。据此,本章提出第三个推论。

C3:在满足理论模型基本假定条件及 r、p 为外生变量条件下,客户经理信贷技术水平越高,适宜贷款额度越高。

第三节 理论分析与研究假说

一、微小客户人品与适宜贷款额度

人品优秀的客户较注重自身信誉,而信誉机制又能促使诚信和信任行为的产生(Bolton et al.,2013;Meng,2015;Nieken & Silwka,2015);当信誉转化为一种无形的抵质押物替代品时,可以提升客户的贷款可得性并增加其授信额度(王性玉等,2019)。对于硬信息缺失但以"四有""四缘"软信息为主导的微小客户而言,人品优秀通常意味着其具有较强的还款意愿,也更容易赢得上下游客户的信赖,有利于提高其还款能力,因此其授信额度也得以增加。根据上述分析,结合 C1 和 C2,反映微小客户人品的两个指标挪用贷款占比、道德风险系数与适宜贷款额度正相关,本章提出第一个研究假说。

H1:在其他变量相对不变的条件下,随着微小客户人品状况的改善,其授信额度会适度增加。

硬信息和软信息的获取、识别与处理均能缓解银行与借款人之间的信息不对称,有些小银行发放贷款仅凭借款人的品质等软信息(Cole et al.,2004)。现实中经营状况良好、资产充足当然有利于授信额度的提升,但对于那些经营状况较差、资产不足的微小客户而言,软信息应当具有补充作用,对于适宜贷款额

度的确定作用也更强。据此,本章提出第二个研究假说。

H2:微小客户人品对适宜贷款额度的影响因其经营或资产状况而异。在其他变量相对不变的条件下,对于经营状况较差、资产不足的微小客户,其人品软信息对适宜贷款额度的确定作用更大。

二、小微银行客户经理信贷技术水平与适宜贷款额度

信贷技术是影响小微企业贷款可得性的关键因素,小银行运用关系型贷款技术能显著提升小微企业的信贷可得性(董晓林等,2015),但信贷技术的有效使用无疑需要客户经理具备一定的职业素养和职业能力。信贷技术水平体现了小微银行客户经理识别客户信息真伪的能力,尤其是面对硬信息缺失严重的"四没有"类微小客户,更需要客户经理基于自身掌握的信贷技术充分挖掘软信息,通过交叉检验、信息识别等确定适宜贷款额度。因此,信贷技术水平过硬的客户经理,获取、识别和处理客户软信息的能力较强,能有效增加微小客户的贷款额度供给。根据上述分析并结合推论3,本章提出第三个研究假说。

H3:在其他变量相对不变的条件下,小微银行客户经理随着其自身信贷技术水平的提升,对微小客户的授信额度会适度增加。

软信息是难以被他人直接核实的信息,如借款人的诚信水平、努力程度、道德状况、社会形象、邻里关系等(Stein,2002;Herzenstein et al.,2011)。软信息最显著的特征是需要将借贷环境和信息获取紧密联系起来(Godbillon-Camus & Godlewski,2005),通过客户经理与客户交谈接触获取。不同微小客户提供的信息真实程度不同,人品一般的客户可能会为了获取更高额度的贷款而虚报或隐瞒部分信息,原生态客户多不熟悉银行贷款流程且银行交易信息缺失,这些都需要小微银行客户经理具备较高的信贷技术水平,从多方面挖掘各类软信息,并通过识别、处理以适度增加其授信额度。此外,Chen等(2014)、Barasinska和Schafer(2014)的研究还发现,女性客户较易获得贷款的主要原因是其违约率低,由此可见服务男性客户也需要小微银行客户经理具备更高的信贷技术水平。据此,本章提出第四个研究假说。

H4:小微银行客户经理的信贷技术水平对适宜贷款额度的影响因客户而异。在其他变量相对不变的条件下,对于人品一般、原生态、男性微小客户,小微银行客户经理信贷技术水平对其适宜贷款额度的确定作用更大。

第四节　研究设计

一、数据来源与问卷设计

(一)数据来源

本书选取浙江大学 AFR 微贷项目合作单位中经营环境相对稳定的三家欠发达县域小微银行 2016—2020 年 30 万元及以下微小客户的生产经营性微小贷款调查报告作为研究样本,该样本包含了所服务的 2300 余名来自全国 9 省 37 县(县级市、区,含外地户口在本地生产经营者)的微小客户的基本信息及资产负债、家庭人口特征等详细信息,其中部分缺失数据通过实地发放问卷、客户经理贷后回访的方式最大限度地手工补齐;同时,基于本章的研究主题,结合浙江大学 AFR 微贷项目运营资料,通过实地投放问卷等途径获取客户经理的基本信息及培训情况、微贷岗位从业时长等相关信息,并将每个微小客户与其对应的客户经理进行匹配。根据本书对微小贷款的界定,剔除在扫街、信息处理、审贷会等环节被否决的无明确经营主体、用于非生产经营以及关键变量信息缺失的贷款样本后,最终获得 1493 份有效样本。

(二)问卷设计

针对上述有效样本,本着理论性、科学性和本土性等原则,本书对微小贷款调查报告中未涉及但实证研究需要的变量设计了问卷,主要分为小微银行客户经理调查问卷和微小客户调查问卷两部分。为便于与调查报告中的样本进行精准匹配,问卷第一部分包含了调查对象的基本信息;问卷第二部分是题项,其中微小客户调查问卷包含了客户在办理贷款业务过程中的一些经历与客观感受,小微银行客户经理调查问卷则主要包含了客户经理的培训情况、贷款发放情况以及客户转介绍占比等信息(详见附录 1、附录 2)。为了保证问卷的真实性、完整性和有效性,本书依托浙江大学 AFR 微贷项目组对有效样本中的 1493 位客户分批次展开入户调查的同时,还以座谈会形式对贷款涉及的 60 名客户经理进行问卷调查,并全程监督了问卷填答过程,其中个别因特殊情况未能参会的客户经理则采取线上发放电子问卷的方式进行调查。得益于各合作单位客户经理及其所服务的微小客户的大力支持,发放的微小客户调查问卷 1493

份和小微银行客户经理调查问卷 60 份均得以有效收回,合计回收有效问卷 1553 份。

二、变量选取

(一)被解释变量

本章的被解释变量为适宜贷款额度。适宜贷款额度是指客户经理从小微银行效益最大化出发,在一定风险容忍度范围内,尽可能地满足生产经营性微小客户尤其是其中的"四没有"类原生态客户的贷款额度需求时为其发放的贷款金额。这一额度既避免了对客户过度授信和金融服务过度的问题,也避免了因"惧贷"、信贷歧视等原因而产生的信贷服务不足现象。本章使用微小客户实际获得的贷款额度来衡量,原因如下:首先,研究样本均为微小客户生产经营性贷款样本,他们中的绝大多数都具有"四没有"特征,需要小微银行客户经理在贷款发放过程中突破"能否贷、能否还"的思维定式并遵循"都能贷"前提下的"贷多贷少、怎么贷"的创新型信贷理念为其确定适宜贷款额度;其次,浙江大学 AFR 微贷项目定位于欠发达县域小微银行,众多微小客户由于长期被银行传统服务边缘化,其微小贷款业务挖掘空间大,且经过 AFR 微贷项目培训的客户经理拥有一定的微贷技术,能够在风险可控的前提下最大限度地满足微小客户的贷款需求,不存在未足额授信的情况;最后,浙江大学 AFR 微贷项目组调研也表明,微小客户的微小贷款出现违约的最主要原因是过度放贷导致的生产经营性贷款被挪作他用,而研究样本中几乎没有发生实质性违约(有逾期数天的情况,但均能在规定的宽限期内偿还),因此可认为不存在贷款过度发放的问题。综上,研究样本中微小客户实际获得的贷款额度可以作为适宜贷款额度的衡量变量。

(二)解释变量

本章关注的解释变量有:微小客户人品和小微银行客户经理信贷技术水平。

第一,微小客户人品。客户的还款意愿、还款来源、贷款用途等是决定其贷款额度多少的重要参考依据,其中还款意愿更为重要且主要取决于客户人品。鉴于微小客户的信用交易记录大多缺失或不足,其人品优劣难以根据中国人民银行征信系统直接评判,但县域尤其是县域农村地区世代居住的圈层关系特征会使得微小客户的人品较容易被左邻右舍所熟悉、了解（王性玉等，2019），因此选取邻里评价对微小客户的人品进行测度。党员在思想觉悟、政治素养、道德品质等方面具有模范带头作用；荣誉称号是社会外部对微小客户的褒奖，意味着其在当地具有一定的影响力和号召力，往往有着较高的信誉度；人情贷款次数则反映了微小客户是否值得他人信赖，尤其是多次获得此类贷款者通常不仅能按时还款，还在亲朋好友间有着非常高的信任度。基于上述分析，在后文实证分析中还采用了"党员""荣誉称号""人情贷款次数"三项指标作为替代变量，以检验研究结论的稳健性。关于微小客户人品的测量，借助贷款调查报告，本章设计了如下问题（见表 5-1）。

表5-1　微小客户人品的测量问题

变量	替代变量	问卷编码	题项
微小客户人品	党员	Q11	2. 您是否为党员
	荣誉称号	Q11	3. 您获得过几次荣誉称号
	人情贷款次数	Q11	4. 您获得过几次亲情贷款或友情贷款
	邻里评价	Q11	5. 周边邻居、朋友是否经常会找您帮忙
			6. 您在遇到困难时，周边邻居、朋友是否会给予您帮助

　　第二，小微银行客户经理信贷技术水平。信贷技术水平主要体现在小微银行客户经理获取、识别、处理微小客户软信息的能力等方面。浙江大学 AFR 微贷项目运营资料表明：经系统培训后接受微贷理念，掌握双人调查、自编报表、交叉检验、整贷零还、规范服务等信贷技术并取得优异成绩的客户经理，不再惧怕服务"四没有"类微小客户，极大地提高了这类客户的信用、准信用贷款占比。因此，选取微贷培训综合成绩作为客户经理信贷技术水平的度量指标。鉴于微贷培训综合成绩优异是成为内训师的前提，以及微贷岗位从业时长反映了客户经理在微贷业务方面的实战经验，这两项指标也能反映客户经理的信贷技术水平，因此在后文的实证分析中也采用了"内训师身份""微贷岗位从业时长"两项指标作为替代变量，以检验研究结论的稳健性。关于小微银行客户经理信贷技术水平的测量，本章设计了如下问题（见表 5-2）。

表5-2　小微银行客户经理信贷技术水平的测量问题

变量	替代变量	问卷编码	题项
客户经理信贷技术水平	微贷培训综合成绩	Q22	1. 您的 AFR 微贷项目培训结业成绩
	内训师身份	Q22	2. 您是否为 AFR 微贷项目培训内训师
	微贷岗位从业时长	Q22	1. 您参加的是第几期 AFR 微贷项目培训,结业时间＿＿＿＿＿

（三）控制变量

借鉴相关文献(易小兰,2012;尹志超等,2015;周月书等,2019;廖红君等,2020),本章控制了如下变量:(1)微小客户个体特征变量,主要包括实际年龄、性别、婚姻状况、受教育程度、户籍;(2)微小客户家庭特征变量,主要包括家庭总人口数和家庭劳动力人口占比;(3)微小客户经营特征变量,主要包括经营资产、经营时长、经营类别、经营收益;(4)客户经理个体特征变量,主要包括实际年龄、性别、婚姻状况、受教育程度、专业背景、毕业院校。各变量定义和说明如表 5-3 所示。

表5-3　变量定义和说明

变量类型	变量名称	变量符号	变量定义
被解释变量	适宜贷款额度	credit	微小客户实际获得的生产经营性微小贷款额度
解释变量	微小客户人品(Rp)	judge	邻里评价是否优秀,是＝1,否＝0
		ccp	是否为党员,是＝1,否＝0
		hon	有无荣誉称号,有＝1,无＝0
		exp	获得人情贷款次数,多次获得的取1,反之取0
	客户经理信贷技术水平(q)	scire	浙江大学 AFR 微贷项目培训综合成绩,及格＝1,中等＝2,良好＝3,优秀＝4
		teacher	是否为内训师,是＝1,否＝0
		time	微贷岗位从业时长(年)

续表

控制变量	微小客户个体特征($client_p$)	age_c	实际年龄(岁)
		sex_c	性别,男性=1,女性=0
		ms_c	婚姻状况,已婚=1,其他=0
		edu_c	受教育程度,小学=1,初中=2,高中=3,专科=4,本科及以上=5
		$local$	是否为本地人,户籍与居住地一致的取1,反之取0
	微小客户家庭特征($client_h$)	$hsize$	家庭总人口数
		$labor$	家庭劳动力人口占比
	微小客户经营特征($client_o$)	$oasset$	经营资产(万元),模型中取对数
		t	经营时长(年)
		$otype$	经营类别,生产加工类=1,商贸流通类=2,服务类=3,其他=4
		$profit$	经营收益(万元),模型中取对数
	客户经理个体特征(BCM)	age_b	实际年龄(岁)
		sex_b	性别,男性=1,女性=0
		ms_b	婚姻状况,已婚=1,其他=0
		edu_b	受教育程度,小学=1,初中=2,高中=3,专科=4,本科及以上=5
		sch	毕业院校,211或"双一流"院校=1,其他=0
		$major$	专业背景,金融=1,其他=0

三、计量模型设定

根据上述变量,本章采用最小二乘法(OLS)分析影响确定适宜贷款额度的因素,具体计量模型设定如下:

$$credit_i = \beta_0 + \beta_1 Rp_i + \beta_2 q_i + \sum \lambda_i Control_{ti} + \mu_i \qquad (5\text{-}6)$$

公式(5-6)中:$credit_i$ 为第 i 个微小客户实际获得的生产经营性微小贷款额度,Rp_i 为第 i 个微小客户的人品状况,q_i 为第 i 个微小客户对应的小微银行客户经理的信贷技术水平,$Control_{ti}$ 为控制变量(含 $client_{pi}$、$client_{hi}$、$client_{oi}$ 和 BCM_i),μ_i 为随机扰动项。

第五节 实证结果与分析

本节对微小客户人品、小微银行客户经理信贷技术水平与适宜贷款额度之间的关系进行实证分析。由于贷款样本来自不同年份且无重合样本,故在模型中加入时间控制变量将其转化为截面数据;为了克服可能存在的自相关和异方差,所有模型参数均采用稳健标准误进行检验。

一、描述性统计与相关性分析

为避免极端值对实证结果造成的干扰,本书对部分变量进行 1% 缩尾处理的同时,也对部分数值型指标进行了对数化处理,处理后的各变量的描述性统计见表 5-4。其中,被解释变量适宜贷款额度的均值、标准差分别为 9.656 和 6.692,与现实中绝大多数微小客户尤其是"四没有"类原生态客户的贷款需求在 10 万元及以下较为一致;衡量解释变量微小客户人品和小微银行客户经理信贷技术水平的主要变量邻里评价、微贷培训综合成绩的均值分别为 0.560 和 2.424,标准差分别为 0.497 和 0.901,表明研究样本中人品优秀的微小客户占比过半,合作单位客户经理的平均信贷技术水平虽处于中等偏上,但拥有内训师身份的客户经理偏少,仍有较大的提升空间;客户经理受教育程度的均值和标准差分别为 4.989 和 0.103,说明大部分客户经理具有本科学历,专科占比极低,差异很小;客户年龄、客户经理年龄的均值分别为 37.237 和 28.845,标准差分别为 8.769 和 2.410,说明客户的年龄跨度较大,客户经理存在一定的年龄断层且以新生代为主,亟须通过持续内训提升客户经理的专业能力和职业素养,以适应不同年龄层客户的金融服务需求。

表 5-5 汇报了各变量间的相关系数,结果显示,邻里评价、微贷培训综合成绩与适宜贷款额度的相关系数分别为 0.266 和 0.134,说明微小客户人品、小微银行客户经理信贷技术水平与适宜贷款额度正相关,支持了 H1、H3。此外,所有解释变量间的相关系数均小于 0.5 且绝大多数小于 0.3;对模型进行初步回归后计算所得的各变量方差膨胀因子(VIF)的均值、最大值分别为 1.35 和 1.99,显著小于 10,上述检验均表明模型基本不存在严重的多重共线性问题。

表5-4　描述性统计

变量名	均值	标准差	最小值	最大值	样本量
$credit$	9.656	6.692	1	30	1493
$judge$	0.560	0.497	0	1	1493
ccp	0.577	0.494	0	1	1493
hon	0.701	0.458	0	1	1493
exp	0.109	0.311	0	1	1493
$score$	2.242	0.901	1	4	1493
$teacher$	0.088	0.284	0	1	1493
$time$	1.050	0.794	0	5	1493
age_c	37.237	8.769	18	62	1493
sex_c	0.732	0.443	0	1	1493
ms_c	0.887	0.316	0	1	1493
edu_c	2.763	0.882	1	5	1493
$local$	0.939	0.239	0	1	1493
$hsize$	3.870	1.170	1	10	1493
$labor$	0.667	0.190	0.25	1	1493
$oasset$	34.896	77.732	5.485	16.854	1493
t	5.516	5.428	0	30	1493
$otype$	2.343	0.753	1	4	1493
$profit$	22.374	45.306	9.633	16.338	1493
age_b	28.845	2.410	24	40	1493
sex_b	0.428	0.495	0	1	1493
ms_b	0.877	0.329	0	1	1493
edu_b	4.989	0.103	4	5	1493
sch	0.238	0.426	0	1	1493
$major$	0.132	0.339	0	1	1493

表 5-5　各变量间的相关系数

变量	credit	judge	score	age_c	sex_c	ms_c	edu_c	local	hsize	labor	lnoasset	t	otype	lnprofit	age_b	sex_b	ms_b	edu_b	sch	major
credit	1.000																			
judge	0.266	1.000																		
score	0.134	0.081	1.000																	
age_c	0.011	0.017	0.015	1.000																
sex_c	0.093	0.070	0.039	-0.053	1.000															
ms_c	0.067	-0.081	0.066	0.209	0.077	1.000														
edu_c	0.149	0.011	0.038	-0.303	-0.017	-0.122	1.000													
local	-0.057	-0.029	0.030	-0.017	0.029	-0.020	0.036	1.000												
hsize	0.070	-0.025	-0.018	0.070	0.094	0.279	-0.078	-0.026	1.000											
labor	-0.030	0.033	-0.034	0.184	0.012	-0.205	-0.018	-0.016	-0.233	1.000										
lnoasset	0.506	0.193	0.050	0.077	0.112	0.065	0.083	-0.019	0.055	-0.059	1.000									
t	0.133	-0.021	0.015	0.406	0.003	0.124	-0.160	-0.022	0.131	0.051	0.199	1.000								
otype	-0.058	-0.055	-0.013	-0.067	0.063	-0.043	0.032	0.019	-0.003	0.051	-0.196	-0.075	1.000							
lnprofit	0.580	0.170	0.062	0.004	0.119	0.022	0.065	-0.063	0.093	-0.045	0.315	0.137	-0.049	1.000						
age_b	0.142	0.102	0.143	0.020	0.005	-0.039	0.020	0.039	0.171	0.057	0.068	0.010	0.063	0.142	1.000					
sex_b	0.071	0.066	-0.107	0.000	0.031	-0.022	0.114	0.011	0.014	-0.009	0.075	-0.005	-0.049	-0.023	0.021	1.000				
ms_b	-0.027	0.025	0.067	0.058	-0.020	-0.024	0.022	-0.010	0.042	0.026	-0.087	0.105	0.054	-0.038	0.204	-0.174	1.000			
edu_b	-0.043	-0.066	-0.266	0.010	0.011	-0.037	0.031	0.001	0.044	-0.020	-0.002	-0.006	0.022	0.001	-0.053	-0.120	0.020	1.000		
sch	-0.034	-0.071	0.103	0.031	-0.002	0.005	-0.049	-0.028	0.014	0.024	-0.075	-0.011	0.044	0.063	0.222	-0.274	0.176	0.058	1.000	
major	-0.026	-0.101	0.123	-0.022	0.012	-0.024	0.143	-0.033	-0.092	-0.032	-0.040	-0.003	0.030	-0.048	-0.326	0.111	0.146	0.041	-0.107	1.000

注：由于篇幅限制，稳健性检验部分采用的指标此处汇报从略。

二、基准回归结果：客户人品、客户经理信贷技术水平与适宜 贷款额度

表 5-6 报告了微小客户人品、小微银行客户经理信贷技术水平对适宜贷款额度影响的基准回归估计结果。结果显示，依次加入微小客户层面的个体特征、家庭特征、经营特征和客户经理层面的个体特征控制变量后，微小客户人品、小微银行客户经理信贷技术水平的估计系数均显著为正，验证了 H1、H3。可能的解释是，邻里评价较为真实、客观地反映了微小客户人品，有着类似信用评级的功效，评价优秀者获得的适宜贷款额度较高；经系统培训后的小微银行客户经理具备一定的服务微小客户的技术与素养，但彼此间差异客观存在，浙江大学 AFR 微贷项目培训综合成绩优异者具备较高的信贷技术水平，发放的适宜贷款额度明显偏高。

其他控制变量的回归结果如表 5-6 所示。微小客户的婚姻状况、受教育程度、经营资产、经营时长、经营收益 5 个变量均在 1% 的显著性水平上通过了检验；其中，婚姻稳定说明忠诚度高，受教育程度高则利于诚实守信美德的培养，两者均能反映微小客户的人品；经营资产雄厚、经营时间较长、经营收益较高的微小客户还款能力一般较强，与适宜贷款额度显著正相关。小微银行客户经理的性别、婚姻状况、专业背景、毕业院校类型也全部通过了显著性检验，如：男性客户经理发放的微小贷款额度更高，可能的原因是男性普遍易冲动、爱挑战，更敢于发展"四没有"类微小客户并尽可能最大限度地提高其授信额度；已婚客户经理发放的微小贷款额度高于未婚的，可能的解释是已婚者更具有责任感，在调查中更能恪尽职守，不断挖掘微小客户的各类软信息并予以识别判断；客户经理的毕业院校、专业背景与适宜贷款额度负相关，可能的缘由是 211 或"双一流"院校、金融专业毕业的客户经理的在校培养目标、课程设置以及个人期望、风险偏好等引致其对客户授信过于谨慎；但是年龄、受教育程度未能通过显著性检验，或许是县域小微银行所能招聘到的新员工多是具有本科学历的年轻同学，浙江大学 AFR 微贷项目又主要面向刚毕业的大学生，造成研究样本中客户经理的年龄、受教育程度无明显差异。这也支撑了德国 IPC 微贷技术长期推行的新人战略及台州银行更愿意招聘普通院校、普通专业的应届毕业生加入微贷客户经理培训队伍的做法。

表5-6　微小客户人品、小微银行客户经理信贷技术水平对适宜贷款额度的影响

变量	credit				
	(1)	(2)	(3)	(4)	(5)
$judge$	4.04***	4.08***	4.08***	2.58***	2.45***
	(0.340)	(0.336)	(0.337)	(0.514)	(0.288)
$score$	1.65***	1.24**	1.27**	0.95*	1.30**
	(0.610)	(0.603)	(0.607)	(0.281)	(0.555)
age_c		0.04*	0.04**	−0.01	−0.01
		(0.019)	(0.020)	(0.017)	(0.017)
sex_c		0.80*	0.79**	−0.13	−0.15
		(0.364)	(0.363)	(0.295)	(0.294)
ms_c		2.44***	2.16***	1.86***	1.93***
		(0.519)	(0.553)	(0.431)	(0.434)
edu_c		1.31***	1.32***	0.85***	0.81***
		(0.208)	(0.208)	(0.163)	(0.166)
$local$		−1.25*	−1.26*	−0.46	−0.51
		(0.714)	(0.709)	(0.571)	(0.575)
$hsize$			0.14	−0.07	−0.11
			(0.156)	(0.122)	(0.125)
$labor$			0.83	0.37	0.36
			(0.916)	(0.733)	(0.737)
$lnoasset$				1.19***	1.17***
				(0.123)	(0.124)
t				0.07***	0.07***
				(0.024)	(0.025)
$otype$				−0.06	−0.05
				(0.176)	(0.177)
$lnprofit$				2.92***	2.99***
				(0.245)	(0.246)
age_b					−0.04
					(0.062)
sex_b					0.86***
					(0.284)
ms_b					0.80*
					(0.409)
edu_b					0.23
					(1.119)
sch					−0.67**
					(0.329)
$major$					−0.97**
					(0.454)
常数项	8.63***	1.79	1.92	−43.32***	−44.39***
	(1.584)	(1.895)	(2.009)	(3.035)	(6.425)

续表

变量	credit				
	(1)	(2)	(3)	(4)	(5)
年份固定效应	是	是	是	是	是
R^2	0.133	0.175	0.176	0.463	0.469
样本量	1493	1493	1493	1493	1493

注:*、**和***分别代表在10%、5%和1%的水平上显著,括号内为回归系数的稳健标准误。

三、稳健性检验

经 Durbin-Wu-Hausman 检验,p 值大于 0.1,即所有解释变量均为外生变量,模型不存在明显的内生性问题。但本章还是从替换核心解释变量和更换样本两个角度对研究结果进行验证,以确保估计结果的可信性和有效性。

一方面,替换核心解释变量。借鉴已有研究(童馨乐等,2011;王性玉等,2016,2019),以及考虑到现实中微小客户获得人情贷款的次数也能反映其是否值得他人信赖,选取党员、荣誉称号、人情贷款次数作为衡量微小客户人品的替代变量;同时,微贷综合培训成绩优异是客户经理成为内训师的前提,微贷岗位从业时长则反映了客户经理在微贷业务方面的实战经验,因此有着内训师身份、较长从业经验的客户经理往往信贷技术水平较高,内训师身份、微贷岗位从业时长也可以作为衡量客户经理信贷技术水平的替代变量。另一方面,更换样本。鉴于 2020 年为扶持新冠疫情下的中小企业复苏生产,政府及相关监管部门出台了一系列加大扶持小微企业贷款力度的政策,因此在剔除该年度样本后重新进行上述回归。表 5-7、表 5-8 结果显示,研究结论具有较好的稳健性。

表5-7　稳健性检验 I

变量	同时替换被解释变量					
	credit					
	(1)	(2)	(3)	(4)	(5)	(6)
teacher	0.87** (0.405)	0.76* (0.397)	0.85** (0.405)			
time				0.63*** (0.194)	0.53*** (0.194)	0.63*** (0.193)
ccp	0.60** (0.271)			0.53** (0.272)		
hon		1.69*** (0.272)			1.60*** (0.277)	

续表

变量	同时替换被解释变量 credit					
	(1)	(2)	(3)	(4)	(5)	(6)
exp			1.20**			1.12**
			(0.498)			(0.495)
age_c	−0.00	−0.00	−0.01	−0.00	−0.00	−0.01
	(0.018)	(0.018)	(0.018)	(0.018)	(0.018)	(0018)
sex_c	0.11	0.03	0.11	0.07	−0.01	0.06
	(0.304)	(0.302)	(0.303)	(0.302)	(0.300)	(0.300)
ms_c	1.60***	1.70***	1.62***	1.51***	1.62***	1.52***
	(0.441)	(0.439)	(0.440)	(0.437)	(0.437)	(0.437)
edu_c	0.80***	0.80***	0.81***	0.80***	0.80***	0.81***
	(0.169)	(0.167)	(0.170)	(0.168)	(0.166)	(0.168)
$local$	−0.58	−0.54	−0.62	−0.75	−0.69	−0.78
	(0.582)	(0.578)	(0.583)	(0.580)	(0.576)	(0.581)
$hsize$	−0.13	−0.1	−0.12	−0.11	−0.09	−0.10
	(0.128)	(0.126)	(0.128)	(0.128)	(0.126)	(0.128)
$labor$	0.38	0.45	0.36	0.41	0.48	0.40
	(0.753)	(0.752)	(0.751)	(0.751)	(0.750)	(0.750)
$\ln oasset$	1.26***	1.26***	1.24***	1.24***	1.24***	1.23***
	(0.130)	(0.128)	(0.131)	(0.129)	(0.127)	(0.130)
t	0.05*	0.05**	0.05**	0.05*	0.05*	0.05*
	(0.026)	(0.026)	(0.026)	(0.026)	(0.026)	(0.026)
$otype$	−0.06	−0.03	−0.07	−0.10	−0.07	−0.11
	(0.12)	(0.181)	(0.182)	(0.183)	(0.183)	(0.183)
$\ln profit$	3.13***	3.09***	3.17***	3.10***	3.07***	3.13***
	(0.255)	(0.249)	(0.251)	(0.254)	(0.249)	(0.251)
age_b	−0.06	−0.05	−0.04	−0.01	−0.01	−0.00
	(0.077)	(0.075)	(0.076)	(0.064)	(0.063)	(0.064)
sex_b	0.52*	0.42	0.49	0.74**	0.61**	0.70**
	(0.313)	(0.313)	(0.313)	(0.286)	(0.285)	(0.285)
ms_b	0.97**	0.89**	1.06**	0.82*	0.77*	0.90**
	(0.430)	(0.423)	(0.429)	(0.427)	(0.420)	(0.425)
edu_b	−2.36**	−1.98*	−2.46**	−1.84*	−1.53	−1.93*
	(1.158)	(1.177)	(1.140)	(1.101)	(1.124)	(1.082)
sch	−0.97***	−0.98***	−0.91***	−0.79**	−0.83**	−0.74**
	(0.343)	(0.339)	(0.344)	(0.345)	(0.341)	(0.346)
$major$	−0.55	−0.51	−0.50	−0.92**	−0.84*	−0.87**
	(0.473)	(0.473)	(0.471)	(0.447)	(0.449)	(0.444)
常数项	−32.91	−35.73	−33.06	−35.16	−37.69	−35.23
	(7.028)	(7.050)	(6.951)	(6.586)	(6.644)	(6.518)
年份固定效应	是	是	是	是	是	是
R^2	0.441	0.451	0.442	0.443	0.453	0.444
样本量	1493	1493	1493	1493	1493	1493

注：*、**和***分别代表在10%、5%和1%的水平上显著，括号内为回归系数的稳健标准误。

表5-8　稳健性检验 II

变量	替换被解释变量 *judge*		替换被解释变量 *score*		更换样本	
	credit					
	(1)	(2)	(3)	(4)	(5)	(6)
judge				2.53***	2.43***	2.06***
				(0.285)	(0.294)	(0.335)
score	0.66***	0.66***	0.67***			1.49**
	(0.192)	(0.189)	(0.192)			(0.743)
ccp	0.56**					
	(0.271)					
hon		1.70***				
		(0.272)				
exp			1.20**			
			(0.492)			
teacher				0.87**		
				(0.391)		
time					0.39**	
					(0.192)	
age_c	−0.00	−0.00	−0.01	−0.01	−0.01	−0.01
	(0.018)	(0.018)	(0.018)	(0.018)	(0.018)	(0.020)
sex_c	0.06	−0.02	0.06	−0.09	−0.12	−0.12
	(0.304)	(0.301)	(0.302)	(0.294)	(0.292)	(0.335)
ms_c	1.54***	1.64***	1.55***	2.07***	1.98***	1.17**
	(0.436)	(0.435)	(0.435)	(0.439)	(0.438)	(0.559)
edu_c	0.75***	0.75***	0.76***	0.84***	0.84***	0.90***
	(0.169)	(0.167)	(0.169)	(0.166)	(0.165)	(0.203)
local	−0.71	−0.66	−0.75	−0.37	−0.52	−0.47
	(0.580)	(0.575)	(0.581)	(0.577)	(0.576)	(0.700)
hsize	−0.15	−0.11	−0.13	−0.12	−0.11	−0.00
	(0.128)	(0.126)	(0.128)	(0.125)	(0.126)	(0.143)
labor	0.39	0.47	0.38	0.24	0.28	−0.62
	(0.752)	(0.750)	(0.749)	(0.738)	(0.736)	(0.884)
lnoasset	1.24***	1.24***	1.22***	1.18***	1.17***	1.15***
	(0.129)	(0.127)	(0.130)	(0.124)	(0.124)	(0.150)
t	0.05*	0.05**	0.05**	0.07***	0.07***	0.06*
	(0.026)	(0.026)	(0.026)	(0.025)	(0.025)	(0.028)
otype	−0.08	−0.05	−0.09	−0.05	−0.08	0.13
	(0.183)	(0.182)	(0.182)	(0.176)	(0.178)	(0.245)
lnprofit	3.13***	3.10***	3.17***	2.97***	2.96***	3.24***
	(0.253)	(0.247)	(0.250)	(0.248)	(0.248)	(0.266)
age_b	−0.04	−0.04	−0.03	−0.10	−0.04	−0.04
	(0.064)	(0.063)	(0.064)	(0.074)	(0.062)	(0.082)
sex_b	0.43	0.29	0.39	0.45	0.70**	0.76**
	(0.320)	(0.318)	(0.319)	(0.305)	(0.280)	(0.353)
ms_b	1.17***	1.10**	1.26***	0.89**	0.76*	0.90
	(0.440)	(0.431)	(0.438)	(0.408)	(0.407)	(0.562)

续表

变量	替换被解释变量 judge		替换被解释变量 score		更换样本	
	credit					
	(1)	(2)	(3)	(4)	(5)	(6)
edu_b	−1.01	−0.72	−1.11	−1.47	−0.91	−0.07
	(1.118)	(1.152)	(1.100)	(1.079)	(1.034)	(1.423)
sch	−0.76**	−0.79**	−0.70**	−0.75**	−0.59*	−0.70
	(0.343)	(0.339)	(0.345)	(0.331)	(0.333)	(0.570)
$major$	−0.89**	−0.82*	−0.84*	−0.43	−0.79*	−0.68*
	(0.446)	(0.446)	(0.443)	(0.467)	(0.445)	(0.391)
常数项	−40.14***	−42.33***	−40.20	−35.17	−38.37	−45.40
	(6.628)	(6.719)	(6.550)	(6.588)	(6.210)	(7.997)
年份固定效应	是	是	是	是	是	是
R^2	0.443	0.454	0.445	0.469	0.469	0.463
样本量	1493	1493	1493	1493	1493	1045

注:*、**和***分别代表在10%、5%和1%的水平上显著,括号内为回归系数的稳健标准误。

四、异质性分析

(一)按微小客户经营状况分组检验

客户人品可能会影响其经营状况,人品优秀的客户更容易赢得生意圈伙伴的信赖,有稳定的客户源,往往经营状况良好。为检验 H2 微小客户人品对适宜贷款额度的影响是否因其经营状况而异,根据研究样本中微小客户经营收益的中位数,将微小客户分为经营状况良好组和经营状况一般组,结果见表5-9。衡量微小客户人品的 4 个变量邻里评价、党员、荣誉称号和人情贷款次数的估计系数在经营状况一般组均显著为正,而在经营状况良好组不显著,表明人品状况的改善对于提升经营状况一般的微小客户的适宜贷款额度具有显著作用;与此同时,客户经理信贷技术水平的估计系数尽管在两组均显著为正,但在经营状况一般组表现得更明显,也说明信贷技术水平的提升更利于增加经营状况一般的微小客户的适宜贷款额度。

表5-9 按微小客户经营状况分组的回归结果

变量	credit							
	经营状况良好				经营状况一般			
	(1a)	(1b)	(1c)	(1d)	(2a)	(2b)	(2c)	(2d)
$score$	1.43**	1.49*	1.40**	1.43*	1.63**	1.78**	1.85**	1.85**
	(0.673)	(0.782)	(0.672)	(0.781)	(0.782)	(0.817)	(0.800)	(0.826)
$judge$	0.91				2.02***			
	(0.748)				(0.321)			
ccp		0.22				0.80***		
		(0.500)				(0.267)		
hon			0.27				1.28***	
			(0.498)				(0.279)	
exp				0.74				1.58**
				(0.739)				(0.667)
age_c	−0.00	−0.00	−0.00	−0.01	−0.02	−0.00	−0.01	−0.01
	(0.035)	(0.035)	(0.035)	(0.035)	(0.017)	(0.017)	(0.017)	(0.017)
sex_c	0.24	0.20	0.24	0.20	−0.35	−0.17	−0.30	−0.15
	(0.567)	(0.570)	(0.568)	(0.570)	(0.299)	(0.315)	(0.315)	(0.308)
ms_c	2.05**	1.75**	2.03**	1.77**	1.97***	1.40***	1.60***	1.39***
	(0.862)	(0.864)	(0.866)	(0.861)	(0.421)	(0.394)	(0.413)	(0.399)
edu_c	0.80***	0.78***	0.80***	0.78***	0.67***	0.66***	0.67***	0.68***
	(0.276)	(0.274)	(0.275)	(0.275)	(0.184)	(0.191)	(0.189)	(0.195)
$local$	−0.10	−0.38	−0.09	−0.38	−0.55	−0.67	−0.53	−0.70
	(0.925)	(0.913)	(0.925)	(0.914)	(0.677)	(0.690)	(0.695)	(0.693)
$hsize$	−0.16	−0.13	−0.17	−0.11	−0.20	−0.21	−0.18	−0.19
	(0.223)	(0.223)	(0.222)	(0.224)	(0.127)	(0.129)	(0.129)	(0.128)
$labor$	0.14	0.24	0.06	0.29	0.73	0.87	1.06	0.74
	(1.297)	(1.298)	(1.299)	(1.298)	(0.770)	(0.785)	(0.792)	(0.780)
$lnoasset$	1.60***	1.58***	1.61***	1.57***	0.82***	0.86***	0.88***	0.82***
	(0.222)	(0.220)	(0.221)	(0.221)	(0.133)	(0.136)	(0.136)	(0.137)
t	0.08*	0.08*	0.08*	0.08*	0.02	0.00	0.00	0.01
	(0.045)	(0.045)	(0.044)	(0.045)	(0.024)	(0.026)	(0.026)	(0.026)
$otype$	−0.29	−0.32	−0.29	−0.32	0.32*	0.35**	0.36**	0.31*
	(0.327)	(0.331)	(0.331)	(0.328)	(0.166)	(0.173)	(0.171)	(0.173)
$lnprofit$	2.69***	2.72***	2.70***	2.72***	1.85***	1.81***	1.79***	1.94***
	(0.552)	(0.551)	(0.555)	(0.549)	(0.336)	(0.349)	(0.345)	(0.352)
age_b	0.02	0.12	0.01	0.13	−0.13*	−0.10	−0.10	−0.09
	(0.130)	(0.117)	(0.131)	(0.116)	(0.068)	(0.070)	(0.070)	(0.070)
sex_b	0.31	0.91*	0.31	0.92*	0.86***	1.02***	0.94***	0.91***
	(0.558)	(0.525)	(0.558)	(0.524)	(0.299)	(0.302)	(0.300)	(0.291)
ms_b	1.04	0.79	0.95	0.86	1.22***	1.09***	1.16***	1.17***
	(0.759)	(0.765)	(0.763)	(0.761)	(0.396)	(0.413)	(0.408)	(0.419)
edu_b	−1.68	0.52	−1.56	0.40	−0.99	−1.84	−1.36	−1.80
	(1.641)	(1.635)	(1.647)	(1.631)	(1.713)	(1.708)	(1.751)	(1.618)

变量	credit							
	经营状况良好				经营状况一般			
	(1a)	(1b)	(1c)	(1d)	(2a)	(2b)	(2c)	(2d)
sch	−1.01*	−0.92	−1.05*	−0.88	−0.74**	−0.94***	−0.94***	−0.92***
	(0.599)	(0.595)	(0.596)	(0.597)	(0.331)	(0.346)	(0.343)	(0.348)
major	0.09	−0.81	0.05	−0.78	−1.31***	−1.48***	−1.43***	−1.45***
	(0.869)	(0.842)	(0.875)	(0.837)	(0.469)	(0.481)	(0.480)	(0.485)
常数项	−35.82***	−48.54***	−36.85***	−47.66***	−20.06**	−15.41*	−18.84**	−17.85**
	(10.754)	(10.315)	(10.700)	(10.390)	(9.130)	(9.192)	(9.336)	(8.762)
年份固定效应	是	是	是	是	是	是	是	是
R^2	0.274	0.272	0.272	0.273	0.297	0.259	0.270	0.262
样本量	701	701	701	701	792	792	792	792

注:*、**和***分别代表在10%、5%和1%的水平上显著,括号内为回归系数的稳健标准误。

(二)按微小客户资产状况分组检验

为检验 H2 微小客户人品对适宜贷款额度的影响是否因其资产状况而异,根据研究样本中微小客户的家庭资产和经营资产之和的中位数,将微小客户分为资产充足组和资产不足组,结果见表 5-10。衡量微小客户人品的 4 个变量邻里评价、党员、荣誉称号和人情贷款次数的估计系数在资产不足组均显著为正,而在资产充足组不显著,表明人品状况的改善对于提升资产不足的微小客户的适宜贷款额度具有显著作用;与此同时,客户经理信贷技术水平的估计系数尽管在两组均显著为正,但在资产不足组更为显著,这也说明信贷技术水平的提升更利于增加资产不足的微小客户的适宜贷款额度。

表5-10　按微小客户资产状况分组的回归结果

变量	credit							
	资产充足				资产不足			
	(1a)	(1b)	(1c)	(1d)	(2a)	(2b)	(2c)	(2d)
score	1.47*	1.72*	1.73*	1.71*	1.18**	1.70***	1.56***	1.66***
	(0.876)	(0.882)	(0.879)	(0.883)	(0.574)	(0.578)	(0.572)	(0.573)
judge	0.65				1.85***			
	(0.460)				(0.310)			
ccp		0.59				1.13***		
		(0.461)				(0.281)		
hon			0.56				1.08***	
			(0.464)				(0.282)	
exp				0.83				1.12*
				(0.662)				(0.637)

续表

变量	credit							
	资产充足				资产不足			
	(1a)	(1b)	(1c)	(1d)	(2a)	(2b)	(2c)	(2d)
age_c	−0.04	−0.02	−0.03	−0.03	−0.01	−0.00	−0.00	−0.00
	(0.032)	(0.032)	(0.032)	(0.032)	(0.015)	(0.015)	(0.015)	(0.015)
sex_c	0.11	0.35	0.28	0.35	−0.29	−0.16	−0.24	−0.18
	(0.513)	(0.533)	(0.527)	(0.532)	(0.270)	(0.281)	(0.279)	(0.279)
ms_c	2.63***	2.05***	2.10***	2.10***	0.77**	0.37	0.53	0.39
	(0.761)	(0.765)	(0.764)	(0.762)	(0.379)	(0.383)	(0.381)	(0.386)
edu_c	0.92***	0.86***	0.87***	0.87***	0.45***	0.42**	0.41**	0.41**
	(0.258)	(0.260)	(0.258)	(0.261)	(0.156)	(0.164)	(0.162)	(0.162)
$local$	−1.08	−1.53*	−1.58*	−1.59*	−0.18	−0.27	−0.10	−0.24
	(0.936)	(0.928)	(0.922)	(0.937)	(0.570)	(0.579)	(0.568)	(0.560)
$hsize$	−0.10	−0.17	−0.11	−0.16	−0.07	−0.00	−0.02	−0.00
	(0.202)	(0.203)	(0.201)	(0.203)	(0.126)	(0.133)	(0.131)	(0.133)
$labor$	1.18	1.28	1.24	1.24	−0.29	−0.23	−0.00	−0.09
	(1.195)	(1.209)	(1.214)	(1.208)	(0.703)	(0.728)	(0.730)	(0.723)
$lnoasset$	1.71***	1.74***	1.74***	1.74***	0.13	0.17	0.21	0.15
	(0.251)	(0.260)	(0.257)	(0.262)	(0.128)	(0.135)	(0.133)	(0.133)
t	0.05	0.02	0.02	0.02	0.07**	0.06**	0.06**	0.06**
	(0.037)	(0.038)	(0.383)	(0.038)	(0.028)	(0.029)	(0.029)	(0.029)
$otype$	−0.04	−0.07	−0.04	−0.06	0.02	0.00	0.04	−0.01
	(0.279)	(0.290)	(0.287)	(0.288)	(0.191)	(0.195)	(0.196)	(0.196)
$\ln profit$	2.64***	2.79***	2.79***	2.82***	2.59***	2.76***	2.71***	2.79***
	(0.386)	(0.403)	(0.392)	(0.400)	(0.277)	(0.274)	(0.273)	(0.274)
age_b	−0.04	−0.02	0.01	−0.00	−0.04	0.00	−0.02	−0.00
	(0.107)	(0.111)	(0.110)	(0.111)	(0.063)	(0.064)	(0.063)	(0.063)
sex_b	1.18**	1.24***	1.07**	1.22**	0.46	0.57*	0.50*	0.56*
	(0.464)	(0.477)	(0.482)	(0.474)	(0.291)	(0.301)	(0.297)	(0.296)
ms_b	0.33	0.39	0.24	0.47	1.12***	1.27***	1.24***	1.28***
	(0.705)	(0.734)	(0.729)	(0.731)	(0.381)	(0.405)	(0.398)	(0.407)
edu_b	0.26	−0.87	−0.59	−0.91	−0.18	−0.36	−0.14	−0.43
	(1.674)	(1.631)	(1.716)	(1.620)	(1.103)	(1.190)	(1.220)	(1.190)
sch	−0.52	−0.64	−0.78	−0.60	−1.02***	−1.25***	−1.23***	−1.25***
	(0.553)	(0.578)	(0.573)	(0.581)	(0.349)	(0.351)	(0.351)	(0.352)
$major$	−1.28	−1.34*	−1.18	−1.31*	−0.88**	−1.08**	−1.11**	−1.10**
	(0.776)	(0.772)	(0.779)	(0.772)	(0.430)	(0.438)	(0.435)	(0.433)
常数项	−47.95***	−42.58***	−45.67***	−42.97***	−22.73***	−23.57***	−25.35***	−23.84***
	(9.304)	(9.326)	(9.547)	(9.227)	(6.955)	(7.265)	(7.418)	(7.341)
年份固定效应	是	是	是	是	是	是	是	是
R^2	0.375	0.346	0.355	0.346	0.373	0.332	0.347	0.337
样本量	770	770	770	770	723	723	723	723

注：*、** 和*** 分别代表在10%、5%和1%的水平上显著，括号内为回归系数的稳健标准误。

（三）按微小客户人品状况分组检验

人品不同的客户提供的信息真实程度不同，但客户经理凭借一定的信贷技术能进行识别判断，为检验 H4 小微银行客户经理的信贷技术水平对适宜贷款额度的影响是否因此存在差异，表 5-11 将邻里评价优秀、党员、有荣誉称号和多次获得人情贷款的微小客户归为人品优秀组，反之归为人品一般组，结果发现信贷技术水平较高的客户经理能显著提升人品一般的微小客户的适宜贷款额度，而对于人品优秀的微小客户却无显著影响。可能的原因是，前者软信息较为零散，需要客户经理深度挖掘与认真识别，后者软信息具有一定硬度，较易获取与处理。

表5-11　按微小客户人品状况分组的回归结果

变量	$credit$							
	人品优秀				人品一般			
	(1a)	(1b)	(1c)	(1d)	(2a)	(2b)	(2c)	(2d)
$score$	1.03	0.71	0.46	0.46	1.63*	0.99*	1.09*	0.63***
	(0.693)	(0.578)	(0.510)	(0.761)	(0.957)	(0.550)	(0.587)	(0.200)
age_c	−0.01	−0.00	0.01	−0.02	−0.01	0.01	−0.02	−0.00
	(0.025)	(0.029)	(0.023)	(0.065)	(0.024)	(0.023)	(0.026)	(0.019)
sex_c	−0.22	0.25	0.12	−1.84	−0.18	−0.12	−0.05	0.26
	(0.431)	(0.432)	(0.394)	(1.384)	(0.404)	(0.409)	(0.418)	(0.304)
ms_c	2.28***	2.14***	1.78***	4.35**	1.08*	0.64	1.32*	1.29***
	(0.594)	(0.617)	(0.529)	(1.822)	(0.592)	(0.618)	(0.726)	(0.446)
edu_c	0.91***	0.70***	0.97***	0.83*	0.63***	0.96***	0.44*	0.80***
	(0.241)	(0.231)	(0.217)	(0.483)	(0.229)	(0.243)	(0.258)	(0.181)
$local$	−0.27	−1.07	−0.67	−0.76	−0.86	0.10	−0.39	−0.65
	(0.847)	(0.882)	(0.745)	(2.655)	(0.674)	(0.672)	(0.760)	(0.593)
$hsize$	−0.23	−0.13	−0.07	−0.36	0.06	−0.16	−0.17	−0.10
	(0.173)	(0.192)	(0.156)	(0.472)	(0.181)	(0.165)	(0.195)	(0.133)
$labor$	0.44	0.38	0.29	−0.23	0.51	−0.32	0.09	0.44
	(1.016)	(1.041)	(0.927)	(2.863)	(1.057)	(1.072)	(1.287)	(0.766)
$lnoasset$	1.55***	1.48***	1.37***	1.77***	0.67***	0.99***	0.92***	1.18***
	(0.186)	(0.179)	(0.163)	(0.465)	(0.159)	(0.186)	(0.192)	(0.135)
t	0.07*	0.02	0.03	−0.01	0.08**	0.09**	0.11**	0.05**
	(0.036)	(0.037)	(0.032)	(0.102)	(0.034)	(0.037)	(0.043)	(0.027)
$otype$	0.11	−0.31	−0.03	0.63	−0.19	0.22	−0.17	−0.19
	(0.258)	(0.265)	(0.235)	(0.648)	(0.215)	(0.245)	(0.262)	(0.194)
$lnprofit$	2.81***	2.95***	3.18***	2.97***	3.13***	3.34***	2.80***	3.15***
	(0.323)	(0.327)	(0.309)	(0.670)	(0.370)	(0.402)	(0.371)	(0.276)
age_b	0.01	−0.01	−0.06	0.19	−0.05	−0.15	−0.02	−0.03
	(0.112)	(0.113)	(0.104)	(0.220)	(0.070)	(0.106)	(0.107)	(0.068)
sex_b	0.34	0.07	0.30	0.03	1.23***	1.08**	0.65	0.76**
	(0.424)	(0.452)	(0.393)	(1.012)	(0.398)	(0.440)	(0.496)	(0.298)
ms_b	−0.21	0.33	0.60	0.88	1.63***	1.29**	1.40**	0.96**
	(0.632)	(0.748)	(0.569)	(1.532)	(0.512)	(0.537)	(0.665)	(0.439)

续表

变量	credit							
	人品优秀				人品一般			
	(1a)	(1b)	(1c)	(1d)	(2a)	(2b)	(2c)	(2d)
edu_b	−0.74	−2.21	−1.75	−9.16***	2.45	−2.37	−4.99	−1.62
	(1.279)	(1.664)	(1.314)	(1.773)	(1.943)	(1.577)	(3.246)	(1.105)
sch	−0.15	−0.80*	−0.75*	−1.94	−1.54***	−1.42***	−1.55***	−0.58
	(0.525)	(0.465)	(0.440)	(1.263)	(0.409)	(0.498)	(0.508)	(0.363)
$major$	−1.28*	−0.79	−1.47**	0.66	−0.85	−0.45	1.06	−0.97**
	(0.732)	(0.638)	(0.637)	(1.887)	(0.561)	(0.721)	(0.690)	(0.458)
常数项	−40.35***	−32.66***	−36.96***	−8.70	−53.92***	−32.17***	−15.53	−35.14***
	(7.816)	(9.749)	(8.091)	(11.253)	(10.717)	(10.347)	(17.301)	(7.004)
年份固定效应	是	是	是	是	是	是	是	是
R^2	0.457	0.418	0.437	0.440	0.421	0.472	0.479	0.446
样本量	836	861	1064	162	657	632	447	1331

注：*、**和***分别代表在10％、5％和1％的水平上显著，括号内为回归系数的稳健标准误。

（四）按微小客户融资经历分组检验

根据微小客户是否在银行获得过生产经营性贷款可将其分为原生态客户和非原生态客户，正规金融机构融资经历越丰富，贷款可得性及其授信额度也就越高。为研究小微银行客户经理信贷技术水平对上述两类客户授信额度的影响是否存在差异，有必要进行分组检验。从表 5-12 可以看出，客户经理信贷技术水平对于提升原生态客户的适宜贷款额度有着显著的正向影响，而对非原生态客户无显著影响，这或许是因为原生态客户多为信用白户，需要客户经理凭借自身较高的信贷技术水平去挖掘、识别、处理各类软信息，以确定其适宜贷款额度。

表5-12　按微小客户融资经历分组的回归结果

变量	credit							
	原生态客户				非原生态客户			
	(1a)	(1b)	(1c)	(1d)	(2a)	(2b)	(2c)	(2d)
$score$	1.31**	1.78***	1.66***	1.78***	1.38	1.72	1.69	1.46
	(0.636)	(0.645)	(0.639)	(0.642)	(1.196)	(1.222)	(1.210)	(1.276)
$judge$	2.43***				2.43***			
	(0.302)				(0.823)			
ccp		0.33				1.26		
		(0.287)				(0.779)		
hon			1.53***				3.09***	
			(0.289)				(1.112)	
exp				0.89				1.69
				(0.565)				(1.152)

变量	credit							
	原生态客户				非原生态客户			
	(1a)	(1b)	(1c)	(1d)	(2a)	(2b)	(2c)	(2d)
age_c	−0.05	0.00	−0.04	0.00	−0.07	0.00	−0.06	−0.00
	(0.048)	(0019)	(0.050)	(0.019)	(0.049)	(0.019)	(0.052)	(0.018)
sex_c	0.87	−0.06	0.82	−0.15	0.77	−0.08	0.98	−0.24
	(0.903)	(0.318)	(0.904)	(0.316)	(0.887)	(0.318)	(0.887)	(0.306)
ms_c	2.49**	1.29***	1.97	1.38***	2.55**	1.30***	1.94	1.74***
	(1.202)	(0.467)	(1.217)	(0.468)	(1.169)	(0.467)	(1.202)	(0.470)
edu_c	0.83	0.82***	0.71	0.80***	0.86*	0.83***	0.69	0.83***
	(0.517)	(0.181)	(0.507)	(0.178)	(0.517)	(0.181)	(0.511)	(0.177)
$local$	−0.91	−0.69	−0.86	−0.63	−1.00	−0.75	−0.87	−0.49
	(1.727)	(0.622)	(1.737)	(0.613)	(1.689)	(0.624)	(1.667)	(0.618)
$hsize$	0.02	−0.09	−0.04	−0.07	0.02	−0.07	−0.09	−0.11
	(0.303)	(0.139)	(0.308)	(0.137)	(0.298)	(0.138)	(0.313)	(0.136)
$labor$	2.85	0.16	2.70	0.27	2.92	0.18	2.58	−0.11
	(1.934)	(0.817)	(1.936)	(0.816)	(1.927)	(0.815)	(1.937)	(0.795)
$lnoasset$	1.63***	1.18***	1.61***	1.18***	1.58***	1.16***	1.61***	1.10***
	(0.378)	(0.135)	(0.389)	(0.133)	(0.381)	(0.136)	(0.400)	(0.129)
t	0.04	0.05*	0.02	0.05*	0.05	0.05*	0.04	0.07***
	(0.068)	(0.028)	(0.682)	(0.028)	(0.631)	(0.028)	(0.071)	(0.027)
$otype$	−1.26**	0.15	−1.28***	0.18	−1.21**	0.14	−1.29***	0.13
	(0.497)	(0.198)	(0.491)	(0.196)	(0.489)	(0.198)	(0.492)	(0.191)
$lnprofit$	2.43***	3.29***	2.50***	3.25***	2.38***	3.32***	2.53***	3.10***
	(0.656)	(0.251)	(0.672)	(0.246)	(0.670)	(0.247)	(0.697)	(0.246)
age_b	−0.42*	0.03	−0.41*	0.03	−0.38*	0.03	−0.36	−0.02
	(0.218)	(0.068)	(0.231)	(0.670)	(0.216)	(0.068)	(0.238)	(0.066)
sex_b	0.63	0.86***	0.95	0.76**	0.63	0.82***	1.03	0.80***
	(0.875)	(0.315)	(0.861)	(0.314)	(0.858)	(0.315)	(0.896)	(0.308)
ms_b	1.05	0.77*	1.24	0.72	1.20	0.82*	1.28	0.68
	(1.507)	(0.450)	(1.545)	(0.442)	(1.492)	(0.448)	(1.552)	(0.428)
edu_b	1.59	−0.80	1.59	−0.48	2.06	−0.95	1.90	−0.20
	(2.392)	(1.351)	(2.264)	(1.421)	(2.365)	(1.354)	(2.085)	(1.248)
sch	−1.72*	−0.70*	−1.69*	−0.73*	−1.43	−0.70*	−1.33	−0.48
	(0.887)	(0.374)	(0.921)	(0.372)	(0.893)	(0.376)	(0.956)	(0.365)
$major$	−2.80*	−0.99*	−2.72**	−0.85*	−2.67**	−0.98*	−2.50**	0.72
	(1.161)	(0.502)	(1.159)	(0.502)	(1.182)	(0.500)	(1.176)	(0.493)
常数项	−41.09***	−43.39***	−38.98***	45.90***	−42.08***	−43.05***	−40.98***	−43.86***
	(14.567)	(7.620)	(14.138)	(7.906)	(14.599)	(7.642)	(13.578)	(7.110)
年份固定效应	是	是	是	是	是	是	是	是
样本量	1224	1224	1224	1224	269	269	269	269
R^2	0.480	0.452	0.463	0.453	0.431	0.414	0.428	0.414

注:*、**和***分别代表在10%、5%和1%的水平上显著,括号内为回归系数的稳健标准误。

（五）按微小客户性别分组检验

在面临不确定性时,女性的行为会更加谨慎(祝继高等,2012),这意味着贷款给男性客户风险更大,客户经理为降低风险通常会采取信贷紧缩策略。因此,小微银行客户经理信贷技术水平的提升是否利于男性微小客户适宜贷款额度的确定,也值得进一步探究。表 5-13 结果显示,客户经理信贷技术水平的估计系数在男性客户中均显著为正,而在女性客户中却不显著。可能的解释是女性客户大多勤劳、节俭持家,较男性而言更谨慎、更有责任感,还款意愿也更强。这也验证了孟加拉国格莱珉银行为何在成立之初首先定位于妇女群体,随着客户经理信贷技术水平的提升,微小客户的覆盖群体才得以逐步扩大。

表5-13 按微小客户性别分组的回归结果

变量	credit							
	男性				女性			
	(1a)	(1b)	(1c)	(1d)	(2a)	(2b)	(2c)	(2d)
$score$	1.54***	1.99***	1.84***	1.95***	0.33	0.65	0.78	1.00
	(0.607)	(0.615)	(0.610)	(0.619)	(1.367)	(1.382)	(1.360)	(1.378)
$judge$	2.43***				2.48***			
	(0.330)				(0.620)			
ccp		0.64**				0.29		
		(0.314)				(0.540)		
hon			1.77***				1.52***	
			(0.326)				(0.500)	
exp				0.66				2.47**
				(0.543)				(1.121)
age_c	−0.01	−0.00	−0.00	−0.01	−0.02	−0.00	−0.00	−0.00
	(0.020)	(0.020)	(0.020)	(0.020)	(0.037)	(0.037)	(0.037)	(0.037)
ms_c	1.55***	1.23**	1.36**	1.25**	2.76***	2.03***	2.11***	2.16***
	(0.534)	(0.548)	(0.537)	(0.546)	(0.780)	(0.764)	(0.768)	(0.775)
edu_c	0.96***	0.89***	0.91***	0.91***	0.42	0.40	0.38	0.40
	(0.202)	(0.204)	(0.201)	(0.205)	(0.286)	(0.295)	(0.297)	(0.293)
$local$	−1.05	−1.25*	−1.20	−1.33*	0.43	0.08	0.15	0.25
	(0.755)	(0.753)	(0.742)	(0.758)	(0.752)	(0.788)	(0.813)	(0.827)
$hsize$	−0.01	0.01	0.04	0.02	−0.32	−0.38	−0.36	−0.41
	(0.143)	(0.145)	(0.143)	(0.146)	(0.254)	(0.263)	(0.256)	(0.254)
$labor$	0.10	0.33	0.33	0.24	1.02	1.30	1.54	1.18
	(0.885)	(0.907)	(0.902)	(0.905)	(1.398)	(1.405)	(1.423)	(1.394)
$lnoasset$	1.21***	1.29***	1.29***	1.29***	1.07***	1.07***	1.07***	1.00***
	(0.152)	(0.159)	(0.157)	(0.161)	(0.211)	(0.218)	(0.211)	(0.213)
t	0.07**	0.04	0.05	0.04	0.05	0.04	0.04	0.05
	(0.031)	(0.032)	(0.032)	(0.032)	(0.044)	(0.046)	(0045)	(0.047)
$otype$	−0.16	−0.13	−0.12	−0.15	0.32	0.17	0.27	0.26
	(0.196)	(0.202)	(0.202)	(0.202)	(0.448)	(0.463)	(0.456)	(0.460)
$lnprofit$	2.91***	3.05***	3.03***	3.09***	3.04***	3.28***	3.17***	3.29***
	(0.296)	(0.302)	(0.296)	(0.300)	(0.426)	(0.448)	(0.432)	(0.435)
age_b	−0.06	−0.03	−0.04	−0.02	0.05	0.13	0.13	0.12
	(0.072)	(0.074)	(0.073)	(0.074)	(0.128)	(0.134)	(0.133)	(0.135)
sex_b	0.31	0.43	0.25	0.40	2.41***	2.45***	2.37***	2.38***
	(0.334)	(0.342)	(0.342)	(0.342)	(0.567)	(0.573)	(0.573)	(0.568)

变量	credit							
	男性				女性			
	(1a)	(1b)	(1c)	(1d)	(2a)	(2b)	(2c)	(2d)
ms_b	0.84*	0.94*	0.87*	1.03**	0.71	0.74	0.69	0.75
	(0.470)	(0.495)	(0.486)	(0.493)	(0.858)	(0.916)	(0.894)	(0.911)
edu_b	−0.58	−1.00	−0.89	−1.05	2.02	1.08	1.73	1.06
	(1.369)	(1.476)	(1.530)	(1.461)	(1.994)	(2.026)	(2.043)	(2.023)
sch	−0.65*	−0.84**	−0.85**	−0.78*	−0.69	−1.13*	−1.22**	−1.10*
	(0.391)	(0.406)	(0.400)	(0.406)	(0.632)	(0.617)	(0.618)	(0.631)
$major$	−1.10**	−1.36**	−1.22**	−1.28**	−0.13	−0.04	−0.07	−0.14
	(0.529)	(0.530)	(0.527)	(0.524)	(0.896)	(0.932)	(0.942)	(0.945)
常数项	−37.09***	−36.14***	−38.03***	−36.75***	−57.63***	−55.99***	−59.02***	−54.99***
	(7.897)	(8.367)	(8.595)	(8.343)	(11.752)	(11.882)	(11.858)	(11.985)
年份固定效应	是	是	是	是	是	是	是	是
样本量	1093	1093	1093	1093	400	400	400	400
R^2	0.476	0.451	0.462	0.450	0.465	0.437	0.447	0.450

注：*、**和***分别代表在10％、5％和1％的水平上显著，括号内为回归系数的稳健标准误。

第六节　本章小结

本章在 Bajaj 等（1998）研究的基础上，通过引入微小客户人品软信息、小微银行客户经理信贷技术水平等指标，从小微银行、微小客户双方效用最大出发，构建关于微小客户适宜贷款额度的数理模型，理论研究初步表明，对有真实生产经营性贷款需求的微小客户而言，均存在一个适宜贷款额度。基于手动收集的浙江大学 AFR 微贷项目合作单位小微银行 2016 年至 2020 年 30 万元及以下用于生产经营的微小贷款调查报告，以及依托项目组实地投放的客户及客户经理调查问卷进行实证研究发现：微小客户人品、小微银行客户经理信贷技术水平与适宜贷款额度显著正相关；普通高校、非金融专业背景的客户经理在服务微小客户尤其是其中的"四没有"类原生态客户更具优势。进一步分组研究，结果显示，对于经营状况一般和资产不足的微小客户，其人品软信息对适宜贷款额度的确定作用更大；对于人品一般、原生态和男性微小客户，客户经理信贷技术水平对适宜贷款额度的确定作用更大。

上述研究结论提示小微银行决策层：架构小微银行与微小客户良性互动的初始关系，可以从提升信贷技术水平和丰富软信息两方面着手。一方面，创新员工培训模式,提升员工信贷技术水平。如:通过区分外训与内训,建立健全新员工、年轻员工工匠式的内训体系,做实内训,强化员工服务微小客户的"微弱情怀",并提升其信贷技术水平。另一方面,丰富微小客户软信息的收集渠道。如通过街道居委会、村"两委"、基层政府相关部门等收集整合辖区内居民、村民诸如家庭人员学习、生活、就业及和睦程度,非正规融资情况,邻里关系,家庭及其成员荣誉获取情况,水电费、物业费等缴纳情况,交通等法规遵守情况等数据,构建涉农涉小信用信息数据库,提升微小客户的软信息硬度。

第六章 良性互动持续发展机制：
"好借好还"的理论与实证

好的金融是让信用变成财富,通过向"四没有"但具备"四有""四缘"资源的低收入群体提供适宜的信贷服务,给他们刷白、累积信用的机会,是金融机构的责任和良心(吴晓灵,2015)。就金融业务而言,微小贷款是微小客户尤其是其中的"四没有"类原生态客户经常需要的金融服务;现实中,小微银行也最具有服务信用交易记录缺失或不足但拥有"四有""四缘"资源的微小客户之优势,规范的信贷服务往往能激活"四有""四缘"等潜在资源,避免微小客户陷入高利贷泥潭。基于前章小微银行率先向微小客户提供适宜贷款额度所构建的良性互动初始关系,借鉴国内外相关理论研究成果和实践经验,进一步分析彼此间实现良性互动的可行路径,建立小微银行服务微小客户"敢贷、愿贷,能贷、会贷"的长效机制,实现微小贷款业务的增量、扩面、提质与增效,促进小微银行可持续发展,无疑具有理论与现实意义。

本章主要研究思路如下。通过对小微银行客户经理"好借"、微小客户"好还"等相关理论进行分析,旨在证明"好借好还"是小微银行与微小客户实现良性互动的一条可行路径;借鉴演化博弈论,将银行是否"好借"、客户是否"好还"作为双方的选择策略,并以此构建小微银行与微小客户互动的理论模型,求解两者在互动博弈中的最优选择路径;手动收集浙江大学 AFR 微贷项目合作中小微银行 30 万元及以下用于生产经营的微小贷款调查报告,并依托项目组实地投放客户及客户经理调查问卷,对微小客户"好还"与小微银行客户经理"好借"之间的关系进行实证分析;最后对本章进行小结。

第一节　良性互动持续发展机制要件简析

　　长期以来,小微企业贷款难、贷款贵多被归因于信息不对称,且集中在小微企业端的信息获取、识别与处理成本高及生产经营能力弱、风险大与防控难等方面,过于凸显银行与中小微企业间相互冲突的一面(徐洪水,2001;罗丹阳、殷兴山,2006;吕劲松,2015;李昊然等,2023)。就博弈论在经济、金融领域的应用而言,现有银企互动理论研究虽未排除小微银行与微小客户,但主要针对大、中、小型银行和中小微企业;银企博弈研究主体也多围绕银行"放贷、拒贷"和中小微企业"还款、违约"展开,认为银企双方最终的选择策略将收敛于"放贷、还款",鲜有在"都愿贷、都能还"的基础上对小微银行和微小客户的互动博弈进行研究。事实上,信息不对称所导致的违约问题多涉及信贷合同的双方,无论是信用风险、市场风险还是操作风险,均与员工的专业知识水平、风险与合规意识、操作规范等综合素质的高低息息相关(杜晓山,2008;葛永波等,2011;苏治、胡迪,2014);从专业上讲,小微贷款发生风险,70%—80%是由道德风险和操作风险引起的,行风行纪是最廉价的风控[1];广大"四没有"类微小客户得到小微银行"简单、方便、快捷、零隐性成本、有尊严"的规范信贷服务后,感激之情溢于言表并转化为积极还款的动力进而形成良性互动的案例也时常发生(严谷军等,2021)。尤其是近年来,金融科技的发展在一定程度上缓解了信息不对称问题,为解决微小客户贷款难、贷款贵创造了条件,但其在信息识别和风险管理方面的优势仍存在较大争议(张一林等,2021;张磊等,2023)。因此,借鉴演化博弈论,深入探讨小微银行"怎么贷"、微小客户"怎么还",架构"微小客户借款→小微银行客户经理'好借'→微小客户'好还'→小微银行客户经理再次'好借'→微小客户再次'好还'"的"好借好还"良性互动机制并对其进行分析论证,具有一定的理论和现实意义。

　　信用是金融的基石,更是小微银行与微小客户良性互动机制可持续运行的生命线。现实中,银行服务的客户,其信用状况往往可以分为四种类型:讲信用且有信用记录[2]、讲信用但暂无信用记录、不讲信用但有信用记录、不讲

信用且无信用记录。上述第二、第四类客户虽"四没有"，但其中的绝大多数客户拥有强烈的劳动意愿、一定的劳动能力且贷款用途真实，应该享有必要的信贷服务权。孟加拉国格莱珉银行和中国浙江台州银行等案例也表明，即使是第四类客户，在适当的知识与业务普惠下，这些客户中的多数也可望通过良性互动成为银行的忠诚客户[①]，且带来邻里示范、业务乘数等"四大效应"。因此，面对遍布城乡的微小客户，小微银行如何在建立初始互动关系的基础上实现两者良性互动的可持续发展，促进"初始变化—次级强化—可行能力提升—进一步正向影响初始变化"的正向循环累积发展，助力微小客户摆脱"因为穷所以穷"的贫困恶性循环之困局，有效防范小微银行信贷风险，推进普惠金融高质量发展，助力金融强国建设，亟待认真分析和研究。

第二节　理论模型："好借好还"的演化博弈

大量心理学、行为经济学实验表明：现实生活中，人们在做出经济决策时总是难以做到完全理性，存在系统的推理误差。演化博弈论突破了传统博弈论的理性人假设，不要求参与人完全理性，也不要求完全信息的条件，能分析有限理性与非理性行为，是将博弈论和动态演化过程结合起来分析的一种理论（张良桥、冯从文，2001）。本书研究的小微银行与微小客户互动正是银企双方在重复博弈过程中根据自己或他人经验通过不断学习、尝试、调整以寻找最优路径的动态过程，与演化博弈论强调的动态均衡较为一致。据此，构建如下模型。

一、模型基本假设

假设1：金融市场上存在小微银行、微小客户两个交易主体，双方在信贷交易过程中存在两种选择策略：小微银行"好借、不好借"与微小客户"好还、不好

---

①调研表明，这类客户中"不讲信用"大多是一种错觉或误解。事实上，是否讲信用需要有交易方可验证，他们中的多数在金融、生活、生产等方面的知识和适宜金融业务的普惠下，能够成为值得信赖的客户。格莱珉银行2004年9美元乞丐贷款项目大获成功及我国"银座系""富民系"村镇银行的良好表现便是有力的证据；浙江台州银行在江西等地主发起的"银座系"村镇银行90％的存贷比、1％不到的不良率；浙江鹿城农商银行在贵州主发起的"富民系"村镇银行200％多的存贷比、不良率1.34％、拨贷比2.6％，这些客户中信用记录缺失的原生态客户占比高达60％多。

还"。"好借"意味着小微银行客户经理在整个贷款办理过程中能够严格遵守"六不准"微贷铁纪律和各项行为准则,提供规范的贷款服务,微小客户申请贷款无须支付人情往来成本;"好还"意味着微小客户还款正常、小微银行收回贷款无须花费额外的成本进行督促或催收(对"好借""好还"的界定详见第一章第二节相关内容,此处从略)。

假设 2:小微银行为微小客户发放贷款,贷款金额为 s、贷款期限为 1 年、贷款利率为 r、逾期罚金为 F。

假设 3:小微银行发放贷款成本 C_b,主要包括信息处理成本 C_b^1、监督成本 C_b^2、机会成本 C_b^3、微小客户"不好还"时的催收成本 C_b^4,其中 C_b^1 与小微银行(客户经理)是否"好借"相关。

假设 4:微小客户申请贷款成本 C_c,主要包括交通、通信等基础成本 C_c^1 和人情往来成本 C_c^2。

假设 5:微小客户年生产经营净收益为 R,贷款到期时选择"好还"获得名誉收益 R_{p_o}。"不好还"遭受名誉损失 R_{p_l},其中名誉收益和名誉损失与小微银行(客户经理)是否"好借"相关。

二、模型构建与求解

(一)模型构建

在信贷交易市场中,小微银行与微小客户难以一次性做出最优决策,需要通过长期不断调整得以优化。小微银行与微小客户互动的前提是微小客户借款、小微银行对其发放贷款。俗话说"好借好还,再借不难",首先小微银行在贷款发放过程中有"好借""不好借"两种选择策略,其次微小客户在到期还款时有"好还""不好还"两种选择策略,最后小微银行针对微小客户的还款行为又面临是否持续"好借"的策略选择,进而展开互动(见图 6-1)。

据上述假设和分析,4 种组合下的小微银行、微小客户的净收益函数如下。

1. 好借、好还

当小微银行选择"好借"时,小微银行会因其客户经理规范的贷款服务得到客户好评进而获得额外收益 E_b,微小客户仅需支付交通、通信等基础成本 C_c^1 就能方便、快捷、及时、有尊严地获得贷款;当微小客户选择"好还"时,小微银行无须支付催收成本就能按时收回贷款本息,微小客户会获得名誉收益 Rp_o^1。此时,

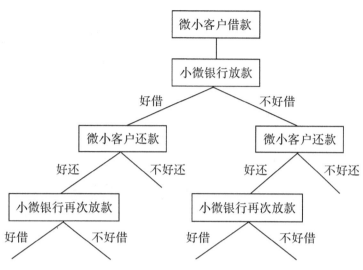

图 6-1 小微银行与微小客户互动的博弈分析过程

小微银行的净收益为 $sr - C_b^1 - C_b^2 - C_b^3 + E_b$，微小客户的净收益为 $R - C_c^1 - sr + Rp_o^1$。

2. 好借、不好还

当小微银行选择“好借”时，小微银行会因其客户经理规范的贷款服务得到客户好评进而获得额外收益 E_b，微小客户仅需支付交通、通信等基础成本 C_c^1 就能方便、快捷、及时、有尊严地获得贷款；当微小客户选择“不好还”时，小微银行收回贷款本息需支付催收成本 $C_b^{4^1}$ 但获得逾期罚金收益 F，微小客户会遭受名誉损失 Rp_l^1 但获得额外收益 E_c。此时，小微银行的净收益为 $sr - C_b^1 - C_b^2 - C_b^3 - C_b^{4^1} + E_b + F$，微小客户的净收益为 $R - C_c^1 - sr - F - Rp_l^1 + E_c$。

3. 不好借、好还

当小微银行选择“不好借”时，小微银行无法像“好借”时那样获得额外收益，微小客户获得贷款除了支付交通、通信等基础成本 C_c^1 外还需支付人情往来成本 C_c^2。当微小客户选择“好还”时，小微银行无须支付催收成本就能按时收回贷款本息，微小客户获得名誉收益 Rp_o^2，此时，小微银行的净收益为 $sr - C_b^1 - C_b^2 - C_b^3$，微小客户的净收益为 $R - C_c^1 - C_c^2 - sr + Rp_o^2$。

4. 不好借、不好还

当小微银行选择“不好借”时，小微银行无法像“好借”时那样获得额外收益,微小客户获得贷款除了支付交通、通信等基础成本 C_c^1 外,还需支付人情往来成本 C_c^2。当微小客户选择"不好还"时,小微银行收回贷款本息需支付催收成本 $C_b^{4^2}$ 但获得逾期罚金收益 F,微小客户会遭受名誉损失 Rp_l^2,但获得额外收益 E_c。此时,小微银行的净收益为 $sr-C_b^1-C_b^2-C_b^3-C_b^{4^2}+F$,微小客户的净收益为 $R-C_c^1-C_c^2-sr-F-Rp_l^2+E_c$。

通过上述分析,本书构造的小微银行与微小客户在贷款过程中的互动博弈模型收益矩阵如下(见表 6-1)。

表 6-1 小微银行与微小客户互动的博弈矩阵

		微小客户	
		好还	不好还
小微银行	好借	$sr-C_b^1-C_b^2-C_b^3+E_b$ $R-C_c^1-sr+Rp_o^1$	$sr-C_b^1-C_b^2-C_b^3-C_b^{4^1}+E_b+F$ $R-C_c^1-sr-F-Rp_l^1+E_c$
	不好借	$sr-C_b^1-C_b^2-C_b^3$ $R-C_c^1-C_c^2-sr+Rp_o^2$	$sr-C_b^1-C_b^2-C_b^3-C_b^{4^2}+F$ $R-C_c^1-C_c^2-sr-F-Rp_l^2+E_c$

注:表中收益第一行表示小微银行的净收益,第二行表示微小客户的净收益。

(二)模型求解

根据上述博弈矩阵,运用演化博弈论进一步分析小微银行、微小客户选择策略的稳定性。令小微银行选择"好借"、微小客户选择"好还"的概率分别为 f 和 g,小微银行客户经理"好借""不好借"时的小微银行期望收益分别为 Y_b^1 和 Y_b^2,微小客户"好还""不好还"时的期望收益分别为 Y_c^1 和 Y_c^2,小微银行、微小客户的平均期望收益分别为 Y_b 和 Y_c,则有:

$$\begin{cases} Y_b^1=g(sr-C_b^1-C_b^2-C_b^3+E_b)+(1-g)(sr-C_b^1-C_b^2-C_b^3-C_b^{4^1}+E_b+F) \\ Y_b^2=g(sr-C_b^1-C_b^2-C_b^3)+(1-g)(sr-C_b^1-C_b^2-C_b^3-C_b^{4^2}+F) \\ Y_b=fY_b^1+(1-f)Y_b^2 \end{cases}$$

$$(6\text{-}1)$$

$$\begin{cases} Y_c^1=f(R-C_c^1-sr+Rp_o^1)+(1-f)(R-C_c^1-C_c^2-sr+Rp_o^2) \\ Y_c^2=f(R-C_c^1-sr-F-Rp_l^1+E_c)+(1-f)(R-C_c^1-C_c^2-sr-F-Rp_l^2+E_c) \\ Y_c=gY_c^1+(1-g)Y_c^2 \end{cases}$$

$$(6\text{-}2)$$

根据公式(6-1)和公式(6-2),小微银行、微小客户对应的复制者动态方程如下:

$$\dot{f}=f(Y_b^1-Y_b)=f(1-f)\left[E_b-(1-g)(C_b^{41}-C_b^{42})\right] \tag{6-3}$$

$$\dot{g}=g(Y_c^1-Y_c)=g(1-g)\left[f(Rp_o^1+Rp_l^1-Rp_o^2-Rp_l^2)-(E_c-Rp_o^2-F-Rp_l^2)\right] \tag{6-4}$$

由动态系统理论知,当 $\dot{f}=\dot{g}=0$ 时,f^* 和 g^* 为平衡点,根据公式(6-3)和(6-4)求得4个平衡点:(0,0)、(0,1)、(1,0)和(1,1)。为判断各个平衡点的局部稳定状态,根据公式(6-3)和公式(6-4)构造二阶雅可比矩阵如下:

$$\begin{bmatrix} \dfrac{\partial \dot{f}}{\partial f} & \dfrac{\partial \dot{f}}{\partial g} \\ \dfrac{\partial \dot{g}}{\partial f} & \dfrac{\partial \dot{g}}{\partial g} \end{bmatrix}=\begin{bmatrix} a_{11} & a_{12} \\ a_{21} & a_{22} \end{bmatrix}$$

$$=\begin{bmatrix} (1-2f)\left[E_b-(1-g)(C_b^{41}-C_b^{42})\right] & f(1-f)(C_b^{41}-C_b^{42}) \\ g(1-g)(Rp_o^1+Rp_l^1-Rp_o^2-Rp_l^2) & \begin{array}{l}(1-2g)\\ \left[f(Rp_o^1+Rp_l^1-Rp_o^2-Rp_l^2)-\right.\\ \left.(E_c-Rp_o^2-F-Rp_l^2)\right]\end{array} \end{bmatrix}$$

根据上述二阶雅可比矩阵,求解行列式 $D=a_{11}a_{22}-a_{21}a_{12}$ 和迹 $T=a_{11}+a_{22}$;再根据 D、T 的正负性,判断得到各个平衡点的局部稳定性[①](见表6-2)。

表6-2 均衡稳定性分析

平衡点	D	T	局部稳定性
$f=0,g=0$	—	?	鞍点
$f=0,g=1$	+	+	不稳定点
$f=1,g=0$	—	?	鞍点
$f=1,g=1$	+	—	稳定点

注:表中"+"表示 D 和 T 的值为正,"—"表示 D 和 T 的值为负,"?"表示 D 和 T 的值不确定(可能为正或为负)。

综上,(1,1)是小微银行与微小客户演化博弈的唯一均衡点,说明双方在长期信贷交易过程中会不断调整选择策略使之趋向于(好借,好还),进而形成一个良性的互动循环;其均衡条件应该满足以下两个条件:(1) $C_b^{41}<C_b^{42}$;(2) $Rp_o^2+Rp_l^2<E_c-F<Rp_o^1+Rp_l^1$。上述理论虽证明了"好借好还"是小微银行与微小客户实现良性互动的一条可行路径,但现实中是否成立、微小客户"好

①平衡点的局部稳定性判断规则:(1)$D<0$,鞍点;(2)$D>0$ 且 $T=0$,中心点;(3)$D>0$ 且 $T>0$,不稳定点;(4)$D>0$ 且 $T<0$,稳定点。

还"与小微银行客户经理"好借"的关系如何等还有待进一步分析与检验。

第三节　理论分析与研究假说

较大中型企业而言,大多数小微企业处于创业发展初期,经济基础弱、抵御风险的能力较差,但这并不代表其信用观念差,特别是那些希望通过劳动摆脱贫困、通过创业致富者,维护良好信用记录的意愿反而更为强烈(黄军民,2019)。2006 年诺贝尔和平奖得主尤努斯长期本着"先予后取"的原则,坚持用小额信用贷款服务穷人并取得偿还率高达 99.02％的实践证明,穷人的信用值得信赖[①],其关键在于构建长期的平等互惠关系;相反,SKS(一家印度的微型金融机构)债务危机爆发的主要原因则是过于追求经营利润的纯商业交易,淡化了客户关系的建立与维护,导致部分借款人过度负债或有能力还款而故意延期或不还款(熊芳,2020)。由此可见,对于一个有资格获得贷款的客户,尤其是其中的"四没有"类微小客户而言,贷款逾期或违约的发生并非仅仅因为信息不对称、客户信用差,其主要责任或许在于银行,诸如银行员工的服务理念、服务规范、服务技术等存在不足。"没有不还款的客户,只有做不好的银行",判断微小客户是否真心想借钱又具备还款意愿和还款能力的关键在于,客户经理是否具备一定的获取、识别与处理微小客户软信息的能力,但其职业道德、行为规范和准则方面的素养更不容忽视(杜晓山,2008);信贷服务越差、潜规则越多,借款人支付的成本就越高,贷后偿还意愿往往也越弱。据此,本章提出第一个研究假说。

H1:小微银行客户经理在办理贷款业务时的"好借"程度越高,贷款到期时微小客户"好还"的概率也越高,即微小客户是否"好还"取决于小微银行客户经理的"好借"程度。

由于不同客户经理在办理贷款业务时的"好借"程度不同,客户的"好还"程度可能也会出现一定差异。在整个贷款业务办理过程中,如果客户经理办贷效率低甚至出现"吃、拿、卡、要"等违规违纪行为,无形中增加客户的借贷成本,甚至让客户产生厌恶或报复心理,那么势必会影响这些客户还款的积极性;另一方面,先前拿了客户"好处"的客户经理也会因此难以理直气壮地展开贷款的回

[①]近些年随着覆盖面的扩大和业务的增长,偿还率虽有所降低(不良率有所上升),但仍位于正常的水平。

收工作或逾期贷款的催收工作,进而形成贷款到期时客户"不好还"的局面。反之,若客户经理能真正做到"好借"并与客户建立良好的"准私人"关系,则利于贷款的按时收回或逾期贷款的催收。从实践来看,贷款发放时"好借"程度越高的客户经理,与客户建立的"准私人"关系较其他客户经理而言一般更深入,能有效减少逾期贷款的发生。据此,本章提出第二个研究假说。

H2:小微银行客户经理在办理贷款业务时的"好借"程度越高,贷款到期时微小客户的"好还"程度也越高,即微小客户的"好还"程度会随着客户经理"好借"程度的提升而提升。

第四节　研究设计

一、数据来源与问卷设计

（一）数据来源

本书选取浙江大学 AFR 微贷项目合作单位中经营环境相对稳定的三家欠发达县域小微银行 2016—2020 年 30 万元及以下微小客户的生产经营性微小贷款调查报告作为研究样本,该样本包含了所服务的 2300 余名来自全国 9 省 37 县(县级市、区,含外地户口在本地生产经营者)的微小客户的基本信息及资产负债、家庭人口特征等详细信息,其中部分缺失数据通过实地发放问卷、客户经理贷后回访的方式最大限度地手工补齐;同时,基于本章的研究主题,结合浙江大学 AFR 微贷项目运营资料、实地投放问卷等途径获取客户的还款情况以及客户经理的基本信息及培训情况、贷款服务情况等相关信息,并将每个微小客户与其对应的客户经理进行匹配。本书根据微小贷款的界定,剔除在扫街、信息处理、审贷会等环节被否决的无明确经营主体,用于非生产经营,以及关键变量信息缺失、贷款未结清的样本后,最终获得 1466 份有效样本。

（二）问卷设计

针对上述有效样本,本着理论性、科学性和本土性等原则,本书对微小贷款调查报告中未涉及但实证研究需要的变量设计了问卷,主要分为小微银行客户经理调查问卷和微小客户调查问卷两部分。为便于与调查报告中的样本进行精准匹配,问卷第一部分包含了调查对象的基本信息;问卷第二部分是题项,其中微小客户调查问卷包含了客户在办理贷款业务过程中的一些经历与客观感受,小微银行客户经理问卷则主要包含了客户经理的培训情况、贷款发放情况以及客户转介绍占比等信息(详见附录 1、附录 2)。为了保证问卷的真实性、完整性和有效性,本书依托浙江大学 AFR 微贷项目组对有效样本中的 1466 位客户分批次展开入户调查,还以座谈会形式对贷款涉及的 60 名客户经理进行问卷调查,并全程监督了问卷填答过程,对于个别因特殊情况未能参会的客户经理,则采取线上发放电子问卷的方式进行问卷调查。得益于各合作单位客户经理及其所服务的微小客户的大力支持,发放的微小客户调查问卷 1466 份和小微银行客户经理调查问卷 60 份均得以有效收回,合计有效问卷 1526 份。

此外,针对上述有效样本中客户的还款情况,手工整理出还款不及时的客户并与其所属的客户经理进行匹配,再委托相关客户经理一一填写这些客户出现还款不及时的原因及当时为了收回贷款或利息所采取的诸如“微信”“电话”“上门”“他人代偿”等催收方式。

二、变量选取

(一)被解释变量

本章有两个主要的被解释变量:微小客户是否“好还”及其“好还”程度。

第一,微小客户是否“好还”。“好还”是指客户还款积极或能按时还款、无须小微银行客户经理进行督促或催收,更不可能出现违约。目前,违约的衡量指标有两类:一类是狭义的违约,即只要出现本金或利息逾期就视为违约;另一类是笼统地将银行普遍采用的五级分类中除正常和关注以外的贷款均定义为违约(任兆璋、杨绍基,2006;苏治、胡迪,2014;何光辉、杨咸月,2015;冯晓菲、张琳,2020)。从样本数据来看,微小客户在借款合同约定到期日未能归还贷款的现象并不多见,直接采用已有研究中的违约指标进行衡量可能会影响估计结果的准确性。鉴于本书研究的微小贷款的还款方式均采用按月等额本息还款,选取每月是否按时还款来衡量微小客户是否“好还”,并将在贷款合同期内每月均能按时还款的定义为“好还”类客户,其他定义为“不好还”类客户。此外,根据平均逾期天数是否超过一周作为微小客户是否“好还”的替代变量,以检验研究结论的稳健性。

第二,微小客户的“好还”程度。学术界一般根据贷款逾期天数来衡量客户的违约程度,如平新乔、杨慕云(2009)使用累计逾期期数;钱龙(2015)采用五级

分类法,用 1—5 表示正常、关注、次级、可疑和损失这 5 种贷款资产质量形态;
冯晓菲、张琳(2020)则在五级分类法的基础上采用了更严格的七级分类法,将
其划分为正常、关注、关注一、次级、次级一、可疑和损失。然而,经浙江大学
AFR 微贷项目培训后上岗的客户经理不仅能基本做到"好借"且十分注重贷后
维护,虽不乏有小部分微小客户存在贷款拖欠或逾期,但因逾期天数短、差异
小,较难真实反映其"好还"程度,因此引入一个新变量,即贷款逾期时客户经理
对微小客户采取的催收方式进行衡量。结合实际情况看,经微信提醒能立即或
在一周内予以还款的客户往往是由于忙于经营忘记还款、长期形成的亲情借贷
习惯、金融常识缺乏等客观原因逾期,可与按时还款的客户共同归为"非常好
还"类客户,而经电话、现场催收及他人代偿等方式才能收回贷款的客户则按催
收难度高低分别归类至"好还""不好还""非常不好还"类客户。此外,鉴于微小
客户在贷款合同期内的按时还款次数也能反映其"好还"程度,在后文实证分析
中还采用了按时还款次数占比(按时还款次数/贷款期数)作为替代变量,以检
验研究结论的稳健性。

(二)解释变量

本章关注的解释变量是小微银行客户经理的"好借"程度。考虑到样本主
要涉及经浙江大学 AFR 微贷项目培训后上岗的客户经理,他们均能提供规范
的贷款服务,选取小微银行客户经理"好借"程度而非是否"好借"作为核心解释
变量,以其在整个贷款办理过程中的服务规范度来衡量,界定标准为客户经理
有无退回客户红包、礼品或拒绝吃请的经历,并将拥有此经历的客户经理定义
为"非常好借"类,其他的定义为"好借"类。如此界定的原因如下:首先,"好借"
虽通常多体现在贷款可得性、利率高低、手续是否烦琐、及时性等方面,但由于
本书研究的微小贷款供求主体是小微银行和"四没有"类微小客户,其贷款方
式、利率、用途等较为统一,"好借"更多地体现为客户经理在贷款服务过程中的
规范性与及时性;其次,经浙江大学 AFR 微贷项目培训的客户经理一般都能在
三天内发放贷款或给予合理的拒贷理由,服务及时性也可以不予考虑;再次,
"四没有"类微小客户因长期被传统金融服务边缘化,对银行服务不了解,常常
误认为贷款需要抵押、关系、请客送礼等,服务规范性更为重要;最后,在客户问
卷调查中,就"您希望从以下哪种机构获得贷款:A.服务规范利率略高,B.服务
一般利率略低"问题,选择 A 的比例高达 80%,表明较其他因素,微小客户更注

重客户经理办贷过程中的服务规范性及其不规范可能产生的隐性成本。此外，微小客户的好评率也反映了小微银行客户经理的"好借"程度，后文实证分析中还从贷款额度满足率、是否收到过感谢信或锦旗、客户转介绍占比三方面构建客户好评率指标作为替代变量，以检验研究结论的稳健性。关于小微银行客户经理"好借"程度的测量，本章设计了如下问题（见表 6-3）。

表6-3　小微银行客户经理"好借"程度的测量问题

替代变量	指标维度	问卷编码	题项
服务规范度	有无退回客户红包、礼品或拒绝吃请的经历	Q12	3. 在××银行办理贷款业务过程中，您是否请过客户经理吃饭或给客户经理送过红包等礼品
			4. 您出于什么原因请××银行客户经理吃饭或给客户经理送红包等礼品
		Q22	6. 您是否因服务规范拒绝过客户的请客吃饭或拒收过客户红包等礼品
客户好评率	贷款额度满足率	Q12	5. ××银行发放的贷款额度，是否能够满足您的生产经营需求
	是否收到过感谢信或锦旗	Q22	7. 您是否因再三拒绝客户请客吃饭或拒收红包后收到客户的感谢信或锦旗
	客户转介绍占比	Q12	6. 您是否会向左邻右舍宣传××银行的贷款产品，并将有资金需求的邻居、朋友、亲戚推荐给曾为您办理贷款业务的客户经理
		Q22	5. 您是否因服务规范给您带来了更多的客户，占比

（三）控制变量

借鉴相关文献（钱龙，2015；何光辉、杨咸月，2015；徐上钦，2018；冯晓菲、张琳，2020），考虑到微小贷款的利率、授信方式、贷款用途等较为统一的特殊性以及数据的可得性，本章控制了如下变量：（1）微小客户个体特征变量，主要包括年龄、性别、婚姻状况、受教育程度、户籍、人品；（2）微小客户家庭特征变量，主要包括家庭总人口数和家庭劳动力人口占比；（3）微小客户经营特征变量，主要包括经营资产、经营时长、经营模式、经营类别、经营收益；（4）小微银行客户经理个体特征变量，主要包括实际年龄、性别、婚姻状况、受教育程度、专业背景、毕业院校类型、信贷技术水平；（5）微小贷款要素特征变量，主要包括授信金额和授信期限。各变量定义和说明见表 6-4。

表6-4　变量定义和说明

变量类型	变量名称	变量符号	变量定义
被解释变量	微小客户是否"好还"	gr	贷款期限内每月能否按时还款,好还＝1,不好还＝0
		gr'	平均逾期天数是否超过一周,好还＝1,不好好＝0
	微小客户"好还"程度	grd	催缴方式,非常好还＝4,好还＝3,不好还＝2,非常不好还＝1
		grd'	客户按时还款次数占比＝按时还款次数/贷款期数
解释变量	小微银行客户经理"好借"程度	gld	客户经理贷款服务规范度,非常好借＝2,好借＝1
		gld'	客户好评率
控制变量	微小客户个体特征($client_p$)	age_c	实际年龄(岁)
		sex_c	性别,男＝1,女＝0
		ms_c	婚姻状况,已婚＝1,其他＝0
		edu_c	受教育程度,小学＝1,初中＝2,高中＝3,专科＝4,本科及以上＝5
		$local$	是否为本地人,户籍与居住地一致的取1,反之取0
		Rp	人品,优秀＝1,其他＝0
	微小客户家庭特征($client_h$)	$hsize$	家庭总人口数
		$labor$	家庭劳动力人口占比
	微小客户经营特征($client_o$)	$oasset$	经营资产(万元),模型中取对数
		t	经营时长(年)
		$omodel$	经营模式,个体工商户＝1,其他＝0
		$otype$	经营类别,生产加工类＝1,商贸流通类＝2,服务类＝3,其他＝4
		$profit$	经营收益(万元),模型中取对数
	小微银行客户经理个体特征(BCM)	age_b	实际年龄(岁)
		sex_b	性别,男＝1,女＝0
		ms_b	婚姻状态,已婚＝1,其他＝0
		edu_b	受教育程度,小学＝1,初中＝2,高中＝3,专科＝4,本科及以上＝5
		sch	毕业院校类型,211或"双一流"院校＝1,其他＝0
		$major$	专业背景,金融＝1,其他＝0
		q	信贷技术水平,及格＝1,中等＝2,良好＝3,优秀＝4
	微小贷款要素特征($loan$)	$credit$	授信额度
		$loanterm$	授信期限

三、计量模型设定

Logit 模型是一种概率回归模型,能较好地解决非线性问题,不要求变量服从某类分布,采用最大似然估计,是分析当被解释变量为离散变量时某事件发生概率与解释变量间关系的主流分析方法(Ohlson,1980;Westgaard & Wijst,2001;陈强,2014)。本章被解释变量微小客户是否"好还"恰好是二元离散型的,故采用 Logit 模型分析微小客户"好还"概率与小微银行客户经理"好借"程度之间的关系,检验 H1,具体模型如下:

$$\text{Logit}(gr_i = M \mid gld_i = Y) = F(\beta_0 + \beta_1 \times gld_i + \sum \lambda_t \times Control_{ti} + \sigma_i > 0)$$

$$(6\text{-}5)$$

公式(6-5)中:gr_i 为第 i 个微小客户是否"好还",$M = \{0,1\}$,gld_i 为第 i 个微小客户对应的小微银行客户经理的"好借"程度,$Y = \{1,2\}$,$Control_{ti}$ 为控制变量(含 $client_{pi}$、$client_{hi}$、$client_{oi}$ 和 BCM_i 和 $loan_i$),σ_i 为随机扰动项。

通常意义上的 Logit 模型,对应的被解释变量只有两种取值,当取值有两种以上时,就要采用多分类 Logit 模型(McFadden,1973);根据被解释变量是否有序,多分类 Logit 模型还可进一步分为有序和无序的多分类 Logit 模型。本章的被解释变量微小客户"好还"程度,呈现为"非常好还""好还""不好还"和"非常不好还"四类,显然有着选择次序的关系。为进一步分析小微银行客户经理"好借"程度对微小客户"好还"程度的影响,验证 H2,基于公式(6-5)与华静、王玉斌(2015)的研究建立多分类有序 Logit 模型,具体如下:

$$\text{Logit}(grd_i \geqslant N \mid gld_i = Y) = F(\beta_0 + \beta_1 \times gld_i + \sum \lambda_t \times Control_{ti} + \delta_i > 0)$$

$$(6\text{-}6)$$

公式(6-6)中:grd_i 为第 i 个微小客户的"好还"程度,$N = \{1,2,3,4\}$,gld_i 为第 i 个微小客户对应的小微银行客户经理的"好借"程度,$Y = \{1,2\}$,$Control_{ti}$ 为控制变量(含 $client_{pi}$、$client_{hi}$、$client_{oi}$ 和 BCM_i 和 $loan_i$),δ_i 为随机扰动项。

此外,稳健性检验部分,本章在公式(6-5)的基础上建立了 OLS 模型,使用连续变量客户按时还款次数占比作为微小客户"好还"程度的替代变量,验证小微银行客户经理"好借"程度对微小客户"好还"程度影响的稳健性,具体模型如下:

$$grd'_i = \chi_0 + \chi_1 \times gld_i + \sum \lambda_t \times Control_{ti} + \delta'_i \qquad (6\text{-}7)$$

公式(6-7)中:grd'_i 为第 i 个微小客户的"好还"程度,gld_i 为第 gld_i 个微小客户对应的小微银行客户经理的"好借"程度,$Control_{ti}$ 为控制变量(含 $client_{pi}$、$client_{hi}$、$client_{oi}$ 和 BCM_i 和 $loan_i$),δ'_i 为随机扰动项。

第五节　实证结果与分析

本节对微小客户是否"好还"及其"好还"程度与小微银行客户经理"好借"程度之间的关系进行实证分析。由于贷款样本来自不同年份且无重合样本,故通过在模型中加入时间控制变量将其转化为截面数据;为克服可能存在的自相关和异方差,所有模型参数均采用稳健标准误进行检验。

一、描述性统计与相关性分析

为避免极端值对实证结果造成的干扰,在对部分变量进行 1% 缩尾处理的同时,也对部分数值型指标进行了对数化处理,处理后的各变量描述性统计见表 6-5。其中,被解释变量微小客户是否"好还"的均值、标准差分别为 0.934 和 0.249,微小客户"好还"程度的均值、标准差分别为 3.916 和 0.368,说明研究样本中的绝大多数微小客户还款积极,几乎没有出现实质性违约,且"好还"的概率高达 93.4%;核心解释变量小微银行客户经理"好借"程度的均值、标准差分别为 1.883 和 0.321,表明研究样本中的绝大多数客户经理在贷款办理过程中能做到"非常好借",微贷培训所强调的"六不准"铁纪律得到了较好的执行;客户经理文化程度的均值、标准差分别为 5 和 0,说明本样本中的所有客户经理均具有本科及以上学历,无差异;授信期限的均值、标准差分别为 1.889 和 0.711,表明微小客户的微小贷款期限通常在 2 年以下,这主要是由于微小客户的生产经营生命周期一般最多为 3 年,控制在 2 年可以有效降低或化解贷后逾期风险。

表 6-6 汇报了各变量间的相关系数,其中小微银行客户经理"好借"程度与微小客户"好还"的概率及其"好还"程度的相关系数分别为 0.572 和 0.015,说明客户经理"好借"程度与客户"好还"的概率及其"好还"程度正相关,支持了 H1、H2;同时结果显示,除微小客户"好还"概率和微小客户"好还"程度的相关系数较高外,所有解释变量间的相关系数小于 0.5 且大多数小于 0.3;对模型进行初步回归、计算各变量的方差膨胀因子(VIF),均值、最大值分别为 1.53 和 2.94,显著小于 10;上述检验说明模型基本不存在严重的多重共线性问题。

表6-5　描述性统计

变量名	均值	标准差	最小值	最大值	样本量
gr	0.934	0.249	0	1	1466
gr'	0.970	0.171	0	1	1466
grd	3.916	0.368	1	4	1466
grd'	0.982	0.087	0.083	1	1466
gld	1.883	0.321	1	2	1466
gld'	0.874	0.139	0.3	1	1466
age_c	37.233	8.786	18	62	1466
sex_c	0.735	0.442	0	1	1466
ms_c	0.886	0.318	0	1	1466
edu_c	2.765	0.882	1	5	1466
$local$	0.940	0.237	0	1	1466
Rp	0.554	0.497	0	1	1466
$hsize$	3.880	1.175	1	10	1466
$labor$	0.666	0.190	0.25	1	1466
$lnoasset$	11.853	1.411	5.485	16.854	1466
t	5.526	5.430	0	30	1466
$omodel$	0.605	0.489	0	1	1466
$otype$	2.348	0.755	1	4	1466
$lnprofit$	11.865	0.855	9.633	16.337	1466
age_b	28.844	2.421	24	40	1466
sex_b	0.423	0.494	0	1	1466
ms_b	0.878	0.328	0	1	1466
edu_b	5	0	5	5	1466
sch	0.242	0.428	0	1	1466
$major$	0.134	0.341	0	1	1466
q	2.229	0.888	1	4	1466
$credit$	9.610	6.699	1	30	1466
$loanterm$	1.889	0.711	1	3	1466

表 6-6　各变量间的相关系数

变量	gr	gld	age_e	sex_e	ms_e	edu_e	local	Rp	hsize	labor	lnoasset	t	omodel	otype	lnprofit	age_b	sex_b	ms_b	sch	major	q	credit	loanterm
gr	1.000																						
gld	0.572	1.000																					
age_e	0.011	−0.039	1.000																				
sex_e	0.002	0.003	−0.049	1.000																			
ms_e	0.008	−0.010	0.211	0.076	1.000																		
edu_e	0.007	0.046	−0.301	−0.023	−0.122	1.000																	
local	0.014	−0.011	−0.020	0.024	−0.027	0.037	1.000																
Rp	0.004	0.020	0.012	0.076	−0.084	0.013	−0.030	1.000															
hsize	0.010	−0.081	0.073	0.089	0.283	−0.081	−0.031	−0.022	1.000														
labor	−0.020	−0.084	0.181	0.018	−0.205	−0.019	−0.010	0.032	−0.228	1.000													
lnoasset	0.032	−0.013	0.047	0.078	0.048	0.085	−0.004	0.101	0.068	−0.055	1.000												
t	0.007	−0.080	0.407	0.001	0.124	−0.159	−0.028	−0.022	0.131	0.053	0.150	1.000											
omodel	0.035	0.007	−0.060	0.058	−0.042	0.027	0.021	−0.048	−0.007	0.057	−0.096	−0.074	1.000										
otype	−0.013	−0.002	0.096	0.052	0.290	−0.077	−0.028	−0.012	0.033	−0.067	0.037	0.115	−0.188	1.000									
lnprofit	0.043	−0.024	0.058	0.063	0.009	0.025	−0.051	0.064	0.069	−0.009	0.314	0.054	−0.016	0.022	1.000								
age_b	0.095	−0.308	0.021	0.002	−0.042	0.020	0.035	0.101	0.171	0.057	0.046	0.008	0.063	−0.114	0.074	1.000							
sex_b	0.016	0.298	0.001	0.030	−0.023	0.121	0.013	0.060	0.018	−0.011	0.066	−0.006	−0.047	−0.034	−0.023	0.015	1.000						
ms_b	−0.007	−0.136	0.057	−0.017	−0.029	0.028	−0.024	0.022	0.036	0.033	−0.088	0.100	0.056	−0.058	−0.009	0.205	−0.170	1.000					
sch	0.009	−0.460	0.031	−0.004	0.007	−0.052	−0.032	−0.068	0.010	0.023	0.004	−0.011	0.044	0.012	0.055	0.223	−0.270	0.176	1.000				
major	−0.137	0.137	−0.022	0.010	−0.022	0.143	−0.035	−0.097	−0.096	−0.031	−0.009	−0.004	0.028	−0.070	−0.013	−0.327	0.116	0.147	−0.110	1.000			
q	0.028	0.076	0.011	0.053	0.059	0.059	0.022	0.059	−0.008	−0.043	0.096	0.010	−0.000	−0.017	0.013	0.134	−0.147	0.057	0.120	0.141	1.000		
credit	0.072	−0.015	0.015	0.091	0.066	0.147	−0.059	0.262	0.068	−0.028	0.401	0.139	−0.055	0.021	0.280	0.139	0.066	−0.024	−0.035	−0.023	0.130	1.000	
loanterm	−0.032	0.223	−0.014	0.014	0.053	0.014	0.052	0.204	−0.118	−0.014	0.060	0.035	−0.064	0.090	−0.071	−0.135	0.116	−0.111	−0.235	−0.103	0.000	0.271	1.000

175

二、基准回归结果

（一）小微银行客户经理"好借"程度对微小客户"好还"概率的影响

表 6-7 报告了小微银行客户经理"好借"程度对微小客户"好还"概率影响的基准回归估计结果。结果显示，依次加入微小客户层面的个体特征、家庭特征、经营特征，客户经理层面的个体特征以及贷款要素特征控制变量后，小微银行客户经理"好借"程度的估计系数均显著为正，验证了 H1。可能的解释是，衡量客户经理"好借"程度指标服务规范度的提升能一定程度地降低微小客户的借贷成本，促进双方良性互动初始关系的建立，并随着时间的延长不断深入，当客户关系转为紧密的"准私人"关系时，客户就会出于对客户经理的考虑而在贷款到期时积极还款，以免给客户经理带来不必要的麻烦。

从控制变量来看，微小客户的经营模式、小微银行客户经理的专业背景、授信金额和授信期限这四个变量均通过了显著性检验，与微小客户"好还"的概率高度相关。就经营模式看，个体工商户"不好还"的概率低于微型企业主，可能的解释是，不同于合伙制的微型企业主的个体工商户与家庭关系更密切，由于生产经营成功与否直接关系到一家人的生计，因而在生产经营中往往更求稳；同时，个体工商户一旦违约将独自承担因此产生的一切后果，而积极还款不仅能赢得好声誉，还能带来更多的生产经营机遇。小微银行客户经理的专业背景与微小客户"好还"的概率负相关，或许是这类客户经理因更了解金融知识而自我感觉良好、过于自信，轻视了微小客户微小贷款的贷前、贷中、贷后服务工作，与德国 IPC 微贷项目更倾向于选择非金融背景的年轻员工相一致。授信金额的估计系数显著为正，说明授信金额较小的微小客户反而"不好还"的概率更大，可能的解释是授信金额较小的微小客户多是原生态客户，他们通常不了解银行贷款流程和要求，往往更容易受到平时亲情借贷、友情借贷习惯的影响，也不知道贷款违约所带来的严重后果。授信期限对微小客户"好还"概率的影响呈现负相关，与理论和现实也较为一致，微小客户生产经营规模小、经济实力薄弱、持续经营能力不足、生命周期短，授信期限越长，不确定性风险也就越大。

表6-7 小微银行客户经理"好借"程度对微小客户"好还"概率的影响

变量	gr					
	(1)	(2)	(3)	(4)	(5)	(6)
gld	0.50*	0.50*	0.49*	0.59**	1.38***	1.55***
	(0.282)	(0.282)	(0.284)	(0.291)	(0.424)	(0.437)
age_c		0.01	0.01	0.01	0.01	0.01
		(0.013)	(0.014)	(0.014)	(0.014)	(0.014)
sex_c		−0.02	−0.01	−0.13	−0.07	−0.08
		(0.240)	(0.239)	(0.245)	(0.251)	(0.251)
ms_c		0.10	0.01	0.04	0.14	0.14
		(0.346)	(0.368)	(0.386)	(0.397)	(0.404)
edu_c		0.08	0.08	0.03	0.10	0.06
		(0.134)	(0.135)	(0.139)	(0.144)	(0.150)
$local$		0.18	0.18	0.23	0.15	0.23
		(0.411)	(0.410)	(0.418)	(0.435)	(0.446)
Rp		−0.07	−0.07	−0.17	−0.39*	−0.39
		(0.214)	(0.213)	(0.220)	(0.233)	(0.243)
$hsize$			0.02	0.01	−0.10	−0.12
			(0.088)	(0.089)	(0.095)	(0.096)
$labor$			−0.40	−0.32	−0.54	−0.53
			(0.584)	(0.570)	(0.593)	(0.596)
$lnoasset$				0.13	0.14	0.10
				(0.103)	(0.104)	(0.106)
t				−0.01	−0.00	−0.00
				(0.023)	(0.023)	(0.023)
$omodel$				0.26*	0.24*	0.24*
				(0.140)	(0.143)	(0.143)
$otype$				−0.13	−0.15	−0.14
				(0.234)	(0.242)	(0.245)
$lnprofit$				0.34**	0.29*	0.12
				(0.157)	(0.163)	(0.184)
age_b					0.10*	0.10
					(0.061)	(0.062)
sex_b					0.16	0.20
					(0.263)	(0.269)
ms_b					0.58	0.49
					(0.400)	(0.401)
sch					0.44	0.37
					(0.353)	(0.351)
$major$					−1.23***	−1.32***
					(0.326)	(0.334)
q					0.13	0.08
					(0.165)	(0.163)

续表

变量	gr					
	(1)	(2)	(3)	(4)	(5)	(6)
$credit$						0.06**
						(0.028)
$loanterm$						−0.57***
						(0.180)
常数项	2.27***	1.47	1.66	−4.06**	−7.44***	−3.67
	(0.388)	(0.982)	(1.089)	(1.943)	(2.435)	(2.832)
年份固定效应	是	是	是	是	是	是
PseudoR^2	0.018	0.020	0.020	0.040	0.088	0.101
Wald 值	12.815**	15.316	16.690	29.691**	70.516***	84.386***
样本量	1466	1466	1466	1466	1466	1466

注:*、**和***分别代表在10%、5%和1%的水平上显著,括号内为回归系数的稳健标准误。

(二)小微银行客户经理"好借"程度对微小客户"好还"程度的影响

表 6-8 报告了小微银行客户经理"好借"程度对微小客户"好还"程度影响的基准回归估计结果。结果显示,依次加入微小客户层面的个体特征、家庭特征、经营特征,客户经理层面的个体特征以及贷款要素特征控制变量后,小微银行客户经理"好借"程度的估计系数逐渐显著为正,验证了 H2。可能的解释是,客户经理"好借"程度反映了其与客户间建立的"准私人"关系深度,一般情况下获得过高质量贷款服务的客户往往与客户经理的关系更为紧密,会怀着感恩的心积极按时还款,即使遇到不可抗力因素也会积极面对并努力偿还。

从控制变量来看,微小客户的经营模式、小微银行客户经理的专业背景、授信金额和授信期限这四个变量均通过了显著性检验,与客户"好还"程度高度相关。较个体工商户而言,微型企业主反而更"不好还",可能是由于微型企业主涉及其他合伙人利益,双方难免在生产经营过程中会出现一些意见冲突,造成生意不稳定进而导致逾期;非金融专业背景的小微银行客户经理发放的微小贷款更易收回,或许是因为他们深知自己非专业出身,需要努力学习提升金融素养,也更明白通过多次交流准确把握客户信息的重要性,进而做出合理的贷款决策;授信金额与微小客户"好还"程度正相关,可能的原因是在一定贷款额度内授信金额较大的客户本身资质较好,先前已与客户经理建立了"准私人"关系;授信期限与微小客户"好还"程度负相关也较符合实际情况,微小客户生产经营的主体生命周期较短,授信期限越长,出现生产经营不善或倒闭的可能性也就越大。

表6-8 小微银行客户经理"好借"程度对微小客户"好还"程度的影响

变量	grd					
	(1)	(2)	(3)	(4)	(5)	(6)
gld	0.34	0.33	0.34	0.43	1.20**	1.39***
	(0.310)	(0.310)	(0.314)	(0.318)	(0.461)	(0.475)
age_c		0.00	0.00	0.00	−0.00	−0.00
		(0.014)	(0.014)	(0.016)	(0.016)	(0.016)
sex_c		0.02	0.01	−0.09	−0.03	−0.04
		(0.250)	(0.247)	(0.254)	(0.257)	(0.258)
ms_c		0.33	0.31	0.34	0.44	0.48
		(0.351)	(0.371)	(0.394)	(0.399)	(0.412)
edu_c		0.14	0.14	0.09	0.16	0.12
		(0.143)	(0.143)	(0.147)	(0.151)	(0.156)
$local$		0.31	0.31	0.35	0.29	0.38
		(0.404)	(0.404)	(0.412)	(0.414)	(0.424)
Rp			−0.07	−0.07	−0.22	−0.38	−0.34
			(0.224)	(0.223)	(0.232)	(0.243)	(0.251)
$hsize$				0.02	0.00	−0.08	−0.11
				(0.095)	(0.095)	(0.102)	(0.103)
$labor$				0.03	0.10	−0.08	−0.07
				(0.601)	(0.591)	(0.604)	(0.609)
lnoasset					0.12	0.14	0.11
					(0.110)	(0.107)	(0.107)
t					0.00	0.01	0.01
					(0.025)	(0.025)	(0.025)
$omodel$					0.26*	0.25*	0.25*
					(0.149)	(0.150)	(0.149)
$otype$					−0.13	−0.16	−0.14
					(0.246)	(0.252)	(0.256)
lnprofit					0.27	0.21	0.06
					(0.164)	(0.167)	(0.192)
age_b						0.09	0.09
						(0.066)	(0.067)
sex_b						0.10	0.15
						(0.270)	(0.276)
ms_b						0.41	0.31
						(0.412)	(0.414)
sch						0.59	0.49
						(0.378)	(0.379)
$major$						−0.98***	−1.10***
						(0.343)	(0.358)
q						0.08	0.03
						(0.176)	(0.174)

续表

变量	grd					
	(1)	(2)	(3)	(4)	(5)	(6)
credit						0.05*
						(0.028)
loanterm						-0.67***
						(0.182)
年份固定效应	是	是	是	是	是	是
PseudoR²	0.010	0.013	0.013	0.025	0.054	0.068
Wald 值	7.641	11.068	11.741	22.944	55.637***	75.703***
样本量	1466	1466	1466	1466	1466	1466

注:*、**和***分别代表在10％、5％和1％的水平上显著,括号内为回归系数的稳健标准误。

三、稳健性检验

为确保估计结果的可信性和有效性,本章从替换变量和更换模型两个角度验证研究结果的准确性。

（一）替换变量

本章对被解释变量和解释变量进行替换以检验模型的稳定性。一方面,分别选取平均逾期天数是否超过一周和按时还款次数占比作为微小客户是否"好还"及其"好还"程度的替代变量;另一方面,通过问卷调查从"贷款额度满足率""是否收到过感谢信或锦旗""客户转介绍占比"三方面构建客户好评率指标作为小微银行客户经理"好借"程度的替代变量。其中,客户好评率为连续变量,故采取 OLS 回归。从表 6-9 可以看出,研究结论具有较好的稳健性。

表6-9　稳健性检验:替换变量

变量	替换被解释变量		替换解释变量	
	gr′	grd′	gr	grd
gld	1.20*	0.03**	—	—
	(0.634)	(0.010)		
gld′	—	—	2.03**	1.82*
			(0.883)	(0.989)
age_c	0.02	0.00	0.01	-0.00
	(0.021)	(0.000)	(0.014)	(0.015)

变量	替换被解释变量		替换解释变量	
	gr'	grd'	gr	grd
sex_c	0.35	−0.00	−0.10	−0.08
	(0.344)	(0.006)	(0.249)	(0.257)
ms_c	0.50	0.01	0.08	0.44
	(0.577)	(0.010)	(0.398)	(0.406)
edu_c	0.24	0.00	0.03	0.10
	(0.227)	(0.002)	(0.159)	(0.167)
$local$	−1.26	0.00	0.14	0.31
	(1.072)	(0.010)	(0.445)	(0.428)
Rp	0.17	−0.01	−0.39	−0.34
	(0.293)	(0.004)	(0.245)	(0.253)
$hsize$	−0.08	−0.00	−0.13	−0.13
	(0.171)	(0.002)	(0.092)	(0.099)
$labor$	0.11	−0.01	−0.69	−0.20
	(0.865)	(0.012)	(0.590)	(0.606)
$lnoasset$	−0.09	0.00	0.11	0.11
	(0.152)	(0.002)	(0.106)	(0.106)
t	−0.01	0.00	−0.02	−0.00
	(0.034)	(0.000)	(0.022)	(0.024)
$omodel$	0.19	0.01*	0.25*	0.25*
	(0.194)	(0.003)	(0.141)	(0.148)
$otype$	−0.30	−0.00	−0.09	−0.09
	(0.388)	(0.005)	(0.244)	(0.258)
$\ln profit$	0.23	0.00	0.11	0.06
	(0.259)	(0.003)	(0.176)	(0.183)
age_b	0.18**	0.00*	0.04	0.04
	(0.086)	(0.001)	(0.056)	(0.062)
sex_b	0.09	0.00	0.53**	0.45*
	(0.359)	(0.005)	(0.261)	(0.271)
ms_b	−1.59	−0.01***	0.78**	0.59**
	(1.139)	(0.004)	(0.395)	(0.407)
sch	−0.27	0.01**	−0.17	0.02
	(0.438)	(0.007)	(0.289)	(0.311)
$major$	−1.10**	−0.02**	−1.42**	−1.18***
	(0.457)	(0.008)	(0.334)	(0.352)
q	−0.17	0.00	0.24	0.18
	(0.243)	(0.003)	(0.157)	(0.171)
$credit$	0.08*	0.00*	0.05*	0.04
	(0.049)	(0.000)	(0.028)	(0.028)
$loanterm$	−0.47*	−0.01***	−0.47**	−0.59***
	(0.276)	(0.004)	(0.171)	(0.175)

变量	替换被解释变量		替换解释变量	
	gr'	grd'	gr	grd
常数项	-2.76 (3.679)	0.875*** (0.043)	-2.76 (2.754)	-2.76
年份固定效应	是	是	是	是
R^2	—	0.038	—	—
Pseudo R^2	0.141	—	0.087	0.060
Wald 值	63.662***	—	83.546***	75.407***
样本量	1466	1466	1466	1466

注:*、**和***分别代表在10%、5%和1%的水平上显著,括号内为回归系数的稳健标准误。

(二)更换模型

Probit 模型作为一种广义的线性模型,也是离散选择模型的常用模型,与 Logit 模型几乎没有本质区别,通常可以互换使用。基于此,本章采用 Probit、有序多分类 Probit 模型对微小客户是否"好还"及其"好还"程度与小微银行客户经理"好借"程度之间的关系进行检验。从表 6-10 可以看出,Probit、有序多分类 Probit 模型得出的结论与 Logit、有序多分类 Logit 模型得出的结果基本一致,研究结论是稳健的。

表6-10　稳健性检验:更换模型

变量	gr	grd
gld	0.72***(0.208)	0.58***(0.209)
age_c	0.00(0.007)	-0.00(0.007)
sex_c	-0.03(0.121)	-0.02(0.120)
ms_c	0.09(0.193)	0.29(0.194)
edu_c	0.04(0.070)	0.07(0.071)
$local$	0.12(0.216)	0.15(0.199)
Rp	-0.19(0.119)	-0.19*(0.114)
$hsize$	-0.06(0.047)	-0.07(0.048)
$labor$	-0.26(0.287)	-0.09(0.280)

续表

变量	gr	grd
ln$oasset$	0.05(0.050)	0.06(0.049)
t	−0.00(0.011)	0.01(0.011)
$omodel$	0.13*(0.071)	0.13*(0.070)
$otype$	0.06(0.086)	0.02(0.086)
ln$profit$	−0.07(0.117)	−0.06(0.118)
age_b	0.05(0.029)	0.04(0.031)
sex_b	0.11(0.128)	0.09(0.126)
ms_b	0.22(0.188)	0.13(0.185)
sch	0.15(0.165)	0.20(0.162)
$major$	−0.71***(0.161)	−0.53***(0.161)
q	0.03(0.078)	0.01(0.079)
$credit$	0.03**(0.013)	0.02(0.013)
$loanterm$	−0.30***(0.090)	−0.34***(0.086)
常数项	−1.53(1.346)	—
年份固定效应	是	是
PseudoR^2	0.103	0.070
Wald 值	83.318***	74.337***
样本量	1466	1466

注:*、**和***分别代表在10%、5%和1%的水平上显著,括号内为回归系数的稳健标准误。

(三)剔除特定样本

考虑到微小客户是否"好还"及其"好还"程度会受到其人品、经营资产和经营收益的影响,即人品优秀、经营资产良好或经营收益高的客户往往本身资质较好因而具备好还的素养;同时鉴于贷款技术水平高的小微银行客户经理更能准确把握客户的各类信息,进而做出的贷款决策更合理,也会导致客户在贷款到期时相对"好还"。为了排除上述影响因素对研究结果存在的可能干扰,在表6-11、表6-12 中,对剔除人品优秀、经营资产良好、经营收益高的微小客户以及贷款技术水平高的客户经理后的样本分别重新回归,结果显示,小微银行客户经理"好借"程度的估计系数仍均显著为正,表明研究结论是稳健的。

表6-11　稳健性检验:删除特定样本 I

变量	gr			
	(1)	(2)	(3)	(4)
gld	1.57**(0.690)	1.72***(0.659)	2.22***(0.600)	1.79***(0.587)
age_c	−0.02(0.022)	−0.00(0.020)	0.03(0.018)	0.01(0.017)
sex_c	0.02(0.378)	0.08(0.331)	−0.11(0.314)	−0.18(0.289)
ms_c	0.38(0.679)	0.28(0.566)	0.22(0.517)	0.39(0.482)
edu_c	0.15(0.240)	−0.14(0.244)	−0.01(0.209)	−0.07(0.183)
$local$	−1.30(1.158)	0.06(0.620)	0.25(0.640)	−0.46(0.628)
Rp	−0.23(0.145)	−0.46(0.325)	0.03(0.315)	−0.46(0.292)
$hsize$	0.13(0.172)	−0.17(0.144)	−0.14(0.128)	−0.21*(0.120)
$labor$	1.11(1.113)	−0.94(0.842)	−0.84(0.830)	−0.37(0.718)
$lnoasset$	−0.02(0.178)	0.25*(0.140)	0.16(0.129)	0.11(0.125)
t	0.02(0.034)	0.04(0.041)	−0.02(0.030)	−0.01(0.027)
$omodel$	0.23(0.242)	0.10(0.200)	0.25(0.203)	0.36**(0.163)
$otype$	−0.58(0.372)	−0.17(0.352)	−0.02(0.307)	0.03(0.226)
$lnprofit$	0.59*(0.304)	−0.08(0.228)	0.01(0.371)	−0.26(0.315)
age_b	0.11(0.100)	0.06(0.111)	0.15(0.092)	0.11(0.096)
sex_b	0.04(0.406)	0.06(0.388)	−0.30(0.386)	0.40(0.497)
ms_b	0.48(0.599)	0.67(0.503)	0.14(0.554)	0.66(0.733)
sch	0.30(0.471)	0.54(0.513)	0.89*(0.477)	0.40(0.473)
$major$	−1.06**(0.501)	−1.49***(0.523)	−0.81*(0.444)	−1.52***(0.474)
q	−0.06(0.290)	0.17(0.246)	0.17(0.248)	0.09(0.476)
$credit$	0.05(0.044)	0.06(0.057)	0.08(0.058)	0.07**(0.032)
$loanterm$	−0.34(0.294)	−0.77***(0.254)	−0.64***(0.245)	−0.63***(0.200)
常数项	−7.91*(4.445)	−0.49(4.597)	−5.12(4.886)	−2.44(4.255)
年份固定效应	是	是	是	是
PseudoR²	0.155	0.116	0.120	0.109
Wald 值	57.623***	56.773***	46.730***	69.266***
样本量	654	732	738	919

注:*、**和***分别代表在10%、5%和1%的水平上显著,括号内为回归系数的稳健标准误。

表6-12　稳健性检验:删除特定样本 II

变量	grd			
	(1)	(2)	(3)	(4)
gld	1.66**(0.800)	1.31*(0.747)	2.03***(0.669)	1.63***(0.628)
age_c	−0.03(0.026)	−0.01(0.022)	0.01(0.020)	−0.01(0.018)
sex_c	0.15(0.406)	0.14(0.346)	−0.10(0.333)	−0.11(0.300)
ms_c	0.87(0.692)	0.56(0.581)	0.64(0.549)	0.88*(0.503)
edu_c	0.31(0.250)	−0.12(0.244)	0.13(0.217)	−0.00(0.192)
$local$	−1.11(1.133)	0.24(0.569)	0.46(0.626)	−0.26(0.604)
Rp	−0.21(0.141)	−0.56(0.343)	0.06(0.325)	−0.38(0.303)
$hsize$	0.13(0.180)	−0.14(0.156)	−0.14(0.136)	−0.21(0.136)
$labor$	2.26*(1.188)	−0.41(0.820)	0.02(0.886)	0.27(0.744)
$lnoasset$	−0.06(0.196)	0.17(0.149)	0.15(0.137)	0.12(0.130)
t	0.05(0.040)	0.05(0.046)	0.00(0.034)	0.00(0.030)
$omodel$	0.26(0.274)	0.06(0.198)	0.18(0.212)	0.39*(0.171)
$otype$	−0.04(0.374)	−0.09(0.369)	0.03(0.319)	−0.29(0.342)
$lnprofit$	0.60*(0.338)	−0.08(0.234)	0.08(0.390)	−0.07(0.238)
age_b	0.09(0.115)	0.06(0.118)	0.13(0.102)	0.09(0.103)
sex_b	−0.03(0.449)	−0.07(0.414)	−0.37(0.422)	0.22(0.543)
ms_b	0.23(0.617)	0.53(0.521)	−0.18(0.617)	0.39(0.805)
sch	0.58(0.555)	0.77(0.595)	1.19**(0.551)	0.44(0.495)
$major$	−0.74(0.592)	−1.15**(0.543)	−0.55(0.499)	−1.29**(0.514)
q	−0.13(0.336)	0.19(0.281)	0.10(0.279)	0.21(0.509)
$credit$	0.03(0.043)	0.07(0.062)	0.06(0.057)	0.06*(0.032)
$loanterm$	−0.49*(0.293)	−0.77***(0.262)	−0.73***(0.248)	−0.77***(0.207)
年份固定效应	是	是	是	是
Pseudo R^2	0.133	0.079	0.081	0.075
Wald 值	50.927***	50.934***	40.635**	62.640***
样本量	654	732	738	919

注:*、**和***分别代表在10%、5%和1%的水平上显著,括号内为回归系数的稳健标准误。

四、内生性检验

(一)样本选择偏误

如果仅考察获得贷款的微小客户是否"好还"及其"好还"程度,那么研究样本将会存在选择偏误。为解决上述问题,考虑到本章的被解释变量微小客户是否"好还"及其"好还"程度分别为二元变量、有序多分类变量,而传统的Heckman两阶段模型的第二阶段为 OLS 估计,因此对其做了修正并在第二阶段分别采用 Logit、Ologit 模型进行估计。第一阶段选择方程为是否获得贷款,第二阶段选择方程分别为微小客户是否"好还"及其"好还"程度。表 6-13 结果显示,逆米尔斯比率(imr)不显著,表明对未获得贷款样本的忽视不会造成选择偏误问题;核心解释变量小微银行客户经理"好借"程度的估计系数显著为正,也表明研究结论是稳健的。

表6-13　内生性处理:样本选择纠正模型

变量	第一阶段	第二阶段	
	是否获得贷款	是否"好还"(gr)	"好还"程度(grd)
gld	0.57***(0.126)	1.72***(0.552)	1.72***(0.600)
age_c	0.00(0.005)	0.01(0.014)	−0.00(0.016)
sex_c	−0.09(0.086)	−0.09(0.252)	−0.08(0.259)
ms_c	−0.26**(0.131)	0.07(0.418)	0.36(0.427)
edu_c	−0.09**(0.045)	0.04(0.151)	0.08(0.159)
$local$	−0.01(0.137)	0.22(0.448)	0.37(0.426)
Rp	−0.48***(0.078)	−0.52(0.331)	−0.58(0.350)
$hsize$	−0.10***(0.034)	−0.15(0.108)	−0.17(0.117)
$labor$	−0.14(0.207)	0.57(0.593)	−0.14(0.605)
$lnoasset$	−0.12***(0.031)	0.07(0.126)	0.05(0.127)
t	0.00(0.008)	−0.00(0.023)	0.01(0.025)
$omodel$	0.26***(0.083)	0.22(0.147)	0.22(0.152)
$otype$	−0.05(0.053)	−0.06(0.286)	0.01(0.300)
$lnprofit$	0.44***(0.042)	0.22(0.293)	0.26(0.311)
age_b	−0.10(0.020)	0.07(0.086)	0.03(0.092)

续表

变量	第一阶段	第二阶段	
	是否获得贷款	是否"好还"(gr)	"好还"程度(grd)
sex_b	0.01(0.084)	0.23(0.272)	0.21(0.281)
ms_b	−0.63***(0.220)	0.39(0.481)	0.12(0.490)
edu_b	−0.95*(0.573)	—	—
sch	0.06(0.100)	0.40(0.353)	0.56(0.381)
$major$	−0.66***(0.115)	−1.51***(0.531)	−1.46**(0.570)
q	−0.10**(0.051)	0.04(0.177)	−0.04(0.183)
$credit$	—	0.06**(0.028)	0.05*(0.028)
$loanterm$	—	−0.57***(0.180)	−0.66***(0.182)
imr	—	0.64(1.241)	1.24(1.327)
常数项	7.784***(2.943)	−3.51(2.848)	—
年份固定效应	是	是	是
PseudoR^2	0.246	0.101	0.069
Wald 值	366.170***	84.690***	76.476***
样本量	1750	1466	1466

注:*、**和***分别代表在10%、5%和1%的水平上显著,括号内为回归系数的稳健标准误。

(二)工具变量(CMP 方法)

考虑到小微银行客户经理"好借"程度与微小客户是否"好还"及其"好还"程度存在潜在的双向因果关系,加上遗漏变量与测量误差等可能造成的上述估计结果有偏,本章选择小微银行高层、政策等制度对客户经理的激励程度(incentive)作为客户经理"好借"程度的工具变量。一方面,激励程度与客户经理发放贷款的行为密切相关,激励措施越具体、完善,越利于提升客户经理的好借程度,满足工具变量的相关性条件;另一方面,微小客户的还款行为主要受自身盈利能力、还款意愿等因素影响,激励程度唯有通过内生变量小微银行客户经理"好借"程度来影响被解释变量小微客户是否"好还"及其"好还"程度,与微小客户的还款行为并无直接关系,也满足工具变量的外生性条件。①

---

①鉴于首贷户考核指标,本书研究的微小贷款,其激励制度更侧重于在一定风险容忍度内首贷客户的发掘及其成功发放的贷款笔数,而非通常所指的贷后风险、还款率等。

鉴于本章研究的小微银行客户经理"好借"程度与微小客户是否"好还"及其"好还"程度均为离散变量,基于连续变量的两阶段回归等标准工具变量法不再适用,借鉴祝仲坤(2017)的研究,尝试利用目前学界较为认可与广泛应用的由鲁德曼(Roodman)于 2011 年提出的条件混合过程(conditional mixed process,CMP)方法对模型进行重新估计,表 6-14 汇报了基于 CMP 方法的两阶段回归结果。从第一阶段的回归结果来看,激励程度对小微银行客户经理"好借"程度有着显著的正向影响,表明工具变量与内生变量存在相关性,满足工具变量相关性条件;内生性参数 $atanhrho\_12$ 分别在 5%、1%水平下显著,同样也说明小微银行客户经理"好借"程度为内生解释变量。从第二阶段的回归结果来看,在克服内生性问题后,微小客户"好还"的概率及其"好还"程度仍与小微银行客户经理"好借"程度显著正相关,进一步说明研究结论是可靠的。

表6-14　内生性处理:工具变量(CMP 方法)

变量	gr		grd	
	第一阶段	第二阶段	第一阶段	第二阶段
$incentive$	0.10***(0.013)	—	0.10***(0.013)	—
gld	—	2.65***(0.657)	—	2.68***(0.585)
age_c	0.00(0.001)	−0.00(0.006)	0.00(0.001)	−0.00(0.006)
sex_c	0.00(0.016)	−0.02(0.111)	0.00(0.016)	0.00(0.109)
ms_c	−0.02(0.024)	0.12(0.172)	−0.02(0.024)	0.28*(0.166)
edu_c	0.00(0.008)	0.03(0.060)	0.00(0.008)	0.06(0.600)
$local$	−0.04(0.028)	0.18(0.195)	−0.04(0.028)	0.21(0.188)
Rp	−0.01(0.015)	−0.13(0.114)	−0.01(0.015)	−0.13(0.112)
$hsize$	−0.00(0.006)	−0.03(0.049)	−0.00(0.006)	0.05(0.048)
$labor$	−0.10***(0.038)	0.03(0.297)	−0.10***(0.038)	0.18(0.279)
$lnoasset$	−0.00(0.006)	0.04(0.044)	−0.00(0.006)	0.05(0.044)
t	−0.00***(0.001)	0.01(0.011)	−0.00***(0.001)	0.02(0.010)
$omodel$	0.02**(0.009)	0.08(0.075)	0.02**(0.009)	0.06(0.740)
$otype$	−0.01(0.015)	−0.06(0.111)	−0.01(0.015)	−0.04(0.109)
$lnprofit$	0.01(0.011)	0.04(0.083)	0.01(0.011)	−0.00(0.080)
age_b	−0.02***(0.004)	0.12***(0.035)	−0.02***(0.004)	0.11***(0.032)

续表

变量	gr		grd	
	第一阶段	第二阶段	第一阶段	第二阶段
sex_b	0.11***(0.016)	−0.14(0.153)	0.11***(0.016)	−0.29*(0.162)
ms_b	0.09***(0.024)	0.04(0.196)	0.09***(0.024)	0.01(0.174)
sch	−0.21***(0.018)	0.59***(0.200)	−0.21***(0.018)	0.67***(0.183)
$major$	0.06**(0.024)	−0.60***(0.174)	0.06**(0.024)	−0.40**(0.172)
q	0.06***(0.010)	−0.09(0.086)	0.06***(0.010)	−0.30(0.230)
$credit$	−0.00**(0.001)	0.03**(0.012)	−0.00**(0.001)	0.02**(0.012)
$loanterm$	0.03***(0.012)	−0.36***(0.087)	0.03***(0.012)	−0.38***(0.087)
$atanhrho\_12$	−0.61**(0.271)	—	−0.68***(0.254)	—
常数项	1.11***(0.184)	—	1.10***(0.183)	—
年份固定效应	是	是	是	是
Wald 值	1070.668***	1063.208***		
样本量	1466	1466		

注：*、**和***分别代表在10%、5%和1%的水平上显著，括号内为回归系数的稳健标准误。

第六节　本章小结

本章借鉴演化博弈论，通过引入小微银行是否"好借"、微小客户是否"好还"的选择策略构建小微银行与微小客户良性互动的理论模型，论证了"好借好还"是两者实现良性互动可持续发展的一条可行路径。基于浙江大学 AFR 微贷项目合作单位经营环境相对稳定的三家欠发达县域小微银行 2016 年至 2020 年微小贷款调查报告、客户及客户经理调查问卷以及贷后跟踪回访数据，对贷款业务过程中微小客户"好还"与小微银行客户经理"好借"之间的关系进行实证研究，发现微小客户是否"好还"及其"好还"程度与客户经理"好借"程度显著正相关。因此，在适当的制度安排下，小微银行与微小客户可以实现良性互动，小微银行客户经理好借是践行"好借好还"的首要条件，"好借好还"利于小微银行与微小客户形成良性互动发展。

上述研究结论提示相关部门，促进"好借好还"良性互动可持续发展需要做好以下工作。第一,通过持续有效的联动培训和社区活动强化"知识普惠"。如:开展金融、生产等方面的常识培训的同时,推进行业培训并促进不同行业间的交流,激活客户"生活圈""生意圈"潜能,提升良性互动的活力。第二,通过贷款产品服务创新强化"业务普惠"。如根据客户生意状况及现金流特点制订灵活的还款计划,帮助微小客户养成按时还款的习惯,丰富其交易信息。第三,通过完善激励考核制度增强良性互动的动力。一方面,落实客户经理业绩、服务质量等考核,提升其"好借"程度、助推客户"好还";另一方面,拓展积分类产品服务,并将积分作为后期贷款业务的评判依据,鼓励客户在银行多做存款、流水、理财等业务,增强良性互动的动力,促进"好借好还"的良性互动可持续发展。

第七章　良性互动个案研究：AFR 微贷项目本土化与优化发展

　　案例研究是一种与众不同的实证研究方法。人们之所以会采用案例研究法，是因为它能够帮助人们全面了解复杂的社会现象，使研究者原汁原味地保留现实生活有意义的特征。特别是在被研究对象数据较少时，通过案例研究可以对比事件发生前后的变化，进而对理论研究的基本假设及其所演绎推理出的结论进行佐证并总结提炼出经验。因此，在本书因样本数据的局限性难以对小微银行与微小客户良性互动成效进行全面实证研究的情况下，有必要通过现实中相对应的典型事例对相关结论进行验证，以更生动细致地展现小微银行与微小客户良性互动机制的运行与成效。

　　案例1旨在证明：客户经理断层、信贷结构严重失衡的欠发达县域泗水农商银行可持续发展的关键在于，在项目固化、优化的过程中，打造一支具有独立复制能力的内训师团队，7年时间持续开展8期强化新生代员工内训，极大地提升了客户经理的金融服务能力，有效地化解了客户经理断层问题，同时为微小客户尤其是其中的"四没有"类原生态客户提供适宜的信贷服务，架构小微银行与微小客户良性互动初始关系并着力加以维护，进而在"好借好还"良性互动中产生原生态（年轻）客户经理与原生态客户互动成长等效应。案例2旨在证明：在欠发达地区，信贷资产质量提升压力较大的新型农村金融机构瑞信村镇银行的当务之急是强化信贷服务规范以做实、做优贷款增量业务，打造一支勇于创新、善于学习的内训师团队，在做好年轻员工内训的同时，带动主要部（室）、分支行负责人及资深客户经理内训，以提高管理信贷资产质量的能力，深度挖掘"四没有"类原生态客户并着力培育忠诚客户，带动其"生活圈""生意圈"业务的发展，进而在"好借好还"良性互动中产生邻里示范、高息网贷与民间借贷挤出等效应。案例3是AFR微贷项目首个合作单位江山农商银行自1999年开始并持续创新升级的"惠农快车"建设，旨在厘清农商银行持续做实"线下、线上"

双向赋能的机制与要件,以期为拓展农商银行服务微小客户的广度、深度,强化服务黏性提供一个真实的案例支持;同时通过该案例剖析还将着力证明:当前及未来一段时期,在普惠金融高质量发展和金融强国建设中,发达地区先进行社同样需要立足自身资源禀赋,率先持续强化年轻员工的"微弱情怀"与"知农知小"服务能力,在夯实线下服务的基础上积极拥抱金融科技,做实"线下、线上"双向赋能,以推进微小贷款的"线下""线下线上融合""线上"协同互动发展,以实现小微银行与微小客户良性互动基础上的县域农村数字普惠金融高质量发展。

第一节　案例 1:泗水农商银行 AFR 微贷项目本土化与优化发展

泗水农商银行所在的山东省济宁市泗水县紧邻沂蒙山革命老区,是个典型的农业经济主导的欠发达地区。AFR 微贷项目启动前的 2015 年底,全县常住人口 54.72 万,农业人口占比近 60%,地区生产总值 162 亿元,地方财政收入 8.87 亿元,城乡居民人均可支配收入分别为 19368 元、9495 元,全县金融机构存款余额 139.09 亿元,贷款余额 83.36 亿元。近年来,泗水县所有居民、城镇居民和农村居民的人均可支配收入三项指标均低于全国同期水平(见图 7-1)。

自 2016 年 5 月 21 日泗水农商银行 AFR 微贷项目启动以来,经历了两年合同合作期和五年多的跟踪服务。得益于泗水农商银行中高层的持续支持和全体员工尤其是 1—8 期微贷培训生的坚守,在微贷理念与微贷技术固化与优化、微贷技术自主复制及"微贷、普贷"融合发展中取得了一定的成效,促进了客户经理队伍结构、信贷结构优化调整,综合竞争实力得以明显提升,在全省 110 家农商银行统一考核排名中,由 2015 年的第 106 名上升到 2023 年的第 11 名。值得一提的是,2023 年该行存款、贷款余额逐月稳步递增,成为山东省进步最大、稳健可持续发展表现突出的小微银行,2019 年获"劳模与工匠人才创新工作室"荣誉称号,系全省金融系统中唯一以员工内训与微小客户服务为主要业绩获此殊荣的银行类金融机构,即以 AFR 微贷项目为依托、微贷中心主导的全行年轻员工内训与服务微小客户尤其是其中的"四没有"类原生态客户。

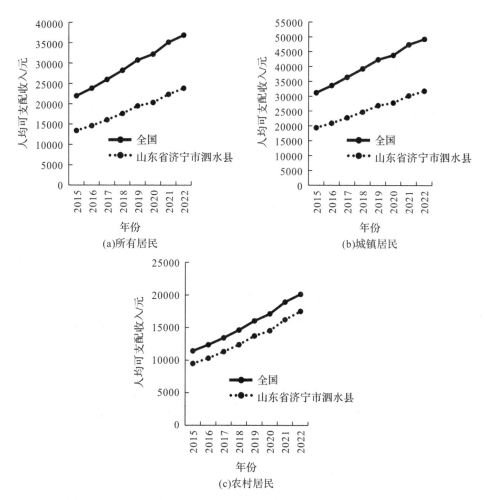

图 7-1　2015—2022 年全国及山东省济宁市泗水县居民人均可支配收入

资料来源:国家统计局官网 http://www.stats.gov.cn/,山东省济宁市泗水县统计年鉴。

在 2016 年 12 月底微贷中心成立后的四年时间内[①],业务涉及超市百货、农资购销、居民服务、运输物流等多个行业;"1+4"团队从零存量贷款业务开始,累计拓展符合 AFR 微贷项目功能定位要求的有效个人客户 1830 户(其中,原生态客户占比近 70%)、累放贷款 30919 万元(其中,纯信用贷款户数占比 44%,金额占比 26%,道义担保或亲情担保的准信用贷款户数占比 50%,金额

———————————

①2021 年以后进入"微贷、普贷"融合发展阶段,"1+4"架构的微贷中心升级为光明路支行,继续承担做实 AFR 微贷项目"三大功能"的责任,信贷业务全面放开。

占比 46%），户均贷款 16.9 万元；贷款余额 14675 万元，不良率为零，微贷中心四年来的优良表现顺利地促进了全行员工对 AFR 微贷项目的态度从完全怀疑、半信半疑到深信不疑的转变。2021 年以后进入"微贷、普贷"融合发展阶段，"1+4"架构的微贷中心升级为光明路支行，继续承担做实 AFR 微贷项目"三大功能"的责任，信贷业务全面放开，2016—2020 年内训优秀的培训生相继充实到乡镇分支行，发挥着良好的示范带动效应。内训优秀的客户经理良好表现、不断发展的微贷业务、信贷结构的优化调整及在持续做实 AFR 微贷项目"三大功能"定位的影响下，有力地推动了全行信贷业务及其结构的优化发展，贷款余额从 2015 年底的 23.64 亿元（其中实体贷款 19 亿元）提高到 2023 年底的 65.32 亿元（其中实体贷款 52.91 亿元），同期不良率从 2.61% 下降到 1.17%，信用贷款户数占比从零上升至 27.05%，金额占比从零提升至 10.41%（见图 7-2 和图 7-3），其中新增的信用贷款不良率仅为 0.44%，远低于其他类型贷款不良率，较 AFR 微贷项目启动之初，贷款结构与质量、综合实力均得以显著提升。泗水农商银行 AFR 微贷项目本土化与优化发展对我国欠发达县域农商银行强化员工内训、优化信贷结构、回归业务本源等具有积极的借鉴意义。

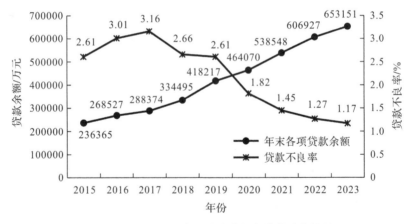

图 7-2　2015—2023 年泗水农商银行贷款总体情况

资料来源：山东省济宁市泗水农商银行年度报告。

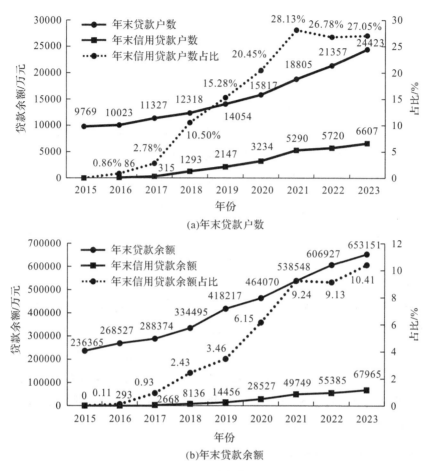

(a)年末贷款户数

(b)年末贷款余额

图 7-3　2015—2023 年泗水农商银行信用贷款情况

资料来源:山东省济宁市泗水农商银行年度报告。

一、泗水农商银行 AFR 微贷项目启动背景

2016 年泗水农商银行 AFR 微贷项目启动之初,该行在信贷业务结构与市场定位、产品创新、员工队伍建设等诸多方面面临着严峻的挑战。

(一)客户经理队伍结构严重失衡,"支农支小"素养亟待提升

面对新生代自主创业的微小客户融资需求,泗水农商银行客户经理培训和选拔机制亟待改进,客户经理队伍结构亟待优化。2015 年,该行共有客户经理59 人(其中女性 4 人),其中有营销权的客户经理仅 11 人,占比 16%;70%以上

的客户经理因较高的不良贷款率受到扣发绩效工资、纪律处分等处理,客户经理情绪低落,发放贷款唯抵押担保,惜贷、惧贷、恐贷心态较为普遍,绝大多数新生代员工学习成长经历较为简单,"支农不知农、支小不知小"现象较为突出,服务微小客户的情怀与技术严重缺失或不足,惧怕上任客户经理岗位、不愿从事客户经理甚至想办法离开客户经理岗位的现象普遍存在。扭转客户经理"惜贷、惧贷、恐贷"及员工惧怕客户经理岗位的局面,针对近些年新转岗或即将转岗从事信贷客户经理岗位的员工进行系统内训、提升业务素养和能力以适应微小客户的融资需求,已成为一个不可回避的难题。

(二)新生代农民与居民信贷需求强劲,亟待开发特色产品与服务

随着"新三农"的深入发展和城乡统筹的深度推进,离地、失土的新生代农民不断增加,新生代农民、新生代居民、街边的小摊贩、家庭小作坊都有着强烈的自主创业热情,但银行现有的信贷产品难以覆盖这类微小客户。他们因起步低、微创利难以获得正规金融机构的金融支持,早已习惯性地被银行传统的金融信贷服务边缘化或遗忘。一边是各家金融机构竭力抢夺优质客户资源,是一片"红海";另一边是有着迫切资金需求却难以获得金融信贷支持的微小客户,是一片"蓝海"。亟待网点遍及每一个乡镇、员工遍及每一个乡村、服务能到达每一家农户的泗水农商银行开发特色的金融产品和运用灵活、合适的信贷技术服务这些微小客户,将金融服务触角延伸到这一广阔客户领域。

(三)市场竞争日趋激烈,信贷结构亟待优化调整

2013 年以来,众多金融机构纷纷进驻泗水县,银行特色产品、个性化服务及科技能力正面比拼日趋激烈。每个新设银行网点或贷款机构的进驻都会引致泗水农商银行的一些客户"被分流",在金融同业的竞争下,大中型企业、相对优质客户的议价能力不断增强,传统的息差收入空间不断缩小,泗水农商银行信贷业务结构亟待优化。2015 年底,各项贷款余额 23.64 亿元,纯信用贷款 0 元;营业收入中贷款利息收入占比过低,资金收入占比高达 36.36%(2016 年资金收入占比更是高达 51.7%);表外不良占比高达 14.25%,表内 2.61%不良虽属正常范围但结构性问题突出,绝大多数为个人类不良贷款,户均 11.39 万元,其中 20 万元及以下不良占比高达 83.81%,贷前、贷中、贷后问题较多且清收空间广阔。作为县域普惠金融主力军的泗水农商银行,迫切需要调整信贷结构,巩固既有阵地,积极寻求新的发展空间和开辟新的利润增长点。

二、本土化内训与客户经理断层问题化解、微小客户成长

自 2016 年 5 月泗水农商银行 AFR 微贷项目启动至 2023 年底,经过两年合同合作期和五年多的跟踪服务,位于欠发达县域的泗水农商银行在提升小微银行年轻员工服务微小客户素养、化解微小客户贷款难、优化小微银行信贷结构等方面进行了有益的尝试,并取得了良好的社会经济效益。

（一）坚守先固化再优化原则,形成较稳定的"1+1+1+N"内训模式

"1+1+1+N"内训模式,即"'劳模与工匠人才创新工作室'指导+微贷团队主导与实施+内训师具体带教"的师徒式传帮带的标准化内训模式。[①] 该模式形成于 2016—2018 年浙江大学 AFR 微贷项目组开展的微贷项目一期固化培训、二期自主复制培训与业务小规模运营、三期独立培训与"微贷、普贷"融合发展基础之上,发展完善于 2019—2023 年相继启动的四期、五期、六期、七期、八期培训与创建"劳模与工匠工作室"的过程中(其中,第七期、第八期培训由升级的初心学院完成)。"1+1+1+N"中的第一个"1"为"劳模与工匠人才创新工作室",第二个"1"为浙江大学 AFR 微贷项目组与泗水农商银行共同打造的微贷团队,第三个"1"为由经过严格选拔的优秀微贷客户经理兼职的内训师,"N"为微贷培训生。整个培训期间不脱岗兼职,内训师、培训生全是在工作之余完成为期 9 个月左右的理论与实践培训,经过第四期至第六期的试验与完善,基本形成了具有内生动力的员工本土化兼职培训体系,磨炼打造了一支"能战能师"的具有较高敬业精神、专业水平与工匠精神的内训师队伍,为年轻员工实现角色转变打下坚实基础。

（二）坚持有效内训,客户经理断层问题得以化解、服务微小客户素养
　　得以提升

自 2016 年 5 月 21 日泗水农商银行启动 AFR 微贷项目至 2023 年末,七年多时间内,该项目累计开展八期并完成一至七期为期九个月左右的理论与实践兼职内训工作(初心学院独立开展的第二期暨 AFR 微贷项目第八期培训于

---

①该标准化内训模式主要体现在:根据《后备客户经理管理办法》,按统一标准从严管理客户经理准入与退出;根据《内训师管理办法》《微贷培训生选拔、培训、考核管理办法》等制度,按统一标准从严管理内训师队伍建设与员工内训工作。相关内容详见严谷军等,AFR 微贷项目运行与案例[M].杭州:浙江大学出版社,2021。

2023 年 9 月 14 日开班,21 名培训生已于 2024 年 6 月份结业)。理论培训期间系统地进行了"常态化的扫街营销获客,规范的微弱客户贷前、贷中、贷后服务"等互动式学习,并结合行业经典案例进行专题互动式研讨;实践培训期间跟踪内训师全流程反复实战演练"扫街获客""眼见为实""交叉检验""自编报表"等客户沟通技巧和信息获取、识别与处理技术,员工队伍业务素养得以根本提升。7 年时间的 AFR 微贷项目本土化与持续优化的运行,全行 238 名青年员工报名参加了微贷兼职培训,累计 227 名青年员工全程参加培训并达到结业要求(见表 7-1),其中 70 人由柜员转为客户经理,15 人由柜员、大堂经理等岗位转为信贷内勤岗,26 人由柜员、客户经理转岗至科室骨干科员,10 人被提拔为中层副职管理岗,8 人被提拔为中层正职管理岗;AFR 微贷项目运行以来培训生中有100 多人次先后荣获县级、行级先进个人和业务标兵等荣誉称号,10 人获得市级先进工作者荣誉称号,极大地提升了年轻员工信贷等金融服务能力和从事信贷工作的积极性,从根本上扭转了不愿从事客户经理岗位的局面和客户经理断层的现象。通过持续的内训,员工、客户经理队伍结构也得以明显优化,其中女性客户经理人数占比由 7% 增至 8%,较内训前有了一定的改善;30(含)—40 岁的客户经理占比也由内训前的 20% 增至 51%,年均增幅达 4.4%,40(含)—50岁、50 岁以上的客户经理占比由内训前的 32%、12% 分别降至 7% 和 3%(见图7-4),有效化解了客户经理断层问题,优化了客户经理队伍结构并积累了丰富的内训经验和本土化内训素材。①

表7-1　泗水银行 AFR 微贷项目各期培训生情况

期次	参训人数	中层人数	离职或退出	全程参训	取得从业证书	晋升中层
一期	9	1	1	8	8	8
二期	28	4	0	28	28	5
三期	32	2	0	32	30	1
四期	35	1	3	32	29	1
五期	40			38	36	待聘
六期	40	0	5	35	33	3

①仅以该行独立内训第四期为例,为期近九个月的兼职内训,32 名培训生在坚守本职工作岗位的同时,扫街获取有效客户信息 2421 户,成功营销客户 53 户,参加实地调查 112 次,完成实地调查报告 52篇、经典案例 52 篇,累计完成周记、周例会纪要、学习阶段性小结等文字性作业 1174 份(近 218 万字)。

续表

期次	参训人数	中层人数	离职或退出	全程参训	取得从业证书	晋升中层
七期	33	0	4	33	33	0
八期	21	0	0	21	21	0
合计	238	9	15	227	218	18

资料来源:浙江大学 AFR 微贷项目组、泗水农商银行人力资源部。

注:数据截至 2023 年底。

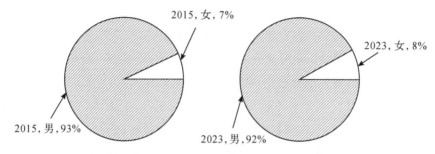

(a)培训前后客户经理性别结构

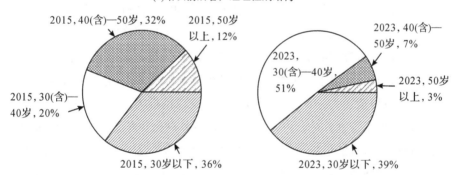

(b)培训前后客户经理年龄结构

图 7-4 2015 年与 2023 年泗水农商银行客户经理结构

资料来源:山东省济宁市泗水农商银行年度报告。

(三)做实原生态客户的规范化服务,促进微小客户的成长并积累
客户资源

在各期内训中,坚守并践行浙江大学 AFR 微贷项目"年轻(原生态)客户经理培训基地""原生态客户发掘与孵化基地""'支农支小'金融产品服务创新试验基地"三大功能定位的"1+4"架构下的小微金融事业部(后改为泗水农商银行光明路支行,即微贷专业支行),坚持主动营销,通过反复扫街、扫村、扫户宣传微贷吸引客户;针对寻求生产经营性贷款的微小客户,坚持"都能贷"前提下

的"贷多贷少、怎么贷"的创新型信贷服务理念,深度挖掘客户;坚持除贷款利息外不收取客户任何手续费,并以"六不准"铁纪律保证客户经理在办理贷款过程中的廉洁与高效;坚持可持续发展利率与整贷零还的还款模式。小微金融事业部成立四年中业务涉及超市百货、农资购销、居民服务、运输物流等多个行业,从零存量贷款业务开始,累计拓展符合 AFR 微贷项目功能定位要求的有效个人客户 1830 户(原生态客户占比近 70%)、累放贷款 30919 万元(其中纯信用贷款户数占比 44%、金额占比 26%)、户均贷款 16.9 万元;贷款余额 14675 万元,不良率为零。微贷客户经理除践行 AFR 微贷项目"三大功能"外,人均创利达50 余万元,有效带动了全行业务的发展。值得强调的还有,原生态客户中的绝大多数再贷款时首先都会想到、选择泗水农商银行,并认定在泗水农商银行办理存款、扫码支付、银行卡等业务,有的还主动在其"生活圈""生意圈"积极宣传,产生了良好的示范带动效应,为银行积累客户资源的同时,促进了微小客户的成长。表 7-2 所示的三位原生态客户 A、B、C 在泗水农商银行提供的适宜信贷服务帮扶下,不仅"刷白"了信贷交易记录,其再贷款额度、经营场地规模、雇员人数、经营收益等也得以逐步提升。客户 A 添购了一辆小货车用于日常进货,其经营场所由最初的 10 平方米增至 50 平方米;客户 B 目前拥有一家 80 平方米的实体门店,并要求以抵押形式获得利率较低的贷款;客户 C 新开了一家分店,雇员数增至 3 人。更为重要的是客户经理也得到成长,有的已成为泗水农商银行的中层管理人员。由此可见,为微小客户尤其是其中的"四没有"类原生态客户提供适宜的信贷服务,不仅有利于微小客户生产经营能力的提升,还有利于客户经理的成长,进而促进小微银行与微小客户良性互动可持续发展。

表7-2 泗水农商银行客户成长效应

客户	经营行业	贷款次数	贷款方式	授信期限	授信金额/万元	雇员人数	经营场地/m²	月营业额/元	月可支配收入/元	拥有店面个数	当年大额支出增加
A	烟酒日用百货	1	信用	1年	5	1	10	60000	7616.67	1	无
		2	信用	1年	8	2	20	90000	12237.51	1	无
		3	信用	2年	15	4	50	130000	10925.01	1	购买小货车4.8万元
B	服装零售	1	信用	3年	3	0	0	20142	2304.65	0	无
		2	抵押	3年	25	5	80	63985	15619.73	1	网店转为实体店,租金6.6万元/年

客户	经营行业	贷款次数	贷款方式	授信期限	授信金额/万元	雇员人数	经营场地/m²	月营业额/元	月可支配收入/元	拥有店面个数	当年大额支出增加
C	蔬菜鲜肉粮油批发	1	保证	2年	10	0	60	55065	9618.16	1	无
		2	信用	3年	30	3	90	95942	15711.21	2	新增一家分店,租金2.4万元/年

资料来源:山东省济宁市泗水农商银行微小贷款调查报告。

注:保证主要指亲情担保或道义担保;可支配收入为营业额减去所有基本开销后的剩余资金;拥有店面个数指实体店,0表示网店。

(四)推进业务发展与用人等制度创新,助推"微贷、普贷"融合发展

首先,AFR微贷项目培训生良好的表现有效地促进了"微贷、普贷"岗位间的融合。截至2023年12月,经过持续规范的内训,泗水农商银行58名有发放贷款权的客户经理中有51名客户经理接受过微贷系统培训,占比高达88%,遍布各个岗位和各乡镇分支行,从根本上改变了过去员工不愿干、不敢干客户经理工作和受限于自身能力干不了客户经理岗位的问题。

其次,光明路支行(微贷专业支行)率先开展"微贷、普贷"业务融合发展且取得良好的示范效应。2016年12月19日,泗水农商银行小微金融事业部"1+4"架构成立,"惠民微贷"进入试营运阶段。截至2017年12月,累放"惠民微贷"350户,金额2709.88万元,户均7.74万元,余额2037.79万元,其中纯信用贷款户占比50%,其余全为亲情担保,近70%为首次获得银行贷款的原生态客户,人均、日均贷款余额提前半年达到项目组要求的500万元,具备了部门业务融合发展的条件。2017年6月初"1+4"团队(后升级为光明路支行,以下简称微贷团队)与泗水县社保局等部门联手共同推出一款旨在解决下岗失业职工社保缴费难问题的创新型金融产品"惠民养老贷",贷前、贷中、贷后等流程,服务规范和纪律,授信额度、还款来源和还款方式与"惠民微贷"基本相同。截至2023年12月底,微贷团队为全县611户社保缴费困难家庭提供了3753万元"惠民养老贷"资金支持,其中单笔最大金额为8万元,最小金额为9000元,不良率为零。实地调研中我们注意到,作为一款为"穷人"量身定做的微小贷款产品,从2017年6月首笔业务成功发放到目前,611户贷款客户未发生恶意违约欠息行为(偶尔有客户忘记存钱的情况,也会在客户经理通知后第一时间还款),经受住了实践和时间的检验。其中,部分"惠民养老贷"客户利用自己小本

201

生意积累的钱结清养老贷款后,继续在原客户经理名下办理了创业贷、经营贷以及收款码等金融产品,在成为银行忠诚客户的同时,也为银行带来了持续稳定的收益;还有一部分客户虽然不再有贷款需求,但陆续把积攒的存款存到原客户经理名下,并纷纷将原先在其他银行办理的社保卡转移过来,动员身边的亲戚邻居到泗水农商银行办理业务,显现出示范带动效应。惠民养老贷的成功推出,既解决了广大下岗职工的燃眉之急,让他们感受到社会关爱并重拾生活信心,也强化了年轻客户经理服务微弱客户的情怀,更为政府解决了难题,得到了社会各界的广泛赞誉。惠民养老贷一经推出,先后得到了社会各界的高度关注,泗水农商银行先后被济宁市总工会授予"支持乡村振兴优秀单位",被山东省联社授予"2019 年度劳模与工匠人才创新工作室"荣誉称号,被山东省财贸金融工会授予"2019 年度劳模与工匠人才创新工作室"荣誉称号,被中国金融出版社评选为"2020 年度十大金融品牌案例"等。此外,微贷团队还先后与县人社局、医保局、个体工商户协会等部门合作推出"惠民劳务贷""惠民医保贷""惠民装修贷""惠民拥军贷"等系列民生性贷款产品,"惠民微贷"的服务理念、服务技术、服务规范深度地融入了百姓生活中,取得了良好的社会经济效应。

最后,"微贷、普贷"管理制度得以进一步完善。"微贷、普贷"融合的持续深化推进及 AFR 微贷项目功能定位及其"四大效应"的显现离不开相应制度的支持和保障。为了充实客户经理队伍、强化提升服务微弱客户的质量与水平,泗水农商银行先后完善了以下制度,如:《信贷客户经理后备人员管理办法》中增加了"须全程参加为期 9 个月的微贷项目兼职培训且考核合格"条款;《信贷客户经理绩效考核办法》中增加"消费贷款权重降低,原生态客户、银行首贷客户权重提高,抵押、担保贷款权重降低、纯信用贷款权重提高"等条款,取得了良好的效果。

三、"信用+"工程助力乡村治理与普惠金融高质量发展

如前文所述,自 2016 年 5 月泗水农商银行启动 AFR 微贷项目以来,先后经过 AFR 微贷项目组主导,微贷中心与 AFR 微贷项目组联动,微贷中心主导、项目组定期评估,微贷中心独立完成共 6 期培训,至 2021 年底,6 期微贷培训共为全行输送 184 名青年干部职工,其中有 8 名支行行长、10 名业务副行长接受过微贷业务培训,在 58 名有发放权的客户经理中,51 名客户经理接受过微贷培

训,管理贷款余额占全行贷款总数的 88.39%,客户经理队伍整体素质得到了持续增强。得益于行中层干部队伍的优化、客户经理队伍素质提升及微贷理念的深入人心,至 2021 年底,各项贷款余额达 53.85 亿元,AFR 微贷项目运行五年多的时间,各项贷款规模累计增长 30.21 亿元(2015 年底为 23.64 亿元),增幅达 127.79%;实体贷款余额达 40.64 亿元(2015 年底为 19 亿元),增幅达 113.89%;不良贷款率为 1.45%,连续五年不良贷款余额和占比实现双下降。值得一提的是,2021 年底纯信用贷款笔数、金额分别上升到 5290 笔、4.98 亿元,占全行贷款笔数、贷款余额的比重分别为 28%、9.25%,综合排名在全省110 家农商银行中由 2015 年底的第 105 名上升到 2021 年底的第 20 名,贷款结构与质量得以极大优化,综合实力得以显著增强。毋庸讳言,与发达地区先进行社相比①,泗水农商银行在贷款结构、资产质量等方面仍有较大的提升空间。新发展阶段,如何提升微型企业主、个体工商户、农户等微小客户纯信用贷款及原生态客户(首贷户)占比,实现普惠金融高质量发展,成为泗水农商银行亟待破解的问题。

(一)"信用+"工程:内在逻辑与潜在效应

1."信用+"工程产生背景

早在 2020 年,中央一号文件就提出"稳妥扩大农村普惠金融改革试点,通过多种方式推出更多免抵押、免担保、低利率、可持续的普惠金融产品;动员群众参与乡村治理,增强主人翁意识,维护农村和谐稳定,教育引导群众革除陈规陋习,弘扬公序良俗,培育文明乡风;坚持县乡村联动,推动社会治理和服务重心向基层下移,把更多资源下沉到乡镇和村,提高乡村治理效能"。这意味着县域金融保障必须更多地立足于区域发展需求,在融入社区治理的基础上发掘更高效的普惠金融解决方案。作为县域普惠金融主力军的农商银行,经过 70 多年的发展,其网点遍及每个乡镇、员工遍及每个乡村、服务能到达每家农户,如何践行中央一号文件精神,做实做好"普惠金融、乡村治理"良性互融互动发展,助力乡村治理效能提升并实现普惠金融高质量发展,将成为县域农商银行中心工作之一。

泗水农商银行自 2016 年 5 月启动 AFR 微贷项目以来,虽然在坚持扫街营

---

①AFR 微贷项目所在的浙江地区,82 家农商银行纯信用贷款户数、额度占比多在 50% 与 20% 左右,不良率在 1% 以内。

销获客户和做小、做散、做专过程中发现空心村、空心户日渐增多,以及居民和村民信息采集与识别、批量获客困难与日俱增情况下,微型企业主、个体工商户、农户等微小客户纯信用贷款取得重大突破,但与发达地区先进行社相比,相差甚远。如何对标浙江等地的成功经验,深扎村居、深耕行业和强化"银、政、村"良性互融互动等工作已引起高管关注并成为高层着力化解的问题。在 2021年泗水县第十九届人民代表大会第一次会议上,泗水农商银行党委书记、董事长徐清华等 10 名代表,结合本行发展困境,并就县域农村信用体系建设、金融助力发展乡村治理与乡村振兴等提出了《关于全面推广'无感授信'助力乡村振兴的议案》。议案提出后,县政府高度重视,广泛征求意见,多次召开镇、街、村及相关部门座谈会,讨论实施方案,报请县委批准,希望在全县全面深入开展"信用+"体系建设,将信用意识发扬光大,将广大农村居民信用等资源转化为支持助力乡村治理与乡村振兴的有生力量,推动县域经济发展。2022 年 3 月25 日,县委、县政府办公室联合下发《泗水县农村"信用+"体系支持乡村振兴实施方案》(以下简称"信用+"工程)的通知,并成立了以县委书记、县委副书记县长为组长,县委、县政府主要领导为副组长,县委、县政府部门领导、各乡镇党委书记和农商银行党委书记董事长为成员的泗水县农村"信用+"体系支持乡村振兴领导小组,下发了《泗水县农村"信用+"体系支持乡村振兴评分标准》,标志着泗水农商银行"信用+"工程正式进入启动实施阶段。

2."信用+"工程运行的内存逻辑

党的十九大报告强调,加强社区治理体系建设,推动社会治理重心向基层下移,发挥社会组织作用,实现政府治理和社会调节、居民自治良性互动。党的二十大报告再次强调,健全共建共治共享的社会治理制度,提升社会治理效能。加强乡村治理,事关党和国家大政方针贯彻落实,事关居民群众切身利益,事关城乡基层和谐稳定,对于巩固党的执政基础、满足人民的美好生活需要具有重大意义。农村金融是现代农村经济的核心,金融是国家重要的核心竞争力,金融治理也是国家治理的重要组成部分。如何将具有包容性特征的普惠金融嵌入乡村治理体系,并通过进一步做实普惠金融,发挥金融机构、地方政府和农村基层组织各自的优势,强化"银、政、村"治理主体良性互融互动的普惠金融服务创新,强化普惠金融赋能乡村治理并形成两者融合发展的全新格局与思路,切实提升治理有效性,是一个重要的理论和现实问题。

普惠金融与乡村治理服务的主体天然具有一致性,即都是乡村基层社会个体;同时两者发展的目标也是统一的,都强调乡村基层社会个体信用与多元主体平等参与问题,提升其获得感与幸福感。因此,无论是乡村(城乡社区)治理的持续深化还是普惠金融的高质量发展,最终都是为了不断满足人民对美好生活的需要,二者密切联系、相辅相成,具有高度的内在相关性。普惠金融是乡村(城乡社区)治理和国家稳定富强的重要支撑,如果金融资源配置长期低效、弱势群体得不到应有的金融服务,金融风险便容易向社会传导,乡村(城乡社区)治理难度随之加大;共建共治共享的基层社会治理体系是上层建筑对经济基础的积极适应,随着经济结构的深刻变革、利益格局的深刻调整、思想观念的深刻变化和社会结构的深刻变动,乡村(城乡社区)治理体系如果不与金融发展相适应,则无法为普惠金融提供有效的外部保障,普惠金融高质量发展需要乡村(城乡社区)治理为其赢得更大的发展空间,二者之间形成了相互影响、不可分割的内生性关系。现实中,在乡村经济中,普惠金融的本质正是在于它的服务对象包含微型企业主、个体工商户、农户等弱势群体,通过公开、公正、高效的金融服务改善和提升上述群体的生活处境。普惠金融高质量发展既关乎农村社会发展的动力水平,又关乎农村社会结构与社会关系的稳定,更重要的是,县域普惠金融主力军农商银行天然具备"网点遍及每个乡镇、员工遍及每个乡村、服务能到达每家农户"优势,能够及时捕捉到身边农户等弱势群体生产、生活中的需求,并提供"简单、方便、快捷"的服务。因此,普惠金融嵌入乡村治理,实现两者良性互动融合,必将既有助于乡村治理活力提升与目标实现,也将有力地推动农商银行普惠金融高质量发展。

3."信用十"工程潜在的效应与效益

第一,普惠金融高质量发展通过增进社会福利推动完善乡村(城乡社区)治理。农业农村农民问题是关系国计民生的根本性问题,没有农业农村现代化,就没有国家的现代化。当前,我国发展不平衡不充分问题在乡村最为突出,农村金融服务的不均衡不充分加剧了经济发展的不平衡不充分,长期任其发展,容易引发经济结构失衡和经济社会两极分化,动摇社会稳定。通过金融资源的再调节、再配置,有助于实现社会效益与经济效益的有机统一,有助于维护经济社会稳定发展。

第二,乡村(城乡社区)治理通过增进社会信任促进普惠金融高质量发展。普惠金融高质量发展涉及经济、社会、环境等多重因素,在制度层面对可持续性有更高要求,特别是在正式制度不健全的社会环境之下,社会信任等非正式制度在经济活动中扮演了重要角色。我们注意到,2021—2024 年的中央一号文件均强调要通过推广积分制等治理方式,有效发挥村规民约、家庭家教家风作用;坚持以党建引领乡村治理,强化县乡村三级治理体系功能,压实县级责任,推动乡镇扩权赋能,夯实村级基础,切实提升乡村治理效能与水平。信任问题是普惠金融的核心问题,普惠金融发展离不开信任机制的建立与完善,信任与社会结构和文化规范密切相关,而良好社会秩序的构建与维护离不开基层社区治理的保障,加强社会征信体系建设是普惠金融发展的当务之急。

第三,通过扎实推进"信用＋"工程,有望实现银行、政府、农户三方共赢。于银行而言,充分利用政府的资源开展信用建设,建立与政府的良性互动关系,获得政府各方面的支持,可以更好地树立自身品牌形象,维护好长期、稳定的客户资源,解决我国普惠金融力度不够和难以落地的问题;于农户而言,借助金融机构的走村入户以及一些政策宣传、金融教育,能够提升自我信用意识和金融素养,增加对金融产品和国家政策的了解程度,增强对所在社区的归属感,更为重要的是,"信用＋"工程,在农户房产、村权、土地承包经营权的基础上将农户人品、各类荣誉等纳入农户家庭资产负债表,赋予了人品、荣誉以金融价值,将无形资产有形化,农户金融画像更为精准,农户信用贷款覆盖面和额度得以提升;于地方政府而言,借助金融机构的力量实施社区治理,可以弥补社区资源的不足,也可以更好地将农户的无形信用资源转化为有形金融资产,提高对农户讲信用、守信用的激励,把抽象的社区治理通过金融手段转化为群众实实在在的获得感。

(二)主要做法

1. 宣传发动,做到"户户上门、人人知晓"

按层次召开动员和启动会议,召开由各有关部门、镇(街道)参加的全县启动大会,安排部署重点工作;各镇(街道)召开专项启动和业务培训会议,重点落实相关工作举措及阶段性工作任务;广泛开展"线下＋线上"宣传,各有关部门、镇(街道)、农商银行通过会议、村务公开、"送戏下乡"、儒学讲堂、社区网格员服务、普惠金融入村(社区)辅导、微信群、微信公众号、电视、广播、村喇叭等多形式、多维度进行线上、线下宣传,做到村村知、人人知。

2. 信息采集,做到"数字普惠、应贷尽贷"

充分发挥有关部门、镇(街道)各自职能作用,与农商银行签订保密协议,明确双方责任,组织采集汇总准确完善的农户(社区居民)等各类主体"户号、户主与家庭成员、身份证号、户籍地址、联系手机"等五项基础信息;农商银行提供金融科技支撑并经必要的交叉检验识别后,在确保信息准确与安全的前提下,将基础信息导入"智慧营销系统",使农户(社区居民)等无须提供任何纸质资料,无须填写任何表格,不增加任何额外负担,便可以享受相应的普惠授信额度,做到"两有一无"即可贷。

3.集中评议,做到"文明增信,升优限劣"

有序组织推进有关部门、镇(街道)、农商银行开展逐村(社区)、逐户评议,建立由村(社区)支书(主任)、妇女主任、红白理事会会长、村内威望较高的党员、乡贤人士、农商银行人员组成的5—7人信用评议小组开展民主评议。评议过程中坚持"公平、公正、限劣、升优"原则:"限劣",即评议时剔除违法违纪、扰乱社会治安等人员,其余全部纳入农户(社区居民)评议范围;"升优",即把群众文明善行等量化成积分"存储",对达到一定积分的农户(社区居民),给予贷款提额和利率优惠,真正做实做好"三不一疑"者不能授信[不孝、不良嗜好(信用)、不配合村工作、有纠纷存疑],"两有一无"者即授信(有劳动意愿、有一定劳动能力、无不良嗜好),"三好一有"者增加授信(好模范、好家风、好子女,有特殊荣誉),促进文明信用等资源资本化,有效实现农户(社区居民)"金融契约信用"与"社区信用"的联结,在拓展农商银行业务的同时,有效助力乡村治理与乡村振兴。

4.签约用款,做到"线上办理、方便快捷"

"线上办",了解、会用系统的农户(社区居民)下载手机银行客户端后点击贷款链接即可办理;"上门办",依托农商银行"移动厅堂服务队",通过到村(社区)集中办理业务和逐户上门"辅导",让不了解、不会用系统的农户(社区居民)也能享受到"一次不用跑"的便捷服务,实现贷款随贷随用、不用随还。

(三)主要成效

"信用+"工程的建设,是一个广泛调研、宣传发动、提升优化、转化利用的过程。在这个过程中,依托农商银行的智慧营销系统,建立全覆盖的农民与社区居民信用档案,按照基础项、加分项、减分项、否定项四个维度,多角度、多层次地对农民与社区居民进行信用评价,"一人一档"建立信用档案和信用积分并通过大数据分析,将积分转换为相应金融产品服务;通过老百姓的广泛参与,着力达到人人知晓的效果,努力提升老百姓的规矩意识、道德意识、文明意识,进而促进乡风文明与社会治理建设,由此在推进农商银行深度拓展农民和社区居民业务的同时,有力地助推了城乡社区治理与乡村振兴。

1.小微银行深扎村居、做小做专可以做到持续发展,离不开"线下、线上"有效融合的协同推进

在 2016—2021 年持续扎实推进 AFR 微贷项目本土化与优化发展的基础上,2022 年 3 月,泗水农商银行启动并持续推进"信用+"工程,探索推出"银、政、村(社区)"联动与"线下、线上"有效融合协同推进的"信息采集、无感授信、有感反馈、贷前签约、便捷增信、按需用信"的农户(社区居民)微小普惠贷款服务模式。2023 年以来,纵深推进"信用+"工程,加强与农村、城区推广融合,在前期信息采集的基础上,持续对农户(社区居民)的经营、收入、负债、新迁入家庭成员等信息进行动态更新,着力提高客户基础信息完善率、扩大无感授信覆盖面和提升有感反馈精准度,推动授信更多、更好地转化为用信;持续做实驻村办公网格管理,建立重点客户库,实施分层对接,保持对接频率,提高营销针对性和有效性;持续做实各类主体清单对接营销工作,以重点客户清单为基础,融合授信未用信清单、11 万余户在外务工及经商客户清单,有力地推动了该行业务的可持续发展。在 2022 年和 2023 年山东省 110 家农商银行综合考核评比中,泗水农商银行分别位列第 18 名、第 11 名,尤其值得一提的是 2023 年实现存款、贷款逐月递增的好成绩。至 2023 年底,各项贷款余额达 65.32 亿元,实体贷款 52.91 亿元,较 2022 年底分别增加 4.63 亿元、6.69 亿元(2022 年底贷款余额、实体贷款余额分别为 60.69 亿元、46.22 亿元),不良贷款率分别为 1.27%、1.17%,持续 9 年实现不良贷款余额和占比双双下降;纯信用贷款笔数、金额双双稳步上升,2022 年底、2023 年底分别达到 5720 户、5.54 亿元,6607户、6.80 亿元,纯信用贷款不良率分别为 0.35%、0.44%,远低于其他类型贷款,较 2021 年相比,贷款结构与质量、综合实力均得以显著提升。

2.小微银行助力乡村治理激活"穷人"信用资源空间广阔,离不开"银、政、村(社区)"良性互融互动的支撑

用小额信用放款,让低收入人群"穷人"积累信用,给他们改变自己命运的机会,是金融机构的社会责任和良心(吴晓灵,2015)。小微银行应该主动承担这份责任。这些"穷人"中大多虽"四没有",但具备"四有""四缘"等优势,一旦获得些许资金支持,沉没的"四有""四缘"资源得以资本化进而成为改变自己命

运的机会。更重要的是，数万元、数千元贷款让微小客户不仅获得增信的机会，更体验到了银行与社会的关爱，杜绝了可能的高利贷，其事业得到发展的同时，金融常识、生活信心、创业意愿、创业能力等素养也得以空前提高，小微金融引富助贫、助力乡村治理和增收致富成效十分可观。"信用＋"工程实施以来，泗水农商银行积极牵手县、镇政府相关部门，班子成员带领全行员工积极开展"大调研、大走访、大营销"活动，仅 2023 年走访户数就达 6.02 万户，用信户数达 6061 户，用信金额达 5.6 亿元；更加精准对接清单，将"四张清单"全面升级为重点优质客户清单，借助电话对接、实地走访对接等形式进行营销，2023 年走访重点目标客群 5.86 万户，授信覆盖面达到 66.13％；做实农村"信用＋"工程有感反馈，2023 年，实现无感授信全年新增 7154 户、有感反馈全年新增 3.42 万户，累计新增用信 1.57 亿元；微型企业主、个体工商户、农户等微小客户纯信用贷款余额达 6.80 亿元，占比上升到 10.41％，不良率仅 0.44％，远低于全行 1.17％的不良贷款水平，较 2021 年底，纯信用贷款余额、占比上升且不良率保持低于 0.5％的水平。

3."信用＋"工程助力乡村治理实现共同富裕，离不开富有纯洁性、专业性与战斗力的金融人才队伍的支撑

"信用＋"工程服务的对象多是缺乏合格抵押品和可量化硬信息的微型企业主、个体工商户、农户等微小客户，这些客户一般具有信贷知识相对缺乏、获得融资支持的信心不足等特点，"信用＋"工程与"银、政、村（社区）"良性互融互动发展需要专业性人才，服务"四没有"微小客户更需要持续输入本土化一线人才，需要拥有一批小微金融服务信念坚定、服务情怀深厚、主动营销能力强、具有工匠精神的职业化客户经理队伍，为其做实金融服务，提升服务质量和满意度。泗水农商银行基于 2016 年 5 月启动的 AFR 微贷项目本土化与优化发展经验，结合"信用＋"工程与"银、政、村（社区）"良性互融互动发展需要，于 2022 年将原微贷中心员工培训基地升级为初心学院，并持续展开培训（至 2023 年底，含初心学院独立开展的两期培训，累计进行八期培训）。初心学院将财务运营、市场拓展、信贷营销等应知应会知识纳入培训内容，进一步完善了培训内容和机制，为新员工实现角色转变打下坚实基础。基于泰隆银行所提的"行风险行纪是最廉价的风控"和"微小贷款最大的风险是员工的道德风险与操作风险"的实践经验，初心学院一如既往地把员工（客户经理）的廉洁要求放在十分重要的位置，通过严苛的纪律保证客户经理在整个办贷过程中的廉洁与自律，对员

工道德风险零容忍,AFR 微贷项目即对微贷客户经理在工作中的一举一动、一言一行实施严格的行为规范和行为准则要求,微贷客户经理对客户提供服务时不能提出额外的要求,包括"一口水不能喝""一根烟不能抽"等铁纪律,否则将受到严肃处理甚至清退。廉洁的信贷文化,一方面可以实现取信于微小客户,提升银行的社会形象,切实降低微小客户的实际融资成本;另一方面可以激发微小客户的感恩心理,提升其还款意愿,同时也有利于实施严格的贷款监督与回收机制,从而有效降低贷款风险。完善客户经理尽职免责办法,综合考虑风险出现的背景、有无道德风险、有无违规操作等问题,对符合尽职免责条件的应免尽免,消除惜贷、惧贷心理,提高"敢贷、愿贷、能贷、会贷"的工作能力,极大地提升了员工队伍的纯洁性、专业性和战斗力。

四、启示

泗水农商银行 AFR 微贷项目七年多的固化、优化发展,员工有效内训、微小贷款产品服务的研发、微小客户的发掘培育及"微贷、普贷"融合发展,有力地助推了欠发达县域泗水农商银行"支农支小"综合实力的提升,其实践经验对其他小微银行实现可持续发展将产生有益的启示和借鉴意义。

(一)做实了"好借"当然能够期待"好还"

案例表明,经过系统的内训,新生代客户经理带着浓浓的情怀并严守"六不准"及其后期升级的"六不"微贷铁纪律,为"四没有"类微小客户提供"简单、方便、快捷、有尊严"的信贷服务,一旦得到客户的认可,短期内规范的服务便可使微小客户积极主动如期还款,其身边的"生活圈""生意圈"资源也因此得以资本化;反之,不规范的服务引起客户的抱怨则可能影响其还款积极性并损失一批潜在的客户。从中长期看,原生态(年轻)客户经理、原生态客户因此建立的"准私人关系"若能通过制度支持得以较好维护,有望形成"好借好还"的良性互动机制,若干年后其中的原生态客户也可能会成为银行的忠诚客户,"好借好还"互动效应值得期待。

(二)微贷项目的引进与运行必须坚持本土化与优化发展原则

现实中微贷技术流派众多、各具特色,合作方式和具体运行过程中的做法差异也较大。但就成功的小微银行而言,其共同特征和做法无不是在坚持项目的本土化优化发展中形成适合自己的自主内训模式。业内赫赫有名的台州银行自2005年11月23日率先引进德国IPC微贷技术以来,经过数年本土化与优化发展组建了自己的内训师团队和银座金融培训学院,持续做实、做优新入职员工内训及年轻客户经理素养提升等工作。在泗水农商银行AFR微贷项目运行的七年多时间里,先后开展的八期次先固化、再优化的内训,为其持续发展提供了强有力的人力资源保障。固化阶段主要是微贷技术与理念的本土化以及具有人师素养、微贷技术自主复制能力的内训师团队的形成,优化阶段则是不断提升内训师综合素养,有序开展全行年轻员工内训并制定相应的支持"微贷、普贷"融合发展的制度,持续做实项目的"三大功能"定位,收获"四大效应"。

(三)微贷不仅仅是技术

首先,通过系统有序的微贷项目运行,培训生率先完成"完全怀疑""将信将疑""深信不疑"三个认知阶段的转变,进而带动身边同事认知的改变;其次,微贷项目运行中培训生通过完成"扫街、扫村、扫户主动营销""约40万字培训材料分批自主互动式交流学习""常态化的周例会交流""项目组月度交流与周记""会议纪要""贷前、贷中、贷后经典案例编写"等常态化训练,提升了员工服务微小客户的信贷能力与素养,积累了本土化内训素材;最后,通过常态化持续内训和客户经理服务效能的提高,有效推进了泗水农商银行由"百姓身边的银行"向"百姓自己的银行"转变,让"百姓身边的银行"真正成为"百姓的首选银行"。

(四)微小客户的信用值得信赖

成立70多年的农商银行已形成了"网点遍及乡镇、员工遍及乡村、服务能到达每家农户"的客观优势,经过有序系统内训的客户经理也具备了情怀与专业技术素养,易亲近"四没有"类原生态客户。长期坚持做实这些"四没有"类原生态客户服务,边际效应巨大且会有众多客户相伴成长为银行忠诚的核心客户。这种举措既避开了自身劣势与其他银行正面争抢"有抵押、有担保"的客户,又凸显自身优势服务了其他银行不愿做、来不及做、不善于做的"四没有"类原生态客户;既锤炼出了一支"微弱情怀"与"知农知小"兼备的员工队伍,又积累了一批忠诚的客户群,进而源源不断地收获服务原生态客户的"四大效应"。

第二节　案例 2：瑞信村镇银行"好帮手"微贷创新与发展

瑞信村镇银行所在的甘肃省庆阳市西峰区位于陕甘宁革命老区,是 7 县 1 区的政治、经济、文化中心,AFR 微贷项目开始的 2017 年末,全区常住人口 37.42 万人,农业人口占比近 41%,地区生产总值 209.3 亿元,地方财政收入 16.25 亿元,城乡居民人均可支配收入分别为 28150 元、9160 元,全区金融机构 存款余额 362.09 亿元,贷款余额 318.51 亿元。近年来,西峰区居民的人均可 支配收入均低于全国同期水平(见图 7-5)。

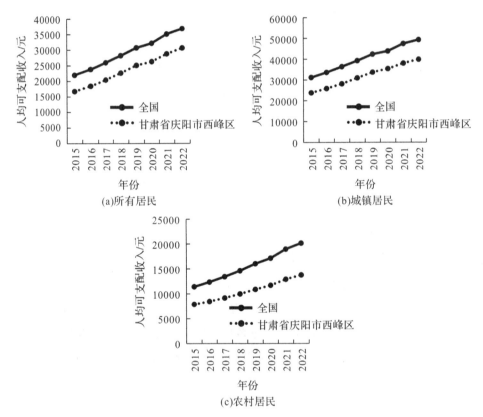

图 7-5　2015—2022 年全国及甘肃省庆阳市西峰区居民人均可支配收入

资料来源:国家统计局官网 http://www.stats.gov.cn/,甘肃省庆阳市西峰区统计年鉴。

　　"好帮手"微贷是浙江大学 AFR 微贷项目组联手陕甘宁革命老区瑞信村镇银行于 2018 年 6 月中旬推出的,专注服务微小客户的微小生产经营性信贷产品,并在 2019 年上半年开始试验"微贷、普贷"融合发展,经过一年多的探索[①],2021 年开始,瑞信村镇银行相继在全行 7 个支行全面推进"微贷、普贷"融合发展。截至 2023 年 12 月底,累计发放微小贷款 8301 笔、104804 万元,户均 12.63 万元,微小贷款余额 6502 笔、63073 万元,不良率为 0.4%,远低于辖区内及本行的平均不良贷款率及新增贷款不良率。2023 年末有余额的微小贷款笔数、金额占全行贷款的比重分别为 56.27%、33.44%,为全行贷款业务可持续发展做出了重大贡献。其中,微小贷款中原生态客(首贷)客户 764 笔、4686 万元,笔数占比 11.75%,金额占比 7.43%;纯信用贷款 3758 笔、22544 万元,笔数占比 57.80%,金额占比 35.74%;新增贷款 4141 笔、30412 万元,笔数占比 63.69%,金额占比 48.22%。"好帮手"微贷已成为该行"支农支小"服务微小客户的主打产品,有力地促进了全行信贷服务理念更新、信贷作风转变、信贷结构优化,微小客户与小微银行年轻员工因此得以成长。值得一提的还有,浙江大学 AFR 微项目运行六年多来,瑞信村镇银行年度新增贷款数量、质量在辖区内均处于领先水平,2020—2023 年四个年度新增贷款户数、新增贷款额在全市 12 家小法人银行排名中均名列前四位,所有新增贷款不良率控制在 3% 以内(其中,微小贷款不良率一直低于 0.4%,30 万元及以下的微小贷款客户几乎无实质性违约),远低于存量贷款不良率,基本上遏制了不良贷款率的上升趋势。如图 7-6 所示,瑞信村镇银行年度新增贷款中,纯信用贷款户数、金额占比分别提升到 2023 年底的 47.10%、21.89%。

---

　　①瑞信村镇银行 AFR 微贷项目于 2017 年 10 月 30 日正式启动,2018 年 6 月 18 日"1+4"微贷中心成立,2019 年 3 月成立"1+3"A1 专业支行,2019 年 10 月成立"1+3"A2 专业支行、"1+2"A3 专业支行,2020 年 6 月成立"1+2"A4 专业支行,至此共有 19 名微贷客户经理发放"好帮手"微贷,其中业务、资质达到一定要求的微贷客户经理在"好帮手"微贷业务不低于 60% 的前提下业务放开,进入"微贷、普贷"融合业务发展阶段。截至 2020 年底,全行 19 名微贷客户经理累计发放"好帮手"贷款 1710 笔、金额 21867 万元,户均 12.7 万元,余额 15983 万元,不良率为零,其中原生态客户占比 50%,纯信用贷款户数占比 44%。

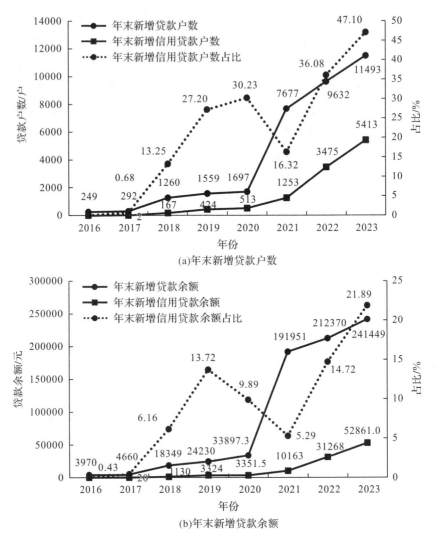

图 7-6 2015—2023 年瑞信村镇银行贷款总体情况

资料来源:甘肃省庆阳市西峰区瑞信村镇银行年度报告。

一、瑞信村镇银行 AFR 微贷项目启动背景

2017 年瑞信村镇银行 AFR 微贷项目启动之初,与其他合作单位相比,瑞信村镇银行在员工队伍建设、产品服务创新、信贷业务结构调整等方面均面临十分严重的问题,全行正常收息贷款下降,欠息现象日趋严重,不良贷款反弹压力

较大,信贷资产质量堪忧,其可持续发展遭受前所未有的挑战。浙江大学 AFR
微贷项目组以更加谨慎的态度进行了广泛深入调查研究和准备工作。

(一)项目启动前准备工作较为充分

2012 年 3 月 24 日,浙江大学 AFR 微贷项目组负责人受邀为甘肃省市主要
领导做《激发小微金融、提振经济活力:来自浙江的若干经验》专题报告。会后,
瑞信村镇银行所在市的主要领导邀请项目组赴庆阳市调研小微金融发展情况。
2012 年 5 月中旬,项目组主要成员赴庆阳市进行了为期十天的深度调研并签订
"西部革命老区庆阳市金融改革创新研究"课题合作协议。2013 年 6 月、12 月,
项目组分别提交了《西部革命老区庆阳市金融改革创新研究》课题报告、《庆阳
市创建具有西部革命老区特色金融综合改革创新示范市的政策建议》研究报告
并获得好评。通过多次调研交流,课题组较深入地把握了庆阳市经济金融发展
现状及其进一步深化发展的短板,深刻感受到浙江小微金融发展经验植入革命
老区的重要性、迫切性及可行性。

(二)辖区内融入浙江小微金融经验发展空间十分广阔

调研中发现,庆阳市现行金融体系中不仅存在严重的"失血"机制,"造血"
机制也存在功能性缺陷,金融发展滞后已成为制约西部革命老区经济社会转型
发展的重大障碍。具体而言,表现在以下四个方面。一是资金外流现象严重。
2012 年末,全市银行业存贷比仅为 48.11%,低于全省近 23 个百分点,特别是
辖区内四大国有银行分支行存贷比仅为 28.71%,大量资金的流失及低存贷比
引致辖区内小微银行服务微小客户的信贷资金严重不足。调研中发现辖区内
微型企业主、个体工商户、农户等微小客户有贷款余额的覆盖率仅为 1% 至
5%,远低于浙江台州地区 30% 左右的水平。二是乡镇金融服务实体经济功能
严重弱化。全市乡镇每万人拥有的金融机构网点数仅为 0.7 个,低于全省平均
水平 1 个百分点。近几年虽组建了一批新型农村金融机构或组织,但"村镇银
行不进村、小贷公司不做小"现象十分普遍,农商银行、村镇银行"喜抵押担保、
惧信用贷款"现象突出,地方性小微银行服务微小客户的可行能力亟待提升。
三是民间金融潜在风险大。截至 2012 年末,全市投资理财公司多达 186 家,成
为民间借贷的主力军(小贷公司、典当行、担保公司也纷纷参与其中),众多农
户、城镇居民、个体工商户、公职人员低价获取银行贷款后转借民间借贷机构赚
取利差之行为时有发生,此举不仅严重损害了实体经济的发展,也存在严重的

金融风险隐患。四是资本市场水平低下。股权融资、发行债券数量有限,上市融资处于空白状态。与此形成鲜明对照的是,浙江台州小微金融一直保持良好的发展态势,银行业存贷比在 80% 左右,不良率在 1% 左右,纯信用贷款占比约 30% 且长期保持稳定,浙江小微金融经验融入革命老区发展空间广阔。

(三)瑞信村镇银行员工信贷素养提升与信贷结构优化调整十分迫切

前期的课题合作研究让项目组对瑞信村镇银行产生了深刻的印象,作为全国首批、西部革命老区首家村镇银行,2007 年 3 月 15 日建行之初,坚守"立足社区、服务三农"的市场定位并取得较好的成绩,2015 年曾获"全国 500 强村镇银行""服务三农与小微企业优秀单位""全国村镇银行资产总额前 50 强"等殊荣。2016 年以来,由于受区域经济环境持续下行、房地产市场泡沫和类金融机构风险叠加、民间借贷冲击等多重因素的影响,小微企业"贷款难、贷款贵"和"政府急、企业盼、银行难"问题特别明显。瑞信村镇银行年轻员工多,风险把控能力较弱,"大额不敢放、小额不会做""惜贷、恐贷、拒贷""唯抵押担保、惧信用贷款"现象日趋严重,全行正常收息贷款下降、欠息现象严重,经营效益受到较大的影响。该行年报资料与 AFR 微贷项目组实地调研报告显示,2016 年、2017 年全行净利润仅分别为 35.1 万元、51.14 万元,同期新增贷款中,信用贷款分别为 0 笔、0 元,2 笔(占比 0.68%)、20 万元(占比 0.43%),瑞信村镇银行可持续发展面临前所未有的挑战。

二、规范服务与忠诚客户培育,"生活圈""生意圈"业务拓展

基于前期对庆阳市经济金融发展的调研及与瑞信村镇银行的多次交流,2017 年 10 月 30 日,浙江大学 AFR 微贷项目组正式启动了瑞信村镇银行 AFR 微贷项目。六年多来,瑞信村镇银行在微贷理念与微贷技术固化优化发展中的微贷人才培养、微小客户和低收入群体信贷服务能力提升、"微贷、普贷"融合发展及制度建设等方面,进行了有益的探索与实践,并取得了良好的经济社会效应。

(一)持续强化信贷规范服务内训,提升员工队伍素养

针对欠发达地区新型农村金融机构瑞信村镇银行员工队伍及业务发展状况,各期培训紧紧围绕 AFR 微贷项目三大功能定位及"六不准"铁纪律,针对虽"四没有"但具有"四有""四缘"类微小客户,遵循"都能贷"的前提下"贷多贷少、怎么贷"等核心理念与微贷技术展开。自 AFR 微贷项目启动至 2023 年底,累

计开展内训六期,共有 115 人参加培训,占全行员工的 74.67％;100 人培训结业并通过考核取得了"信贷从业资格证书",全行客户经理中全部经过微贷培训和考核(1 人正在培训中);一期培训生 11 人中竞聘担任中层管理人员 6 人,二期培训生中竞聘担任中层管理人员 8 人,三期培训生竞聘担任中层管理人员 3人(见表 7-3);除此之外,二至五期培训生有 16 位中层干部(总行副行长、业务部、合规部主要领导,支行行长、副行长)全程参加统一标准的理论阶段、实践阶段内训与考核,均取得"信贷从业资格证书",客户经理服务微小客户的素养得以根本性提升、分支行行长及部(室)领导业务管理能力得以根本性改善,为全行"好帮手"微贷业务拓展及"微贷、普贷"融合发展打下了坚实的基础。项目实施以来,还实行了常态化的客户经理内部、外部交流活动。累计召开周例会 204次、微贷业务月度交流会 38 次,组织开展"扫街营销、规范服务、不良清收"主题征文及演讲比赛 4 次,经 AFR 微贷项目组牵头或推荐组织外出考察学习 5 期38 人次,员工综合素质和团队凝聚力得到提升的同时,也极大地提振了全行员工持续奋进的信心和决心。

表7-3　瑞信村镇银行 AFR 微贷项目各期培训生情况

期次	参训人数	中层人数	离职或退出	全程参训	取得从业证书	晋升中层	收回证书
一期	11	0	2	11	11	6	0
二期	20	3	0	20	20	8	0
三期	18	4	1	18	18	3	0
四期	21	7	0	21	21	4	1
五期	32	1	3	32	30	1	0
六期	13	1	1	12	12	0	0
合计	115	16	7	114	100	22	1

资料来源:浙江大学 AFR 微贷项目组,甘肃省庆阳市西峰区瑞信村镇银行微贷中心、市场人力资源部。

注:数据截至 2023 年底,第四期培训生中 2 人因病假 1 个月未能完成作业,延长培训 2个月,第 6 期内训进行中。

(二)坚持扫街营销与规范服务,基础客户与忠诚客户群体日益壮大

微小客户在辖区内能够享受到的正规贷款服务极为匮乏,其中不乏有部分微小客户因在正规、非正规贷款融资中受到歧视或伤害对银行误解很深,亟待微贷客户经理严守"六不准"铁纪律,通过常态化扫街营销,让其"知道我行、了解并信任我行的产品服务,有需求时首先想到我行"。2018 年 6 月中旬微贷中心成立及 2019 年以后相继组建的 7 家微贷专业支行,微贷客户经理每天坚持 3

个多小时的反复扫街、走访客户,其间累计开展扫街营销 6000 余次,到社区、村居开展各类营销活动 3000 场次,获取有效客户信息 20000 余户,陆续赢得众多微小客户尤其是其中的"四没有"类原生态客户的信任与尊重,客户经理的"微弱情怀"规范服务意识也得以进一步强化。截至 2023 年底,存量客户达 134239户,较 2017 年增加了 76007 户;其中同期,存款客户 122683 户、新增 68286 户,贷款客户 11556 户、新增 7721 户,客户群体稳步扩大。值得一提的还有,享受过规范服务的微小客户尤其是其中的"四没有"类原生态客户高度认可瑞信村镇银行,再贷款时首先想到并选择该行,还积极主动向其"生活圈""生意圈"介绍该行的贷款、支付、银行卡等业务。图 7-7 所示的从事餐饮业的原生态客户赵××获得 L 客户经理经办的 10 万元贷款后,高度认可其简单、方便、规范的服务,出于感激,半年内在其"生意圈""生活圈"中宣传和积极推荐,先后有 13 位客户前来办理贷款业务并带来了可观的关联业务,既有效地化解了其"生意圈""生活圈"内微小客户的"贷款难"问题,也为银行积累了基础客户,还为客户经理带来可观的绩效收入。三年内,赵××先后两次从瑞信村镇银行获得纯信用贷款,且贷款额度从第一次的 10 万元上升至 20 万元,增开了一家砂锅面店和一家烧烤店,雇员从原来的 1 人增至 10 人,成长效应、邻里示范效应、业务乘数效应和民间借贷挤出效应十分明显。

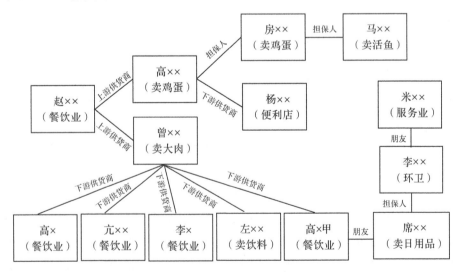

图 7-7　瑞信村镇银行某原生态客户成长示范效应

资料来源:甘肃省庆阳市西峰区瑞信村镇银行微贷中心。

（三）坚持精准定位，量身定做产品以把控风险

瑞信村镇银行经过培训的年轻客户经理始终坚持做实微型企业主、个体工商户、农户等微小客户生产经营性贷款的市场定位，面对"四没有"类微小客户及其"生活圈""生意圈"潜在的微小客户，受训转岗的年轻客户经理始终坚持"主动营销、双人调查、眼见为实、交叉检验、整贷零还"和"微贷款、铁纪律、强服务"的服务原则与服务理念，根据微小生产经营类客户现金流特征，按月甚至按半个月等额偿还本息的方式为客户量身定做产品。这样既适应了原生态客户经理与原生态客户互动成长的需要，又提升了这类客户统筹管理日常现金流的能力，还增加了彼此接触、了解、取得信任的机会，在取得良好的业务风险控制与客户管理效果的同时，有效促进了年轻客户经理所服务的"四没有"类原生态客户邻里示范等"四大效应"安全、稳步地显现。六年多来，全行新增贷款不良率始终控制在 3％以内，其中 30 万元及以下的微小贷款不良率一直低于 0.4％，微小贷款客户几乎无实质性违约，远低于存量贷款不良率，基本上遏制了贷款不良率的上升趋势，也从根本上扭转了客户经理"恐贷""惧贷"和信贷粗放式管理的局面。

（四）"微贷、普贷"融合持续推进，信贷结构得到优化

如果说微贷理念、技术固化及业务试运营期间，微贷中心一期优秀培训生能够践行规范服务并带来局部的邻里示范效应，那么随着微贷中心二期、三期等微贷培训结束，微贷技术优化及全面持续收获微小客户的邻里示范等"四大效应"，则离不开"微贷、普贷"融合持续发展和相应制度的支撑。2019 年 3 月开始，瑞信村镇银行通过公开竞聘择优选择一期、二期培训生适时成立微贷专业支行，至 2023 年底相继形成了微贷中心、7 家专业支行的"1＋7""微贷、普贷"融合发展架构，共有 30 名微贷客户经理发放"好帮手"微贷（资质达到一定要求的微贷客户经理在"好帮手"微贷业务不低于 60％的前提下业务放开），进入"微贷、普贷"融合业务发展阶段。与此同时，2020 年 1 月瑞信村镇银行及时出台了客户分类管理、客户经理分级管理与绩效考核等约束与激励制度，"1＋7""微贷、普贷"融合发展的架构及相应制度的支撑，有力地促进了全行信贷结构的优化。2023 年 12 月底，瑞信村镇银行账面贷款余额为 18.86 亿元，存量贷款中，信用贷款户数、金额占比分别为 46.84％、16.26％，较 2017 年 12 月底分别上升了 45.12 个百分点、14.49 个百分点，户均贷款由 2017 年的 30.42 万元降至

2023 年的 16.32 万元；图 7-8 显示，瑞信村镇银行贷款余额分布中，30 万元及以下的贷款余额占比自开展 AFR 微贷项目以来逐年稳步提升，小微企业贷款余额占比在项目开展的 2017 年有大幅度提升，随后增长虽有所放缓但较为平稳。2023 年全行新增贷款 17405 万元中，"好帮手"微贷业务占比 49.71%，其中信用贷款占新增贷款的 73.89%，首贷占新增贷款的 8%。"好帮手"微贷产品已成为该行服务农户、支持微小客户的主打信贷产品，推动了全行服务理念更新，实现了信贷业务向小额化、便民化、特色化的战略转型，贷款结构得到明显调整与优化调整。

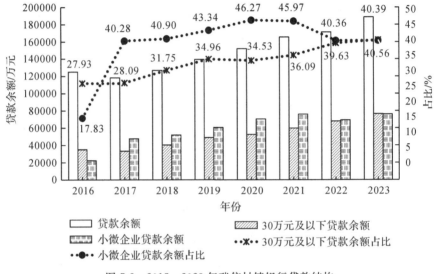

图 7-8　2015—2023 年瑞信村镇银行贷款结构

资料来源：甘肃省庆阳市西峰区瑞信村镇银行年度报告。

三、整体授信与西郊菜市场普惠金融服务创新

西郊瓜果蔬菜批发市场（以下简称西郊菜市场）位于庆阳市西峰区近郊，1999 年搬迁至现在的经营地点，占地面积 80 亩左右，市场内有商户 287 户（不含市场外商户），系庆阳市西峰区西郊瓜果蔬菜有限责任公司旗下产业，公司注册资金 2000 万元，股东 300 人，公司股东近几年每年人均分红 2 万元左右。2018—2023 年，市场每年千万元左右收入构成主要为租金收入和进场服务费收入，租金依据地理位置不同收取标准不同，每年市场内租金收入 500 万—600 万元，每天 9 点之前进场经营的商户需缴纳一定的服务费，9 点之后免费进出。西

郊菜市场以批发为主,大部分蔬菜从西安进购,部分市场内的商户在蔬菜旺季前往南方收购(例如大蒜、洋芋、洋葱等),市场面对的客户群体主要为庆阳市七县一区的小型蔬菜市场商户、超市、蔬菜零售商、各餐饮店、学校、医院等,下游客户群体遍布七县一区的各行各业,销售量较大,凌晨 2 点至上午 9 点为营业高峰期,9 点以后的零星购买系西峰辖区内买主。

针对西郊菜市场商户经营特点、商业银行传统营业服务时间不匹配的特点,瑞信村镇银行自 2018 年 6 月 18 日成立微贷中心以来,持续开展西郊菜市场错峰营销(早市营销),联手街道、市场监管部门定期举行宣传推介活动的同时,微贷中心客户经理(兼职内训师)带领培训生通过持续不间断的多轮挨家挨户宣传走访、分组交叉营销、微信群营销等方式获取客户信息,以入户调查、眼见为实、自编报表和交叉检验等本土化的 AFR 微贷技术识别与处理客户软信息,有序推进西郊菜市场整体授信工作。同时,客户经理在开拓市场做实商户普惠金融服务的同时,微贷中心团队也专心调查、研讨商户经营特点,摸索商户经营、盈利规律,完成了西郊菜市场行业报告,为西郊菜市场"数据驱动、线上流程、行业专家、现场交叉"创新型服务与专业市场整体授信模式奠定了基础,极大地提升了行业服务的标准化程度和市场金融弱势客户普惠金融服务的质效。截至 2023 年 6 月底,商户信息采集率达 100%,授信率达 50%,该时点有贷款余额 64 户,用信率达 23%,不良率为零,取得了良好的社会经济效益,得到市、区政府领导高度肯定。

(一)西郊菜市场经营及其风险分析

1. 西郊菜市场商户情况分析

为精准掌握西郊菜市场商户金融需求,微贷中心设计调查问卷,随机发放并收回问卷后共获得有效商户信息 145 户,覆盖率为 52.16%(见表 7-4、表 7-5)。

表7-4　商户户主年龄、经营年限

户主年龄	户数/户	占比/%	经营年限/年	户数/户	占比/%
30岁以下	12	8	1—3	14	10
30—40岁	55	38	4—5	29	20
41—50岁	60	41	6—10	52	36
50岁以上	18	13	10以上	50	34
合计	145	100	合计	145	100

表7-5　商户信贷服务、潜在贷款需求

现有信贷情况	户数/户	占比/%	未来信贷需求	户数/%	占比/%
10万元以下	21	42	有	100	68.97
11万元—30万元	20	40			
31万元—50万元	7	14	无	45	31.03
50万元以上	7	4			
合计	50	100	合计	145	100

　　表 7-4 显示,西郊菜市场内有 41% 的商户年龄分布在 41—50 岁,该年龄段商户身体状况相对较好且资产状况良好;经营年限普遍较长,其中经营 5 年以上者占比为 70%,通过前期逐户扫街营销还了解到,市场中的大多数商户为夫妻店、父子店,稳定性较强。

　　表 7-5 显示,抽样调查走访商户 145 人,其中 50 人已有贷款,由此推算市场贷款覆盖率为 35% 左右,近期有信贷需求商户占比 68.97%,说明目前已有贷款的商户贷款额度不足,问卷调查时点为市场经营淡季,下半年经营旺季贷款需求仍较强劲。信贷总需求量为 2242 万元,该数据为市场经营淡季调查结果,每年第三、第四季度为西郊菜市场的经营旺季,信贷需求主要集中在后半年,预计实际信贷需求高于抽样调查结果数据。

　　2.西郊菜市场进货渠道及影响利润的主要因素

　　经过前期逐户走访商户了解到,他们的进货渠道多为西安、银川、南方及本地。市场内的大部分商户从西安新桥蔬菜批发市场进购蔬菜,旺季时 2 人进购一车蔬菜,淡季时 4—5 个商户联合进购一车蔬菜,每车运费 1300—1400 元(冬季较夏季运费有所增加),市场内自有半挂车辆的商户较少,大部分商户用车主要依靠租赁;银川是西安之外的第二大蔬菜进购市场,每车蔬菜运费 1500—1600 元(冬季较夏季运费有所增加),由于前往银川路途较远但进价较便宜,蔬菜主要靠合租半挂车进购,损耗较大;市场还有部分商户在蔬菜成熟旺季前往南方产地收购大蒜、土豆、菠菜等产品,前往产地收购的商户大多为合伙经营者,因每次收购需要 5—7 天,较费时、费力,但利润较高;还有西峰本地采购,大棚蔬菜成熟期,西郊菜市场蔬菜主要从本地进购,本地蔬菜大棚主要种植菠菜、油菜和蘑菇。本地进购蔬菜运费较低、利润较高,但种类较少、供应期较短。

进货成本、运费及进门费为商户费用开支中的大项开支，不同的蔬菜进购渠道产生的运费、进门费以及相应的销售方式均有所不同，对损益的影响较大。西郊菜市场销售模式主要是批发和零售。批发模式主要面向的客户群体为七县一区的超市、蔬菜店、菜市场、大型酒店等，批发毛利率较低，但数量较大；零售模式主要面向西峰各机关单位、学校、酒店、散户等，利润较高，但数量相对较低。以西郊菜市场需求量最大的蔬菜、干调、大肉为例，毛利率构成情况如表 7-6 所示。需要说明的是，以上毛利率为加权平均毛利率，每个商户会略有不同，如蔬菜价格变动较大，上午新到货的新鲜蔬菜和下午销售的剩余蔬菜售价不一样；干调有买赠活动、部分商户的部分干调品牌有返点收入，这些均会影响具体的毛利率，客户经理现场调查时需充分考虑这些因素。

表7-6　批发、零售毛利率情况

种类	批发毛利率/％	零售毛利率/％
蔬菜	20	45
干调	10	15—20
大肉	10	15

商户进场服务费支付情况因车辆大小而异，6.8 米货车每次 300 元，四桥货车每次 450 元，半挂货车每次 600 元；租金及雇员工资租金支付标准由市场决定，位置不同略有不同。雇员主要工作为送货，大部分为固定工资，每月 4000—5000 元，个别按照送货趟数支付，一般为每次 15 元。

3. 西郊菜市场风险分析

第一，经营风险。一是应收账款是否控制在合理的范围内，应收账款形成的风险为西郊菜市场商户最大的经营性风险；二是市场中的商户，尤其是蔬菜经营户承租货车前往西安及南方地区进购蔬菜，部分商户凌晨出发前往各县城销售蔬菜，有一定的交通安全隐患；三是部分商户低价购入大量蔬菜等价格上涨后再出售，若价格在长时间内变动较小会造成蔬菜腐烂，损失较大。

第二，行业风险。一是蔬菜保质期较短；二是夏季营业额变动较大，对还款能力影响较大，夏季为本地蔬菜的成熟季节且农村蔬菜大量上市，部分用量相对较小的商户会购买本地蔬菜，对西郊菜市场生意影响较大，时长一般为 2—3 个月；三是卫生检查不合格，城管、工商部门、食检局经常对市场情况进行检查，市场中常有商户以关门应对，此类情况检查处罚力度相对较大。

第三,信贷风险。一是借款人经营不善,店面倒闭;二是借款人挪用资金投入高风险行业;三是信贷员的操作风险、道德风险、违反行风行纪等风险。

(二)西郊菜市场普惠金融服务技术与创新

1.主要技术

(1)应收账款测算

西郊菜市场的商户大部分欠账较多,一般为滚动式循环,调查时需要注意查看应收账款金额及形成时间(一般按照一年期以内计入损益表)和结账周期及占比,同时需要关注往年形成的坏账比例,应收账款一般均有简单记账,需要逐笔核实,若应收账款较多且占营业额的比重较大,说明营运资金过多呆滞在应收账款上,影响正常资金周转及偿债能力,贷款风险相对较大。市场中存在少量商户应收账款金额较大且回收困难,造成其流动资金紧张,需要不断将留存用于弥补流动资金周转的恶性循环。应收账款周转率=销售收入÷(期初应收账款+期末应收账款)÷2。一般建议应收账款周转率为 3,应收账款周转率越高,说明其收回越快,但应收账款周转率要与市场中商户的经营方式结合考虑。"季节性经营的商户(市场中较少见)""大量使用现金结算的销""年末大量销售(市场中较常见)"等情况下,该指标不能反映实际情况;年末为销售最旺季,销售量为全年中最大,应收账款比例也较高,此时也不能通过应收账款周转率进行衡量。

(2)营业额测算

营业额的获取有以下三种方式:一是查看微信收款记录中的经营报表(收款小账本—经营报表),然后询问客户现金和微信的占比,由此推算全月营业额,此方法对于经营蔬菜、干调、大肉的客户均适用,但运用此方法时一定要注意查看经营报表而不是转账记录,一般情况下转账记录远远大于经营报表中的数据,易造成高估营业额、虚增利润的情形;二是查看销售清单,逐笔汇总营业额;三是通过进货成本反推营业额,营业额=日进货总金额÷可变成本率×30,此方法对于经营蔬菜的商户较为适用,蔬菜基本是 1—2 天进购一次。

(3)交叉检验

毛利率一般通过抽样进行交叉检验,抽样时需要注意占比情况,同时一定要注意询问的进价和售价是否真实,若不真实将直接影响到月可支配收入及贷款额度的测算,可采用同行业相比较的方法确定进价和售价的真实性。以蔬菜为例抽样测算毛利率(见表 7-7)。

表7-7　毛利率测算(以蔬菜为例)

种类	进价/(元/斤)	售价/(元/斤)	毛利率/%	占比/%	加权毛利率/%
西红柿	1.3	1.6	19	20	3.8
蒜	2.3	2.7	15	10	1.5
甘蓝	0.2	0.6	67	20	13.4
胡萝卜	1.1	1.4	21	10	2.1
土豆	1.9	2.2	14	40	5.6
合计	—	—	—	100	26.4

营业额的交叉检验。将客户口述与记账记录对比进行交叉检验;将客户口述的营业额与微信小账本收款记录进行交叉检验;将客户口述的年留存与损益表计入的营业额测算的留存进行交叉检验;将客户口述的销售清单营业额与由成本推算的营业额进行交叉检验,用此方法对营业额进行交叉检验时,需要注意首先询问客户销售清单是否齐全、每笔销售是否均开立销售清单,若不是每笔销售都开立销售清单,则需要询问每月不开立销售清单的销售额或其占比。

2.主要做法

西郊菜市场普惠金融服务创新与业务开拓主要经历了以下三个阶段。

(1)扫街营销吸引客户(2018 年 6 月至 2019 年 8 月)

经过 AFR 微贷项目前期理论与实践培训,微贷中心微贷客户经理具有"微弱情怀"和微小贷款技术,十分渴望把所学运用到实践中。作为新成立的微贷中心,在此阶段没有任何存量客户,扫街营销是获客的首选渠道。微贷中心成立的第一年,每位客户经理本着原生态客户经理首先服务好"四没有""四有""四缘"类原生态客户的原则,在选择沿街商铺、商户扫街营销的同时,也关注商户比较集中的西郊菜市场的商户经营及资金需求情况。面对商户多次否定瑞信村镇银行产品和服务的情况,微贷客户经理还需摆正心态,不求做成商户业务,但求商户了解瑞信、知道瑞信金融产品与服务、有资金等需求时能想到瑞信,每月集中安排 2—4 次前往西郊菜市场进行早市(错峰)集中扫街营销。微贷客户经理装着"红马甲"挨家挨户发放宣传彩页,了解商户资金需求情况,扫街营销过程中每位客户经理严守"六不准"铁纪律,并经常为商户提供"换零钱""搬货""理货"等力所能及的服务。随着时间的推移和扎实服务的推进,商户慢慢开始愿意咨询简单业务,态度也开始转变。

(2)匠心服务赢得客户(2019 年 9 月至 2021 年 5 月)

在第一阶段的扫街营销,微贷中心获取了众多原生态客户,并通过"微贷款、铁纪律、强服务"的服务理念和过硬的微贷服务技术,发掘了众多劳动意愿强烈、勤劳守信的原生态客户,通过这些优质客户在"生活圈""生意圈"的示范带动效应,微贷中心客户经理的微贷服务技术得以进一步固化与优化,取得了极好的社会效应。基于前期积累的行业经验和扎实的线下服务技术,微贷中心将深耕西郊菜市场、做实行业服务以批量获客确定为微贷中心第 2 年的主要目标。微贷中心制定了系统主攻西郊菜市场的网格化扫街营销计划,早期要求微贷客户经理手工绘制市场摊位、金融服务网格图并定期更新商户信息,强化商户服务黏性、精准服务每一位商户。期间,利用传统节假日与商户共同举办诸如"包粽子、中秋赏月"等活动,为商户定制具有统一标识的工作服,发放食品袋等,渐渐拉近了与商户的距离。截至 2021 年 5 月底,成功发放 60 余笔"好帮手"微贷,为进一步拓展市场业务打下了坚实的基础。由于西郊菜市场商户具有种类繁多的下游客群,微贷客户经理加强了对存量客户的营销,并在存量客户"生活圈""生意圈"中产生了越来越好的示范带动效应,渐渐赢得了广大商户的认可,转介绍客户数量大幅增长,其中批发经营的某大肉商户曾某半年内转介绍其"生活圈""生意圈"的客户多达 15 位,极大地鼓励了微贷客户经理的扫街营销和服务微弱客户的积极性。

(3)线下线上融合赋能批量获客(2021 年 6 月至今)

在前期微贷客户经理固化的"扫街营销,入户调查、眼见为实、自编报表、交叉检验"线下主导的微小客户软信息获取、识别与处理信贷技术基础上,亟须扎实推进"数据驱动、线上流程、行业专家、现场交叉"线下线上融合赋能普惠金融服务模式,以提升西郊菜市场行业服务的标准化程度和金融弱势客户普惠金融服务的质效。

此阶段,微贷中心做了三项工作。一是在行高层人员的推动和帮助下,对商户进行全面的问卷调查并测算其潜在的信贷需求。通过问卷调查分析发现,市场中有 41%的商户年龄处于 41—50 岁,该年龄段商户成熟稳重,身体状况良好且具有丰富的从业经验;70%多的商户经营年限在五年以上,经营相对稳定且经营扩张愿望强烈,显现出市场有着较大发展空间和广阔的发展前景。二是完成了西郊菜市场的行业报告编写工作。由微贷客户经理根据贷前、贷中、贷后服务客户经验自主编制完成的市场行业报告,系统总结了西郊菜市场每个行业的利润构成、每位商户家庭情况及相应贷款调查技术与风险防控措施,极大地提升了微贷客户经理行业服务专业能力。三是完成了西郊菜市场的整体授信工作。基于前期扎实的线下基础和微贷客户经理行业服务能力,围绕"普惠、足额、便捷、便宜"的普惠金融理念,以专业市场、行业协会等为对象开展集中评级授信,实施"数据驱动、线上流程、行业专家、现场交叉"微小贷款线下线上融合服务模式,全面提升西郊菜市场普惠金融服务效能。具体而言:①信息采集与无感授信。本着"两有一无即可贷、应授尽授和应贷尽贷"的普惠金融服务原则,重点采集商户姓名、经营项目、经营年限、联系方式、缴纳租金及家庭成员等基本信息,注重收集嗜赌、吸毒、融资、逾期等负面信息并经商场管理部门、户籍所在地部门核实,全面采集商户及其家庭成员"市场信用商户""道德模范户""环境治理文明商户""爱心志愿者"等荣誉信息并统一导入快贷系统。基础信息完整且符合"两有一无"的商户,整个授信过程无须提供任何资料,无需填写任何表格,"无感"获得3万至5万元基础授信。②有感反馈。对获得基础授信的商户,由网格化微贷客户经理通过线下常态化扫街、金融夜校、政银联合工作小组组织的相关活动加快商户授信额度的反馈,让其知晓该项工作给他们带来的好处,并明白如何使用,即签约后在额度内可线上随用随贷、不用随还。③便捷增信。针对商户超过基础授信额度的贷款需求在线上提交相应资产、收入、权益等信息,经具备行业专家型网格微贷客户经理线下调查和现场交叉检验,合理进行额度追加。④贷款管理。网格化微贷额度经理每天需登录信贷系统及快贷系统关注贷款风险预警,时刻关注客户用信、贷款用途及生意情况,必要时现场调查并做实交叉检验等工作。

（三）进一步完善的措施

1.微贷技术具有普遍适应性,需要团队专心探索与高层持续支持

微贷项目本土化及"好帮手"微贷业务运营初期,质疑、怀疑的声音经常出现。在高层人员的支持和微贷团队的持续努力下,项目及业务的运营相继经过"完全怀疑""半信半疑""深信不疑"三个阶段。客户的怀疑或许源于早期银行个别客户经理欠规范服务所受到的"伤害",根本原因还是对目前银行的新产品、新服务不了解。瑞信村镇银行西郊菜市场业务实践表明,无论是面向街边的个体工商户,还是专业市场较成熟的商户,微贷技术同样适用,只是在技术本土化的过程中需要团队不断探索、不断总结,当然更需要高层人员精准定位的

坚持与相应制度的支持。

2.专业市场整体授信值得开拓,需要线下线上融合赋能扎实推进

专业市场系民生工程,需求呈现多层次性且刚性强,商户"生意圈、生活圈"资源资本化空间广阔,需要一支具备纯洁性、专业性和战斗力的队伍提供多层次的简单、便捷、专业的金融服务。通过打造一支具备"扫街营销、入户调查、眼见为实、自编报表、交叉检验"看家本领的微贷客户经理队伍持续为弱势客户提供强服务,积累基础客户群并收获其成长过程中和"生意圈""生活圈"中的示范带动效应;通过深耕行业,建立"一业一策",让客户经理成为某一行业的专家,提供行业化的综合普惠金融服务方案,提升服务价值;通过拥抱金融科技,持续推进"线上线下融合"的"数据驱动、线上流程、行业专家、现场交叉"的小微金融服务新模式。

3.商户多元化需求日显突出,以信贷为主的服务需逐渐发展为综合性服务供给

随着社区化的不断下沉深入,专业市场尤其是高度关联的"生活圈""生意圈"业态丰富、需求多元,既存在未被金融服务覆盖的信贷"白户",也有对金融及金融外服务具有较高专业要求,单一传统信贷产品越来越难以满足商户多元化需求。因此,客户经理既需要具备扎实的行业知识和过硬的线下线上融合的信贷调查技术,还需要具备丰富的社区村居工作经验和财富管理能力,主动为客户提供个人和家庭的综合服务方案,探寻陪伴客户共同成长、促进共同富裕的机会。

四、启示

瑞信村镇银行 AFR 微贷项目六年多的运行实践表明,小微贷款技术具有可复制性,微小客户等"穷人"是值得小微银行服务的,特别是通过训练有素的原生态(年轻)客户经理的规范服务,助推"穷人"所拥有的"四有""四源"等资源变成财富的同时,年轻员工也得以成长,小微银行与微小客户有必要且能够实现良性互动。

(一)君子爱财,取之有道

严守"六不准"铁纪律,婉拒红包、礼品、吃请,既是服务原生态客户的客观需要,也是原生态客户经理取得较好经济收入的可靠渠道。一餐饭、一件礼品、一支烟,看似是微小客户表达感谢的方式,但对于平时全家一天生活费仅一二

十元的微小客户而言,数百元饭钱、礼品钱等开支全是增量成本,绝不可轻视。更为重要的是,严守"六不准"铁纪律成为客户经理习惯,遍布城乡的广大微小客户一旦认为"六不准"铁纪律不是作秀,而是一种服务标准后,"请吃饭""送礼品""发红包"等感谢方式便会转变为守信和介绍客户。较主动营销获客相比,客户在其"生活圈""生意圈"的宣传,更有说服力,甚至有的客户成了"第二客户经理梯队"。据统计,在管户数达到 100 户左右的微贷客户经理,客户转介绍客户占比高达约 60%,原生态客户的邻里示范效应十分明显,为客户经理、银行及社会带来的积极影响难以估量。

(二)"穷人"是值得小微银行服务的

瑞信村镇银行 AFR 微贷项目运行及"好帮手"微贷自投放以来,服务的原生态客户占比达 50% 以上,2020—2023 年全行新增贷款中"好帮手"微贷占比近 70%,微贷客户经理易亲近"穷人"的服务素养及其带来的效应十分明显。通过训练有素的微贷客户经理与这些长期被传统金融服务边缘化的微小客户建立良性互动初始关系,使其事业得到发展的同时,生活信心、金融常识等综合素养也得到提高,由此带来的邻里示范等"四大效应"十分可观。同时,微小贷款业务也为小微银行带来了可观的经济效益和良好的社会效应,员工更是得到了成长。

(三)行风行纪等廉洁信贷文化的建设是微小贷款最有效的风控

从实践来看,微小贷款最大的风险是员工的道德风险与操作风险。为此,需要把员工的规范服务放在十分重要的地位,通过严苛的纪律保证客户经理在整个办贷过程中的廉洁与高效,对员工道德风险实行零容忍。浙江大学 AFR 微贷项目对微贷客户经理在工作中的一举一动、一言一行实施严格的行为规范和行为准则要求,微贷客户经理为客户提供服务时不能提出额外要求,坚守"六不准"铁纪律,否则将受到严肃处理甚至清退。着力建设廉洁的信贷文化,一方面可以取信于微小客户、赢得微小客户,提升银行的社会形象,切实降低微小客户的实际融资成本;另一方面可以激发微小客户的感恩心理,提升其还款意愿,并且利于在微小客户没有按时还款时,实施严格的贷款监督与回收机制,从而有效降低贷款风险。

（四）欠发达县域对微小贷款技术复制推广需求更为迫切且综合效果更明显

AFR 微贷作为一项技术、一种运行模式，助推了瑞信村镇银行突破发展瓶颈，其实践过程及经验表明，在微贷技术的本土化与优化发展中，地区环境、创业氛围、微小客户金融意识和素养重要但非必要，AFR 微贷具有可复制性且欠发达县域复制推广的需求更迫切、边际效应更大、综合效应更显著。浙江大学 AFR 微贷项目在广西、江西、山东、安徽等地的实践支撑了上述结论。此外，浙江台州银行在江西赣州、重庆渝北和黔江等地区主发起设立的多家"银座系"村镇银行及浙江温州鹿城农商银行在贵州众多地区主发起设立的 27 家"富民系"村镇银行的优良表现也一致表明[①]，微小贷款技术和服务模式不存在地域的限制，可以广泛复制。其关键在于高层透彻理解小微银行回归本源、坚守定位的重要意义，进而充分认识到并坚信小微金融可以做好、做精、做强、做大，但前提是需要有情怀、有兴趣的团队花时间和精力去实践，微小贷款理念与技术的本土化与优化发展更需要银行高层精准定位的坚守与相应制度的支持。

第三节　案例 3："线下、线上"双向赋能与江山农商银行"惠农快车"创新发展

2023 年 10 月，第六次中央金融工作会议首次提出"金融强国"建设目标，强调金融是国民经济的血脉，要以金融高质量发展助力强国建设。中国式的金融强国之路更需要强调金融的普惠性，客户链条应逐步下移，充分关注数量众多的中、小、微企业和规模庞大的中低收入阶层的融资需求（吴晓求，2024）；让普惠金融成为帮助广大中低收入阶层尤其是其中的弱势群体改变自己命运的机构，促进其信用等资源变成财富（吴晓灵，2015）。同时，我们更应清醒地认识到，中国式现代化是人口规模巨大的现代化，也是全体人民共同富裕的现代化，必然要求与之相适应的县域高质量的普惠性金融产品与服务的支撑。普惠金融富民，民富则国强。作为"科技金融、绿色金融、普惠金融、养老金融、数字金融"中（以下简称"五大金融"）与小微银行、微小客户高度相关的普惠金融，其高质量发展离不开小微银行、微小客户间良性互动机制的构建与可持续发展。在

---

① "银座系""富民系"村镇银行优良表现等相关内容详见第六章第一节脚注部分。

数字金融创新发展日益深入的背景下,通过剖析发达地区先进行社浙江江山农商银行(浙江大学 AFR 微贷项目首个合作单位)1999 年开始并持续创新升级的"惠农快车"案例,厘清农商银行持续做实"线下、线上"双向赋能的机制与要件,以期为农商银行拓展服务微小客户的广度、深度,强化服务黏性提供一个真实的案例支持。

一、江山农商银行 AFR 微贷项目本土化与优化发展

(一)江山农商银行概况

江山农商银行地处中国东部浙闽赣三省交界处江山市(县级市),由衢州市代管,是浙江省的西南部门户和钱塘江源头之一。唐武德四年(公元 621 年)建县,1987 年撤县设市,区域面积 2019.48 平方公里。AFR 微贷项目启动前的 2010 年末,江山市人均生产总值、城镇居民人均可支配收入和农民人均纯收入分别达到 28053 元、20138 元和 9345 元(同期,全国三项指标分别为 29992 元、19109 元、5919 元,浙江省三项指标分别为 52421 元、27359 元、11303 元);同期,江山市金融机构期末存款、贷款余额分别为 183.1 亿元、165.1 亿元;江山农村合作银行存款、贷款余额分别是 54.91 亿元、40.77 亿元,不良贷款率为 1.29%,市场份额分别为 29.99%、24.69%。2023 年末,户籍人口 60.44 万人,辖区内有 12 镇 5 乡 2 街道和 292 个行政村 13 个社区,全市城镇常住居民人均可支配收入 62980 元、全市农村常住居民人均可支配收入 36786 元;同期,金融机构期末本外币存款、贷款余额分别为 859.24 亿元、817.02 亿元,江山农商银行存款、贷款余额分别是 384.93 亿元、271.19 亿元,不良贷款率为 0.75%,市场份额分别为 44.80%、33.19%。近年来,江山市所有居民、城镇居民和农村居民的人均可支配收入三项指标均高于全国同期水平(见图 7-9)。

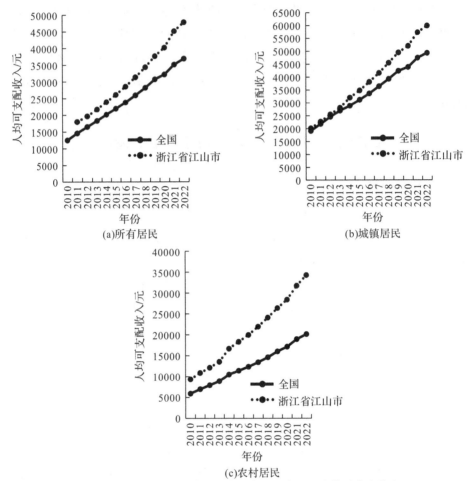

图 7-9　2010—2022 年全国及浙江省江山市居民人均可支配收入

资料来源：国家统计局官网 http://www. stats. gov. cn/；江山市统计局官网 http://www. jiangshan. gov. cn/；衢州统计年鉴。

注：因数据缺失，2010 年浙江省江山市居民人均可支配收入在图中未显示。

江山农商银行正式成立于 2015 年 1 月 30 日，起始于 1954 年 6 月何睦农村信用社，先后经历了江山市信用联社（1987 年 11 月）、江山农村合作银行（2008 年 6 月）的发展阶段。自 2004 年浙江农村信用社改革尤其是 2008 年江山农村合作银行成立以来，该行始终坚持"小额、流动、分散、本土化"信贷原则，2009 年开始支持每年做实省农信联社统一开展的"走千家、访万户、共成长"劳动竞赛活动，各项业务得以快速发展，是江山市最具影响力、市场份额占比最高、网点覆盖最广、居民普惠度最高、公众满意度最高的银行，是支持江山"三农"和"小微"发展的主力军,为做实、做强"千万工程"贡献了农信力量;值得强调的是,2010 年以来,辖区内股份制商业银行、城市商业银行纷纷进驻以及当地建信村镇银行、数家小额贷款公司等迅速兴起,辖区内信贷市场竞争越来越激烈。该行秉承并不断发扬"三水"精神和"背包"精神,市场业务定位上坚持做其他银行不愿做、不能做、来不及做但又是该行必须做且能做的事,牢固确立了"不求最大,但求最优;不求最大,但求最强"的发展理念,固守服务"三农"和"支农支小"的发展方向,坚持做微、做专,持续往下、往深做,在"微小贷款与普通小额惠农贷款"融合创新发展的道路上取得了不俗的成绩。截至 2023 年末,江山农商银行拥有 1 家营业部、9 家支行及 32 家分理处、共 41 家营业网点,并建成社区金融便利店 1 家、丰收驿站 303 家,拥有员工 527 人,存、贷款余额分别为 384.93亿元、271.19 亿元,不良贷款率为 0.75%,存、贷款市场份额分别达 44.80%、33.19%,存贷总量连续 22 年保持江山金融同业第一,与成功推出"政银联动、无感授信,有感反馈,便捷增信"(以下简称惠农快车 3.0 版)一年后的 2020 年底相比,存款、贷款分别增加 129.75 亿元、97.16 亿元,较 2020 年底存款市场份额增加 2.08 个百分点、贷款市场份额减少 3.16 个百分点。[1] 尤其值得一提的是,该服务实现了 18—65 周岁的全民客户授信全覆盖,为他们提供了无感、足额、便捷、便宜、纯信用、惠利率的个人微小贷款服务体验,做到了真正的便捷化数字普惠金融,其中用信占比近 30%,微小客户微小贷款服务质效得以显著提高。

综上,江山市经济金融发展水平及江山农商银行发展速度、资产规模、资产质量等,均位列全国县域前列,为 AFR 微贷项目本土化与优化发展打下了坚实的基础。

（二）AFR 微贷项目本土化与"小营生微贷"创新发展

自 2008 年江山农村合作银行成立以来,众多金融机构纷纷入驻江山,银行特色金融产品激烈竞争,人性化服务及科技能力正面比拼,辖区信贷市场竞争越来越激烈;同时,随着"新三农"的深入发展和城乡统筹的深度推进,离地、失

---

[1]2020 年底,江山农商银行存、贷款余额分别为 255.18 亿元、174.03 亿元,市场份额分别为 42.72%和 36.35%。为强化大行普惠性贷款业务考核,2018 年、2020 年银(保)监会分别将原来"两个不低于"的小微贷款考核升级为"三个不低于",并进一步精准明确"两增两控"与"增量、扩面、提质、降本",还首次提出着力提高"首贷户"、信用贷款和续贷业务占比,对大中型银行小微贷款业务和服务质量提出了更具体的量化考核指标。如此背景下,江山农商银行能保持如此成绩,实属不易。

土的新生代农民不断增加,新生代农民、新生代居民,还有街边的小摊贩、家庭的小作坊主具有强烈的自主创业热情,但因起步低、微创利,难以获得正规金融机构的金融支持,亟待其身边的农信机构信用贷款支持;面对新生代自主创业的微型企业主、个体工商户、农户等微小客户的融资需求,亟须对江山农村合作银行近些年新转岗或即将转岗从事信贷的客户经理进行系统的培训以提升业务素养,适应新的客户融资需求(何琛,2015)。基于以上事实,行高管、AFR 微贷项目组经过多次实地调研、交流、论证,于 2011 年 3 月 25 日正式启动了 AFR微贷项目。该行 AFR 微贷项目运行主要经历了以下三个阶段(何琛,2015;严谷军等,2021)。

1. 项目组主导的 AFR 微贷项目一期培训、微贷团队打造与微小贷款产品试验阶段

2011 年 3 月至 2011 年 8 月:AFR 微贷项目一期培训主要是在浙江大学AFR 微贷项目组(以下简称项目组)主导下,按照项目组要求在全行择优选择首批微贷培训生,并成立由行高层人员担任组长的 AFR 微贷项目领导小组和微贷学习小组。项目组负责微贷技术固化期间微小贷款培训资料编写,每月驻地交流指导,协助微贷中心团队组建、制度建设、微贷技术中后期优化期间经验总结与提升等工作;领导小组负责市场决策、人员调配、机构设置及新产品开发的统筹、协调与管理工作;学习小组坚持兼职自学微贷资料为主、定期交流,通过前期微贷市场调查、微小客户走访,产品设计、市场宣传、微贷流程、业务考核与风控制度的建设等,固化微贷理念与技术,初步打造出一个学习型、创新型,懂规矩、守纪律,且具备自主复制能力的微贷团队,为微贷业务的可持续发展打下人才基础。由 AFR 微贷项目组主导打造基本具备微贷技术自主复制能力与内训师素养的"1+3"微贷团队(1 名微贷中心主任、3 名微贷客户经理),积累"资料篇""纪要篇""心得(周记)篇""案例篇"等 50 余万字的本土化内训辅助资料,开发专为长期被传统金融服务边缘化的微型企业主、个体工商户、农户等微小客户量身定制的"小营生微贷"产品。

2011 年 9 月至 2011 年 12 月:微小贷款产品服务创新与试验固化阶段。这个阶段主要开展微贷核心技术的本土化等实践,2011 年 11 月 30 日,微贷中心客户经理甲投放了第一笔"小营生微贷",金额为 4 万元("四没有"纯信用微贷客户),期限一年,客户用于购买灯具,按月等额等息还款。在此期间,小组成员共发放 6 笔、累计金额 50 万元的"小营生微贷",完成 6 篇在客户软信息的获

取、识别与处理中的心得与感悟；小组成员重点对前期培训成果、制度流程进行实践，并注重"人师"素质的培养与提升。微贷投放重在"求质"，客户经理要在摸索中逐渐掌握微小贷款技术与培训师技能，以"摸、探、学"为主。微贷技术学习遵循先固化后优化的原则，先确保做成功，把基础打牢，再逐步扩大规模和效应。

2. 微贷中心主导、项目组支撑的二期培训与业务小规模推广阶段

2012 年 1 月至 2012 年 7 月：本阶段由微贷中心主导，浙江大学 AFR 微贷项目组制定培训计划、下达培训阶段性任务并每月驻地一次进行阶段性评估与交流，实行微贷中心主导、AFR 微贷项目组支撑、一期培训生实施的"1＋1＋1＋3"联动培训模式（1 名内训师带 3 名二期培训生的"师徒式"小组模式）。通过广泛宣传动员报名、笔试、面向全行柜员中挑选出二期 9 名微贷培训生，由微贷中心主导并实施每周一次的集中兼职培训交流，每名内训师具体负责小组 3 名培训生日常作业、扫街、模拟调查及实地调查等指导，AFR 微贷项目组定期评估、交流。6 个多月后，经过 AFR 微贷项目小组、江山农村合作银行相关部门联合考核（理论阶段、实习阶段、结业前综合考核），9 名培训生全部合格，其中综合评分 90 分及以上的优秀培训生 4 人，极大地充实了微贷中心后备力量；同时，实践总结出"员工报名—自主笔试、面试—不脱岗培训"的本土化培训流程及"1＋1＋1＋N"联动培训模式；汇总梳理出一整套本土化微贷培训教材与案例，积累了宝贵的微贷培训经验与资料，扩大了微贷内训师队伍。

2012 年 8 月至 2012 年 12 月：2012 年 8 月 16 日，6 名二期培训生转岗进入微贷中心，专职从事微贷业务和员工内训工作，极大地充实了微贷中心人员力量；同期"小营生微贷"业务也得以快速发展，2012 年微贷中心"1＋9"团队（其中 6 名二期培训生 2012 年 8 月脱产进入微贷中心）受理调查"小营生微贷"510 户，投放 254 笔，累计支持微小经营客户 243 人（其中原生态客户占比近 60％），金额 3833.5 万元，笔均 15 万元，余额 2837 万元，不良率为零，日均贷款余额 747 万元，收息 107.5 万元，百元贷款收息率 14.38％，高出全行水平 3.6 个百分点，取得了良好的社会经济效应。员工内训方式、年轻员工成长、规范服务及客户评价等渐渐地得到全行员工的认可并获得行中高层领导高度评价，基本形成了"浙江江山农村合作银行微贷培训生选拔、培训、考核管理办法""浙江江山农村合作银行后备客户经理管理办法""浙江江山农村合作银行微贷管理条例、流程、流程操作要点""浙江江山农村合作银行微贷业务绩效考核、风控管理办

法""浙江江山农村合作银行微贷客户经理工作纪律"等系列制度,为 AFR 微贷项目在浙江省内、外推广与可持续发展打下了坚实的基础;随着"小营生微贷"业务的发展,2012 年 9 月江山农村合作银行通过与外部科技公司合作,开始自主打造"电子微贷平台"系统,提升了微贷中心业务运营与管理效率(见表7-8)。

表7-8 2012年江山农村合作银行微贷中心业绩

时间段	客户经理人数/人	发放数量/笔	发放金额/万元	微贷余额/万元	不良率/%
全年	首期3	160	2229.5	1473.85	0
8—12月	二期6	94	1604.0	1363.75	0
合计	9	254	3833.5	2837.60	0

资料来源:江山农村合作银行微贷中心。

3. 三期及后续的微贷中心独立培训与微贷业务全面营销,"微贷、普贷"融合发展全面营销阶段

2013 年 1 月至 2013 年 11 月:三期微贷培训是江山农村合作银行微贷中心依靠自身培训师开展的独立微贷培训,进一步检验和完善了该行"1+N"微贷培训模式。本次培训,共培训合格行内培训生 9 人,微贷社会营销员培训生 19 人。同时本阶段也是该行尝试"社会营销员管理实践"、微贷业务开始规模化运营与快速发展的阶段。

社会营销员管理实践。微贷社会营销员是该行微贷业务发展过程中社会化用人的一次新尝试,微贷社会营销员的加入,给微贷中心业务日常运营、管理等带来了新的挑战,也为"小营生微贷"的可持续发展积累了宝贵的经验。2013 年 1 月 13 日,三期 12 位微贷培训生"1+3"微贷联动培训开始,同时首批 30 位微贷社会营销员培训生经招收、笔面试入围后同期开展微贷业务培训。8 月至 11 月,三期微贷社会营销人员共计 19 人与该行签订微贷业务代理合同书,在微贷管理系统技术平台的支撑下,江山农村合作银行微贷中心开始实施微贷社会营销员业务管理实践新模式。

同时,微贷业务进入全面营销拓展阶段。2013 年 1 月 7 日,二期 3 位培训生进入微贷中心,微贷中心员工人数增至 13 人,其中主任 1 人、综合内勤 1 人、客户经理 11 人;2013 年 10 月 18 日,贺村微贷分中心设立,派驻了 9 人的微贷分团队(微贷客户经理 3 人+微贷营销员 6 人的搭配模式),实践微贷"总—分中心"管理模式,积累分团队管理经验。该行微贷中心适应客户市场新需求,在深化服务个体工商户的同时,加大微小生产型企业的金融服务工作与各专业市

场、商城合作,实现了微贷业务较快速发展(见表 7-9),更为微贷业务规模推进及"微贷、普贷"融合发展积累了宝贵的经验。

表7-9　2013年江山农村合作银行微贷中心业绩

时间段	客户经理	发放笔数/笔	发放金额/万元	微贷余额/万元	不良率/%
全年	首期3人	327	6586.3	3531.02	0.1
全年	二期6人	456	10328.5	6070.26	0.0
全年	二期3人	191	4120.0	2237.20	2.2
8—12月	社会营销员19人	580	11544.5	9101.62	0.2
合计		1554	32579.3	20940.10	0.3

资料来源:江山农村合作银行微贷中心。

2014 年 3 月,微贷中心从微贷业务操作的全流程管理、风控及考核各方面,编写建立微贷业务电子知识题库(1000 多道题目)。2014 年 6 月,四期微贷自主培训开始,本次签订培训协议的 A 类微贷培训社会培训生 29 人,行内员工 19 人。2014 年微贷社会营销员招收管理中,微贷中心推出 A、B、C 类营销员分类管理办法,不同类营销员的"入职条件、培训要求、权责范围及管理方式"不同,丰富和完善了该行微贷社会营销员管理。2014 年 9 月,江山农村合作银行微贷中心存款组织余额 4582 万元,日均余额 4932 万元。当年累计发放微贷 2732 笔,金额 5.69 亿元,支持微小创业者 1827 户,月末贷款户数 1233 户,余额 2.56 亿元,户均余额 20.8 万元,累计实现收息 2700 多万元,五级不良 160.6 万元,不良率为 0.63%。其中 2013 年度余额增长 1.8 亿,占当年全行贷款新增量的 15%;户数新增 1140 户,占当年全行个人户数新增的 30%。

截至 2015 年底,江山农商银行微贷人才培训共开展 7 期,累计培训合格员工 81 人,其中任职部门正、副经理各 1 人,支行副行长 3 人,分理处主任 14 人,部室科员 5 人,客户经理及相关信贷岗位 49 人,形成了较为规范的员工内训、客户经理准入制度与年轻客户经理、微小客户互动成长平台。期间,受项目组委托,江山农商银行微贷中心还相继指导了广西、江西、浙江等地的 6 家村镇银行、农商银行 AFR 微贷项目一期培训生为期 15 天的全职实习工作,进一步强化了内训师素养与微贷技术的自主复制能力,形成了较完善的 AFR 微贷项目本土化与优化发展的运行架构和微小贷款业务市场开拓、微小贷款客户经理绩效考核及业务风险防控等保障性制度体系,为江山农商银行"微贷、普贷"融合发展、AFR 微贷项目可持续运行奠定了坚实的基础。

(三)"小营生微贷"产品主要技术与特点

"小营生微贷"产品主要技术与特点体现在以下六个方面。

1. 定位弱势群体

"小营生微贷"的客户有以下明显特征：大多属于原生态客户，经济规模小、没有担保品和抵押物，没有或很少有与银行打交道的经历，文化水平不高，是典型的金融弱势群体，但他们有一定的劳动能力和强烈的劳动（创业）愿望，迫切需要得到正规金融机构的融资、金融知识等整体化服务支持。

2. 免担保、高技术

"小营生微贷"突破抵押担保的限制，以信用或准信用为主，它将客户经理须掌握了解客户的诚信状况和现金流真实情况放在首要位置，基于 AFR 微贷项目系统内训，着力遵循"有劳动意愿、有一定劳动能力、无不良嗜好""两有一无即可贷"等微小客户信贷准入门槛，"下户调查、眼见为实、交叉检验、自编报表"的微小客户"十六字"信贷调查技术，"不看报表看原始、不看抵押看技能、不看公司治理看家庭治理"的微小客户"三看三不看"风控技术（黄军民，2019），以客户的人品及其正常经营所形成的真实现金流（可支配收入）作为贷款依据和还款来源，综合判断其是否符合贷款条件，改变传统信贷对抵押担保的依赖，确保既有还款意愿又有一定还款能力的客户得到微贷专业团队的优质服务，大大降低了小微客户信贷准入门槛。

3. 真便捷、好灵活

"小营生微贷"产品的核心竞争力是"简单、方便、快捷和彼此有尊严"，办理一笔微贷，客户只需到银行 1—2 次，且 2—3 天内办好；贷款期限从 1 个月到 2 年都可，具体根据微小客户的生意情况和还款能力量身定做，采取按月、双月或按季等灵活的分期还款方式。

4. 严纪律、强服务

"小营生微贷"有着严格的操作规范，严格遵守"不准喝客户的一口水，不准抽客户的一支烟，不准吃客户的一餐饭，不准接受客户的任何礼品，不准泄露客户的任何信息，不准增加客户除利息外的任何费用"的"六不准"铁纪律（客户经理服务过程中约半年左右形成习惯），以实际行动降低微小弱势群体的融资成本，除双方协商确定的贷款利息外，无其他任何费用，真正做到客户办贷无任何隐性成本,"阳光"信贷、"阳光"服务。

5.事业部、专营化

"小营生微贷"业务实行事业部管理,总行设立一级部室微贷中心,专营该产品的技术开发、市场拓展、培训服务,履行产品从营销、调查、审批到发放、跟踪及收回的全流程管理职责。2013年10月在本市重点集镇贺村镇设立了第一个微贷分中心,分中心专营"小营生微贷"产品,直接由总行微贷中心负责,微贷中心作为独立的管理部门对全行"小营生微贷"业务实施条线管理,确保该业务产品操作的专业性、标准化和规范化。

6.微平台、网络化

"小营生微贷"产品2012年9月起自建"电子微贷平台"系统,并于2013年3月正式投入运行,实现了产品的"服务前端化、业务电子化、操作网络化与管理集约化"。微贷客户经理均自携移动式终端,开展上门营销和实地调查,客户可通过网络线上申请平台申请微贷产品、初步审核后客户经理有选择地线下调查,使得该产品的受理、操作进一步便捷化,为该产品高效的市场营销与专业化投放提供强有力的技术支撑。

二、"微贷、普贷"融合创新与普惠金融可持续发展:以"惠农快车"为例

1999年9月,江山农村合作银行(当时为江山市信用联社)开始探索以信用户、信用村、信用乡镇为载体的农村信用体系建设,先后经历"惠农快车"0.0版、"惠农快车"1.0版、"惠农快车"2.0版、"惠农快车"3.0版、"惠农快车"4.0版等创新发展阶段,"小营生微贷"与"普贷"得以有效地融合,助推了普惠金融可持续发展。截至2023年末,江山农商银行存款余额达384.93亿元,较年初新增52.53亿元,增幅15.8%,存款余额占当地市场份额44.80%(较年初减少0.33个百分点);贷款余额达271.19亿元,较年初新增28.02亿元,增幅为11.53%,贷款余额占当地市场份额的33.19%(较年初减少2.24个百分点),不良率仅为

0.75%。尤其值得一提的是[①],自 2020 年全省试点"惠农快车"3.0 版以来,该行在农户小额普惠贷款的背景下先后开展两次客户数字画像工作,授信覆盖面提升到 100%,户均授信从 14 万元提升至 21 万元,全市 19 个乡镇 292 个行政村授信覆盖面达 100%,授信 14.4 万农户家庭、19.8 万农民,金额达 410 亿元,用信 4 万户,覆盖面达 28%,余额 68.1 亿元,不良贷款率 0.61%,取得了良好的经济社会效益,各项指标持续领先全国。

(一)1999—2008 年的惠农快车 0.0 版:加强信用工程建设,农户小额信贷实现凭证柜面发放

1999 年 9 月,江山市农村信用联社出台了《农户贷款及小额信用贷款管理办法》,由此拉开整村授信的序幕,先行组织开展了信用农户评定试点工作并探索以信用户、信用村、信用乡镇为载体的农村信用体系建设。2000 年共评定信用农户 5489 户,授信总额达 3992 万元,贷款余额达 2793 万元;2002 年开始了"信用乡"创建试点工作,期间经过多次复评,至 2008 年底基本完成了"信用户、信用村、信用乡镇"信用工程体系建设,有效地缓解了 2008 年信用站清理后农户小额信贷办理的不便,优化了原小额农贷流程。截至 2008 年末,农户信用贷款 17122 户、农户信用贷款余额 39296 万元,远超 2000 年水平。信用农户凭纸质"农户贷款证"等证件先行签订 2 年期的最高额度借款合同,合同期内随用随借、不用随还,柜台办贷时间不超过 10 分钟,至 2009 年初基本实现了从授信到用信"循环使用"的跨越发展。

"惠农快车 0.0 版"特点主要体现在"快、便、惠、提"四个方面。第一,"快"即通过改造原小额农贷"信用农户向信贷部门提交借款申请及相关资料—审核签订《小额农户信用借款合同》—录入合同—分权审批—生成借据—提交柜台办理放款"的流程为"同信用农户签订与之授信等额的《最高额农户小额信用借款合同》—批量录入合同并审批结束—农户需用款时凭"农户贷款证"等证件直接到柜台办理放款",前移了签订合同、录入审批的环节,减除了农户实际用款仍需重新办理手续的烦琐,农户直接到柜台的办贷时间不超过 10 分钟,真正实

---

① 截至 2020 年 12 月 31 日,全市采集符合条件农户信息 15.8 万户,完成普惠授信 15.1 万户(剔除负面清单 6714 户),授信金额 223 亿元,较年初分别增加 4 万户、134 亿元,授信率从 72% 提升到 100%,户均授信 14.8 万元,用信 3.5 万户,贷款余额 40.8 亿元,年度增长 5.6 亿元,用信覆盖面达 26.5%;同期,该行拥有 1 家营业部、8 家支行及 32 家分理处、社区金融便利店 1 家、丰收驿站 324 家,员工 532 人,存款、贷款余额分别为 255.18 亿元、174.03 亿元,不良率为 0.8% 市场份额分别达 42.72%、36.35%。

现了贷款像取款、存款一样的方便、快捷;第二,"便"是"惠农快车"贷款通过与农户签订二年期借款合同,农户可根据需要在合同期限内随用随借、随借随还,从而实现了从授信到用信"循环使用"的跨越发展;第三,"惠"是依据农户信用等级及所在信用村星级的执行差别化的贷款利率,等级优星级高者可享受基准贷款利率;第四,"提"是提高信用户贷款授信额度,信用户最高的信用贷款授信额度由原先的3万元可提高到12万元。

(二)2009—2011年的惠农快车1.0版:对接"丰收小额贷款卡",实现了存、贷、汇全行线上自助办理

2009年6月,江山农村合作银行成功对接省农信联社推出"丰收小额贷款卡"和全新的信息技术,在原纸质业务的基础上成功嫁接了电子业务,集循环小额贷款、存款、资金汇兑、电子缴费、农民直补发放等功能于一体,实现了"惠农快车"贷款在全行所有网点通借通还、全省农信系统通存通兑和POS机(电子付款机)消费、ATM机(自动取款机)取现等业务;同时,为破解农民要素流转难、丰富农民抵质押物,江山农村合作银行在原信用工程建设的基础上,率先创新推出"以农户诚实守信为基础,以房权、林权有效资产为切入点,对农户的信用、林权、房权有效资产综合联评,确定信用等级"(以下简称"三联评")和"按照抱'物'增信的思路,根据'三联评'结果,以'惠农快车'贷款授信为龙头、携农房抵押贷款、林权抵押贷款、丰收贷记卡进行一揽子贷款授信,确定农户贷款综合授信额度"(以下简称"四联信")工作,将农户的农房、林权纳入评定范围,激活了农民"沉睡资产"、丰富了"惠农快车"贷款产品内容。截至2011年末,全市评定信用户83893户、信用村118个,授信总额为15.6亿元,农户小额信用贷款余额达7.62亿元,"惠农快车"贷款产品被中国银行业协会、中国地方金融研究院评为"2011年服务小企业及'三农'十佳特优金融产品"。

(三)2012—2019年的惠农快车2.0版:推进阳光信贷工程,促进农户信贷服务公开、公平、公正和更加规范化

为落实《中国银监会办公厅关于农村中小金融机构实施阳光信贷工程的指导意见》(银监办发〔2012〕191号),2012年,江山农村合作银行在省农信联社衢州办事处的统一部署及大力支持下,开启了为农户量身定做的全新贷款模式的"阳光信贷"工程。其主要特点是:公开操作,阳光透明;群众评议,公平公正;流

程简化,方便快捷;指纹认证,安全高效。在此期间,为提升新生代客户员工服务"小微"的素养,行领导经过深入调研和比较,于 2011 年 3 月引进浙江大学 AFR 微贷项目,先后经过"项目组主导的微贷 1 期培训与技术试验固化,2 期自主复制团队能力建设与业务小规模推广;3—7 期独立培训与业务规模推进融合发展"阶段。截至 2015 年底,江山农村合作银行微贷人才培训共开展 7 期,累计培训合格员工 81 人,其中任职部门经理 1 位、部门副经理 1 人,支行副行长 3 人,分理处主任 14 人,部室科员 5 人,客户经理及相关信贷岗位 49 人,形成了较为规范的客户经理内训、准入制度,建立了原生态客户经理、原生态客户互动成长的平台,有效地推动了全行新生代客户经理的成长与阳光信贷的落地。从 2009 年初推出至 2014 年 12 月末,"惠农快车"贷款授信额度达 34.61 亿元,贷款余额达 12.73 亿元,占贷款余额的 15.14%,占涉农贷款余额的 16.43%,普惠农户 38193 户,占全市农户总数 14.91 万户的 25.62%,不良率仅为 0.3%。其中,农户信用贷款余额从 2008 年的 39296 万元增加到 2014 年的 127269 万元(户数由 2008 年的 17122 户增加到 2014 年的 23582 户);其中首次获贷户数显著增加。个体工商户、微型企业主首次获贷户数由 136 人增加到 828 人;农户首次获贷户数由 377 人增加到 1291 人;信用村覆盖面、农户授信覆盖面得以显著提高(详见表 7-10)。截至 2019 年 12 月末,江山农商银行共评定信用户 11.15 万户,授信金额 90.82 亿元,贷款户数 3.47 万户,余额 34.25 亿元,授信、用信等指标均远远领先同行。

表7-10　江山农村合作银行"惠农快车"微贷情况

年份	贷款户数/户	贷款余额/万元	不良贷款率/%	授信/户数	授信金额/万元	农户授信覆盖面/%	信用村/个	信用村覆盖面/%	信用乡镇/个
2008(创建于1999年)	17122	39296	0.75	68847	158007	50.76	4	1.28	0
2011	15231	76157	0.47	83893	211603	57.92	122	41.36	0
2012	16086	80431	0	87193	244150	60.72	158	51.97	2
2013	22363	101670	0.09	92743	332461	64.81	160	52.63	2
2014	23582	127269	0.30	102042	346130	71.31	161	52.96	2(省级1个)

资料来源:江山农村合作银行办公室。

注:2008 年底小额农贷户数多于 2011 年,原因是当时存在一部分几百元的小额农贷,2008—2011 年逐渐被清理退出。

（四）2019—2020年的惠农快车3.0版:扎实推进"政银联动、无感授信，
有感反馈、便捷增信"工作，着力提升农户普惠性微小贷款服务质效

为切实解决当前农村金融发展不平衡不充分问题，促进社会更加公平发展，2019年12月，在浙江省农业农村厅、省农信联社的关心与支持下，江山市农业农村局、江山农商银行围绕"普惠""足额""便捷""便宜"的普惠金融理念开启了农户小额普惠贷款工作。

融合"信用、治理"，决策更科学。科学制定评价模型，农户信用按照"基础条件＋综合资产＋公议授信"等维度进行评价，评价结果直接以授信额度体现；农户信用评定中融入信用建设元素，把黑名单、有不良贷款余额和不良担保余额作为信用负面清单，进行剔除；融入社会治理元素。对涉赌、毒，有违法行为，智力障碍等重点人群建立负面清单，对"先锋党员""无信访户""垃圾分类示范户"等人群设置党建、社会治理、衢州有礼指数等荣誉进行增信。

融合"无感、有感"，服务更精准。一是信息采集。依托大数据，直接从农业农村局和乡镇批量获取农户基本情况及农房、承包土地、林权等信息，通过实施标准化信息采集和建立初评授信数据模型，确保精准授信一户不漏。二是无感授信。各镇、村成立公议确认小组（成员包括村"两委"干部、村民代表、驻村干部、农商银行网格客户经理等），对农户的荣誉增信与否决情况进行评定。农商银行根据评定结果对农户进行授信，以"浙里贷"白名单形式导入后台系统，完成普惠授信。三是有感增信。农户通过线上或线下方式，提供相关财产、收入等佐证材料，实现便捷提额，最高可达30万元。

融合"线下、线上"，应用更便捷。线上秒贷是指农户通过丰收互联App线上签约、放款，足不出户，贷款秒到账。线下快贷是指无智能手机的农户到农商银行各网点线下签约、放款，也可持丰收卡在村丰收驿站自助终端放款，足不出村，几分钟到账。百姓受益是指农户根据所在信用村等级，可享受对应等级不同档次的利率优惠。截至2020年12月末，全市完成普惠授信13.2万户、22.5万人，授信金额193.3亿元。除去负面清单农户，授信率达到100％，年末用信3.49万户，金额40.82亿元，年度增长5.6亿元，用信覆盖面为26.5％。这一举措有效地践行了"普惠""足额""便捷""便宜"的普惠金融理念，促进了社会更加公平地发展。

（五）2021 年以来的"惠农快车"4.0 版：进一步做实"普惠、足额、便捷、便宜"，推进普惠性微小贷款高质量发展

普惠金融富民，民富则国强。作为"五大金融"中与小微银行、微小客户高度相关的普惠金融及其高质量发展，离不开小微银行持续做实、做强县域农村数字普惠金融。江山农商银行在 2020 年扎实推进"政银联动、无感授信，有感反馈、便捷增信"惠农快车 3.0 版基础上，精准聚焦小农户、新型农业主体、新市民等重点领域和群体，积极有效推进客户数字画像科技赋能工作，持续做实"普惠、足额、便捷、便宜"，取得了良好的社会经济效应。

1. 科技数据赋能，做实农户微小贷款的"普"与"惠"

第一，通过数字普惠管理系统，实现存量数据与增量数据有效整合。为解决历年来数据重复采集、无系统留痕、人员变动数据无延续的痛点，在 2020 年全省试点推出的"政银联动、无感授信，有感反馈、便捷增信"惠农快车 3.0 版基础上，江山农商银行先后开展两次客户数字画像工作，自主开发了数字普惠管理系统并制定了标准化的作业流程等制度，旨在建立一个全行基础数据工厂，把客户画像搜集到的基础数据统一入库后，由总行进行系统性加工与管理，以便捷高效地使用存量数据以及获取、识别和处理新增数据。

第二，通过"线下、线上"双向赋能，做实微小客户"都能贷、贷多贷少与怎么贷"。面对近年来国有大型银行在普惠小微贷款市场加速下沉，纷纷以降低利率和放宽条件为筹码，"掐尖"农商银行优质客户，产品同质化趋势愈演愈烈，其市场份额日益受到蚕食的情况，江山农商银行基于网点遍及每个乡镇、员工遍及每个乡村、服务能到达每家农户的"四缘"等固有优势，充分发挥"线上、线下"双向赋能，通过"行内数据挖掘"＋"实地走访、眼见为实、交叉检验获取识别信息"立体式地描绘了客户的信誉状况，在做到微小贷款授信全覆盖前提下，摒弃微小客户贷款"贷与不贷"的问题，着力做实微小客户贷款"都能贷""贷多贷少与怎么贷"，让想贷且有真实用途的微小客户都能享受到便捷、便宜、足额的金融服务。

第三，通过行风行纪教育，做好微小贷款风险管理。江山农商银行始终坚持"行风行纪是最廉价的风控"风险管理理念，常态化做好员工内训与合规教育，苦练专业内功，贷前严把贷款准入关；有效融合"经验驱动、数据驱动"传统和现代风险管理模式，加强贷款智能风控系统建设和合规联动整改，实质性前

置风险预警,落实好风险早识别、早预警、早暴露、早处置等要求,全面完善风险管理体系,持续提升风险治理能力。截至 2023 年末,江山农商银行涉农贷款余额 256.89 亿元,较年初新增 27.4 亿元,占各项贷款余额的比重达到 94.73%;重点领域中普惠型涉农贷款 124.63 亿元,较年初新增 26.94 亿元,高于各项贷款增速 16.06%;全市 19 个乡镇 292 个行政村授信覆盖面 100%,授信 14.4 万农户家庭、19.8 万名农民,金额 410 亿,户均授信从 14 万元提升至 21 万元,用信 4 万户,覆盖面达 28%,余额 68.1 亿元,不良贷款率为 0.61%,取得了良好的经济社会效益,各项指标持续领先全国。

2."普惠金融、绿色金融"互融互动赋能

第一,积极探索做实"绿色更普惠、普惠更绿色"发展理念。遍布城乡的微型企业主、个体工商户、农户等微小客户同样是绿色转型不可忽略的主体,其绿色生产、绿色出行、绿色消费等应该成为绿色发展的重要内容,普惠金融、绿色金融相互间融合发展既是金融助力实现"双碳"目标的重要组成部分,也是提升微小客户、"三农"竞争力的有效路径之一。早在 2018 年 8 月,江山农商银行就率先开始试点构建"个人碳账户"平台并尝试"碳积分""碳交易"。[①] 即,江山农商银行依托"智慧支付"系列工程,为客户配置了碳账户。根据客户在银行办理的业务类型、绿色出行的数据、家庭用水用电数据等六大方面的绿色行为轨迹,用所减少的碳排放量兑换相应碳积分。客户通过"个人碳账户"积分,可以获得兑换生活用品、认领有机蔬菜水果及合作商户消费抵扣等权益。"个人碳账户"也可作为贷款利率优惠依据,由此引导和激励城乡居民参与绿色金融活动,践行绿色低碳生活,将"绿色金融、普惠金融"融入百姓生产、生活,真正做实"绿色更普惠、普惠更绿色"发展理念。

第二,设立经济开发区绿色专营支行,加大对绿色产业专项信贷的规模倾斜。落实差异化"信贷政策",设立绿色专有信贷流程,对符合绿色产业的企业开通绿色审批通道,便捷、足额地满足其绿色信贷需求,2023 年末,江山农商银行国标口径绿色贷款余额 66.71 亿元,年增 36.33 亿元,增幅 119.59%。

第三,践行 ESG 理念,服务微小贷款高质量可持续发展。ESG 理念作为构建绿色低碳循环发展经济体系中重要的一环,将企业经营与社会经济中的零碳

---

①"个人碳账户"平台是以银行账户系统为依托,国内权威公开的碳排放计量标准为依据,从绿色支付、绿色出行、绿色生活等维度进行科技建模,有效采集、展示、评价居民绿色行为减少的碳排量。

发展目标相结合,平衡企业的价值与生态的可持续发展。无论是从企业实现自身价值出发还是从响应国家、政府的号召出发,加强公司治理、注重环境保护、履行社会责任是每个企业必须面对的现实问题。江山农商银行为能够从更高的角度审视自身的品牌定位、战略思路、经营方向,减少因自身业务活动、产品服务对可持续发展造成的负面影响,制定了《江山农村商业银行 ESG 发展规划》,通过完善投资战略、拓宽投资渠道、开展创新投资方式等引导资金投向更多与绿色低碳和可持续发展相关的新赛道,满足实体经济主体在可持续经营中的融资需求;该行还发布了衢州市首份金融机构 ESG 报告(《浙江江山农村商业银行股份有限公司 2023 年半年度社会责任(ESG)报告》),展示该行绿色发展、可持续发展理念,并阐述了在应对环境挑战、深入推进企业 ESG 治理、积极履行社会责任等方面的实践。同时,该行正在积极准备建立常态化的 ESG 信息披露机制,充分展现了该行为保护生态环境、建设美丽浙江做出更大贡献的能力与愿景。

3.“乡村治理、普惠金融”互融互动赋能

第一,持续深入开展大走访行动。从 2008 年开始每年开展“走千家、访万户、共成长”活动,全面走访辖内农户、企业(其中,2023 年全年累计走访农户9568 次,走访企业 1086 家,走访商户 3850 户),为其建立金融需求信息档案。目前,辖区内已实现农户信息建档、授信全覆盖,通过挨家挨户的走访面谈,掌握了大量第一手信用数据,为“乡村治理、普惠金融”良性互融互动赋能普惠金融高质量发展提供了有力的支撑。

第二,盘活农户信息资源。围绕“资产盘活”,创新推出了农民住房财产权抵押贷款,成为浙江山区 26 县首个发放该类贷款的银行;围绕“乡风文明”,与市委组织部联合开展红色互动,建立了市、镇、村三级党建联盟,通过数据共享、政银联动等方式,将农户荣誉、社会道德、家风家貌、环境卫生等社会治理信息转化为农户金融财富,提升乡村治理效能和普惠金融发展水平。

第三,助力乡村治理能力建设。持续推动“智慧信用门牌”上墙,将政务服务、社会治理、信用建设、金融服务等管理数据和服务信息整合在一张小小门牌上,目前全市已安装智慧信用门牌 6 万余张,其中,低收入农户已做到全覆盖;基于农村“三资”(农村集体资金、农村集体资产和农村集体资源)系统全面落地实施基础上,2023 年江山农商银行又联合财政部门全面推广浙里基财系统,19个乡镇(街道)全部达到了系统上线的应用标准,推动从村级到镇级财务监督管理更加精细化、透明化、便捷化。

三、启示

(一)协同推进的"线下、线下线上融合、线上"综合服务体系是普惠金融可持续发展的核心环节

金融融于生活(产),生活(产)中处处有金融,"惠农快车"持续成功运行的关键在于与时俱进地有效推进"线下、线下线上融合、线上"综合服务体系。具备扎实线下基础的"惠农快车"数字化服务,既避开了自身劣势与其他银行正面争抢"有抵押、有担保"的亮丽客户,又凸显了自身优势服务了其他银行不愿做、来不及做、不善于做的"四没有"草根客户;既锤炼出了一支"微弱情怀"与"知农知小"兼备的员工队伍,又培育了一批忠诚的客户群,进而源源不断地收获"四大效应";同时,在微贷技术本土化与优化发展的基础上,融合微小客户生活、生产中需求的"惠农快车",为遍布城乡的微小客户提供融生活、生产、金融于一体的综合性服务体系,既能聚集其"生活圈""生意圈"信息以有效保持彼此间信息对称,更能极大地提升其生活便捷度与生产经营能力,由此必将持续强化小微客户的服务黏性与客户忠诚度。

(二)"线下、线下线上融合、线上"的协同推进需要有为政府与有效市场支持

江山农商银行"惠农快车"持续有效的创新发展是有为政府与有效市场协同作用的结果。"先行先试改革的顶层设计""信息共享平台""信用环境建设""小微金融高端人才激励制度"等需要政府"有所为",小微银行的市场定位、公司治理、市场运营,大、中、小、微银行间的有序竞争、产品研发、服务定价等需要政府"有所不为",充分发挥市场机制作用;地区环境、氛围,微小客户金融意识、素养,重要但非必要,关键需要有情怀、有兴趣的团队花时间、花精力去摸索,做好微贷技术直接、间接复制工作,微小贷款理念与技术的本土化与优化发展更需要银行高层精准定位的坚守与相应制度的支持;"惠农快车"商业化可持续发展的关键还在于其供求方、政府等主体的能力的持续提升与彼此间良性互动。我们还注意到,自党的十八届三中全会提出"发展普惠金融"以来,在业界、学界和政府等部门共同努力下,我国普惠金融得以快速发展,极大地提升了微小客户信贷可得性、有效地缓解了其权利贫困,但需要强调的是,贷款仅仅是一个促

发因子,还需要提升微小客户可行能力并将贷款真正转化为生产经营性资金,否则,可能陷入"过度负债"等更"贫困"的境地(程惠霞,2018,2020)。小微银行面对的众多微小客户具有"四没有"特征,其贷款需求又呈现额度小、期限短、需求急、次数频等特点。在微观经济主体金融科技赋能需求日显迫切的背景下,小微银行既要率先强化服务微小客户的素养,又要提升数字金融技术、小微金融研究、市场精准定位等能力以有效带动微小客户金融知识、经营生产等能力的提升。此外这离不开政府在经济管理、数据治理、信用环境建设、服务监管等方面能力的建设。

(三)"普惠金融、绿色金融、城乡社区治理"良性互融互动空间广阔

"普惠金融、绿色金融、乡村治理"互融互动,拓展了金融服务平台,丰富了政府服务触角,激励或约束了城乡社区居民生产、生活行为,实现"金融信用"与"社区信用"的有效结合,为促进地方金融高质量发展,扎实推进乡村振兴和共同富裕提供了坚实的金融服务基础。

第一,"政银互动"合力强化了信用机制建设。首先,要依托政府治理的优势,从省级层面对普惠金融与社区治理的融合做出"顶层设计",省级政府出台文件对普惠金融与社区治理融合做出指导性意见。其次,各县市委要具体做出普惠金融与社区治理融合的行动实施方案,将普惠金融与社区治理融合的实施、落实情况列入乡镇、村干部责任考核指标,提高乡镇、村干部参与普惠金融和社区治理融合的积极性,共同推进农村信用体系建设。最后,各金融机构要与地方基层在不同层面实现合作,即地方金融机构总行与乡(镇、街道)实行合作,各支行与村(社区)实行合作,党员与农户实行合作。

第二,有利于金融机构深入农户获取软信息,拓展农户融资增信空间。金融机构要发挥网点、人员优势,及时把国家的重大部署传达到农村基层,利用基层营业网点和机具、站点承接和延伸政府一些公共服务,打通公共服务的"最后一公里",积极推动和参与社区治理体系和治理能力的现代化,为缓解信息不对称打下基础。融入社区开展社区网格化服务,金融机构深入农村开展入户走访、面谈,了解农户家庭的基本情况。前文的研究提到,人格化的软信息对于降低信用风险更加重要,但这些信息搜集成本较高,是目前金融机构要努力的方向,而借助金融机构的社区网格化服务和入户访谈,金融机构不仅可以搜集金融服务所需要的传统硬信息,更重要的是可以充分利用农户的血缘、人缘、地缘、亲

缘等社会化因素,借此拓展农户融资增信的新路径;通过加强农村信用建设,特别是借助当前金融科技的力量,增加农户的无形资产价值,提升普惠金融服务的便捷度,有效缓解金融机构和农户之间的信息不对称问题。

第三,促进农商银行 ESG 建设、助推县域经济高质量发展。顺应"双碳"国家战略和监管部门导向,融合环境保护(Environment)、社会责任(Social)、公司治理(Governance)三方面的 ESG 建设将成为农商银行响应绿色发展的必然选择。随着环保意识的不断增强和可持续发展理念的深入人心,绿色消费市场正以其独特的魅力和无限的潜力吸引着全球的目光,绿色消费不仅是一种生活方式的选择,更是推动经济转型升级、实现环境与社会和谐共生的重要途径。随着新一轮科技革命、乡村振兴与共同富裕等进程的加快推进,遍布城乡的微型企业主、个体工商户、农户等微小客户同样是绿色转型发展不可忽略的主体,其绿色生产、绿色出行、绿色消费等应该成为绿色发展的重要内容。农商银行作为县域普惠金融主力军、微小客户作为县域经济发展中绿色消费的主力军、地方政府作为城乡社区治理的主体,"普惠金融、绿色金融、城乡社区治理"良性互融互动发展既是金融助力实现"双碳"目标的重要组成部分,也是推动微小客户健康成长、"三农"竞争力不断提升的有效路径之一,还有助于城乡社区治理效能和农商银行普惠金融服务质效的提升,进而推动县域经济高质量发展。

第四,促进金融服务嵌入社会民生、助力农村信用体系建设。金融机构要利用自身的渠道、人员和信息优势,帮助农户解决生产、生活中的问题和困难,加强与农户的情感交流,努力为老百姓提供温暖、贴心的线下金融服务,尽可能满足一些弱势群体对金融服务的需求,充分回应客户的期盼和诉求。对符合条件的农户实施"应贷尽贷",对暂时出现还款困难的农户合理采取续贷、展期。金融机构要通过加强与社区的密切合作,将金融服务和社会服务功能结合在一起,树立敢于承担社会责任,努力增进民生福祉的良好形象,倡导诚实守信的乡风文明,致力于树立"亲民、便民、惠民"的品牌形象。通过"普惠金融、社区治理"互融互动,金融机构赋能社会治理,在与政府、社区的合作中发展普惠金融,将金融业务与社会民生业务相互嵌入,促进社会公平、进步与和谐,使社区治理主体更加多元化,为我国社区治理真正形成共建共治共享的发展局面做出贡献。金融机构在服务社区中开展信用建设,拓展新客户,为信用客户创造价值,借此寻找自身未来发展的新机遇,实现自身的财务效益和社会效益的有机统一,提高自身的信誉度,增强全社会对金融机构的了解和信任程度,减少客户道德风险,推进农村信用体系建设,促进普惠金融高质量发展(周孟亮、李向伟,2022)。

第四节　本章小结

本章通过案例研究,展现了小微银行与微小客户良性互动的过程与成效。案例 1 表明,在欠发达县域,客户经理严重断层的山东省济宁市泗水农商银行 AFR 微贷项目的引进与运行必须坚持本土化与优化发展原则,微贷是技术,更能在本土化与优化发展过程中带来诸多影响和改变,其中年轻员工可行能力的提升及其带动微小客户可行能力的提升尤其明显。案例 2 表明,在欠发达革命老区信贷资产质量提升压力较大的甘肃省庆阳市瑞信村镇银行微小贷款技术复制推广需求更为迫切且综合效应更明显,其中 AFR 微贷项目本土化与优化发展过程中"好帮手"微贷的创新发展与运行也表明,"穷人"值得小微银行服务且"君子爱财、取之有道"的效应明显,规范的服务促进"穷人"守信、成长的同时也给客户经理带来了源源不断的且正当的绩效回报,极大地提升了全行提高信贷资产质量的信心和能力。案例 3 表明,在发达地区,浙江省衢州市江山农商银行 AFR 微贷项目的本土化与优化有助于年轻员工"知农知小"服务能力的提升,还有力地助推了"微贷、普贷"有效融合发展并为"线下、线下线上融合、线上"协同推进打下了坚实的基础,进而推动该行普惠金融高质量发展。

第八章　结论与展望

本书围绕"小微银行与微小客户良性互动"这一主题,沿着"重要概念界定→文献梳理→现实基础→理论研究→实证研究→案例研究→结论提炼→保障措施"的逻辑思路展开,结合 21 世纪以来我国中小微银行类金融机构发展与中小微企业贷款难的现状,基于银企互动的理论、实践、影响因素等方面文献的系统梳理,在可行能力理论分析框架下,对小微银行与微小客户良性互动机制的要件、路径进行了较为深入的探究,并得到了数理论证、实证和案例的支持。本章主要对研究内容进行总结,同时引申出相应政策启示与对策建议,指出研究的不足并对进一步研究的可能方向与内容进行了展望。

第一节　研究主要结论

现实中"小微企业贷款难、贷款贵"应更精准地表述为"微小客户贷款更难、贷款更贵,其中'四没有'类原生态客户贷款最难、贷款最贵"。遍布城乡的微型企业主、个体工商户、农户等微小客户"贷款难、贷款贵"往往归咎于其硬信息缺乏与软信息获取、识别、处理成本高,其信贷业务收益低、风险大。值得指出的是,在过多强调微小客户这些特质性原因时,往往也忽略了不同类别商业银行对不同类型信息处理的兼容性。大中企业强国、小微企业富民,一个都不能少。大中型商业银行当然应该首先服务好大中型企业,"网点遍及每一个乡镇、员工遍及每一个乡村、服务能到达每一家农户"的县域农商银行类小微银行更应突显其固有优势架构小微银行与微小客户良性互动机制,真正担当起服务遍布城乡的微小客户之职责与重任。为此,本书基于可行能力理论视角,围绕"小微银行与微小客户互动发展不平衡不充分根本原因""小微银行与微小客户良性互动相适应的信贷理念与业务素养""'贷多贷少'即适宜贷款额度确定与良性互动初始关系构建""'怎么贷'即'银行怎么贷、客户怎么还'与良性互动机制可持续发展""AFR 微贷项目及其本土化与优化发展中小微银行与微小客户良性互动案例"等五方面重点问题进行了研究,综合上述研究得出以下研究结论。

一、小微银行与微小客户互动发展不平衡不充分的根本原因在于小微银行服务微小客户可行能力的差异

现实中,小微银行与微小客户互动在不同地区、同一地区不同机构间差异巨大,其发展的不平衡、不充分现象十分严重。微小客户具有"四没有"特征,其贷款需求存在额度小、期限短、时间急、次数频等特点。上述问题的求解,等同于"连接小微银行、微小客户互动载体的微小贷款,在不同地区小微银行(Where)、同一地区同一小微银行不同客户经理(Who)、同一地区同一小微银行同一客户经理不同时期(When)运行结果差异原因的探寻"。这些差异的原因可用一个公式得以解释:微小贷款=贷款通则+服务(金融产品=金融工具+服务),贷款通则在全国乃至全世界基本类似,公式的第二项"服务"则可分为宏观、中观、微观层面。宏观层面,国务院、国家金融监督管理总局(原银保监会)的政策是一样的;中观层面,各地方政府、小微银行在制度环境、中高层决策、执行能力等方面虽存在差异,但不足以解释上述"Who""When"两种现象;微观层面则是指客户经理的个人综合服务素养,显然,其时空差异巨大且具有可塑性。同时,我们也注意到,微小贷款业务得以成功的小微银行无不与长期坚持有效的内训、持续提升客户经理的综合素养高度相关,小微银行与微小客户互动发展的不平衡不充分、时空差异巨大的根源在于小微银行客户经理队伍综合服务素养的差异。

二、小微银行与微小客户良性互动相适应的信贷理念与业务素养亟待提升

党的十八届三中全会提出"发展普惠金融"以来,农村金融服务创新和信贷产品服务得到了快速发展,有效提升了包含贫困、低收入人口在内的微型企业主、个体工商户、农户等微小客户金融服务的可得性,极大地缓解了其信贷权利贫困。基于阿玛蒂亚·森的可行能力理论、穷人经济学与可行能力分析法等研究认为,微小客户尤其是其中众多的"四没有"类原生态客户在获得信贷资金后,还需要提升其可行能力,以确保信贷资金真正转化为生产性经营资金,否则

可能陷入过度负债等更贫困的境地,由此将进一步恶化互动状况。好的金融是让信用变成财富,通过发放小额信用贷款,让低收入人群"刷白"信贷交易记录、积累信用,给他们改变命运的机会,是金融机构的社会责任和良心(吴晓灵,2015)。《国务院关于推进普惠金融高质量发展的实施意见》中多处强调"提升金融机构普惠金融服务的能力和水平";2023 年 10 月,第六次中央金融工作会议更是明确强调"以加快建设金融强国为目标,以推进金融高质量发展为主题,做好科技金融、绿色金融、普惠金融、养老金融、数字金融五篇大文章,以金融队伍的纯洁性、专业性、战斗力为重要支撑"。由此可以看出,无论是从理论层面还是现实层面,近年来均强调了金融机构提升服务能力的重要性。遍布城乡的微型企业、个体工商户、农户等微小客户虽"四没有",但拥有"四有""四缘"资源,应该享有适宜的贷款服务以促进其信贷权利转变为信贷能力,绝非因此失去自雇劳动意愿、陷入可行能力被剥夺的恶性循环之困局。更深层次看,微小客户"四没有"属性难以改变,同时从家门到校门再到银行门的"三门"员工已成为小微银行服务微小客户的主导力量,其成长、学习过程中离村、离民、离土现象普遍存在,优越的成长、学习环境与踏入工作岗位后的"支农支小"服务环境存在较大的落差,入小微银行门后又多是简单的外训、以考代训,"支农不知农、支小不知小"现象较为突出。因此,面对虽"四没有"但具备"四有""四缘"资源且有真实生产经营性贷款需求的微小客户,小微银行应率先强化年轻员工服务微小客户的"情怀""信念""技术"等素养并提升其"知农知小"的能力,突破"能否贷、能否还"的思维定式,遵循都能贷前提下的"贷多贷少、怎么贷"的创新型信贷理念并通过提升信贷技术水平与其建立良性互动初始关系,助推微小客户可行能力的提升。

三、适宜贷款额度确定是良性互动初始关系建立的关键

小微银行与微小客户良性互动初始关系的构建,其关键在于"贷多贷少",即适宜贷款额度的确定。贷款授信额度过高易引发贷后投资过度或投机、资金挪用甚至卷款潜逃等风险,贷款授信额度过低又难以满足微小客户的生产经营资金需求,金融机构的资金也不能得到最有效利用。本书基于 Bajaj 等(1998)的研究,引入微小客户人品软信息、客户经理信贷技术水平两项指标,从微小贷款供、求双方效用最大化出发构建的适宜贷款额度理论模型表明,对于有真实生产经营性贷款需求的微小客户,均存在一个适宜贷款额度。本书手动收集浙

江大学 AFR 微贷项目合作单位小微银行两千余份微小客户的微小贷款调查报告,结合 AFR 微贷项目 10 多年运营资料、实地投放问卷等途径获取客户经理、客户的基本信息,实证研究发现,客户经理信贷技术水平和微小客户人品对于适宜贷款额度的确定具有显著正向作用。进一步分组研究表明,对于经营状况一般和资产不足的微小客户,其人品对适宜贷款额度的确定作用更大;对于人品一般、原生态、男性的微小客户,客户经理信贷技术水平对适宜贷款额度的确定作用更大。

四、"好借好还"是小微银行与微小客户实现良性互动可持续发展的一条可行路径

小微银行率先提升服务微小客户的"情怀""信念""技术"等素养和能力并通过向微小客户提供适宜额度的贷款与之建立良性互动初始关系后,如何维护好并促进初始关系可持续发展便成为更为重要的工作。现有研究往往过多地从中小微企业层面强调其软信息获取、识别、处理的难度大与成本高,认为为这类客户发放微小贷款风险大、收益低,习惯性地将银行、中小微企业对立起来,过于凸显冲突的一面。本书研究认为,在适当的制度安排下,小微银行与微小客户可以实现良性互动可持续发展。借鉴演化博弈论,将"银行贷与不贷、客户还与不还"问题转化为"银行怎么贷、客户怎么还"问题,引入银行是否"好借"、客户是否"好还"的选择策略构建的演化博弈模型表明,"好借好还"是小微银行与微小客户实现良性互动可持续发展的一条可行路径。基于浙江大学 AFR 微贷项目合作单位小微银行微贷中心 2000 余份微小客户的微小贷款调查报告、千余份客户和客户经理调查问卷以及贷后跟踪回访数据的实证研究发现,微小客户是否"好还"及其"好还"程度与小微银行客户经理"好借"程度显著正相关。

五、微贷技术及其成功的经营模式具有普适性,小微银行与微小客户可以做到良性互动

案例 1 表明,客户经理断层严重的泗水农商银行项目的引进与运行必须坚持本土化与优化发展原则,微贷是技术,更能在其本土化与优化发展过程中带来诸多影响和改变。其中,年轻员工可行能力的提升及其带动微小客户可行能力的提升所产生的互动成长效应尤其明显,为微小客户尤其是其中的"四没有"

类原生态客户提供适宜的信贷服务,架构小微银行与微小客户良性互动初始关系并着力加以维护、进而在"好借好还"良性互动中产生并收获原生态(年轻)客户经理与原生态客户互动成长等"四大效应"。案例 2 中信贷资产质量堪忧的瑞信村镇银行项目本土化与优化发展过程中研发的"好帮手"微贷产品运行表明,训练有素的客户经理通过做实、做优"四没有"类原生态客户规范服务,既有利于全行新生代员工的成长,又有利于原生态客户的成长并带动其"生活圈""生意圈"业务的发展,还有利于提升全行对信贷资产质量的信心,深度挖掘"四没有"类原生态客户并着力培育成忠诚客户,进而在"好借好还"良性互动中产生并收获邻里示范、高息网贷与民间借贷挤出等"四大效应"。案例 3 表明发达地区先进行社江山农商银行 AFR 微贷项目本土化与优化有力地助推了"微贷、普贷"有效融合发展,当前及未来一段时期,普惠金融高质量发展和金融强国建设同样需要立足自身资源禀赋,在夯实线下服务的基础上积极拥抱金融科技,做实"线下、线上"双向赋能以推进微小贷款的"线下、线下线上融合、线上"协同良性互动,实现农村数字普惠金融高质量发展。

六、AFR 微贷项目本地化与优化发展中离不开合作单位高层的相对稳定和制度的支撑

本书的理论和案例论证还表明:(1)根植于浙江台州银行和台州小微金融发展经验产生的 AFR 微贷项目具有一定的普适性。纯信用贷款的发放、微小客户尤其是其中原生态客户的挖掘及其与小微银行良性互动初始关系的建立、维护,既有利于小微银行累积基础客户群实现错位发展,也有利于小微银行年轻客户经理的成长。实践表明,微小贷款技术和服务模式不存在地域限制,可以广泛复制。对于各地的小微银行而言,关键要透彻理解回归本源、坚守定位的重要性,充分认识到小微金融市场可以做好、做大。(2)AFR 微贷项目的正常运行离不开高层的相对稳定和相应制度的支持。一期培训生系合作单位的微贷种子,所产生的内训师需具备过硬的人师素养,因此一期培训生的选拔既需要合作单位相关部门不徇私情、力荐守规守纪的优秀员工,也需要项目组在各个环节排除可能的干扰,据各位培训生在 9 个月左右互动式培训中的表现,客观地择优选拔。一期第二阶段及第二期培训系微贷技术固化、自主复制能力团队形成及微业务试运营期间,原生态客户经理拓展微贷业务及本土化内训素材的形成离不开相关部门给予应有的鼓励、包容与必要的制度保护。微贷技术

独立自主复制及"微贷、普贷"融合发展的三期及后续培训更离不开高层的相对稳定与制度的支持,该阶段是推进全行微贷业务发展并带动全行员工对微贷的认可的重要时期,为进一步深入践行 AFR 微贷项目"三大功能"定位和发挥"四大效应",需要高层持续的鼓励支持并及时出台诸如客户分类管理、客户经理分级管理、绩效考核与风险控制等支撑性的约束与激励制度。(3)分层、分级内训与微贷团队日常管理、监督日益重要并亟待加强。AFR 微贷项目运行 10 多年来所形成的"1+1+1+N"内训模式在年轻员工内训、合作单位客户经理队伍优化等方面取得了一定的成效,但项目合同合作期间所完成的培训内容还较为单一,微贷团队日常管理与监督尚需进一步提升。非客户经理岗位的员工如何进行相应岗位内训并融入微贷要素,前期经过培训转岗的信贷客户经理如何坚守微贷理念并发挥其潜能,后续提升性内训如何展开,内训师如何适应中、高级内训需求,类似的问题亟待认真研究与化解。值得关注的还有:面对压力、荣誉与诱惑,年轻的微贷团队如何在坚守"风骨与柔情"并重的职业操守和肩负全行"客户经理培训""微小客户的挖掘与孵化""'支农支小'产品与服务创新试验"三大功能定位的重任过程中,不忘初心、履行职责,项目合同合作期结束后如何延续稳定的运行环境,升级相应的制度,确保微贷要素能在总行层面的绩效考核、员工晋升等相关制度中得到应有的体现等问题,更需要认真研究与思考。现实中,AFR 微贷项目合作单位中因高管的频繁变动、微贷业务运行环境的波动或相应配套制度的缺失等原因导致合作单位微贷团队业务偏离项目功能定位甚至产生违规行为等教训,预培训前微贷团队负责人的推荐及正式培训期间微贷团队人员的培养与筛选、业务运营期间及日常工作生活中的关爱与监督,尤其是相对稳定的运行环境与必要的制度支持,对微贷业务、"微贷、普贷"的可持续发展至关重要。

第二节　政策启示与对策建议

在我国新发展阶段经济金融发展不平衡不充分仍十分突出、县域经济高质量发展亟待小微金融有力支持的背景下,为促进小微银行与微小客户良性互动可持续发展,不断提高弱势群体金融获得感和幸福感,基于本书研究,引申出以下宏观、中观层面的政策启示和微观层面的对策建议。

一、宏观层面政策启示

(一)强化跨区域的机构、人才融合发展,夯实"会贷"的能力基础

共同富裕作为我国社会主义的本质要求,且在 2035 年前取得实质性进展,需要经济的高质量发展,县域经济高质量发展显然离不开高素质劳动者的支撑,作为微小客户身边的小微银行首先需要持续提升综合服务素养以带动微小客户素养的提升。第一,鼓励创新金融人才培养方式。引导东中西部金融机构、高等院校建立小微、微小金融人才联合培养机制,实现企校共研需求、互动培养,有效提升小微、微小金融人才培养质量,推进东部发达地区先进的微小贷款技术和服务模式向中西部欠发达地区的复制推广,增强中西部小微银行的市场开拓能力。第二,加强东中西部小微银行中高层管理者融合互动。鼓励中西部小微银行中高层管理者东部柔性挂职,即将退居二线的东部小微银行优秀高管实质性帮扶中西部欠发达行社,并给予必要的具有长效性的激励与约束政策。第三,加强工匠精神和技能培训。通过制度和必要的财政支持,强化小微银行、地方政府小微金融工匠式技能培训,提升小微银行、地方政府工作人员小微金融服务能力,全面带动、提升遍布城乡的微小客户的可行能力。

(二)细化微小贷款划型与考核标准,引导优化小微金融供给结构

目前各地所采用的微小贷款划型与考核标准多是过于笼统的全国统一标准。第一,因地制宜细化微小贷款划型与考核标准。欠发达地区尤其是中西部欠发达地区,微小客户贷款服务可得性、便捷性远低于浙江等经济金融发达地区,应根据各地银行类金融机构贷款结构、各类客户信贷服务满足情况、地区生产总值等因素,区别并细化小微贷款与微小贷款划分标准。第二,因地制宜地细化财税支持政策。在区别并细化小微客户与微小客户划分标准的基础上,有针对性地确定各类财政补助、税收优惠政策,激发小微银行精准开展微小贷款业务的积极性,助推中小微企业主中"微型企业、个体工商户、农户"等重要群体通过自主创业、自雇劳动增收致富。

(三)提升小微银行与微小客户良性互动政策支持力度,保障小微金融
　　服务的可持续性

微小客户多是"四没有"类原生态客户,小微银行投放信用贷款不仅成本较

高、短期收益较低、风险较大,其监管指标风险权重也远高于抵押担保类贷款,小微银行与微小客户的良性互动可持续发展亟待相应政策支持。首先,就小微银行而言,进一步做好小微银行服务微小客户监管评定工作,据各地区经营状况及服务微小客户所带来的经济社会效应施行差异化的风险权重;优先推动优秀小微银行通过发行永续债等渠道有效补充资本且给予必要的财政政策支持;优秀小微银行高层在加强目标考核与常态化监管的同时,适当延长原单位任职时间以保证良性互动运行环境的稳定。其次,就微小客户而言,进一步加大普惠性人力资本投入,有效提升微小客户可行能力、壮大高素质劳动者队伍;不断改善微小客户融资服务渠道,除小微银行提供更多"简单、方便、快捷、有尊严"的微小贷款服务外,积极探讨微保险、微担保等融政策性与商业化于一体的多样化金融服务,助力微小客户稳定经营、持续增收致富。此外,还应注重健全绿色金融考核激励政策,强化小微银行与微小客户良性互动中的环境保护意识和责任,推动小微银行绿色金融产品创新,特别是面向微型企业主、个体工商户、农户等微小客户的零售类绿色金融产品与服务,有效调动微小客户绿色生产和绿色消费的积极性,做实碳普惠制、助力实现"双碳"目标。

二、中观层面政策启示

(一)发挥监管政策激励约束作用

小微银行与微小客户良性互动的可持续发展,需要平衡好盈利与风险、短期利益与中长期利益,兼顾覆盖面和财务可持续性,在良好的宏观层面政策引领与支持下,还需要地方政府相关配套政策的支持。第一,强化原生态客户服务与信用贷款占比考核。地方政府和金融监管部门应对微小贷款基数大、占比高、户均余额低、原生态(首贷)客户和信用贷款比例大的小微银行,加强正向激励和正面宣传,推进开展银行业金融机构微小客户金融服务监管评价,引导小微银行提高"四没有"类微小客户贷款户数;强化对虽未取得营业执照但存在有效经营活动的微小客户信贷服务的正向监管激励,将非持证的微商、货车司机、网店店主、摊贩等金融服务纳入小微企业金融服务监管评价体系,引导小微银行合理拓展服务边界。第二,落实微小贷款服务尽职免责政策。据小微银行经营状况,细化改进尽职免责中微小贷款认定标准,地方监管部门可适当放宽小微贷款中微小贷款的不良容忍度,明确授信尽职免责规定,建立"敢贷"的长效机制;地方政府可以考虑因地制宜地建立风险补偿"资金池",为微小客户提供贷款贴息并给予服务上述客户的小微银行一定奖励,激发小微银行开展微小贷款业务的积极性,强化"愿贷"的内生动力。第三,进一步细化并精准做好小微客户财税政策支持。细化小微客户中微小客户相关财税支持政策,针对良性互动初始关系建立与维护阶段的微小客户,落实并优化诸如"先征后退""先征后补"等财税政策。

(二)强化地方金融生态环境建设

小微银行与微小客户良性互动初始关系的建立及其可持续发展的实践、创新发展均始于基层,需要地方政府提升服务小微企业、小微银行能力,出台相应制度强化地方金融生态环境建设。第一,加强信用体系建设。制定和完善微小客户信用征集和披露制度,提升信息共享程度,鼓励小微银行做实、做好微小客户尤其是其中原生态客户信贷服务,引导其增强信用意识、刷白信用记录并维护、积累信用资源,为小微银行增加对征信"白户"的信贷投放奠定基础。第二,提升地方政府服务小微银行、微小客户质效。扎实推进"线下、线上"双向赋能工作,进一步整合优化市、县、镇、村行政资源并强化与小微银行合作,持续做好以"信用户、信用村(社区)、信用乡镇(街道)"为主体的"三信工程"建设,积极整合并提升村级资金、资产和资源"三资管理"数字化水平,促进"三信工程"与"三资管理"融合发展,助力推动乡村全面振兴与城乡融合发展。第三,强化完善金融发展法治与监管环境。进一步加强政府主管部门、金融监管部门与纪委、公安、检察院、法院、工商、税务等部门协调联动,加大对非法金融活动打击力度,精准打击恶意逃废银行债务行为,从严查处高息揽存、转介绍贷款收费等不正当行为,引导规范民间融资活动,提升系统性金融风险预警和处置质效,有效保护微小客户金融消费权益,着力打造良好的小微银行服务微小客户法治环境,持续开展金融知识普及和教育,提升微小客户的金融素养,推动形成服务微小客户的金融良性运行机制。

(三)大力培养普惠金融与城乡社区治理有效融合的人才队伍

普惠金融融入社区治理过程中,无论是入户走访、金融教育、信用评级还是风险评价等方面,都需要具有专业素养的金融人才,要求工作人员自身素质要过硬,他们是确保农村采集信息真实性和准确性的第一道关口。第一,构建基层政府与金融机构互融互通机制。加强农村金融教育的各方面投入,从农村内部把村干部、农村有志青年培养为普惠金融和社区治理所需要的专业人才,依靠他们带动整个农村金融知识的普及和教育,基层政府和金融机构可以相互派驻工作人员进行挂职锻炼或者进行定期的人才交流,让双方工作人员熟悉彼此业务。第二,金融机构要与地方政府联合搭建经济信息发布平台,激发农户创业的积极性。要培养知农、爱农的员工队伍,银行员工不仅要懂金融,还要了解农业技术;不仅要送金融服务下乡,还要和相关部门合作送技术下乡,提高农户创业成功的可能性。选派一批责任心强、素质高的员工挂职到乡镇(街道)、村委,培养一批懂农业、爱农民、熟悉农村经济的基层治理和金融服务队伍。第三,地方金融监管部门、人民银行以及各金融机构要相互协调,加大对普惠金融融入社区治理所需专业人才的培养和输送力度。

(四)有效推动地方信息平台建设

数字时代,小微银行微小贷款实现"线下、线下线上融合、线上"协同发展,离不开地方信息平台的有效支撑,亟待地方政府做好以下工作。第一,加大信息平台建设中的地方政府政策支持力度。随着数字信息、数字经济、数字金融的深入发展,分布城乡的微型企业主、个体工商户、农户等微小客户生活生产方式已经并将继续发生深刻的变化,分散在村"两委"、街道社区、社保、环保、电力、水务、交通、市场监督、地税、金融、法院、公安等众多部门的微小客户相关软信息,唯有依靠地方政府通过制定相关政策并将其纳入相关部门年度考核等强有力的推动,方可实现信息共建共享。地方政府和监管部门须引导、协助小微银行对接公共部门的信息数据,通过内部金融数据与公共数据的相互补充和结合,以便信贷资金"精准滴灌"各类微小客户。第二,加强专业人才队伍建设。微小客户分散在上述部门的软信息尤其是与还款意愿、还款能力相关的软信息的采集与处理,需要具备一定微小金融素养的专业人员,也需要政府给予必要的制度和硬件支持。一方面,支持小微银行分支行行长或优秀微贷客户经理赴镇政府、村"两委"、街道社区等基层单位柔性挂职,深度参与社区治理,鼓励微贷客户经理通过常态化社区活动推进知识普惠,提升基层部门工作人员服务微小客户的能力和素养;另一方面,政府牵头择优选择高等院校联合优秀小微银行建立地方性微小金融研究和培训基地,通过微小金融理论、实践的研究和培训,提升政府基层部门与小微银行协同采集、处理微小客户软信息质效,夯实微小客户信贷可得性的数据基础。

三、微观层面对策建议

(一)加强客户经理服务微小客户能力建设

针对小微银行中新生代员工占主导的队伍结构及微小客户中众多原生态客户,小微银行需要率先强化年轻员工内训以提升服务微小客户的可行能力。第一,合理选择外训与内训。中高层及优秀年长的员工可据实际需求制定培训订单、精选外训机构进行外训,而小微银行新员工、年轻客户经理必须由本行内训师进行持续强化互动式内训,杜绝简单的外包式培训或以考证替代培训的做法。第二,建立健全的新员工(年轻员工)工匠式内训体系。一是组建内训师团队。选择一批业务过硬、品质高尚、能战能师的老中青员工组成内训师团队,持续做实年轻员工常态化内训。二是做实新员工基础性内训。新入职员工统一进入为期3个月左右的半军事化管理的全职内训,此阶段主要是行文化与柜员岗位内训,考核合格者就职相应岗位。三是做精信贷条线核心型内训。基础性内训后,具有信贷潜质的新员工再经过3个月左右的实习、实战、案例研讨等互动式内训,考核合格者到专业支行完成"1+N"师徒制工匠式实习,达到一定业务量并通过考核后进入客户经理分级管理与客户分类管理阶段。

(二)加强融合互补的微小客户"线下、线上"综合服务平台建设

良性互动初始关系的建立与维护需要融合微小客户生活、生产中的需求,提供"简单、方便、快捷、有尊严"的综合性服务。现实中,微小客户生产、生活、家庭活动常常融于一体,为其提供融生活、生产、金融于一体的综合性服务,既提升了生活便捷度与生产经营能力,又利于持续强化微小客户的服务黏性与忠诚度,由此将增添小微银行与微小客户良性互动的活力。第一,以"生意圈"平台赋能有线上化意愿而无能力的客户。免费为微小客户搭建生意平台赋能生产经营,主要解决微小客户的"货卖不出去""钱收不进来""账算不清楚"三大痛点,让金融与微小客户生产经营融为一体,既拓宽了销售渠道、减少了货品运转成本,又帮助其盘活了资金、增加了效益,还方便了订单管理以进一步降成本、提效率、增效益。第二,搭建适合赋能居民生活的"生活圈"平台。整合并甄选社区周边与民生高度相关的早餐店、理发店、水果店、面包店、小超市、药店、健身房等服务资源,免费为社区居民、村居农民提供赋能生活的平台,让金融与社区居民、村居农民生活融为一体。既为他们创造了便捷资讯、便利消费、便宜买

单的生活,也为商户增加了客流、提升了营销效率、降低了经营成本,还为小微银行累积了客户资源。第三,融入社区治理,构建综合服务生态。发挥小微银行扎根本地的特点,以及在当地的渠道、人员、信息优势,积极融入城乡社区治理,配合政府部门推动公共服务落地,帮助百姓解决各种难题,从而将自身的网点优势、客户优势转化为治理优势,提升服务微小客户过程中的客户挖掘、业务开发水平。在此基础上,不断深化小微银行与微小客户的持续良性互动,从单纯提供金融服务向以金融服务为依托的综合服务生态转型,实现自身从"金融服务者"向"生态建设者"演进。

(三)加强协同推进"线下、线下线上融合、线上"三位一体的微小贷款服务创新

鉴于众多"四没有"类原生态客户发掘、培育的需要,成长初期微小客户可行能力持续提升的需要,业已成长的客户服务黏性强化及其"生活圈""生意圈"业务拓展的需要,小微银行需要持续做实线下、线上双向赋能,协同推进微小贷款"线下工匠式服务须坚持、线下线上融合服务须主攻、线上服务必须有"的发展格局。第一,线下工匠式服务须坚持。小微银行最大优势便是"四缘"发掘并培育原生态客户,持续做实这类客户,不仅有助于原生态(年轻)客户经理的成长,也能有效积累基础客户,其巨大的边际效应、潜在的经济效益值得期待。第二,线下、线上融合服务须主攻。显然,县域"原生态客户、硬信息主导的客户及介于二者之间的客户"三类客户群中居多的是第三类客户,小微银行在凸显其固有优势的同时,要积极拥抱金融科技,着力主攻线下、线上融合服务,将有温度、有情怀的服务快捷地延伸到村民、居民社区治理及非金融类领域,持续培育核心类客户群。第三,线上服务必须有。尽管县域硬信息主导的客户资源有限且该领域竞争也最为激烈,但基于维护小微银行先前发掘、培育业已成长的客户,有必要通过发展线上业务来强化服务黏性的需要。早期发掘、培育原生态客户若是出于原生态客户经理成长或践行社会责任的需要,着力发展线上业务则是出于维护与培养忠诚客户的需要,进而在其"生活圈""生意圈"开展交叉营销,收获邻里示范效应和业务乘数效应。

(四)加强激励与约束并重的内部制度建设

如果说在微贷理念与微贷技术的固化优化、良性互动初始关系的构建与维护的初期,训练有素的原生态客户经理践行规范服务的边际效应是明显的,并

能带来局部的邻里示范效应,那么良性互动关系的维护及其可持续发展、全面持续收获"四大效应",则离不开各项制度的支撑。具体而言,通过制定完善客户分类管理、客户经理分级管理、客户经理绩效考核与员工激励、行业发展、风险管理等制度,才能不断增强员工"支农支小"的金融服务能力,让客户经理敢做、愿做、能做"支农支小"信贷主业,助推良性互动可持续发展。第一,客户分类管理制度。针对不同类型贷款客户、不同贷款用途、不同贷款方式建立与完善相应的绩效考核制度,引导原生态客户经理愿做、多做原生态客户、首贷客户、本行的新增客户的生产经营性贷款业务。第二,客户经理分级管理制度。客户经理级别与业务要求界定及相应绩效考核制度,其核心内容包括:原生态客户经理须做实一定量的原生态客户并给予一定的保护期,其他级别的客户经理对原生态、首贷、本行新增等不同类型贷款客户及贷款用途、贷款方式占比提出一定的要求并以不同权重体现在绩效考核制度中,强调对户数和户均的考核,淡化余额规模因子,同时明确每位员工职业晋升通道预期并对综合考核优秀的员工予以适当的股权激励。第三,行业发展相关的制度。主要包括行业分类标准、行业发展报告、行业经典案例、行业贷款调查与判断标准等。第四,微小贷款风控制度与廉洁信贷文化。一方面,考虑到微小客户特征,微小贷款该有一定的风险容忍度和体现尽职免责的包容性考核制度;另一方面,需要把对员工的廉洁规范服务放在十分重要的地位,通过"六不准"铁纪律保证客户经理在贷前、贷中、贷后整个办贷过程中的廉洁与高效。

第三节 研究不足与展望

本书研究结论虽具有一定的普适性,但因我国小微银行高管变动频繁,项目组在选择合作单位时尽管将高管相对稳定作为合作的必要条件之一,但因种种原因,截至 2020 年底(本书实证部分数据截至 2020 年底),6 省区的 18 家合作单位中,高管稳定在五年左右的单位也仅有三家,微小贷款业务发展环境的稳定性及其数据的可得性欠理想,实证研究以三家欠发达县域小微银行微贷中心的千余份有效样本数据展开,可能会影响结果的准确性。浙江大学 AFR 微贷项目运营时间仅 10 余年,合作单位微贷中心持续运营的时间更短,微小客户的微小贷款数据多为截面数据,"好还"对"好借"的影响及其影响机制、小微银行与微小客户互动成效等仍需进一步跟踪研究。微小客户人品软信息、小微银行客户经理"好借"、微小客户"好还"等指标的精准量化存在较多困难,可能影响本书研究的深度与准确性。本书主要就微小贷款产品服务对小微银行与微小客户互动进行了较深入研究,对于政府、其他机构等协同合作所带来的影响,以及如何融入小额储蓄、小额支付、小额保险、小额担保等金融产品及其影响并没有展开研究,具有一定的局限性。中国地域广阔,各地区彼此差异大,本书研究结论是否适用于其他地区,也有待于进一步关注。此外,随着忠诚客户及其贷款次数的增多,业务乘数效应及其"生活圈""生意圈"所带来的示范效应将日趋明显,忠诚客户对小微银行的贡献日益明显、贷款用途与贷款方式也将出现变化,相关数据也将得以丰富,良性互动初始关系建立、维护及其可持续发展早期阶段单一的利率定价也将被差别化定价取代,针对微小客户的上述变化,如何做好本书的进一步研究,同样值得关注。

参考文献

[1] 班纳吉,迪弗洛,2018.贫穷的本质:我们为什么摆脱不了贫困[M].景芳,译.北京:中信出版社.

[2] 鲍吉,张强,2009.村镇银行的运营现状与发展对策:以四川省为例[J].调研世界(6):47-48.

[3] 贝多广,2014.全新认识小微金融[J].中国金融(3):40-41.

[4] 蔡昉,王美艳,2016.从穷人经济到规模经济:发展阶段变化对中国农业提出的挑战[J].经济研究(5):14-26.

[5] 曹凤岐,2013.服务创新是银行业永恒的主题[J].银行家(7):126-127.

[6] 曹敏,何佳,潘启良,2003.金融中介及关系银行:基于广东外资企业银行融资数据的研究[J].经济研究(3):44-53,90.

[7] 曹廷贵,苏静,任渝,2015.基于互联网技术的软信息成本与小微企业金融排斥度关系研究[J].经济学家(7):72-78.

[8] 曹远征,陈军,2019.微型金融从"排斥"到"包容"[M].北京:人民出版社.

[9] 曾冉,2014.微贷技术特质性与银行信贷业务边界研究[D].武汉:武汉大学.

[10] 陈果,陈文裕,2017.协同治理视角下的银税互动[J].税务研究(2):117-120.

[11] 陈键,2008.银企关系与信贷可获得性、贷款成本:基于2003年NSSBF调查的实证分析[J].财贸经济(1):88-95,129-130.

[12] 陈垒,2016.J农商行小额贷款业务发展对策研究[D].郑州:郑州大学.

[13] 陈强,2014.高级计量经济学及Stata应用[M].北京:高等教育出版社.

[14] 陈庭强,王冀宁,2010.基于博弈论的农户小额信贷风险管理研究[J].武汉金融(10):43-46.

[15] 陈涛,李超,2021.小微银行的困境与变革:基于普惠小微信贷的分析[J].西部金融(7):32-36,44.

[16]陈晓红,刘剑,2004.基于银行贷款下的中小企业信用行为的博弈分析[J].管理学报(2):173-177,125.

[17]陈一洪,2012.城商行社区化经营的理论与案例分析[J].武汉金融(2):40-42.

[18]程超,林丽琼,2015.银行规模、贷款技术与小微企业融资?:对"小银行优势"理论的再检验[J].经济科学(4):54-66.

[19]程超,赵春玲,2018.中小金融机构能缓解中小企业需求方配给吗?:对"小银行优势"理论的实证检验[J].投资研究(9):18-32.

[20]程惠霞,2018.农村小型信贷金融机构如何获取可持续资金:普惠金融发展的关键议题[M].北京:中国经济出版社.

[21]程惠霞,2020.普惠金融发展新路径:赋权与使能驱动[J].华南农业大学学报(社会科学版)(5):15-26.

[22]程昆,吴倩,储昭东,2009.略论我国村镇银行市场定位及发展[J].经济问题(2):97-99.

[23]程士强,2024.公益性小额信贷的关系成本与合约效果:信贷合约的社会学分析[J].社会学评论(2):131-152.

[24]储敏伟,王晓雅,2004."小银行优势":基于成本节省的整合研究[J].当代财经(5):36-39.

[25]褚剑,胡诗阳,2020.利率市场化进程中的银企互动:上市公司购买银行理财产品的视角[J].中国工业经济(6):155-173.

[26]崔浩,2013.略论亚里士多德的幸福观及其现代价值[J].商丘师范学院学报(8):34-36.

[27]崔学贤,王明吉,张晶,2014.德国微贷模式及其对我国小额贷款公司发展的启示[J].北方经济(6):79-81.

[28]邓超,敖宏,胡威等,2010.基于关系型贷款的大银行对小企业的贷款定价研究[J].经济研究(2):83-96.

[29]邓超,唐莹,胡梅梅,2015.信任与小微企业信贷:引入互利和利他动机的博弈与实证研究[J].系统工程理论与实践(9):2209-2220.

[30]丁镭,张琼,沈杨,2024."双碳"目标引领下家庭碳账户体系的构建对策及建议[J].黑龙江科学(5):18-21.

[31]董菁,2016.银行规模与小微企业贷款非对称性分析[J].金融发展研究(9):

86-88.

[32]董骏,2019.阿玛蒂亚·森能力人权观研究[M].北京:法律出版社.

[33]董晓林,程超,吕沙,2015.不同规模银行对小微企业贷款技术的选择存在差异吗?:来自江苏省县域的证据[J].中国农村经济(10):55-68.

[34]董晓林,陶月琴,程超,2015.信用评分技术在县域小微企业信贷融资中的应用:基于江苏县域地区的调查数据[J].农业技术经济(10):107-116.

[35]董彦岭,2003.中小企业银行信贷融资研究[D].天津:南开大学.

[36]杜创,2010."小银行优势"理论面临的挑战:国外研究进展及评论[J].金融评论(6):112-120,123.

[37]杜晓山,孙若梅,2000.中国小额信贷的实践和政策思考[J].财贸经济(7):32-37.

[38]杜晓山,张保民,刘文璞,等,2005.中国小额信贷十年[M].北京:社会科学文献出版社.

[39]杜晓山,2008.服务弱势群体应发展普惠金融体系[J].农村金融研究(2):42-44.

[40]杜晓山,2010.村镇银行应多服务低端客户[J].农村经营管理(5):24.

[41]段小力,2014.村镇银行发展的现实障碍与对策研究:基于河南省的数据[J].改革与战略(10):63-65,128.

[42]樊纲,1999.克服信贷萎缩与银行体系改革:1998年宏观经济形势分析与1999年展望[J].经济研究(1):5-10,54.

[43]范忠宝,王小燕,阮坚,2018.区块链技术的发展趋势和战略应用:基于文献视角与实践层面的研究[J].管理世界(12):177-178.

[44]冯晓菲,张琳,2020.自然人保证担保是否降低了小微企业融资成本与违约风险[J].世界经济(7):170-192.

[45]高步安,徐家庆,2024.碳普惠的经济运行逻辑、实践模式及创新发展的现实进路[J].财会通讯(6):19-24.

[46]高霞,2010.德国IPC微贷技术植入中国村镇银行问题研究[D].天津:天津大学.

[47]高晓燕,孙晓靓,2011.我国村镇银行可持续发展研究[J].财经问题研究(6):96-100.

[48]葛永波,周倬君,马云倩,2011.新型农村金融机构可持续发展的影响因素

与对策透视[J].农业经济问题(12):48-54,111.

[49]顾庆康,池建华,2020.乡村治理、信息技术如何促进农户金融契约信用发育?:以浙江桐乡"三治信农贷"为例[J].农村经济 (12):94-103.

[50]顾士龙,2018.H 农村商业银行信贷风险管理优化研究[D].合肥:安徽大学.

[51]郭娜,范书亭,李坤青,2020.银企关系视角下我国中小企业信贷约束研究:中小企业融资调查问卷的分析[J].投资研究(6):26-35.

[52]郭素贞,2008.关于村镇银行运行状况的几点思考[J].经济纵横(6):75-77.

[53]郭晓鸣,唐新,2009.村镇银行:探索中的创新与创新中的选择:基于全国首家村镇银行的实证分析[J].天府新论(2):71-75.

[54]郭延安,2012.关系型借贷与中小企业融资:以浙江台州三家城市商业银行为例[J].武汉金融(7):40-42.

[55]郝清民,张玲,2021.基于共同加权网络的银企信贷与银行系统风险[J].财贸研究,32(11):37-46.

[56]何琛,2015.县域普惠金融可持续发展中的金融创新[D].杭州:浙江大学.

[57]何光辉,杨咸月,2015.中国小微企业信用违约影响因素的实证检验:来自某国有银行地区分行的证据[J].上海财经大学学报(6):67-79.

[58]何广文,1999.从农村居民资金借贷行为看农村金融抑制与金融深化[J].中国农村经济(10):42-48.

[59]何佳阳,2019.马克思主义视野下阿玛蒂亚·森的贫困理论研究[D].天津:天津商业大学.

[60]何韧,2010.银企关系与银行贷款定价的实证研究[J].财经论丛(1):57-63.

[61]何韧,刘兵勇,王婧婧,2012.银企关系、制度环境与中小微企业信贷可得性[J].金融研究(11):103-115.

[62]何韧,王维诚,2009.银企关系与中小企业成长:关系借贷价值的经验证据[J].财经研究(10):81-91.

[63]何嗣江,2005.区域经济发展与金融制度创新:以台州市商业银行为例[J].浙江大学学报(人文社会科学版)(1):178-181.

[64]何嗣江,史晋川,2009.弱势群体帮扶中的金融创新研究——以台州市商业银行小额贷款为例[J].浙江大学学报(人文社会科学版)(4):26-34.

[65]何嗣江,严谷军,陈魁华,等,2013.微型金融理论与实践[M].杭州:浙江大

学出版社.

[66]何雄浪,陈冰,2023.数字金融能力与家庭资产规模:指标构建与机制检验[J].金融发展研究(10):41-52.

[67]何雪锋,吴小亚,张鑫,2018.银企动态博弈视角下科技型小微企业融资探析:基于情景模拟的行为实验[J].财会通讯(29):12-16,129.

[68]何雅菲,2019.自雇创业还是雇佣就业:基于中国女性流动人口收入差异的考量[J].湘潭大学学报(哲学社会科学版)(5):36-44.

[69]贺力平,1999.克服金融机构与中小企业之间的不对称信息障碍[J].改革(2):14-16,26.

[70]贺勇,2009.关系型融资、意会信息生产与商业银行信贷决策[J].中南财经政法大学学报(6):91-96,144.

[71]侯银银,陈金龙,2012.银企信用关系良性演化的机理研究[J].华侨大学学报(自然科学版)(5):573-580.

[72]胡国晖,李雪玲,2018.信息透明度、征信体系与"小银行优势":基于中小板上市企业的实证分析[J].北京邮电大学学报(社会科学版)(5):60-68.

[73]胡花,2022.融合 IPC 小微技术的 ABC 银行小微信贷创新模式研究[D].广州:华南理工大学.

[74]胡坤,2023.借贷关系强度与委托贷款利率[J].金融与经济(3):54-64,96.

[75]胡秋阳,李文芳,2023.银行内部组织的功能距离与危机冲击下的中小企业生存损失:兼论中小型银行优势和现代信息技术[J].中国工业经济(9):155-173.

[76]胡志浩,李劲,2019.关系型融资研究新进展[J].经济学动态(10):132-146.

[77]胡忠良,2011.村镇银行的信贷风险及防范路径[J].生产力研究(1):67-68.

[78]华静,王玉斌,2015.县域科技工作者工作满意度研究:基于全国 206 个县的调查数据[J].农业技术经济(4):119-128.

[79]黄军民,2019.台州银行 30 年小微金融服务的探索与实践[J].中国银行业(2):22-25,88.

[80]黄军民,2023.35 年"陪伴成长,成就共富"之路[J].银行家(6):15-17.

[81]黄军民,2024.以综合普惠金融服务书写新时代答卷[J].银行家(3):55-58.

[82]黄宪,叶晨,杜雪,2016.竞争、微金融技术与银行信贷业务边界的移动[J].金融监管研究(9):1-24.

[83] 黄益平,邱晗,2021.大科技信贷:一个新的信用风险管理框架[J].管理世界(2):12-21,50,2.

[84] 黄祖辉,刘西川,程恩江,2009.贫困地区农户正规信贷市场低参与程度的经验解释[J].经济研究(4):116-128.

[85] 黄祖辉,刘西川,程恩江,2007.中国农户的信贷需求:生产性抑或消费性:方法比较与实证分析[J].管理世界(3):73-80.

[86] 靳国良,2014.碳交易机制的普惠制创新[J].全球化(11):45-59,134.

[87] 凯恩斯,1999.就业、利息和货币通论[M].高鸿业,译.北京:商务印书馆.

[88] 孔祥博,陶建宏,2020.我国商业银行投贷联动研究综述及发展启示[J].经济研究导刊(36):64-67.

[89] 雷格伍德,2000.小额金融信贷手册:金融业和公司运作的透视与展望[M].马小丁,朱竞梅,译.北京:中华工商联合出版社.

[90] 李宝元,2021.中国反贫困 40 年历史回顾、评述与展望[J].财经问题研究(5):3-13.

[91] 李炳炎,2006.共同富裕经济学[M].北京:经济科学出版社.

[92] 李昌荣,胡斐斐,毛顺标,2015.借款人在 P2P 小额贷款市场中的信用行为:基于博弈论的分析[J].南方金融(9):28-34,9.

[93] 李凤文,2018.村镇银行必须解决好"水土不服"问题[N].经济日报,2018-03-27(7).

[94] 李昊然,刘诗源,康润琦,2023.普惠金融与小微企业破产风险:来自小微支行设立的准自然实验[J].经济研究(11):153-171.

[95] 李红,杨希,2018.金融科技创新背景下村镇银行信用风险防控分析:以山东省为例[J].信息系统工程(2):118-120.

[96] 李华民,吴非,陈哲诗,2014.谁为中小企业融资?:基于信息处理能力跨期演化视角[J].金融经济学研究(5):119-128.

[97] 李华民,吴非,2015.谁在为小微企业融资:一个经济解释[J].财贸经济(5):48-58.

[98] 李明贤,何友,2019.农村普惠金融目标下金融科技的工具价值及实现困境[J].华南师范大学学报(社会科学版)(1):59-65,190.

[99] 李良志,王祺,2022.新冠疫情下银企关系对小微企业融资缺口缓解作用研究:兼论政策效应影响[J].金融论坛(4):12-18,41.

[100]李善民,2015.信用体系与农户融资约束关系分析[J].征信(10):45-49.

[101]李善民,宁满秀,2022.演化博弈视角下"银保"联动支农的风险分担机制研究[J].农业技术经济(11):78-94.

[102]李寿喜,张珈豪,2023.数字普惠金融、技术创新与城市碳排放强度[J].华东师范大学学报(哲学社会科学版)(2):161-172,178.

[103]李文芳,胡秋阳,2024.信息环境现代化与"小银行优势"[J].云南财经大学学报(4):33-51.

[104]李一赫,2023.商业银行开展科技型企业投贷联动业务的探索与实践[J].时代金融(12):77-79.

[105]李志赟,2002.银行结构与中小企业融资[J].经济研究(6):38-45,94.

[106]连升,赖小琼,2004.企业违约的经济学分析[J].福建论坛(人文社会科学版)(2):23-26

[107]梁冰,2005.我国中小企业发展及融资状况调查报告[J].金融研究(5):120-138.

[108]梁益琳,张玉明,2012.创新型中小企业与商业银行的演化博弈及信贷稳定策略研究[J].经济评论(1):16-24.

[109]廖红君,樊纲治,弋代春,2020.关系型借贷视角下购房融资方式与家庭创业行为:基于2017年中国家庭金融调查的实证研究[J].金融研究(7):153-171.

[110]廖理,李梦然,王正位,2014.中国互联网金融的地域歧视研究[J].数量经济技术经济研究(5):54-70.

[111]林汉川,夏敏仁,何杰,等,2003.中小企业发展中所面临的问题:北京、辽宁、江苏、浙江、湖北、广东、云南问卷调查报告[J].中国社会科学(2):84-94,206.

[112]林毅夫,李永军,2001.中小金融机构发展与中小企业融资[J].经济研究(1):10-18,53,93.

[113]林毅夫,孙希芳,2005.信息、非正规金融与中小企业融资[J].经济研究(7):35-44.

[114]刘波,刘亦文,2012.我国村镇银行风险控制研究[J].经济纵横(5):87-90.

[115]刘畅,刘冲,马光荣,2017.中小金融机构与中小企业贷款[J].经济研究(8):65-77.

[116]刘国宏,2023.科创金融发展的底层逻辑及对策研究[J].特区实践与理论(6):105-111.

[117]刘海燕,郑爽,2018.广东省碳普惠机制实施进展研究[J].中国经贸导刊(理论版)(8):23-25.

[118]刘晓星,2018.大数据金融[M].北京:清华大学出版社.

[119]刘艳华,骆永民,2011.农村信用社信贷风险防范效率的实证分析[J].宁夏社会科学(2):33-38.

[120]刘越,李禛,2024.数字金融、科技创新对产业结构高级化的影响:基于区域发展不均衡视角的空间杜宾模型分析[J].绥化学院学报,44(3):11-15.

[121]陆岷峰,吴建平,2017.关于中小商业银行发展金融科技的战略研究:基于城商行群体的样本分析[J].湖南财政经济学院学报,33(6):13-21.

[122]吕劲松,2015.关于中小企业融资难、融资贵问题的思考[J].金融研究(11):115-123.

[123]罗丹阳,殷兴山,2006.民营中小企业非正规融资研究[J].金融研究(4):142-150.

[124]罗兴,吴本健,马九杰,2018.农村互联网信贷:"互联网＋"的技术逻辑还是"社会网＋"的社会逻辑?[J].中国农村经济(8):2-16.

[125]马九杰,王国达,张剑,2012.中小金融机构与县域中小企业信贷:从需求端对"小银行优势"的实证分析[J].农业技术经济(4):4-13.

[126]马九杰,吴本健,2012.利率浮动政策、差别定价策略与金融机构对农户的信贷配给[J].金融研究(4):155-168.

[127]马尚田,2015.从诺奖看"劫贫济富"式扶贫[N].中国县域经济报,2015-08-02.

[128]马新文,2008.阿玛蒂亚·森的权利贫困理论与方法述评[J].国外社会科学(2):69-74.

[129]毛锦,肖泉,蔡淑琴,2006.基于信息不对称的银行贷款合约分析与设计[J].金融研究(10):126-133.

[130]明雷,叶彬谭,卢宛君,等,2024.我国商业银行数字金融发展水平测度及时空演化特征研究[J].系统工程理论与实践(4):1169-1180.

[131]缪锦春,2017.小企业融资难问题银税大数据平台解决方案研究[J].湖南商学院学报,24(1):38-44.

[132]莫媛,王静,2023.银农关系对"软信息"传递效果的影响研究:基于信贷可得性视角[J].东北农业大学学报(社会科学版)(1):14-29.

[133]聂尔德,2011.基于演化博弈视角的中小企业融资分析[J].财经问题研究(6):27-31.

[134]农业银行国际业务部课题组,2007.格莱珉:制度安排与运作模式[J].农村金融研究(10):57-62.

[135]欧阳凌,欧阳令南,2004.中小企业融资瓶颈研究:一个基于产权理论和信息不对称的分析框架[J].数量经济技术经济研究(4):46-51.

[136]潘子杰,2018.大型商业银行服务小微企业经验研究[J].农村金融研究(9):44-47.

[137]彭芳春,黄志恒,2015.小微企业融资的"小银行优势":一般假说与我国适用[J].财会通讯(35):9-11,129.

[138]彭克强,刘锡良,2016.农民增收、正规信贷可得性与非农创业[J].管理世界(7):88-97.

[139]彭澎,吴梦奇,2024.数字金融能力对家庭农场农业生产投资行为的影响研究[J].财贸研究(12):52-61.

[140]彭妙薇,谭雪,熊浩,2022.小银行优势、信息成本和中小企业融资:基于城商行合并的准实验研究[J].证券市场导报(6):22-35.

[141]平新乔,杨慕云,2009.消费信贷违约影响因素的实证研究[J].财贸经济(7):32-38,111.

[142]钱龙,2015.信息不对称与中小企业信贷风险缓释机制研究[J].金融研究(10):115-132.

[143]钱燕,吴刘杰,2019.小微企业信贷融资机制的演化博弈分析[J].金融与经济(3):53-59.

[144]曲小刚,罗剑朝,2013.村镇银行发展的制约因素及对策[J].华南农业大学学报(社会科学版)(3):112-120.

[145]任兆璋,杨绍基,2006.商业银行信贷风险测度的SBP模型研究[J].金融研究(11):127-134.

[146]沈费伟,胡紫依,2024.乡村数字弱势群体能力贫困的内生原因与解决对策:基于森的"可行能力"理论探讨[J].南京农业大学学报(社会科学版)(2):112-123.

[147]森,2003.评估不平等和贫困的概念性挑战[J].中国社会科学文摘(5):102-103.

[148]森,2006.论经济不平等;不平等之再探[M].王利文,于占杰,译.北京:社会科学文献出版社.

[149]森,2012.以自由看待发展[M].任赜,于真,译.北京:中国人民大学出版社.

[150]盛天翔,范从来,2020.金融科技与小微企业信贷供给述评:机制、实践与问题[J].现代经济探讨(6):39-44.

[151]史晋川,孙福国,严谷军,1997.市场深化中民间金融业的兴起:以浙江路桥城市信用社为例[J].经济研究(12):46-51.

[152]史丽颖,2021.广东省碳普惠制核证减排机制的应用及协同效应分析[J].低碳世界(7):27-28.

[153]宋德勇,张瑾,2015.安格斯·迪顿对发展经济学的贡献[J].经济学动态(12):121-130.

[154]苏治,胡迪,2014.农户信贷违约都主动违约吗?:非对称信息状态下农户信贷违约机理[J].管理世界(9):77-89.

[155]孙俊楠,2018.阿玛蒂亚·森的权利贫困理论研究[D].济南:山东大学.

[156]孙灵燕,张全飞,2023.数字普惠金融对企业碳排放强度的影响研究[J].江西社会科学(11):90-101.

[157]孙庭阳,2021.为中小企业插上新翅膀:把创意推向市场[J].中国经济周刊(8):28-29.

[158]孙玉环,张汀昱,王雪妮,等,2021.中国数字普惠金融发展的现状、问题及前景[J].数量经济技术经济研究(2):43-59.

[159]唐晓旺,2011.村镇银行可持续发展的瓶颈制约及推进机制研究[J].企业经济,30(5):190-192.

[160]唐亚军,袁淳,孙健,等,2023.管理者能力与贷款定价:来自某国有商业银行信贷数据的经验证据[J].管理评论(9):187-205.

[161]唐旭,2006.推动案例研究 促进金融理论发展[J].金融研究(1):1-6.

[162]童馨乐,褚保金,杨向阳,2011.社会资本对农户借贷行为影响的实证研究:基于八省 1003 个农户的调查数据[J].金融研究(12):177-191.

[163]万解秋,2005.信贷配给条件下的中小企业融资:兼评介入型融资理论和

破解策略[J].经济学动态(2):43-46.

[164]万敏.寻找"穷人"和资金 格莱珉银行在中国的实验仍在继续[N].经济观察报,2019-11-04.

[165]汪年祝,2006.股份制农村金融机构公司治理存在的问题及完善对策:来自苏州6家农村商业银行的实证研究[J].金融纵横(12):26-28

[166]汪兴隆,2012.非不能也 实不为也:驳"大中型商业银行天然不适合小微企业金融服务"[J].武汉金融(9):20-24.

[167]汪洋,编,2020.亚洲金融发展报告:普惠金融篇[M].北京:对外经贸大学出版社.

[168]汪毅霖,2021.告别贫困,当代的经济现实与凯恩斯的失算[J].读书(3):3-11.

[169]王定祥,田庆刚,李伶俐,等,2011.贫困型农户信贷需求与信贷行为实证研究[J].金融研究(5):124-138.

[170]王海侠,2000.以博弈理论分析我国信贷市场效率[J].金融研究(10):60-68.

[171]王倩,2017.农村商业银行信贷风险管理研究[D].银川:宁夏大学.

[172]王曙光,王东宾,2015.村镇银行的定位与挑战[J].中国金融(23):37-39.

[173]王霄,张捷,2003.银行信贷配给与中小企业贷款:一个内生化抵押品和企业规模的理论模型[J].经济研究(7):68-75,92.

[174]王小华,李昕儒,宋檬,等,2024.数字金融、数字鸿沟与家庭金融资产组合有效性:基于城乡差异视角的分析[J].当代经济科学(2):45-58.

[175]王馨,2015.互联网金融助解"长尾"小微企业融资难问题研究[J].金融研究(9):128-139.

[176]王性玉,任乐,赵辉,2016.社会资本对农户信贷配给影响的分类研究:基于河南省农户的数据检验[J].经济问题探索(9):172-181.

[177]王性玉,任乐,赵辉,等,2019.农户信誉特征、还款意愿传递与农户信贷可得:基于信号传递博弈的理论分析和实证检验[J].管理评论(5):77-88.

[178]王性玉,张征争,2005.中小企业融资困境的博弈论研究[J].管理世界(4):149-150.

[179]王修华,刘志远,杨刚,2013.村镇银行运行格局、发展偏差及应对策略[J].湖南大学学报(社会科学版)(1):57-62.

[180]王亚柯,王一玮,2024.数字能力、数字金融能力与家庭消费[J].江汉论坛(2):38-45.

[181]王艳梅,2011.内蒙古生态移民的权益保障研究[D].沈阳:辽宁大学.

[182]王雁飞,周茂清,2022.小微企业信贷配给的产生机制、根源及缓解路径:基于不完全信息动态博弈视角的分析[J].西北民族大学学报(哲学社会科学版)(2):115-121.

[183]王兆旭,韩庆潇,乔永军,2023.财务管理、信息甄别与小微企业融资:基于博弈模型分析与准自然实验证据[J].金融发展研究(4):29-38.

[184]魏皓,2011.商业银行微小企业贷款业务初探[J].浙江金融(3):39-41.

[185]文慧,2010.基于小银行优势的农村信用社股份制改革研究[D].长沙:湖南大学.

[186]温涛,何茜,2023.全面推进乡村振兴与深化农村金融改革创新:逻辑转换、难点突破与路径选择[J].中国农村经济(1):93-114.

[187]文学舟,蒋海芸,张海燕,2020.多方博弈视角下违约小微企业融资担保圈各主体间信任修复策略研究[J].预测(2):76-83.

[188]文学舟,张海燕,蒋海芸,2019.小微企业融资中银企信任机制的形成及演化研究:基于信用担保介入的视角[J].经济体制改革(3):143-150.

[189]翁东玲,2017.中国村镇银行可持续发展路径研究:以福建村镇银行的实践为例[J].亚太经济(6):50-57,186.

[190]吴建亚,2004.现阶段我国农村商业银行的市场定位和发展战略[J].金融论坛(8):57-61,63.

[191]吴鹏,2023.区块链赋能碳普惠的路径选择与法律规制[J].金融与经济(12):44-52.

[192]吴晓灵,2015.普惠金融的根基[J].中国金融(19):31-33.

[193]吴晓球,2024.金融强国的实现路径与建设重点[J].经济理论与经济管理(1):1-6.

[194]希勒,2012.金融与好的社会[M].束宇,译.北京:中信出版社.

[195]向玲凛,邓翔,2015.西南少数民族地区的贫困问题及其政策研究[M].北京:经济科学出版社.

[196]谢平,邹传伟,刘海二,2015.互联网金融的基础理论[J].金融研究(8):1-12.

[197]谢平,邹传伟,2012.互联网金融模式研究[J].金融研究(12):11-22.

[198]谢世清,陈方诺,2017.农村小额贷款模式探究:以格莱珉银行为例[J].宏观经济研究(1):148-155.

[199]谢世清,李四光,2011.中小企业联保贷款的信誉博弈分析[J].经济研究(1):97-111.

[200]熊芳,2020.贫困地区农村微型金融与社会资本良性互动的创新机制研究[M].北京:人民出版社.

[201]熊熊,武栋才,张永杰,等,2009.商业银行:中小企业有限次重复博弈仿真[J].系统工程(10):56-61.

[202]徐洪水,2001.金融缺口和交易成本最小化:中小企业融资难题的成因研究与政策路径:理论分析与宁波个案实证研究[J].金融研究(11):47-53.

[203]徐上钦,2018.C银行成都分行小微企业贷款违约影响因素分析[D].成都:电子科技大学.

[204]徐尚朝,2019.现行省联社机制存在的问题及其改革路径[J].金融与经济(3):91-93.

[205]徐晓萍,张顺晨,敬静,2014.关系型借贷与社会信用体系的构建——基于小微企业演化博弈的视角[J].财经研究(12):39-50.

[206]许黎莉,陈东平,2019.声誉能促进政策性担保贷款的自我履约吗?——基于互联关系型合约的分析框架[J].求是学刊(5):81-90.

[207]许威,2023.农村小额信贷模式创新研究:"三治信农贷"的践与思[J].乡村科技(13):60-63.

[208]许朝晖,吴浩铭,2016.基于巴塞尔Ⅲ的商业银行关系型贷款定价研究[J].武汉金融(5):8-11.

[209]严谷军,何琛,何嗣江,等,2021.AFR微贷项目运行与案例[M].杭州:浙江大学出版社.

[210]严谷军,何嗣江,2002.中小企业融资结构变化与中小金融机构成长:温州案例分析[J].浙江大学学报(人文社会科学版)(6):96-102.

[211]杨帆,2018.可行能力视域下新生代农民工相对贫困测度与生成机理研究[D].雅安:四川农业大学.

[212]杨丰来,黄永航,2006.企业治理结构、信息不对称与中小企业融资[J].金融研究(5):159-166.

[213]杨明芳,2011.我国社会底层人群向上流动困难问题研究:纳克斯"贫困的恶性循环理论"的启示[J].岳阳职业技术学院学报(5):101-104.

[214]杨蕊,侯晓辉,2023.科技金融政策与关系型贷款:基于国有企业的视角[J].山西财经大学学报(7):54-68.

[215]杨盈盈,叶德珠,2021."老赖"是如何形成的?:基于银企规模结构匹配失调的视角[J].暨南学报(哲学社会科学版)(7):116-132.

[216]杨永华,2007.发展经济学流派研究[M].北京:人民出版社.

[217]姚益龙,邓湘益,张展维,2012.东莞市中小企业关系型贷款实证研究[J].南方经济(12):51-57.

[218]叶谦,张子刚,2003.违约风险霍奇曼模型的拓展与信贷配给下的中小企业融资[J].财经论丛(4):53-59.

[219]叶强,高超越,姜广鑫,2022.大数据环境下我国未来区块链碳市场体系设计[J].管理世界(1):229-240.

[220]叶文辉,2017.投贷联动运行模式的国际实践及其启示[J].新金融(3):48-52.

[221]易小兰,2012.农户正规借贷需求及其正规贷款可获性的影响因素分析[J].中国农村经济(2):56-63,85.

[222]殷,2017.案例研究:设计与方法(原书第5版)[M].周海涛,史少杰,译.重庆:重庆大学出版社.

[223]殷孟波,翁舟杰,梁丹,2008.解读中小企业贷款难理论谜团的新框架——租值耗散与交易费用视角[J].金融研究(5):103-110.

[224]尹振涛,2012.地方金融发展应明确立足点[J].中国金融(3):96.

[225]尹志超,钱龙,吴雨,2015.银企关系、银行业竞争与中小企业借贷成本[J].金融研究(1):134-149.

[226]尹志超,宋全云,吴雨,等,2015.金融知识、创业决策和创业动机[J].管理世界(1):87-98.

[227]应千伟,罗党论,2012.授信额度与投资效率[J].金融研究(5):151-163.

[228]尤努斯,2006.穷人的银行家[M].吴士宏,译.上海:生活·读书·新知三联书店.

[229]于丽红,陈霞,2011.村镇银行信贷风险管理[J].生产力研究(1):69-70.

[230]于雯雨,2014.我国小微企业融资问题研究[D].沈阳:辽宁大学.

[231]余春苗,任常清,2021.农村金融支持产业发展:脱贫攻坚经验和乡村振兴启示[J].经济学家(2):112-119.

[232]余勋,2023.投贷联动对科技型中小企业科技创新的影响研究——基于创业板上市公司数据[J].西部金融(3):3-11,27.

[233]喻态薪,2020.马克思主义方法论视野下的脱贫攻坚问题研究[D].沈阳:沈阳工业大学.

[234]翟胜宝,陈紫薇,刘亚萍,2015.银企关系与企业成本费用粘性[J].系统工程理论与实践(4):928-938.

[235]张承利,2018.关于农村商业银行完善公司治理的研究思考[J].金融发展研究(5):85-87.

[236]张建杰,2008.农户社会资本及对其信贷行为的影响——基于河南省397户农户调查的实证分析[J].农业经济问题(9):28-34,111.

[237]张杰,1998.渐进改革中的金融支持[J].经济研究(10):52-57.

[238]张杰,2000.民营经济的金融困境与融资次序[J].经济研究(4):3-10,78.

[239]张捷,2002.中小企业的关系型借贷与银行组织结构[J].经济研究(6):32-37,54,94.

[240]张捷,王霄,2002.中小企业金融成长周期与融资结构变化[J].世界经济(9):63-70.

[241]张磊,许坤,张琳,等,2023.政策扶持、金融科技与小微企业信贷融资[J].统计研究,40(12):50-61.

[242]张荔,苏彤,2007.微贷业务在全球的发展及对我国的启示[J].武汉金融(4):4-8.

[243]张林,李海央,梁义娟,2023.农村金融高质量发展:水平测度与时空演变[J].中国农村经济(1):115-139.

[244]张良桥,冯从文,2001.理性与有限理性:论经典博弈理论与进化博弈理论之关系[J].世界经济(9):74-78.

[245]张龙耀,于一,杨军,2021.微型金融的普惠效应实证研究:基于6省4220户农户调查数据[J].农业技术经济(2):88-99.

[246]张佩倩,2008.苏南农村商业银行内部控制环境研究[D].上海:复旦大学.

[247]张书杰,2012.农村商业银行改革发展的若干思考[J].南方金融(5):57-60.

[248]张铁铸,李坚,李彤彤,2023.基于时间偏好不一致的最优关系租金与银企估值[J].审计与经济研究(3):86-97.

[249]张艳梅,罗雯,陆莉君,2021.基于"共同富裕示范区"视角的浙江省"碳普惠"机制建设[J].再生资源与循环经济(10):13-16.

[250]张洋,穆博,穆争社,2024.数字普惠金融与县域农商银行发展[J].财经研究,50(1):49-63.

[251]张一林,林毅夫,龚强,2019.企业规模、银行规模与最优银行业结构:基于新结构经济学的视角[J].管理世界(3):31-48.

[252]张一林,郁芸君,陈珠明,2021.人工智能、中小企业融资与银行数字化转型[J].中国工业经济(12):69-87.

[253]张懿玮,高维和,2020.自我建构、文化差异和信用风险:来自互联网金融的经验证据[J].财经研究,46(1):34-48.

[254]张志勇,吴姣,2014.德国 IPC 微贷技术对大型商业银行的启示与借鉴[J].河北金融(11):3-7.

[255]赵洪江,陈林,全理科,2015.互联网技术、互联网金融与中小企业贷款技术创新:以阿里小贷为例[J].电子科技大学学报(社科版)(1):39-44.

[256]赵普兵,吴晓燕,2022.脱贫攻坚与乡村振兴有效衔接:基于农民可行能力的分析[J].理论探讨(6):160-166.

[257]赵小晶,杨海芬,王建中,2008.村镇银行的商业可持续发展研究——基于制度层面的分析[J].南方金融(11):39-42.

[258]赵志刚,巴曙松,2011.我国村镇银行的发展困境与政策建议[J].新金融(1):40-44.

[259]郑新业,吴施美,郭伯威,2023.碳减排成本代际均等化:理论与证据[J].经济研究(2):107-123.

[260]钟世和,苗文龙,2017.关系型、交易型互联网贷款的信贷风险对比研究[J].西安交通大学学报(社会科学版)(6):18-26.

[261]周好文,李辉,2005.中小企业的关系型融资:实证研究及理论释义[J].南开管理评论(1):69-74,100.

[262]周家珍,2021.商业银行开展投贷联动业务的模式特征、问题与建议[J].西南金融(4):63-74.

[263]周孟亮,李向伟,2022.融入社区治理的普惠金融高质量发展新思路[J].

社会科学(6):128-136.

[264]周艳,2024.金融支持碳普惠制发展研究:制约因素、实践经验和对策建议[J].西南金融(2):79-88.

[265]周月书,王雨露,彭媛媛,2019.农业产业链组织、信贷交易成本与规模农户信贷可得性[J].中国农村经济(4):41-54.

[266]朱宁,2017.科技银行信贷风险评估问题研究[D].北京:对外经济贸易大学.

[267]朱守银,张照新,张海阳,等,2003.中国农村金融市场供给和需求——以传统农区为例[J].管理世界(3):88-95.

[268]朱志胜,2019.中国农民工进城自雇佣行为:规模、特征与进入机制[J].现代经济探讨(12):116-125.

[269]祝继高,叶康涛,严冬,2012.女性董事的风险规避与企业投资行为研究:基于金融危机的视角[J].财贸经济(4):50-58.

[270]祝仲坤,2017.住房公积金与新生代农民工留城意愿:基于流动人口动态监测调查的实证分析[J].中国农村经济(12):33-48.

[271]Agarwal S, Chomsisengphet S, Liu C, et al. , 2018. Benefits of relationship banking: Evidence from consumer credit markets[J]. Journal of Monetary Economics, 96(1): 16-32.

[272]Aghion B A D, Gollier C, 2000. Peer group formation in an adverse selection model[J]. The Economic Journal, 110(465): 632-643.

[273]Angelini P, Salvo R D, 1998. Ferri G Availability and cost for small businesses: Customer relationship and credit cooperative[J]. Journal of Banking & Finance, 22(6-8): 925-954.

[274]Bajaj M, Chan Y, Dasgupta S, 1998. The relationship between ownership, financing decisions and firm performance: A signaling model[J]. International Economic Review, 39(3): 723-744.

[275]Banerjee A V, Besley T, Guinnane T W, 1994. The neighbor's keeper: The design of a credit cooperative with theory and a test[J]. The Quarterly Journal of Economics, 109(2): 491-515.

[276]Barasinska N, Schafer D, 2014. Is crowdfunding different? Evidence on the relation between gender and funding success from a German peer-to-peer lending platform[J]. German Economic Review, 15(4): 436-452.

[277]Bassett W F, 2012. The economic performance of small banks, 1985-2000-statistical date included[J]. Advanced Materials Research, 1(1): A4-A6.

[278]Beck T, Degryse H, Haas R D, et al. , 2018. When arm's length is too far: Relationship banking over the credit cycle[J]. Journal of Financial Economics, 127(1): 174-196.

[279]Beck T, Demirgüc -Kunt A, Singer D, 2013. Is small beautiful? Financial structure, size and access to finance[J]. World Development, 52: 19-33.

[280]Behr P, Entzian A, Güttler A, 2011. How do lending relationship affect access to credit and loan conditions in microlending? [J]. Journal of Banking & Finance, 35(8): 2169-2178.

[281]Berg G, Schrader J, 2012. Access to credit, natural disasters and relationship lending [J]. Journal of Financial Intermediation, 21 (4): 549-568.

[282]Berger A N, Udell G F, 1995. Relationship lending and lines of credit in small firm finance[J]. Journal of Business, 68(3): 351-381.

[283]Berger A N, Udell G F, 1998. The economics of small business finance: The roles of private equity and debt markets in the financial growth cycle [J]. Journal of Banking & Finance, 22(6): 613-673.

[284]Berger A N, Udell G F, 2002. Small business credit availability and relationship lending: The importance of bank organisational structure[J]. The Economic Journal, 112(477): F32-F53.

[285]Berger A N, Udell G F, 2006. A more complete conceptual framework for financing of small and medium enterprises[Z]. World Bank Policy Research Working Paper No. 3795.

[286]Bharath S, Dahiya S, Saunders A, et al. 2007. So what do I get? The bank's view of lending relationships[J]. Journal of Financial Economics, 85(2): 368-419.

[287]Bharath S T, Dahiya S, Saunders A, et al. 2011. Lending relationship and loan contract terms[J]. The Review of Financial Studies, 24(4):

1141-1203.

[288]Blackwell D W, Winters D B, 1997. Banking relationships and the effect of monitoring on loan pricing[J]. The Journal of Financial Research, 20(2): 275-289.

[289]Bodenhorn H, 2003. Short-term loans and long-term relationships: Relationship lending in early America[J]. Journal of Money, Credit and Banking, 35(4): 485-505.

[290]Bolton G E, Greiner B, Ockenfels A, 2013. Engineering trust: Reciprocity in the production of reputation information[J]. Management Science, 59(2): 265-285.

[291]Bolton P, Freixas X, Gambacorta L, et al. 2016. Relationship and transaction lending in a crisis[J]. The Review of Financial Studies, 29(10): 2643-2676.

[292]Boot A W A, Thakor A V, 2000. Can relationship banking survive competition? [J]. The Journal of Finance, 55(2): 679-713.

[293]Botsch M, Vanasco V, 2019. Learning by lending[J]. Journal of Financial Intermediation, 37: 1-14.

[294]Canales R, Nanda R, 2011. A darker side to decentralized banks: Market power and credit rationing in SME lending[J]. Journal of Financial Economics, 105(2): 353-366.

[295]Carter D A, McNulty J E, 2005. Deregulation, technological change and the business-lending performance of large and small banks[J]. Journal of Banking and Finance, 29(5): 1113-1130.

[296]Chang C, Liao G, Yu X, et al. , 2014. Information from relationship lending: Evidence from loan defaults in China[J]. Journal of Money, Credit and Banking, 46(6): 1225-1257.

[297]Chen N, Ghosh A, Lambert N S, 2014. Auctions for social lending: A theoretical analysis[J]. Games and Economic Behavior, 86: 367-391.

[298]Christen R P, Lyman T R, Rosenberg R, 2003. Microfinance consensus guidelines: guiding principles on regulation and supervision of microfinance[M]. Washington DC: Consultative Group to Assist the Poor

(CGAP)/World Bank Group Press.

[299]Cole R A, Goldberg L G, White L J, 2004. Cookie cutter vs character: The micro structure of small business lending by large and small banks [J]. Journal of Financial and Quantitative Analysis, 39(2): 227-251.

[300]Cole S, Kanz M, Klapper L, 2015. Incentivizing calculated risk-taking: Evidence from an experiment with commercial bank loan officers[J]. The Journal of Finance, 70(2): 537-575.

[301]DeYoung R, Hunter W C, Udell G F, 2002. Whither the community bank? Relationship finance in the information age[J]. Chicago Fed Letter, 6(178).

[302]DeYoung R, Hunter W C, Udell G F, 2004. The past, present and probable future for community banks[J]. Journal of Finance Services Research, 25(2): 85-133.

[303]DeYoung R, Lang W W, Nolle D, 2007. How the internet affects output and performance at community banks[J]. Journal of Banking & Finance, 31(4): 1022-1060.

[304]DeYoung R, Gron A, Torna G, et al. , 2015. Risk overhang and loan portfolio decisions: Small business loan supply before and during the financial crisis[J]. The Journal of Finance, 70(6): 2451-2488.

[305]Donker H, Ng A, Shao P, 2020. Borrower distress and the efficiency of relationship banking[J]. Journal of Banking & Finance, 112(C): 1-17.

[306]Durguner S, 2017. Do borrower-lender relationships still matter for small business loans? [J]. Journal of International Financial Markets, Institutions & Money, 50(C): 98-118.

[307]Erel I, Liebersohn J, 2022. Can fintech reduce disparities in access to finance? Evidence from the paycheck protection program[J]. Journal of Financial Economics, 146(1): 90-118.

[308]Fiordelisi F, Monferrà S, Sampagnaro G, 2014. Relationship lending and credit quality[J]. Journal of Financial Services Research, 46(3): 295-315.

[309]Fishman A, 2009. Financial intermediaries as facilitators of information

exchange between lenders and reputation formation by borrowers[J]. International Review of Economics & Finance, 18(2): 301-305.

[310]Fudenberg D, Levine D K, 2007. The Nash-threats folk theorem with communication and approximate common knowledge in two player games [J]. Journal of Economic Theory, 132(1): 461-473.

[311]Fudenberg D, Tirole J, 1991. Perfect Bayesian equilibrium and sequential equilibrium[J]. Journal of Economic Theory, 53(2): 236-260.

[312]Glazer J, McGuire T G, 2000. Optimal risk adjustment in markets with adverse selection: An application to managed care[J]. The American Economic Review, 90(4): 1055-1071.

[313]Godbillon-Camus B, Godlewski C, 2005. Credit risk management in banks: Hard information, soft Information and manipulation[J]. MPRA Paper, 55(1-6):114-125.

[314]Greenbaum S I, Thakor A V, 2007. Contemporary financial intermediation(second edition)[M]. Burlington: Academic Press.

[315]Hakenes H, Hasan I, Molyneux P, 2015. Small banks and local economic development[J]. Review of Finance, 19(2): 653-683.

[316]Harhoff D, Körting T, 1998. Lending relationship in Germany: empirical results from survery data [J]. Journal of Banking and Finance, 22 (10): 1317-1353.

[317]Harsanyi J C, 1967. Games with incomplete information played by "Bayesian" players: The Basic Model[J]. Management Science, 14(3): 159-182.

[318]Harsanyi J C, 1968. Games with Incomplete Information Played by "Bayesian" players: Bayesian Equilibrium Points[J]. Management Science, 14(5): 320-334.

[319]Hatice J, 2014. The new paradigm in small and medium-sized enterprise finance: Evidence from Turkish banks[J]. Iktisat Isletme ve Finans, 29(335): 45-72.

[320]Hauswald R, Marquez R, 2000. Relationship banking, loan specialization and competition[Z]. Indiana University Working Paper.

［321］Hauswald R，Marquez R，2006. Competition and strategic information acquisition in credit markets［J］. The Review of Financial Studies，19（3）：967-1000.

［322］He C，Yan G J，2020. Path selections for sustainable development of green finance in developed coastal areas of China［J］. Journal of Coastal Research，104(SI)：77-81.

［323］Helms B，2006. Access for all building inclusive financial systems［M］. Washington DC：World Bank Publications.

［324］Hertzberg A，Liberti J M，Paravisini D，2010. Information and incentives inside the firm：Evidence from loan officer rotation［J］. The Journal of Finance，65(3)：795-828.

［325］Herzenstein M，Sonenshein S，Dholakia U M，2011. Tell me a good story and I may lend you money：The role of narratives in peer-to-peer lending decisions［J］. Journal of Marketing Research，48（SPL）：S138-S149.

［326］Jaffee D M，Russell T，1976. Imperfect information，uncertainty and credit rationing［J］. The Quarterly Journal of Economics，90（4）：651-666.

［327］Jakšič M，Marinč M，2015. The future of banking：The role of information technology［J］. Bančni Vestnik：Revija Za Denarništvo in Bančništvo，64(11)：68-73.

［328］Jakšič M，Marinč M，2019. Relationship banking and information technology：The role of artificial intelligence and FinTech［J］. Risk Management，21(1)：1-18.

［329］Jayaratne J，Wolken J，1999. How important are small banks to small business lending?：New evidence from a survey of small firms［J］. Journal of Banking & Finance，23(2-4)：427-458.

［330］Jiangli W，Unal H，Yom C，2008. Relationship lending，accounting disclosure and credit availability during the Asian financial crisis［J］. Journal of Money，Credit and Banking，40(1)：25-55.

［331］Jiménez G，Lopez J A，Saurina J，2009. Empirical analysis of corporate credit lines[J]. The Review of Financial Studies, 22(12): 5069-5098.

[332]Karolin K, 2016. Credit rationing in small firm-bank relationships[J]. Journal of Financial Intermediation, 26(C): 68-99.

[333]Kreps D M, Wilson R, 1982. Sequential equilibria[J]. Econometrica, 50(4): 863-894.

[334]Liberti J M, Petersen M A, 2019. Information: Hard and soft[J]. Review of Corporate Finance Studies, 8(1): 1-41.

[335]López-Espinosa G, Mayordomo S, Moreno A, 2017. When does relationship lending start to pay? [J]. Journal of Financial Intermediation, 31(C): 16-29.

[336]Mao Q, 2014. Evolutionary game theory model and its application in the credit market [J]. BioTechnology (An Indian Journal), 10 (7): 2239-2244.

[337]Maggio M D, Yao V, 2021. Fintech borrowers: Lax screening or cream-skimming? [J]. The Review of Financial Studies, 34(10): 4565-4618.

[338]McFadden D L, 1973. Conditional logit analysis of qualitative choice behavior[M]//Zarembka P. Frontiers in Econometrics. New York: Academic Press.

[339]Meng X J, 2015. Analyst reputation, communication and information acquisition[J]. Journal of Accounting Research, 53(1): 119-173.

[340]Memmel C, Schmieder C, Stein I, 2007. Relationship lending: Empirical evidence for Germany[Z]. Discussion Paper Senies (Banking and Financial Studies).

[341]Merton R C, 2018. Observations on the digital revolution financial innovation and FinTech[R]. Hangzhou:Zhejiang University.

[342]Michael D, Colm O G, Petya P, et al. 2019. Trust and SME attitudes towards equity financing across Europe[J]. Journal of World Business, 54(6): 1-16.

[343]Nash J F, 1950. Equilibrium points in n-person games[J]. Proceedings of the National Academy of Sciences of the United States of America, 36(1): 48-49.

[344]Nash J F, 1951. Non-cooperative games[J]. Annals of Mathematics (Second Series), 54(2): 286-295.

[345]Nieken P，Sliwka D，2015. Management changes, reputation and 'big bath'-earnings management[J]. Journal of Economics & Management Strategy，24(3)：501-522.

[346]Ohlson J A，1980. Financial rations and the probabilistic prediction of bankruptcy[J]. Journal of Accounting Research，18(1)：109-131.

[347]Ono A，Hasumi R，Hirata H，2014. Differentiated use of small business credit scoring by relationship lenders and transactional lenders：Evidence from firm-bank matched data in Japan[J]. Journal of Banking and Finance，42：371-380.

[348]Osei-Assibey E，Bokpin G A，Twerefou D K，2012. Microenterprise financing preference：Testing POH within the context of Ghana's rural financial market[J]. Journal of Economic Studies，39：84-105.

[349]Paravisini D，Schoar A，2015. The incentive effect of scores：Randomized evidence from credit committees[Z]. NBER Working Paper.

[350]Peter S R，Sylvia C H，2010. Bank Management and Financial Services [M]. 8th ed. New York：McGraw-Hill/Irwin Press.

[351]Petersen M A，Rajan R G，1995. The effect of credit market competition on lending relationships[J]. The Quarterly Journal of Economics，110（2）：407-44.

[352]Petersen M A，2002. Information：Hard and soft[Z]. Northwestern University Working Paper.

[353]Robinson M S，2002. The microfinance revolution[M]. Washington DC：The World Bank Press.

[354]Rosenfeld C M，2014. The effect of banking relationships on the future of financially distressed firms[J]. Journal of Corporate Finance，25：403-418.

[355]Selten R，1965. Spieltheoretische behandlung eines oligopolmodells mit Nachfrageträgheit：Teil I：Bestimmung des dynamischen preisgleichgewichts[J]. Zeitschrift für die gesamte Staatswissenschaft，121（2）：301-324.

[356]Selten R，1975. Re-examination of the perfectness concept for equilibri-

um points in extensive games[J]. International Journal of Game Theory, 4(1): 25-55.

[357]Schultz T W, 1980. The economics of being poor[J]. Bwlletin of the Atomic Scientists, 36(9):32-37.

[358]Sharma P, 2017. Is more information always better? A case in credit markets[J]. Journal of Economic Behavior and Organization, 134: 269-283.

[359]Stein J C, 2002. Information production and capital allocation: Decentralized versus hierarchical firms[J]. The Journal of Finance, 57(5): 1891-1921.

[360]Stiglitz J E, Weiss A, 1981. Credit rationing in markets with imperfect information[J]. The American Economic Review, 71(3): 393-410.

[361]Straham P E, Weston J, 1996. Small business lending and bank consolidation: Is there cause for concern? [J]. Current Issues in Economics & Finance, 2(3): 1-6.

[362]Sufi A, 2009. Bank lines of credit in corporate finance: An empirical analysis[J]. The Review of Financial Studies, 22(3): 1057-1088.

[363]Sutherland A, 2018. Does credit reporting lead to a decline in relationship lending? Evidence from information sharing technology[J]. Journal of Accounting & Economics, 66(1): 123-141.

[364]Weibull J W, 1997. Evolutionary Game Theory[M]. Cambridge: MIT Press.

[365]Westgaard S, Wijst N, 2001. Default probabilities in a corporate bank portfolio: A logistic model approach[J]. European Journal of Operational Research, 135(2): 338-349.

[366]Xu C B, Li W Y, Shi J, et al., 2021. Relationship lending and bank loan covenant violations [J]. Accounting and Finance, 61 (4): 5847-5878.

[367]Zhou W, Kapoor G, Piramuthu S, 2009. RFID-enabled item-level product information revelation[J]. European Journal of Information Systems, 18(6): 570-577.

附　录

附录 1：微小客户调查问卷（Q1）

尊敬的客户：

您好！感谢您抽出宝贵的时间参与我们的调查问卷。对于问卷涉及的问题，您只需要根据实际情况客观填写即可。本人郑重承诺：对您填写的所有资料，仅作为研究使用，绝不外传，感谢您的支持与合作！

第一部分：基本信息（Q11）

1. 您的姓名：＿＿＿＿＿＿＿＿＿＿＿

2. 您是否为党员：

A. 是　　　　B. 否

3. 您获得过几次荣誉称号：

A. 0　　　　B. 1　　　　C. 2　　　　D. 3　　　　E. ≥4

4. 您获得过几次亲情贷款或友情贷款：

A. 0　　　　B. 1　　　　C. 2　　　　D. 3　　　　E. ≥4

5. 周边邻居、朋友是否经常会找您帮忙：

A. 是　　　　B. 否

6. 您在遇到困难时，周边邻居、朋友是否会给予您帮助：

A. 是　　　　B. 否

7. 您希望从以下哪种机构获得贷款：

A. 服务好，但利率略高　　　　B. 服务一般，但利率略低

第二部分：问卷正文（Q12）

该部分题目主要涉及您对××银行一些基本情况的感知，是您对××银行的客观评价。

1.您缺钱时，是否会想到××银行：

A.是　　　B.否

2.您认为××银行在办理贷款业务过程中服务如何：

A.非常满意　　B.较满意　　C.一般　　D.不满意　　E.非常不满意

3.在××银行办理贷款业务过程中，您是否请过客户经理吃饭或给客户经理送过红包等礼品（选 B 请直接跳到第 5 题）：

A.是　　　B.否

4.您出于什么原因请××银行客户经理吃饭或给客户经理送红包等礼品：

A.为了获得贷款　　　B.获得贷款后感谢

5.××银行发放的贷款额度，是否能够满足您的生产或经营需求：

A.能　　　B.不能

6.您是否会向左邻右舍宣传××银行的贷款产品，并将有资金需求的邻居、朋友推荐给曾为您办理贷款业务的客户经理：

A.会　　　B.不会

7.您是否会联系给您办理贷款业务的客户经理，将自己的存款、理财等业务转移至××银行：

A.会　　　B.部分转移　　　C.不会

8.您遇到生意、生活上资金周转等困难时，是否还会向给您办理过贷款业务的客户经理进行咨询：

A.会，原因＿＿＿＿＿＿＿＿＿＿＿＿＿＿＿＿＿＿＿＿＿

B.不会，原因＿＿＿＿＿＿＿＿＿＿＿＿＿＿＿＿＿＿＿＿＿

最后，请填写给您办理贷款业务的客户经理的姓名或姓：＿＿＿＿＿＿＿＿＿＿＿＿＿＿，并为其打分（满分 100）＿＿＿＿＿＿＿＿＿＿＿，再次感谢您的配合！

附录 2：小微银行客户经理调查问卷（Q2）

尊敬的客户经理：

您好！感谢您抽出宝贵的时间参与我们的调查问卷。对于问卷涉及的问题，您只需要根据实际情况客观填写即可。本人郑重承诺：对您填写的所有资料，仅作为研究使用，绝不外传，感谢您的支持与合作！

第一部分：基本信息（Q21）

1. 您的姓名：＿＿＿＿＿＿＿＿，出生年月：＿＿＿＿＿＿＿＿

2. 您的性别：

A. 男　　　　B. 女

3. 您的婚姻状况：

A. 已婚　　　　B. 未婚　　　　C. 其他

3. 您的学历：

A. 高中　　　B. 大专　　　C. 本科　　　　D. 研究生

4. 您的毕业院校（名称）：＿＿＿＿＿＿＿＿，毕业专业：＿＿＿＿＿＿＿＿

第二部分：问卷正文（Q22）

该部分题目主要涉及您在 AFR 微贷项目培训期间、贷款办理过程中的一些基本情况，是您从事微贷客户经理岗位以来的真实反馈。

1. 您参加的是第几期 AFR 微贷项目培训：＿＿＿＿＿＿＿，参加时间：＿＿＿＿＿＿＿＿＿＿，结业时间：＿＿＿＿＿＿＿，结业成绩：＿＿＿＿＿＿＿

2. 您是否为 AFR 微贷项目培训内训师：

A. 是　　　B. 否

3. AFR 微贷项目培训结束后至今，您已累计发放微小贷款＿＿＿＿＿万元、＿＿＿＿＿＿笔，其中 30 万元及以下＿＿＿＿＿＿万元、＿＿＿＿＿笔，原生态客户＿＿＿＿＿万元、＿＿＿＿＿笔。

4. AFR 微贷项目培训结束后至今，您通过扫街发放微小贷款＿＿＿＿＿万元、＿＿＿＿＿笔，通过客户介绍发放微小贷款＿＿＿＿＿万元、＿＿＿＿笔。

5.您是否因服务规范拥有更多的客户：

A.是，占比约_____％　　　　B.否

6.您是否因服务规范拒绝过客户的请客吃饭或拒收过客户红包等礼品：

A.是　　　B.否

7.您是否在再三拒绝客户请客吃饭或拒收客户红包等礼品后收到客户的感谢信或锦旗：

A.是　　　B.否

8.你是否因服务规范得到银行高层的肯定：

A.是　　　B.否

后　记

　　1997 年,本丛书编委会部分核心成员有幸加入史晋川教授牵头的"浙江大学中小金融机构可持续发展研究"课题组,相继跟踪调研了台州、温州等地农村信用社、城市信用社的运营与发展。1998 年起,课题组开始与浙江台州银行(原银座城信社)合作,尤其是全程跟踪研究了该行于 2005 年 11 月在全国率先引进的德国 IPC 微贷技术的本土化与优化发展过程;其间,课题组还参与了"浙江台州市小微企业金融服务改革创新试验区"运行及中后期评估,及"当代台州发展研究"等课题研究工作。受益于浙江台州等地小微金融改革发展的成功经验,在史晋川教授的指导、鼓励和浙江大学经济学院、浙江大学金融研究院(AFR)的大力支持下,2011 年 3 月以来,课题组先后与浙江、山东、广西、江西、安徽、甘肃 6 省(区)的 20 家农商银行、农村合作银行、农村信用联社、村镇银行等合作推进 AFR 微贷项目,取得了良好的经济社会效益。

　　呈现在读者面前的这本专著是笔者 2018 年至 2022 年于浙江大学攻读经济学博士学位期间,在导师朱燕建教授的精心指导下,基于参与并深入跟踪研究 AFR 微贷项目所完成的博士学位论文基础上修改完善而成。笔者将小微银行与微小客户良性互动置于可行能力理论框架中进行考察,通过梳理关系型贷款、小银行优势、博弈论、长期互动等理论以及影响良性互动主要因素的文献,对小微银行与微小客户良性互动的支撑性理论、要件、路径及相应的保障措施等方面进行了有益的探索,书中的有关思考对于化解"小微银行贷款难与微小客户难贷款"并存问题、促进小微银行可持续发展,巩固拓展脱贫攻坚成果同乡村振兴有效衔接、缩小城乡居民收入差距实现共同富裕,具有一定的理论和现实意义。

　　本书出版之际,要感谢各家合作单位为推广微贷技术所提供的平台和对课题组的信任。在项目合作过程中,合作单位的众多高管亲自过问项目进展,给予了大力支持和配合,克服了微贷项目成功落地中的各种困难与障碍。也要感谢各家合作单位的微贷客户经理、微贷培训生及其家人在推进微贷技术过程中的坚守、付出、努力和支持，以及所提供的与微贷项目相关的丰富素材和实践反馈。还要感谢浙江科技大学科研启动经费的资助。

微贷技术是重在实践的技术，也是需要不断优化的技术。本书作为"支农支小"金融服务创新丛书的第四本，写作中可能存在不当乃至错误之处，敬请广大读者不吝批评指正，以利于我们进一步提升、完善。

何　琛

2023 年 12 月